2025 최신개정판

▶ 유튜브 와 함께하는

양쌤의
품질경영산업기사
실기

저자 양희정

Engineer Quality Management

www.enamuh.co.kr

QME 양쌤의 품질경영산업기사 실기

이 책을 내면서

안녕하세요. 이나무의 품질 길잡이 양쌤입니다. 품질경영산업기사 실기시험을 준비 중인 독자분과의 만남을 매우 기쁘게 생각합니다. 이제 '유튜브 양쌤의 품질교실'도 회원수가 500명이 넘어 제법 알려지는 사이트로 되고 있으며, 실제 산업기사 응시생들에 맞추어 이론, 필기, 실기를 모두 업데이트하여 누구나 혼공이 될 수 있도록 유튜브 자료가 제공되어 있습니다.

이제 필기시험에 합격한 수험생분들은 실기시험 준비를 하실 때입니다. 실기시험은 비공개 시험이므로 출제유형이 필기시험처럼 그리 다양하지 않고 반복 출제되는 정도가 훨씬 높습니다. 그리고 특히 산업기사시험은 기사시험과 난이도나 출제유형이 상이하므로 기존에 기사 중심의 책으로 학습하는 것은 효율적이지 않습니다.

실제로 품질경영산업기사 실기시험은 기사시험보다 범위가 좁고 문항이 단순한 편입니다. 또한, 풀이 과정과 답이 옳아야 점수를 받을 수 있습니다. 그래서 많은 문제를 풀기보다는 잘 나오는 유형을 반복하여 접해보시면서 정확히 답안을 작성하는 훈련을 하는 것이 합격의 지름길입니다. 그래서 실기시험을 준비하시는 수험생 누구나 한 번의 도전으로 합격하실 수 있도록 오직 품질경영산업기사만을 목적으로 국내에서 유일하게 이 수험서를 편집하여 출간하였습니다.

1. 먼저 과거 2010년부터 10년간 출제된 기출문제를 과목별 세부 단원(제가 분류한 것입니다)으로 구분하여 문제를 기본문제와 유사문제로 편집하여 구성하였습니다. 이로써 수험생 여러분은 2010년 이후에 출제된 기출 문제를 유형별로 정리하여 학습하실 수 있게 되었습니다. 실제 시험은 반복되므로 이 문제들과 같은 유형이 적어도 80~90% 이상 출제가 될 것입니다. 그러므로 적어도 이 문제들을 1회 이상 풀어보신 분이라면 문제를 알고 시험 보시는 것과 같은 효과가 될 것입니다.

2. 실기시험은 많이 아는 것보다 실수하지 않는 것이 효과적입니다. 기출 문제에 대한 풀이는 설명란과 답안 작성란을 분리하여 실제 답안 작성 방식으로 풀이 난에 기술해 놓았고, 설명은 설명란에 명시함으로써 자칫 답안과 설명이 혼재될 수 있는 약점을 제거하였습니다. 또한, 설명란에는 기출문제에 대해 점수 배정 및 세목별 점수 채점 방법을 상세히 설명하였습니다. 이는 여러분들이 문제에 대한 답안을 정리하실 때 채점 포인트를 설명한 것이므로 무엇에 유의하면 되는지를 알게 되니까 실수를 최소화할 수 있습니다.

INTRO

3. 과년도 문제는 비공개 사항이므로 수험생들의 시험 결과 의견을 참고하여 복기한 문제들이지만, 본 수험서에 첨부한 7년간의 복기 문제는 과거 출제 경험을 고려하여 수정 보완함으로써 실제 시험문제와 매우 유사하며 특히 배점과 채점 방식을 기술해 놓았습니다. 그래서 수험생들께서 이 문제로 사전평가를 해보시면 마치 시험을 보는 것과 같은 환경에서 본인의 약점을 보완할 수 있을 것입니다.

4. 수치표는 수험생 수치표를 중심으로 1, 2번을 모두 순서대로 첨부하였고, 수험장에서 제공하는 수표는 네이버 카페 '양쌤의 품질경영기사'를 통해 공유할 수 있도록 하였습니다. 그리고 그 외에도 문항에 개별적으로 혹간 주어지는 수표들도 3번으로 하여 첨부하였습니다.

5. 이 책은 선택과 집중을 모토로 하고 있습니다. 산업기사시험과 무관한 기사시험 문제나 현재는 출제되지 않는 문제들은 대부분 제거하여 불필요한 문제를 줄였습니다. 대신 혼공을 하는 수험생들을 위한 수험서의 내용을 중심으로 과목별 유튜브 학습법과 답안 작성 포인트, 기출문제 해설 등을 대부분 올려놓았고 지속해서 증보할 것입니다.

6. 그리고 개인별 질의 내용은 네이버 카페 '양쌤의 품질경영기사'를 활용해 주시기 바랍니다. 질의응답은 물론 지속적으로 서비스되는 모의고사 문제 및 수험 정보 제공과 실무 관련 비공개 동영상 학습은 카페 회원만 대상으로 진행하게 됩니다.

끝으로 개정판이 완성되기까지 함께 해주신 카페 부 운영자 조충환 기술사님, 이나무 황철규 사장님 그리고 예쁘게 편집해주신 이나무 편집부와 특히 오류 교정에 자발적으로 함께 해주신 수많은 구독자 카페 회원여러분께 감사드립니다.

저자 양희정

출제기준 (실기)

직무분야	경영·회계·사무	중직무분야	생산관리	자격종목	품질경영산업기사	적용기간	2023.01.01.~2026.12.31.

○ **직무내용** : 고객만족을 실현하기 위하여 조직, 생산준비, 제조 및 서비스 등 주로 산업 및 서비스 전반에서 품질경영시스템의 업무를 수행하고 각 단계에서 발견된 문제점을 지속적으로 개선하고 혁신하는 직무 수행

○ **수행준거** : 1. 통계적 기법을 이해하고 현장 품질문제에 대한 조사 및 분석업무를 관리도, 샘플링, 실험계획법 등을 활용 실시할 수 있다.
2. 품질경영 현장실무 기법의 활용 및 검사업무를 수행하여 품질시스템을 유지 및 개선할 수 있다.

실기검정방법	필답형	시험시간	2시간 30분

실기과목명	주요항목	세부항목	세세항목
품질경영실무	1. 품질정보관리	1. 품질정보체계정립하기	1. 품질전략에 따라 설정된 품질목표의 평가와 품질보증 업무의 개선 필요사항 도출할 수 있는 품질정보의 분류 체계를 정립할 수 있다. 2. 정립된 품질정보의 분류 체계에 따라 품질정보 운영 절차 및 기준을 작성할 수 있다.
		2. 품질정보분석 및 평가하기	1. 품질정보 운영 절차 및 기준에 따라 항목별 품질데이터를 산출할 수 있다. 2. 품질정보 운영 절차 및 기준에 따라 항목별 품질데이터를 수집할 수 있다. 3. 수집된 품질데이터를 통계적 기법에 따라 분석할 수 있다. 4. 품질정보의 분석 결과에 따라 목표 달성 여부와 프로세스 개선 필요 여부를 평가할 수 있다. 5. 품질정보의 평가 결과에 따라 품질회의의 의사결정을 통해 각 부문의 개선활동 계획 수립에 반영할 수 있다.
		3. 품질정보 활용하기	1. 각 부문 품질경영 활동 추진을 위한 장단기 계획에 따라 통계적 품질관리 활용 계획을 포함하여 수립 할 수 있다. 2. 각 부문 품질경영 활동에 통계적 품질관리 기법을 활용할 수 있도록 지원할 수 있다. 3. 각 부문 통계적 품질관리 활동 추진 결과를 평가하여 사후관리를 할 수 있다.
	3. 설계품질관리	1. 품질특성 및 설계변수 설정하기	1. 최적설계를 구현하기 위한 품질변수를 설정할 수 있다. 2. 설정된 품질변수를 통하여 실험설계를 할 수 있다. 3. 실험설계를 위한 실험 방법 및 조건을 도출할 수 있다.
		2. 파라미터 설계하기	1. 파라미터 설계를 위한 실험계획을 수립할 수 있다. 2. 계획된 실험방법에 따라 실험을 진행할 수 있다. 3. 계획된 실험방법에 따라 진행된 실험결과를 분석할 수 있다. 4. 품질특성에 따라 설계변수의 최적조합조건을 도출하여 설계변수를 결정할 수 있다.

실기과목명	주요항목	세부항목	세세항목
		3. 허용차 설계 및 결정하기	1. 설계변수의 최적조합수준 하에서 관리허용범위 내에서 재현성 실험설계를 실시 할 수 있다. 2. 실험 데이터를 분산분석으로 요인별 기여도를 파악하여 허용차를 설정할 수 있다. 3. 최종 품질특성치에 따라 허용차를 결정하여 표준화를 실시할 수 있다.
	4. 공정품질관리	1. 중점관리항목 선정하기	1. 중점관리항목 선정 절차에 따라 필요한 정보를 수집하여 분석할 수 있다. 2. 수집 및 분석된 정보를 바탕으로 품질기법을 활용하여 중점관리항목을 선정할 수 있다. 3. 선정된 중점관리항목을 관리계획에 반영하여 문서(관리계획서 또는 QC공정도)를 작성할 수 있다.
		2. 관리도 작성하기	1. 중점관리항목의 특성에 따라 해당되는 관리도의 종류를 선정할 수 있다. 2. 관리계획서 또는 QC공정도의 관리방법에 따라 데이터를 수집하여 관리도를 작성할 수 있다. 3. 작성된 관리도를 활용하여 공정을 해석할 수 있다. 4. 관리도 해석으로부터 발생한 공정이상에 대해 조치할 수 있다.
		3. 공정능력평가하기	1. 데이터의 수집기간과 유형에 따라 공정능력 분석방법을 선정할 수 있다. 2. 품질특성의 규격에 따라 공정능력을 평가할 수 있다. 3. 공정능력 평가결과를 활용하여 개선 방향을 수립할 수 있다. 4. 수립한 개선 방향에 따라 공정능력 향상 활동을 수행할 수 있다.
	5. 품질검사관리	1. 검사체계 정립하기	1. 품질 요구사항을 고려하여 이를 충족할 수 있는 검사업무 절차와 검사기준을 설정할 수 있다. 2. 검사업무 절차와 검사기준에 따라 검사관리 요소를 설정할 수 있다. 3. 제품개발 계획과 생산계획에 따라 검사계획을 수립할 수 있다.
		2. 품질검사 실시하기	1. 검사업무 절차와 검사기준에 따라 로트별로 품질검사를 실시할 수 있다. 2. 검사결과 발생한 불합격 로트에 대해 부적합품 처리 절차를 수행할 수 있다. 3. 로트별 검사 결과에 따라 검사이력 관리대장을 작성할 수 있다.
		3. 측정기 관리하기	1. 측정기 유효기간을 고려하여 교정계획을 수립할 수 있다. 2. 수립한 교정계획에 따라 교정을 실시할 수 있다. 3. 측정기 관리 업무 절차와 측정시스템 분석 계획에 따라 측정시스템분석을 수행할 수 있다.

실기과목명	주요항목	세부항목	세세항목
	6. 품질보증체계 확립	1. 품질보증체계 정립하기	1. 품질보증 업무에 대한 프로세스의 요구사항 조사결과에 따라 미비, 수정, 보완 사항을 도출할 수 있다. 2. 도출된 미비, 수정, 보완 사항에 따라 품질보증 업무 프로세스를 정립할 수 있다. 3. 정립된 품질보증 업무 프로세스를 문서화하여 사내표준을 정비할 수 있다.
		2. 품질보증체계운영하기	1. 연간 교육계획을 수립하여 품질보증 업무에 대한 사내표준의 이해와 실행에 대한 교육을 운영할 수 있다. 2. 품질보증 업무에 대한 사내표준에 따라 단계별 품질보증 활동을 지원할 수 있다. 3. 품질보증 업무에 대한 사내표준에 따라 단계별 품질보증 활동을 수행할 수 있다. 4. 품질보증 업무 운영결과에 따라 사후관리를 할 수 있다.
	7. 현장품질관리	1. 3정5S 활동하기	1. 3정 5S 추진 절차에 따라 활동계획을 수립할 수 있다. 2. 활동 계획에 따라 역할을 분담하여 3정 5S 활동을 실행할 수 있다.
		2. 눈으로 보는 관리하기	1. 품질특성에 영향을 주는 관리대상을 선정하여 활동계획을 수립할 수 있다. 2. 활동계획에 따라 관리 방법과 기준을 결정할 수 있다.
		3. 자주보전 활동하기	1. 자주보전 추진계획에 따라 활동 단계별 세부 추진일정을 수립할 수 있다. 2. 활동 단계별 진행방법에 따라 활동을 실행할 수 있다.

실기시험 응시 유의사항

(1) 반드시 흑색 볼펜만 사용합니다.

연필로 작성한 풀이 답안은 모두 0점 처리되며, 다른 색으로 답안을 작성한 답안은 부정행위로 인정됩니다. 연필로 썼다가 볼펜으로 옮겨적는 수험생들이 있는데 자칫 옮겨 적을 때 틀리게 되면 0점 처리됩니다. 틀리면 두줄을 긋고 여백에 풀이하면 채점하니까 걱정하지 마시고 볼펜으로 바로 답을 쓰시기 바랍니다. 매번 5%의 수험생이 연필이나 이색 도구 작성으로 불이익을 받습니다.

(2) 계산기로 답이 바로 나오더라도 수식은 써야 합니다.

답지에는 단답형을 제외한 대부분의 문항이 계산과정 과 답을 구분하여 쓰도록 되어 있습니다. 계산기로 바로 답이 나오더라도 최소한 수식을 기술하여야 0점 처리가 되지 않습니다.

(3) 소수자리수는 5자리로 되어 있습니다.

문항당 특별한 지시가 있지 않다면 무조건 지켜야하는 법입니다. 자유도처럼 자연수가 아닌 소수점 계산이 필요할 경우 소수 5째 자리 계산을 원칙으로 합니다. 단 문항당 별도 지시가 있다면(예 유효수자 3자리 등) 그 문항은 지시를 따라야 합니다.

(4) 단위는 문제에 표기된 경우 기술하지 않아도 됩니다. 대부분 문제에 단위가 있으므로 쓰지 마시기 바랍니다.

품질관리는 확률계산으로 단위가 필요하지 않은 경우가 대다수이며 단위의 변환으로 문제가 제기되지는 않습니다. 그러므로 단위를 바꾸거나 기록은 가급적 하지 말아주시기 바랍니다. 단위가 틀리게 기술되면 0점 처리되므로 오히려 떨어지는 지름길이 됩니다.

(5) 서술형 답안의 경우 답안을 규정이상 쓰지 마시기 바랍니다.

채점을 하다보면 '3가지 쓰시오'에 4가지를 쓰시는 수험생이 종종 있습니다. 3번 문항까지만 채점하며 4번째 기술은 무효가 됩니다. 그런데 만약 한 칸에 2가지를 쓰는 경우 1개 라도 틀리면 0점이 됩니다. 규정이상으로는 쓰지 않는 것이 차라리 좋습니다.

(6) 사족을 달지 마세요.

검추정 등에서 H_0기각으로 답이 맞았는데 확실히 하려고 '그러므로 귀무가설 채택 또는 평균치가 변하지 않았다.' 이런 엉뚱한 사족을 쓰는 수험생이 있습니다. 물론 0점 처리 됩니다. 가급적 답안은 간결하게 작성하시기 바랍니다.

(7) 기사시험은 확실히 푸는 것이 중요합니다.

항간에 떠도는 대로 과정이 맞으면 부분점수를 주지 않습니다. 무조건 답이 틀리면 0점 처리가 됩니다. 정확히 답안을 작성하는 능력을 기르시기 바랍니다. 특히 수표와 계산기 사용이 능숙해야 함을 명심하시기 바랍니다. 수표값을 잘못 기입해도 0점입니다.

기출문제 분석표

1. 공업통계학

(표 안의 숫자는 출제된 소문항의 배점을 의미합니다.)

출제범위	출제소문항	2020					2021			2022			2023			2024		
		20 1	20 2	20 3	20 4	20 5	21 1	21 2	21 4	22 1	22 2	22 4	23 1	23 2	23 4	24 1	24 2	24 3
기초확률분포	도수표 채우기				4					3	3							
	도수표 평균 표준편차	4	4		4					4	4					4	4	
	도수표 부적합품률	4									3				6			
	도수표 공정능력지수		3													3		
	히스토그램 Cp															3		
	히스토그램 평균 표준편차 상대도수										6							
	히스토그램 Cpk									5								
	데이터의 평균제곱		3													4		
	데이터의 변동계수		3							3								
	확률분포 E(X) V(X)								3									
	확률분포 E(Y) V(y)								3									
이산확률분포	수표로 이항분포 계산하기				6													
	이항분포의 E(X)					3												
	이항분포의 V(X)					3												
	초기하분포 확률계산						2		3									2
	이항분포 확률계산						2		3									2
	푸아송분포 확률계산						2		3								6	2
	정밀도가 우수한 순서						3											3
연속확률분포	정규분포 확률계산																	
모집단의 검정	표본수의 결정						3											
	모분산의 검정	3		3												3		
	모평균의 검정	4					4		5					6		5		
	모평균의 추정	3					3		3				4	4	3			
	t 모평균의 검정		5		4			6			4							
	t 모평균의 추정		3		3			3			3			4				
모분산의 검정	모분산의 검정			6		6				6								5
	모분산의 추정			3		4				3								3
모불량의 검정	모불량의 검정									6								
	모불량의 추정									3								
모결점의 검정	모부적합수의 검정											4		5				
	모결점의 신뢰구간 u				5							3		3				
상관관계분석	r 존재 유·무 검정				6								5					
	계산기 상관계수													3			2	
	계산기 곱의 합							2										
	계산기 공분산					2								3			2	3
	계산기 회귀식					3		3									2	3
	계산기 회귀의 기여율					3		2										3
	테이블 SS_x SS_y r				3			2					3				3	
	테이블 평균곱					2		2									3	
	테이블 회귀식				3			2									3	
	테이블 회귀의 기여율							2										
	기댓값 E(y)						3									2		

2. 샘플링검사

출제범위	출제소문항	2020					21			2022			2023			2024		
		201	202	203	204	205	211	212	214	221	222	224	231	232	234	241	242	243
샘플링검사	공정에 의한 분류				4							4					4	
	로트의 품질표시방법													4				
	샘플링검사가 유리한 경우 4가지							4				4						
	샘플링검사 5원칙									5								
	계수 계량 비교표작성													6				
	용어(Ac AQL ASS)	6																
	용어(LQ, AQL, CRQ)																	6
샘플링오차	2단계 샘플링 오차 m 구하기		6													8		
	샘플링 오차분산										6		6					6
	2단계 샘플링 명칭			4														
	95% 정밀도 샘플수								4									
OC곡선	초기하분포 합격률			3														
	이항분포 합격률			3														
	푸아송분포 합격률		6	3							6							
	OC곡선 c/n/N 특징			6										6				
	OC곡선 x축, y축 명칭							6										
계수규준형	샘플링설계(수표)						3											
	설계보조표	4					3											
계량규준형	평균치보증 설계(수표)		5		6			8		6			4		4	6	4	7
	평균치보증 설계									5	6							
	평균치보증 합격판정												3		3		4	
	샘플수의 결정															6		
	불량률보증 설계(수표)						3	6							5			
	불량률보증 합격판정	5			5		3							6				
계수형검사	엄격도조정							6	5									
	( ) 넣기 N, 검사수준				6								6		6			
	합격확률만족 P구하기		6															
	주샘플링표 작성	7			8	8		6			8		8	7		8		
	n동일 보조샘플링표		7										10					
	보조샘플링표 작성			8			9		8		8					8		8
	1행의 샘플문자, n, Ac, 전환점수, 합격판정점수									8								
	2859-2 계산문제													8				
축차샘플링	합격판정선, 중지값																	

3. 관리도

출제범위	출제소문항	2020년					2021년			2022년			2023년			2024년		
		20 1	20 2	20 3	20 4	20 5	21 1	21 2	21 4	22 1	22 2	22 4	23 1	23 2	23 4	24 1	24 2	24 3
X-Bar 관리도	계수치, 계량치 분류														4			
	예비관리도의 종류																	2
	관리도 명칭										2							
	정확도 관리도 관리한계										2							
	관리도표 빈칸채우기				3								3					
	x bar, R 구하기													4				
	관리한계				4	3	3		4				4					4
	관리도 작성 판정				5	5	5		5				5	4				6
	$\sigma_w, \sigma_{\bar{x}}, \sigma_b$ 추정			3									6					
	관리계수 및 판정										3							
	공정능력지수 및 판정				3						3							3
	최소공정능력지수			3														3
	기준값이주어진관리도						3	3					3					3
	검출력, 벗어날 확률	6																
	탐지력																	
	평균치차 검정 전제조건 5가지		5															
	불량률 발생 확률		6															
	이상상태 판정 방법																	
	계수치 예비관리도 종류4가지				4	4												
$\bar{x} - s$ 관리도	표 빈칸 채우기($\bar{x}, s$)										3			2				
	관리한계										4							
	관리도 작성 판정										5							
	$\bar{x} - R$ 기준값 설정										3							
X 관리도	관리도 명칭										2							
	관리한계 중심선										4			5				
	관리도 작성										5			6				
	이상상태 판정방법										4					4	5	
np관리도	속성 명칭		2															
	관리한계 중심선		2															
	관리도 작성 판정		5															
P 관리도	p np c u 속성 명칭							4									2	
	관리한계 중심선							4									3	
	관리도 작성 판정							7									5	
C 관리도	속성 명칭																	
	관리한계 중심선				4								3					
	그래프, 판정					5							5					
	검출력																	
	탐지력																	
u 관리도	속성 명칭																2	
	관리한계 중심선	4															4	
	그래프 판정																5	
파레토	파레토	4						6			8		8					
	손실금액 파레토			9														

4. 실험계획법

출제범위	출제소문항	201	202	203	204	205	211	212	214	221	222	224	231	232	234	241	242	243
실험계획개요	기본원리 설명의 명칭	8				5												
	구조모형 빈칸채우기																	8
	결측치의 처리방법									6								
1요인실험법	제곱합 $SS_T\ SS_A\ SS_e$	3				3												
	오차의 분산성분	3																
	가설의 설정									2								
	구조식										2					2		
	분산분석표 작성, 판정					5	5			4	4					5		
	분산분석표 채우기				5		2	5										
	최적해						2	3		4					6		6	
	분산성분 추정													3				
	평균치 차의 구간추정							3									4	
	최소유의차 검정									3								
	최소유의차 검정의 의미									3								
2요인실험법	$SS_T\ SS_A\ SS_B\ SS_e$			3				3										
	분산분석표작성		6		4			5			4		3					
	기대평균제곱			2							2							
	최적해 추정	4		4				4			3		3					
	$\hat{\mu}(A_3 B_1)$ 신뢰구간												3					
	$\hat{\mu}(A_1 - A_3)$ 신뢰구간												3					
	결측치 추정																	
	순제곱합과 기여율						6	6					2					
	분산분석표 채우기						5											
반복2요인실험	분산분석													5				
	풀링된 분산분석표 최적해		6															
	교호작용 없을 때 ne				3											3		
	교호작용 있을 때 ne				3									2		3		
	95% 신뢰구간													2				4
	차의 신뢰구간																	4
난괴법	분산분석표 작성																	
	기대평균제곱 기입																	
라틴방격	분산분석표작성												6					
	유효반복수														4			
	점추정식, 최적해												3		3			
직교배열표	L16 교호작용 배치	4															3	
	L8 교호작용 배치			3	3					3	3		2			6		
	교락			3	2												3	
	교호작용의 제곱합				3					3	6		3					
	교호작용의 효과									6	3		3					
	L4 요인 A, B, e SS								3									
	오차의 자유도													2				
	L4 분산분석표 작성								4									
	직교배열표 장점																	
	L4표 각 명칭																	
회귀분석	( )넣기 기여율, 1						4											
	분산분석표 채우기												4					
	분산분석표로 r, 기여율 구하기												6					

5. 품질경영

출제범위	출제소문항	2020					2021			2022			2023			2024		
		201	202	203	204	205	211	212	214	221	222	224	231	232	234	241	242	243
품질경영개론	변경점 구성 4M명칭			4														
	SWOT 명칭																4	
	카노곡선 명칭 3가지																	
	품질경영 7원칙				7						7					7		
	PQCDSM의 의미																	
	kpi													6				
	품질관리사이클 그림 및 설명									6							8	
	품질비용 그림 명칭쓰기 -커크패트릭			6														
	품질비용 3가지 명칭									6	6							
	품질비용 분류												6					
표준화	KS A 0001 요구사항		6															
	국가규격명칭							6						6				
	제품인증 심사항목														6			
	제품인증 종류 2가지					3												
	시스템 인증 종류 2					3												
	국가표준화기구 명칭													6				
	ISO 규격번호 명칭									5								
ISO 9001	품질 시방서 결함	6																1
	부적합 절차 검증 등급 고객															5		
	고객만족	2																
	제품 특채 심사		6															
	검증 프로세스 품질보증					6												
	규격 시방 가규격							6										3
	품질경영 품질보증 품질관리								6									
	시정조치 특채									6								
	시방서 품질계획서 품질매뉴얼 품질보증 품질방침										5							2
공차	틈새의 평균, 표준편차																	
	틈새의 합격률																	
	조립품 평균, 표준편차							6					6					
공정능력지수	Cp=1 작도후ppm표시																	
	Cp 판정기준													5				
6시그마	품질수준을 Cp Cpk로	4																
	SIPOC													6				
	Champion BB GB WB					8												
	DMAIC 순서와 명칭													5				
MSA	R&R 명칭, 판정기준			8														
품질관리수법	3정 5행활동									8			5					
	브레인스토밍 4원칙			4													4	
	QC 7가지도구		7							7	7							
	히스토그램 유형 설명	8																
	신 QC 7가지도구	7						7										

양쌤의 산업기사 실기

들어가는 **순서**

제1편 공업통계학

제1장 데이터와 기초확률분포 …………………………………… 13
- 제1절 데이터의 기초정리 ………………………………… 14
- 제2절 확률과 기초확률분포 ……………………………… 16
- 핵심 문제 풀이 ………………………………………… 18

제2장 여러가지 확률분포의 기초 ………………………………… 25
- 제1절 이산확률분포의 기초 ……………………………… 27
- 제2절 연속확률분포의 기초 ……………………………… 28
- 제3절 통계량의 분포의 기초 ……………………………… 29
- 핵심 문제 풀이 ………………………………………… 31

제3장 검정과 추정 ……………………………………………… 40
- 제1절 모집단의 검정과 추정 ……………………………… 40
- 제2절 평균치 차이의 검정과 추정 ………………………… 42
- 제3절 계수치 데이터의 검정과 추정 ……………………… 43
- 핵심 문제 풀이 ………………………………………… 45

제4장 상관관계분석 ……………………………………………… 59
- 제1절 상관관계분석 ……………………………………… 59
- 핵심 문제 풀이 ………………………………………… 62

제2편 샘플링과 관리도

제1장 샘플링검사와 OC곡선 ·············· 71
제1절 샘플링검사 개요 ·············· 72
제2절 샘플링오차 ·············· 73
제3절 샘플링검사와 OC 곡선 ·············· 75
- 핵심 문제 풀이 ·············· 76

제2장 샘플링검사 규격 ·············· 87
제1절 규준형 샘플링검사 ·············· 87
- 핵심 문제 풀이 ·············· 89
제2절 계수형 샘플링검사 ·············· 95
- 핵심 문제 풀이 ·············· 99
제3절 축차 샘플링검사 ·············· 108
- 핵심 문제 풀이 ·············· 109

제3장 관리도 ·············· 111
제1절 관리도의 작성과 모니터링 ·············· 111
- 핵심 문제 풀이 ·············· 114
제2절 관리도의 해석과 검출력 ·············· 132
- 핵심 문제 풀이 ·············· 134

양쌤의 품질경영산업기사 실기

들어가는 순서

제3편 실험계획법

제1장 실험계획과 1요인실험 ······ 142
    제1절 실험계획과 1요인실험 ······ 142
        • 핵심 문제 풀이 ······ 145

제2장 2요인실험 ······ 155
    제1절 2요인실험 ······ 155
        • 핵심 문제 풀이 ······ 160

제3장 여러가지 실험계획법 ······ 172
    제1절 여러 가지 실험계획법 ······ 172
        • 핵심 문제 풀이 ······ 175

제4편 품질경영

제1장 품질경영개론 ······ 187
    제1절 품질경영개론 ······ 188
        • 핵심 문제 풀이 ······ 191

제2장 표준화와 인증시스템 ······ 196
    제1절 표준화와 인증시스템 ······ 196
        • 핵심 문제 풀이 ······ 198

제3장 품질관리수법과 품질혁신활동 ······ 206
    제1절 품질관리수법과 품질혁신활동 ······ 206
        • 핵심 문제 풀이 ······ 210

CONTENTS

부록 1 수험용 수치표 ……………………………… 223

부록 2 기출복기문제 ……………………………… 251
- 2018년 1회 복기문제 ……………………………… 252
- 2018년 2회 복기문제 ……………………………… 262
- 2018년 4회 복기문제 ……………………………… 272
- 2019년 1회 복기문제 ……………………………… 283
- 2019년 2회 복기문제 ……………………………… 294
- 2019년 4회 복기문제 ……………………………… 304
- 2020년 1회 복기문제 ……………………………… 314
- 2020년 2회 복기문제 ……………………………… 323
- 2020년 3회 복기문제 ……………………………… 332
- 2020년 4회 복기문제 ……………………………… 340
- 2020년 5회 복기문제 ……………………………… 350
- 2021년 1회 복기문제 ……………………………… 359
- 2021년 2회 복기문제 ……………………………… 368
- 2021년 4회 복기문제 ……………………………… 378
- 2022년 1회 복기문제 ……………………………… 388
- 2022년 2회 복기문제 ……………………………… 398
- 2022년 4회 복기문제 ……………………………… 409
- 2023년 1회 복기문제 ……………………………… 420
- 2023년 2회 복기문제 ……………………………… 431
- 2023년 4회 복기문제 ……………………………… 442
- 2024년 1회 복기문제 ……………………………… 453
- 2024년 2회 복기문제 ……………………………… 465
- 2024년 3회 복기문제 ……………………………… 476

공업통계학

제1장 데이터와 기초확률분포
제2장 여러가지 확률분포의 기초
제3장 검정과 추정
제4장 상관관계분석

데이터와 기초확률분포

제1절 데이터의 기초정리 (양쌤의 품질교실 통계 101강, 102강)

1. 모수와 통계량

분류	특징
모수	모집단의 품질 특성치로 참값이며 상수이다. μ(모평균), σ^2(모분산), ρ(모 상관계수) 등 ○ $E(x) = \mu = \Sigma x_i P(x) = \Sigma x_i \times \dfrac{1}{N} = \dfrac{\Sigma x_i}{N}$ ○ $V(x) = \sigma^2 = \Sigma(x_i - \mu)^2 P(x) = \Sigma(x_i - \mu)^2 \times \dfrac{1}{N}$
통계량	표본으로 계산한 값, 모수를 알기 위해 측정된 정보로 모수의 추정치이자 확률변수이다. $\overline{x}$(표본평균), s^2(표본분산), R(범위) 등

2. 중심적 경향: 로트의 중심위치(μ)의 추정치

통계량	통계량의 측정방법
표본평균(mean)	$\overline{x} = \dfrac{\Sigma x_i}{n}$
중앙값(median)	$\tilde{x}$: 홀수면 정 가운데 값, 짝수면 가운데 두수의 평균으로 구한다. 이상치에 대한 영향을 받지 않는다.
최빈수(mode)	Mo: 도수가 가장 많은 수
범위의 중간(mid range)	$M_d = \dfrac{x_{\max} + x_{\min}}{2}$

3. 정밀도: 로트의 산포(σ^2)를 정의하는 통계량

1) 제곱합(SS : Sum of square)

$$SS = \Sigma(x_i - \overline{x})^2 = \Sigma x_i^2 - n(\overline{x})^2 = \Sigma x_i^2 - \dfrac{(\Sigma x_i)^2}{n}$$

제곱합은 확률이 아니므로 통계량이 아니지만, 검정 과정의 일부이므로 반드시 암기하세요!

2) 산포의 통계량

통계량	통계량의 측정방법
표본분산	$s^2 = \dfrac{SS}{n-1} = \dfrac{SS}{\nu}$
표본표준편차	$s = \sqrt{\dfrac{SS}{n-1}} = \sqrt{\dfrac{SS}{\nu}}$
변동계수	$CV = \dfrac{s}{\overline{x}}$
상대분산	$(CV)^2 \times 100\% = (\dfrac{s}{\overline{x}})^2 \times 100\%$
범위	$R = x_{\max} - x_{\min}$

4. 도수분포표에서의 통계량 계산법

통계량	통계량의 측정방법	도수표의 측정방법
표본평균	$\overline{x} = \dfrac{\Sigma x_i}{n}$	$\overline{x} = x_0 + h \times \dfrac{\Sigma f u_i}{\Sigma f_i}$
제곱합	$SS = \Sigma x_i^2 - \dfrac{(\Sigma x_i)^2}{n}$	$SS = h^2(\Sigma f u_i^2 - \dfrac{(\Sigma f u_i)^2}{\Sigma f_i})$

5. 공정능력지수

지수	측정방법
공정능력치	$\pm 3\sigma_w$
공정능력지수	$C_P = \dfrac{U-L}{\pm 3\sigma_w}$
공정성능지수	$P_P = \dfrac{U-L}{\pm 3\sigma_H}\ (\sigma_H^2 = \sigma_T^2 = \sigma_w^2 + \sigma_b^2)$
최소공정능력지수	$C_{pk} = \min(C_{PU}, C_{PL}) = \dfrac{U-\overline{x}}{3\sigma_w}\ or\ \dfrac{\overline{x}-L}{3\sigma_w}$

6. 공정능력지수의 판정기준

판정	판정기준	대책
0등급	PCI > 1.67	공정능력이 매우 우수하다. 관리를 간소화한다.
1등급	PCI > 1.33	공정능력이 양호하다.
2등급	PCI > 1.00	공정능력이 부족하다. 관리에 주의를 요한다.
3등급	PCI > 0.67	공정개선이 필요하다. 완성품에 대한 선별이 필요하다. 규격을 조정한다.
4등급	PCI < 0.67	

제2절 데이터와 기초확률분포 (양쌤의 품질교실 통계 103강, 104강)

1. 집합과 확률

① 표본공간의 발생 확률: $\Pr(\Omega) = 1$

② 사상 A의 발생 확률: $0 \leq \Pr(A) \leq 1$

③ 사상 A와 B의 합집합의 발생확률: $\Pr(A \cup B) = \Pr(A) + \Pr(B) - \Pr(A \cap B)$

④ 사상 A와 B의 합집합의 여집합의 발생확률: $\Pr(\overline{A \cup B}) = 1 - \Pr(A \cup B)$

⑤ 사상 A와 B가 서로 배반이면: $\Pr(A \cup B) = \Pr(A) + \Pr(B)$

　배반사상: $P(A \cap B) = \phi$

⑥ 사상 A와 B가 서로 독립이면: $\Pr(A \cup B) = \Pr(A) + \Pr(B) - \Pr(A)\Pr(B)$

　독립사상: $P(A \cap B) = P(A)P(B)$

⑦ 사상 A와 B가 조건부 확률일 때: $P(A \cap B) = P(A)P(B/A) = P(B)P(A/B)$

2. 베이스의 정리

(불량, 오류, 낙제생)이 있다. 이것이 가에서 나올 확률은?

➡ P(가/r)=(가의 불량, 오류, 낙제생)/(전체의 불량, 오류, 낙제생)

$$\Pr(B_1|A) = \frac{\Pr(B_1 \cap A)}{\Pr(A)} = \frac{\Pr(B_1 \cap A)}{\Sigma \Pr(B_i \cap A)} = \frac{\Pr(B_i)\Pr(A|B_i)}{\Sigma \Pr(B_i)\Pr(A|B_i)}$$

☞ 이 공식은 굳이 외우시지 않아도 문제를 쉽게 풀수 있으니 외우려고 노력하진 마세요!

3. 기대치의 특성

a, b를 상수, X, Y를 확률변수라 할 때

① $E(x) = \Sigma x p(x) = \mu$

② $E(ax + b) = E(ax) + E(b) = a\mu + b$

③ $E(ax \pm by \pm c) = a\mu_x \pm b\mu_y \pm c$

4. 분산의 특성

① $V(x) = E(x - \mu)^2 = E(x^2) - \mu^2 = \sigma^2 = \Sigma x^2 p(x) - \mu^2$

② $V(ax + b) = V(ax) = a^2 V(x)$　☞ 상수의 분산은 '0'이다.

③ 확률변수 X, Y가 독립인 경우(독립이면 공분산은 0이다.)

　$V(ax \pm by \pm c) = a^2 V(x) + b^2 V(y)$

④ 확률변수 X, Y가 독립이 아닌 경우

　$V(ax \pm by \pm c) = a^2 V(x) + b^2 V(y) \pm 2ab\sigma_{xy}$

5. 공분산(covariance)과 상관계수(correlation)

① $Cov = \sigma_{xy} = S_{xy}/(n-1) = E(xy) - E(x)E(y)$

확률변수 X, Y가 독립인 경우 $\sigma_{xy} = E(xy) - E(x)E(y) = 0$

확률변수 X, Y가 독립이 아닌 경우 $\sigma_{xy} = E(xy) - E(x)E(y) \neq 0$

② $Corr(x, y) = \rho_{xy} = \dfrac{\sigma_{xy}}{\sigma_x \sigma_y} = \dfrac{\sigma_{xy}}{\sqrt{\sigma_x^2 \times \sigma_y^2}}$

6. 분산의 가법법칙(두 사상이 상호 독립인 경우)

두 사상 x, y가 상호 독립이면서 $N_x \sim (\mu_x, \sigma_x^2)$, $N_y \sim (\mu_y, \sigma_y^2)$을 따를 때
$N_{x \pm y} \sim (\mu_x \pm \mu_y, \sigma_x^2 + \sigma_y^2)$

핵심/문제/풀이 | 제1장 데이터와 기초확률분포 (양쌤의 품질교실 통계 실기 제401강)

술술 풀어보는 키포인트

[출제 경향]

ⓐ 통상 데이터를 5~10여개 준 상태에서 소문항이 3~6개 제시되며 채점은 소문항 별로 각각 점수를 부여합니다.

ⓑ 유사문제 출제빈도는 10년간 1회로 낮은 편입니다.

ⓒ 배점은 소문항 당 1 또는 2점으로 총 4~8점 정도로 출제됩니다.

ⓓ 통계량 계산문제의 경우 평균은 중앙값, 평균범위, 산포는 변동계수나 상대분산의 출제빈도가 높습니다.

[채점 및 답안 작성 포인트]

ⓐ 답안 작성 난에는 답난과 풀이과정난이 별도로 되어 있으므로 둘 다 반드시 기록해야 합니다.

ⓑ 평균처럼 계산기로 답이 바로 구해 지더라도 수식이나 식 둘 중 하나를 써야 합니다. 수식이나 식을 쓰지 않고 답을 쓰는 경우 틀리게 채점할 수 있으므로 주의하세요!

ⓒ 채점기준 소문항당 수식과 답이 모두 옳아야 득점 그 외는 0점. 즉 소문항별로 채점하는 문제입니다.

01

다음 데이터에 대하여 물음에 답하시오. (10년, 17년 2회)

[DATA]
25.4   30.5   40.0   32.6   39.3   27.5

가. 제시된 중심위치 통계량을 구하시오.

① $\bar{x}$ (표본평균)
② $\tilde{x}$ (중앙값)
③ M_d (미드레인지)

나. 제시된 산포에 관한 통계량을 구하시오.

① R (범위)
② SS (제곱 합)
③ s^2 (표본분산)
④ s (표본 표준편차)
⑤ CV (변동계수)
⑥ 상대분산 $(CV)^2$

풀이

가. 중심위치 통계량

① $\bar{x} = \dfrac{\Sigma x_i}{n} = \dfrac{25.4 + 30.5 + \cdots\cdots + 27.5}{6} = 32.55$

② $\tilde{x} = \dfrac{30.5 + 32.6}{2} = 31.55$

③ $M_d = \dfrac{1}{2}(\max + \min) = \dfrac{1}{2}(25.4 + 40.0) = 32.7$

나. 산포에 관한 통계량

① $R = x_{\max} - x_{\min} = 40.0 - 25.4 = 14.6$

② $SS = \Sigma x_i^2 - \dfrac{(\Sigma x_i)^2}{n}$

$= (25.4^2 + \cdots + 27.5^2) - \dfrac{(25.4 + \cdots + 27.5)^2}{6} = 181.895$

③ $s^2 = V = \dfrac{SS}{n-1} = \dfrac{181.895}{5} = 36.379$

④ $s = \sqrt{V} = \sqrt{36.379} = 6.03150$

⑤ $CV = \dfrac{s}{\bar{x}} \times 100 = \dfrac{6.03150}{32.55} \times 100 = 18.53\%$

⑥ $CV^2 = \left(\dfrac{s}{\bar{x}}\right)^2 \times 100 = \left(\dfrac{6.03150}{32.55}\right)^2 \times 100 = 3.434\%$

유/사/문/제

다음은 어떤 로트에서 시료 20개를 뽑아 측정한 데이터이다. 물음에 대한 통계량을 구하시오. (12년, 16년 1회)

[DATA]
140 140 140 140 140 145 145 145 155 155
165 165 180 180 150 150 200 205 205 210

① 중앙값 ② 범위의 중앙치
③ 평균제곱 ④ 변동계수
⑤ 상대분산

풀이

① $\tilde{x} = \dfrac{150 + 155}{2} = 152.5$

② $M_d = \dfrac{1}{2}(\max + \min) = \dfrac{1}{2}(140 + 210) = 175$

③ $MS = s^2 = 24.89319^2 = 619.67105$

④ $CV = \dfrac{s}{\bar{x}} \times 100 = \dfrac{24.89319}{162.75} \times 100 = 15.29536\%$

⑤ $CV^2 = \left(\dfrac{s}{\bar{x}}\right)^2 \times 100 = \left(\dfrac{24.89319}{162.75}\right)^2 \times 100 = 2.33948\%$

02

다음은 콜라에 포함된 당분의 함량을 측정한 결과를 도수표로 나타낸 것이다. 당분의 관리 규격은 9.7~10.2이다. 다음 물음에 답하시오.
(12년, 14년, 17년 1회)

술술 풀어보는 키포인트

ⓓ 변동계수나 상대분산은 백분율 표시가 원칙이지만 소수점으로 답해도 정답으로 처리됩니다.

[채점 및 답안 작성 포인트]

ⓐ 이 데이터는 순위와 관계없이 나열된 데이터이므로 답안 작성 시 주의하셔야 합니다.

ⓑ 평균제곱은 불편분산을 의미합니다.

ⓒ 답안 작성란에는 답란과 풀이과정 난이 별도로 되어 있으므로 둘 다 반드시 기록해야 합니다.

[출제 경향]

ⓐ '05년 이전에는 도수표를 작성하는 문항도 출제되었지만, 현재는 도수표를 보기와 같이 제시한 후 소문항이 3~4개 제시되며 채점은 소문항 별로 점수를 부여합니다.

ⓑ 유사문제 출제빈도는 3년간 1회 정도로 보통인 편입니다.

ⓒ 배점은 소문항 당 2~3점으로 전체 배점은 총 10±α 점으로 매우 높은 편이므로 반드시 익혀두도록 합니다.

계급	x_i	f_i	u_i	$f_i u_i$	$f_i u_i^2$
9.755 ~ 9.825	9.79	2	-3	-6	18
9.825 ~ 9.895	9.86	11	-2	-22	44
9.895 ~ 9.965	9.93	22	-1	-22	22
9.965 ~ 10.035	10.00	34	0	0	0
10.035 ~ 10.105	10.07	18	1	18	18
10.105 ~ 10.175	10.14	9	2	18	36
10.175 ~ 10.245	10.21	3	3	9	27
10.245 ~ 10.315	10.28	1	4	4	16
		100		-1	181

가. 공정의 평균과 표준편차를 구하시오.

나. 규격상한과 규격하한이 포함된 히스토그램을 작도하시오.

다. 공정이 정규분포를 따르는 경우 규격을 벗어나는 확률을 구하시오.

라. 공정능력지수를 구하고 공정능력을 평가하시오.

마. 최소공정능력지수를 구하고 공정능력을 평가하시오.

바. 변동계수(CV)를 구하시오.

[채점 및 답안 작성 포인트]

가.
ⓐ 채점기준은 수식과 답이 모두 옳으면 평균, 표준편차 각 2점, 그 외는 0점입니다.
ⓑ 표준편차의 경우 반드시 자유도로 나누어야 정답입니다. 즉 100으로 나누면 0점입니다. 그리고 이것이 틀리면 향후 풀이가 옳아도 모두 0점 처리되므로 꼭 옳은 답을 구하셔야 합니다. 즉 이 답이 틀리면 이 이하 문제는 모두 0점이 됩니다.

나.
ⓐ 그래프 작도는 정확지 않아도 대략 도수(y축)가 맞아야 합니다. 그리고 지문이 규격을 표기하도록 요구하므로 답안과 같이 규격이 표기되어 있어야 합니다.
ⓑ 규격과 도수가 옳으면 3점 그 외는 0점

풀이

가. ① $\bar{x} = x_0 + h \dfrac{\Sigma f_i u_i}{\Sigma f_i} = 10.00 + 0.07 \times \dfrac{-1}{100} = 9.9993$

② $SS = h^2 \times \left(\Sigma f_i u_i^2 - \dfrac{(\Sigma f_i u_i)^2}{\Sigma f_i} \right)$

$= 0.07^2 \times \left(181 - \dfrac{(-1)^2}{100} \right) = 0.88685$

③ $s = \sqrt{\dfrac{SS}{\Sigma f_i - 1}} = \sqrt{\dfrac{0.88685}{99}} = 0.09465$

나.

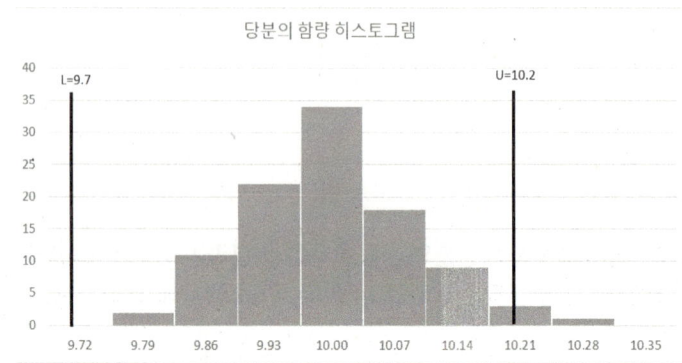

당분의 함량 히스토그램

다. $P\% = \Pr(X > 10.2) + \Pr(X < 9.7)$
$= \Pr(z > \dfrac{10.2 - 9.9993}{0.09465}) + \Pr(z < \dfrac{9.7 - 9.9993}{0.09465})$
$= \Pr(z > 2.12) + \Pr(z < -3.16)$
$= 0.0170 + 0.00079 = 0.01779$

라. $PCI(Cp) = \dfrac{U - L}{6\sigma_w} = \dfrac{10.2 - 9.7}{6 \times 0.09465} = 0.88044$

판정: 공정능력은 3등급이다.

마. $PCI(Cpk) = C_{PU} = \dfrac{U - \bar{x}}{3\sigma_w} = \dfrac{10.2 - 9.9993}{3 \times 0.09465} = 0.70684$

판정: 최소공정능력은 3등급이다.

바. $CV = \dfrac{s}{\bar{x}} \times 100\% = \dfrac{0.09465}{9.9993} \times 100\% = 0.9465\%$

유/사/문/제 1

다음 데이터는 Y 공장의 한 로트에서 랜덤하게 64개를 취하여 측정한 데이터를 도수표로 나타낸 것이다. 규격이 25 ~ 55일 때 물음에 답하시오.

(14년, 17년 4회)

계급	x_i	f_i	u_i	$f_i u_i$	$f_i u_i^2$
28.5 ~ 32.5	30.5	1	-3	-3	9
32.5 ~ 36.5	34.5	8	-2	-16	32
36.5 ~ 40.5	38.5	15	-1	-15	15
40.5 ~ 44.5	42.5	23	0	0	0
44.5 ~ 48.5	46.5	7	1	7	7
48.5 ~ 52.5	50.5	5	2	10	20
52.5 ~ 56.5	54.5	5	3	15	45
합계		64		-2	128

가. 공정의 평균과 불편분산을 구하시오.

나. 공정이 정규분포를 따르는 경우 규격을 벗어나는 확률을 구하시오.

다. 최소공정능력지수를 구하고 공정능력을 평가하시오.

풀이

가. ① $\bar{x} = x_0 + h \dfrac{\Sigma u_i f_i}{\Sigma f_i} = 42.5 + 4 \times \dfrac{-2}{64} = 42.375$

② $SS = h^2 \times \left(\Sigma f_i u_i^2 - \dfrac{(\Sigma f_i u_i)^2}{\Sigma f_i} \right)$

$$= 4^2 \times (128 - \frac{(-2)^2}{64}) = 2047$$

③ $V = \dfrac{SS}{\Sigma f_i - 1} = \dfrac{2047}{64-1} = 32.49206$

나. $P\% = \Pr(X>55) + \Pr(X<25)$

$\quad = \Pr(z > \dfrac{55-42.375}{5.70018}) + \Pr(z < \dfrac{25-42.375}{5.70018})$

$\quad = \Pr(z > 2.21484) + \Pr(z < -3.04815)$

$\quad \fallingdotseq \Pr(z > 2.21) + \Pr(z < -3.05)$

$\quad = 0.0136 + 0.00114 = 0.01474$

다. 평균이 규격상한에 더 가까우므로 $C_{PK} = C_{PKU}$

$PCI(Cpk) = C_{PU} = \dfrac{U - \bar{x}}{3\sigma_w} = \dfrac{55 - 42.375}{3 \times 5.70018} = 0.73828$

판정: 최소공정능력은 3등급이다.

유/사/문/제 2

21개의 데이터를 랜덤 샘플링하여 $X_i = (x_i - 10) \times 20$로 수치변환한 결과 $\bar{X} = 40$, $SS_X = 2000$을 얻었다. 원래의 데이터로 분석할 경우 $\bar{x}$와 s^2은 각각 얼마인가?   (17년 1회)

풀이

먼저 $x_i = 10 + \dfrac{X_i}{20}$이므로

① $\bar{x} = E(10 + \dfrac{X}{20}) = 10 + \dfrac{40}{20} = 12$

② $MS_X = V_X = \dfrac{2000}{20} = 100$

$s^2 = V(10 + \dfrac{X}{20}) = V(\dfrac{X}{20}) = \dfrac{100}{20^2} = 0.25$

03

1에서 15까지 카드번호를 정한 후 섞어서 1매를 샘플링 할 때 2의 배수 또는 3의 배수가 될 확률을 구하시오.   (15년 2회)

풀이

2의 배수 = $\{2, 4, 6, 8, 10, 12, 14\}$
3의 배수 = $\{3, 6, 9, 12, 15\}$
$\Pr(A \cup B) = P(A) + P(B) - \Pr(A \cap B)$
$\qquad\qquad = \dfrac{7}{15} + \dfrac{5}{15} - \dfrac{2}{15} = \dfrac{2}{3}$

유/사/문/제 1

주사위를 2번 연속하여 던질 때 각각의 눈의 확률변수를 X_1, X_2라 할 때, 두 확률변수의 합이 6 미만일 확률을 구하시오. (13년 4회)

풀이

$(X_1 + X_2 \leq 6) = \{(1,1), (1,2), (1,3), (1,4), (2,1), (2,2),$
$\qquad\qquad\qquad\qquad (2,3), (3,1), (3,2), (4,1)\}$
$\Pr(X_1 + X_2 \leq 6) = \dfrac{10}{36} = \dfrac{5}{18}$

유/사/문/제 2

3개의 상자에 각각 1부터 5까지의 숫자 카드가 들어 있다. 각 주머니에서 숫자 카드를 하나씩 꺼낸 숫자를 더했을 경우 합이 5 이상이 될 확률을 구하시오. (15년 1회)

풀이

$X \leq 4 = \{(1,1,1), (1,1,2), (1,2,1), (2,1,1)\}$
$\Pr(X \geq 5) = 1 - \Pr(X \leq 4) = 1 - \dfrac{4}{5^3} = \dfrac{121}{125}$

04

A와 B 두 개의 연속공정으로 이루어지는 제품 공정에서 A 공정의 부적합품률이 5%, B 공정의 부적합품률이 3%일 경우 전체 공정의 부적합품률을 구하시오. (11년)

풀이

A 공정과 B 공정의 부적합품률은 상호 독립이므로
부적합품률 $\Pr(A \cup B) = \Pr(A) + \Pr(B) - \Pr(A) \times \Pr(B)$
$\qquad\qquad\qquad\qquad = 0.05 + 0.03 - 0.05 \times 0.03 = 0.0785$

술술 풀어보는 키포인트

[채점 및 답안 작성 포인트]
ⓐ 수식과 답이 모두 옳아야 정답이고 수식은 공식이건 숫자로 표기하건 한가지로 하시면 됩니다.
ⓑ 답안은 백분율, 분수 또는 소수점 관계없이 모두 옳습니다. 실수를 줄이기 위해 둘 다 쓰진 마세요.

[채점 및 답안 작성 포인트]
ⓐ 주사위를 던져서 나오는 확률은 하나를 2번 던지던 2개를 동시에 던지던 모두 복원추출입니다. 옳으면 4점, 그 외는 0점

[채점 및 답안 작성 포인트]
ⓐ 출현하는 총 경우의 수는 독립시행이므로 $5^3 = 125$ 옳으면 4점, 그 외는 0점

[출제 경향]
ⓐ 이러한 유형은 확률문제로 주로 독립을 조건으로 출제됩니다. 조립 부품이나 공정 간에는 당연히 상호 독립이 됩니다.
ⓑ 유사문제 출제빈도는 10년간 1회로 낮은 편입니다.

[채점 및 답안 작성 포인트]
ⓐ 배점은 단일문항으로 4점 정도로 출제됩니다.

ⓑ 수식과 답이 모두 옳아야 정답이고 수식은 공식이건 숫자로 표기하건 한가지로 하시면 됩니다.
ⓒ 답안은 백분율 또는 소수점 관계없이 모두 옳습니다. 실수를 줄이기 위해 둘 다 쓰진 마세요.

[출제 경향]
ⓐ 조건부 확률은 공식을 사용하지 않고 상식적으로 풀 수 있습니다.
ⓑ 유사문제 출제빈도는 10년간 1회 이하로 낮은 편입니다.

[채점 및 답안 작성 포인트]
ⓐ 조건부 확률로 계산하지 않고 상식적인 풀이로 풀어도 됩니다.
ⓑ 배점은 4점 내외이며 수식과 답이 모두 옳아야 득점 그 외는 0점

[출제 경향]
ⓐ 베이시안 문제의 출제빈도는 3년에 1회 정도로 보통인 편입니다.
ⓑ 출제 시 단독문제로 소문항 없이 배점은 4점 내외입니다.

[채점 및 답안 작성 포인트]
ⓐ 수식 답이 모두 옳으면 4점, 그 외는 0점입니다. 소수점 확률 모두 정답처리 됩니다.

유/사/문/제

중간 공정 A의 부적합품률이 5%, 공정 A의 양품만을 투입하여 작업한 최종 공정 B의 부적합품률이 3%일 때, 이 원료가 적합품이 될 확률을 구하시오.
(19년 4회)

풀이

$$P(A \cap B) = P(A) \times P(B) = 0.95 \times 0.97 = 0.9215$$

05

다음은 2020년도 프로구단 드래프트에 응한 종목별 선수에 대한 선발결과이다. 아나운서가 인터뷰를 위해 축구선수 한 사람을 임의로 뽑았을 경우, 이 선수가 드래프트에 선발되었을 확률은?

	축구선수	야구선수	계
탈락자	350	150	500
선발자	70	30	100
계	420	180	600

풀이

(1) 축구선수 중 선발 비율이므로
$$\Pr(선발자/축구선수) = \frac{\Pr(선발자 \cap 축구선수)}{\Pr(축구선수)}$$
$$= \frac{70/600}{420/600} = 0.16667$$

(2) 또는 $\frac{70}{420} = 0.16667$

유/사/문/제

어느 검사원의 검사능력은 적합을 부적합으로 판정하는 오류 10%, 부적합품을 적합품으로 판정하는 오류가 20%이다. 공정의 부적합품률이 5%일 경우, 이 검사원이 부적합품으로 판정한 제품이 적합품일 확률을 구하시오.
(16년 1회)

풀이

① 부적합품을 부적합품이라 할 확률:
$$0.05 \times (1 - 0.2) = 0.04$$

② 적합품을 부적합품이라 할 확률:
$0.95 \times 0.10 = 0.095$

③ 부적합품 판정품이 적합품일 확률:
$\dfrac{0.095}{0.04+0.095} = 0.70370$

06

어느 세차장의 일요일 오후 2시와 4시 사이에 세차서비스를 받고 가는 차의 수를 확률변수 X라 할 경우의 확률분포가 다음과 같다. (11년, 17년 2회)

X_i	5	6	7	8	9
P_i	$\dfrac{1}{6}$	$\dfrac{1}{3}$	$\dfrac{1}{4}$	$\dfrac{1}{6}$	$\dfrac{1}{12}$

가. 확률변수에 대한 기댓값과 분산을 구하시오.

나. 세차장 사장이 종업원에게 지불하는 수당이 확률변수 X에 대해 $g(X) = 2X + 5(\$)$일 경우, 종업원의 기대수익을 구하시오.

풀이

가. 확률분포를 정리하면

X_i	5	6	7	8	9
X_i^2	25	36	49	64	81
P_i	$\dfrac{1}{6}$	$\dfrac{1}{3}$	$\dfrac{1}{4}$	$\dfrac{1}{6}$	$\dfrac{1}{12}$

① $E(X) = \Sigma XP(X)$
$= 5 \times \dfrac{1}{6} + \cdots\cdots + 9 \times \dfrac{1}{12} = \dfrac{20}{3} = 6.66667$

② $E(X^2) = \Sigma X^2 P(X)$
$= 5^2 \times \dfrac{1}{6} + \cdots\cdots + 9^2 \times \dfrac{1}{12} = \dfrac{275}{6} = 45.83333$

③ $V(X) = E(X^2) - [E(X)]^2 = \dfrac{275}{6} - (\dfrac{20}{3})^2 = 1.38884$

나. 종업원의 기대수익
$E(g(X)) = E(2X+5) = 2E(X) + 5$
$= 2 \times \dfrac{20}{3} + 5 = 18.33333$

술술 풀어보는 키포인트

ⓑ 제품(적합품과 부적합품)의 실제 부적합 판정이 주요 사상이 됨

ⓒ 부적합 판정품 중 부적합이 아닌 제품의 비율을 구하는 문제임

[출제 경향]

ⓐ 확률변수의 출제문제는 5년 1회 정도의 낮은 빈도로 출제되지만, 확률의 기본 개념이므로 익혀두어야 합니다.

ⓑ 출제되는 경우 확률, 기댓값, 분산 중 2문항으로 항목당 3점씩 배점은 6점

[채점 및 답안 작성 포인트]

ⓐ 기댓값과 분산의 확률문제이므로 E(x), V(x)의 기본공식에 대입하여 구합니다.

ⓑ '가'항은 기댓값과 분산 각각 식과 답이 모두 옳으면 3점, 그 외는 0점

ⓒ '나'항은 E(g(x))의 개념문제로 옳으면 3점 그 외는 0점

술술 풀어보는 키포인트

[채점 및 답안 작성 포인트]
ⓐ 기댓값과 분산의 확률문제이므로 $E(x), V(x)$의 기본공식에 대입하여 구합니다.
ⓑ 기댓값과 분산 각각 식과 답이 모두 옳으면 3점, 그 외는 0점

[출제 경향]
ⓐ 기댓값의 기본원리에 관한 문제는 10년 1회 정도의 비율로 출제빈도는 낮은 편입니다.
ⓑ 배점은 소문항의 수에 따라 다르며 각 3점 총 6점 내외로 출제됩니다.

[채점 및 답안 작성 포인트]
ⓐ 기댓값과 분산의 확률문제로 $E(x), V(x)$의 기본공식에 대입하여 구합니다.
ⓑ 분산은 서로 독립이므로 공분산이 없으며, 각 항목당 수식과 답이 옳으면 각 3점, 그 외는 0점

유/사/문/제

확률변수 X의 확률분포가 아래 표와 같다. 확률변수 Y의 함수식이 $Y = 2X + 8$로 정의될 경우의 기댓값과 분산을 구하시오. **(13년 4회)**

X	0	1	2	3	4
$P(X)$	0.1	0.2	0.3	0.3	0.1

풀이

① $E(X) = \Sigma XP(X)$
$\quad = (0 \times 0.1) + (1 \times 0.2) + \cdots + (4 \times 0.1) = 2.1$
② $E(X^2) = \Sigma X^2 P(X)$
$\quad = (0^2 \times 0.1) + (1^2 \times 0.2) \cdots + (4^2 \times 0.1) = 5.7$
③ $V(X) = E(X^2) - [E(X)]^2 = 5.7 - (2.1)^2 = 1.29$
따라서,
$E(Y) = E(2X + 8) = 2E(X) + 8 = 2(2.1) + 8 = 12.2$
$V(Y) = V(2X + 8) = 4V(X) = 4 \times 1.29 = 5.16$

07

확률변수 X, Y는 각각 $N_X \sim (13, 3^2)$, $N_Y \sim (15, 2^2)$을 따른다. 확률변수 X와 Y가 서로 독립일 경우, $Z = 2X - 3Y + 4$의 기댓값과 분산을 구하시오.

풀이

① $E(Z) = E(2X - 3Y + 4)$
$\quad = 2 \times 13 - 3 \times 15 + 4 = -15$
② $V(Z) = V(2X - 3Y + 4)$
$\quad = 4 \times 3^2 + 9 \times 2^2 = 72$

제 2 장 여러가지 확률분포의 기초

제1절 이산확률분포의 기초 (양쌤의 품질교실 통계 105강, 106강)

1. 이산형의 확률분포

확률분포	평균	분산	수식	특징
초기하분포	nP	$\dfrac{N-n}{N-1}nP(1-P)$	$\dfrac{{}_{Np}C_x \times {}_{N-Np}C_{n-x}}{{}_{N}C_n}$	비복원추출 & $N < 10n$
이항분포	nP	$nP(1-P)$	${}_{n}C_x p^x (1-p)^{n-x}$	복원추출 or $N = \infty$
푸아송분포	nP	$nP = m$	$e^{-np}\dfrac{m^x}{x!}$	$n = \infty$ & $P \approx 0$

2. 이산확률분포의 근사관계

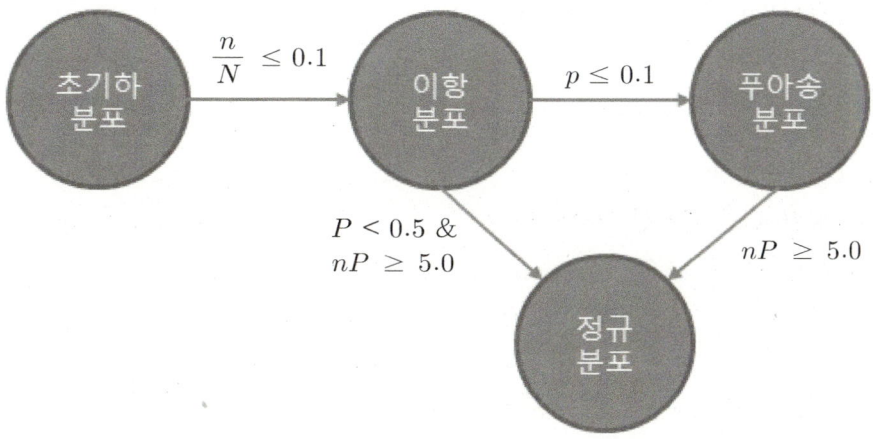

제2절 연속확률분포의 기초 (양쌤의 품질교실 통계 107강)

1. 정규분포(normal Distribution) N~(μ, σ^2)

① 확률밀도함수: $f(x) = \dfrac{1}{\sigma\sqrt{2\pi}} e^{-\dfrac{(x-\mu)^2}{2\sigma^2}}$ ($-\infty \leq x \leq \infty$)

② 모평균(위치 모수): $E(x) = \mu$

③ 모분산(규모 모수): $V(X) = \sigma^2$

④ 정규분포의 구간확률

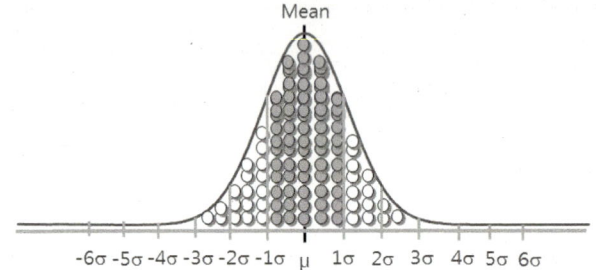

ⓐ $\Pr(\mu \pm 1\sigma) = 0.6827$
ⓑ $\Pr(\mu \pm 2\sigma) = 0.9545$
ⓒ $\Pr(\mu \pm 3\sigma) = 0.9973$

2. 표준정규분포(standardized normal distribution) $N \sim (0, 1^2)$

$N \sim (\mu, \sigma^2)$를 따르는 확률변수 X를 표준화 확률변수 $z = \dfrac{X-\mu}{\sigma}$로 변환하면, 표준화 확률변수 z는 $N \sim (0, 1^2)$인 표준정규분포를 따른다.

① 확률밀도함수: $f(z) = \dfrac{1}{\sqrt{2\pi}} \cdot e^{-\dfrac{z^2}{2}}$

② 기댓값: $E(z) = 0$, $V(z) = 1$

③ 〈표준정규분포표〉를 활용한 확률의 측정

  ⓐ 상한부적합품률(upper fraction nonconforming: U)

  $P_U = \Pr(X > U) = \Pr\left(\dfrac{X-\mu}{\sigma} > \dfrac{U-\mu}{\sigma}\right) = \Pr\left(z > \dfrac{U-\mu}{\sigma}\right)$

  ⓑ 하한부적합품률(lower fraction nonconforming: L)

  $P_L = \Pr(X < L) = \Pr\left(\dfrac{X-\mu}{\sigma} < \dfrac{L-\mu}{\sigma}\right) = \Pr\left(z < \dfrac{L-\mu}{\sigma}\right)$

  ⓒ 총부적합품률(total fraction nonconforming)

  $P\% = \Pr\left(z > \dfrac{U-\mu}{\sigma}\right) + \Pr\left(z < \dfrac{L-\mu}{\sigma}\right)$

④ z값: 확률 α에 대한 표준정규분포 좌표값

α = 5%

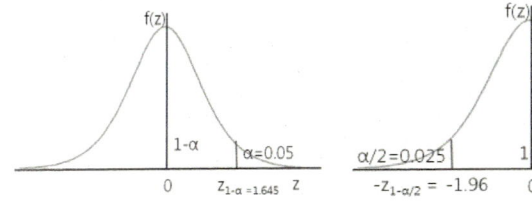

α	0.01	0.05	0.10
$z_{1-\alpha}$	2.326(2.33)	1.645	1.282
$z_{1-\alpha/2}$	2.576(2.58)	1.960	1.645

제3절 통계량의 분포의 기초 (양쌤의 품질교실 통계 108강, 109강)

1. 표본평균($\overline{x}$)의 분포

① 평균치 $\overline{X}$의 확률분포: $N_{\overline{x}} \sim (\mu, \dfrac{\sigma^2}{n})$

② 평균치의 기댓값: $E(\overline{x}) = \mu = E(x)$

③ 평균치의 오차분산: $V(\overline{x}) = \dfrac{\sigma^2}{n} = \dfrac{V(x)}{n}$

④ 표본평균의 z 변환: $z = \dfrac{\overline{x} - E(\overline{x})}{D(\overline{x})} = \dfrac{\overline{x} - \mu_0}{\sigma_0/\sqrt{n}}$

2. t 분포

① 모표준편차를 모르는 평균치의 추정에 적용하며, $\nu > 30$이면 정규분포에 근사한다.

$t = \dfrac{\overline{x} - \mu_0}{s/\sqrt{n}}$ (단, $\nu = n-1$)

② $t_{1-\alpha/2}(\nu = \infty) = z_{1-\alpha/2}$

③ $(t_{1-\alpha/2}(\nu))^2 = F_{1-\alpha}(1, \nu)$

④ 기댓값: $E(t) = 0$

⑤ 분산: $V(t) = \dfrac{\nu}{\nu - 2} > 1$

3. χ^2 분포(chi-squared distribution)

① 모분산의 추정에 적용한다.

$$\chi^2 = \frac{SS}{\sigma^2} = \frac{(n-1)s^2}{\sigma^2} = \nu \times \frac{s^2}{\sigma^2}$$

② $\chi^2_{1-\alpha}(1) = (z_{1-\alpha/2})^2$

③ $\chi^2(\nu) = \nu F(\nu, \infty)$

④ 기댓값: $E(\chi^2) = \nu$

⑤ 분산: $V(\chi^2) = 2\nu$

4. F 분포

① 독립적인 두 개의 분산의 비를 평가하는데 유용한 분포이다.

$$F = \frac{V_A}{V_B} \sim F_{1-\alpha}(\nu_A, \nu_B)$$

② $F_{1-\alpha}(\nu_1, \nu_2) = \dfrac{1}{F_\alpha(\nu_2, \nu_1)}$

③ 기댓값: $E(F) = \dfrac{\nu_2}{\nu_2 - 2}$

④ 분산: $V(F) = \left(\dfrac{\nu_2}{\nu_2 - 2}\right)^2 \times \dfrac{2(\nu_1 + \nu_2 - 2)}{\nu_1(\nu_2 - 4)}$

5. 산포의 통계량 분포

① 범위의 기댓값: $E(R) = d_2 \sigma = \overline{R}$

② 범위의 표준편차: $D(R) = d_3 \sigma$

③ 표준편차의 기댓값: $E(s) = c_4 \sigma = \overline{s}$

④ 표준편차의 표준편차: $D(s) = c_5 \sigma$

⑤ 표준편차의 점 추정치: $\hat{\sigma} = \dfrac{\overline{s}}{c_4} = \dfrac{\overline{R}}{d_2}$

⑥ 표본분산의 기댓값: $E(s^2) = \sigma^2$

⑦ 제곱합의 기댓값: $E(SS) = E(\nu s^2) = \nu E(s^2) = \nu \sigma^2$

핵심/문제/풀이 | 제2장 여러가지 확률분포의 기초 (양쌤의 품질교실 실기 제402강)

01

용기에 흰 공 3개, 붉은 공 2개가 담겨 있다. 이 용기에서 2개의 공을 샘플링 하였을 때 다음 물음에 답하시오. (16년 2회)

가. 붉은 공이 하나도 나오지 않을 확률
나. 붉은 공이 하나가 나올 확률
다. 붉은 공이 2개가 나올 확률

풀이

가. $\Pr(X=0) = \dfrac{{}_2C_0 \times {}_3C_2}{{}_5C_2} = 0.3$

나. $\Pr(X=1) = \dfrac{{}_2C_1 \times {}_3C_1}{{}_5C_2} = 0.6$

다. $\Pr(X=2) = \dfrac{{}_2C_2 \times {}_3C_0}{{}_5C_2} = 0.1$

유/사/문/제 1

용기에 적, 황, 백, 흑색인 4종류의 전구가 들어 있다. 이 용기에서 전구를 샘플링하여 확인하고 다시 용기에 넣는 방법으로 5번을 샘플링 했을 경우 백색 전구가 1개 이상 나올 확률을 구하시오. (10년)

풀이

$\Pr(X \geq 1) = 1 - \Pr(X=0) = 1 - {}_5C_0 \left(\dfrac{1}{4}\right)^0 \left(\dfrac{3}{4}\right)^5 = 0.76270$

유/사/문/제 2

어떤 로트에서 $n=100$인 샘플링을 할 경우, 확률변수 $X=2$인 확률은 $\Pr(X=2) = {}_{100}C_2 0.05^x (1-0.05)^{100-x}$로 구할 수 있다고 한다. 이때 확률변수 X의 기댓값과 분산을 구하시오. (16년 4회)

풀이

$E(x) = nP = 100 \times 0.05 = 5$
$V(x) = nP(1-P) = 100 \times 0.05 \times 0.95 = 4.75$

[출제 경향]

ⓐ 초기하분포는 개별적으로는 10년 1회꼴로 출제되지만, 계수치 분포가 연합되어서는 자주 출제됩니다. 공식을 외워두세요.
ⓑ 이 문제의 확률변수는 붉은 공이 됩니다. 즉 확률변수 X=0, 1, 2인 문제입니다.

[채점 및 답안 작성 포인트]

ⓐ 각각 옳으면 2점, 그 외는 0점
ⓑ 비복원추출이므로 초기하분포를 따릅니다.

[채점 및 답안 작성 포인트]

ⓐ 이 문제는 원 상태로 한 후 다시 샘플링하는 방식이므로 복원추출입니다. 그러므로 이항분포를 따릅니다.
ⓑ 1개 이상 나오는 경우는 1에서 하나도 안 나오는 경우를 빼서 구하는 것이 효과적입니다. 옳으면 4점 그 외는 0점

[채점 및 답안 작성 포인트]

ⓐ 초기하분포로 계산하려면 먼저 부적합품수와 적합품수를 구하여야 합니다.

술술 풀어보는 키포인트

[채점 및 답안 작성 포인트]

ⓐ 단위면적당 부적합수는 푸아송분포를 따릅니다.

ⓑ 푸아송분포를 적용하기 위해서는 평균 부적합수 m을 먼저 구하여야 합니다.

[출제 경향]

ⓐ 초기하분포, 이항분포 및 푸아송분포의 비교를 질의하는 형태로 산업기사에 2년 1회 정도의 빈도로 자주 출제됩니다.

유/사/문/제 3

부적합품률이 3%인 어느 공정에서 로트의 크기 $N=500$인 모집단에서 $n=20$인 랜덤 샘플링을 하였을 경우 부적합품이 1개가 나올 확률을 초기하분포와 이항분포로 각각 구하시오. (17년 4회)

풀이

가. 초기하분포 $NP = 500 \times 0.03 = 15$

$$\Pr(X=1) = \frac{{}_{15}C_1 \times {}_{485}C_{19}}{{}_{500}C_{20}} = 0.34588$$

나. 이항분포

$$\Pr(X=1) = {}_{20}C_1 (0.03)^1 (1-0.03)^{19} = 0.33637$$

유/사/문/제 4

단위 면적당 부적합 수 $m=3$인 모집단으로부터 시료 중에 부적합수가 1개 이하로 나타날 확률을 구하시오. (11년)

풀이

$$\Pr(X \leq 1) = e^{-3}(1+3) = 0.19915$$

유/사/문/제 5

A사에서 생산하는 환약은 병당 1000개씩 포장되어 있으며 형상 부적합품은 평균 4개로 알려져 있다. 임의로 30알을 샘플링 하였을 때 부적합품 수가 1개 이하이면 환약을 합격시키기로 하였다. 푸아송분포를 이용하여 환약의 합격률을 구하시오. (13년 2회)

풀이

$$m = nP = 30 \times \frac{4}{1000} = 0.12$$

$$L(P) = \Pr(X \leq 1) = e^{-0.12}(1+0.12) = 0.99335$$

02

부적합품률이 5%, N=100인 공정에서 4개의 표본을 샘플링 할 때 부적합품이 하나도 없을 확률을 초기하분포, 이항분포 및 푸아송분포로 각각 구하시오. (13년, 17년 4회)

풀이

① 초기하분포

$NP = 100 \times 0.05 = 5, \quad N - NP = 100 - 5 = 95$

$\Pr(X = 0) = \dfrac{{}_5C_0 \times {}_{95}C_4}{{}_{100}C_4} = 0.81188$

② 이항분포

$\Pr(X = 0) = {}_4C_0 (0.05)^0 (0.95)^4 = 0.81451$

③ 푸아송분포

$m = nP = 4 \times 0.05 = 0.2$

$\Pr(X = 0) = e^{-0.2} = 0.81873$

유/사/문/제 1

부적합품률이 4%, N=100인 공정에서 5개의 표본을 샘플링 할 경우 부적합품이 하나 이상 있을 확률을 초기하분포, 이항분포 및 푸아송분포로 각각 구하시오. (12년, 18년 1회)

풀이

① 초기하분포

$NP = 100 \times 0.04 = 4, \quad N - NP = 100 - 4 = 96$

$\Pr(X \geq 1) = 1 - \Pr(X = 0)$

$\qquad = 1 - \dfrac{{}_4C_0 \times {}_{96}C_5}{{}_{100}C_5} = 0.18812$

② 이항분포

$\Pr(X \geq 1) = 1 - \Pr(X = 0)$

$\qquad = 1 - {}_5C_0 (0.04)^0 (0.96)^5 = 0.18463$

③ 푸아송분포

$m = nP = 5 \times 0.04 = 0.2$

$\Pr(X \geq 1) = 1 - \Pr(X = 0)$

$\qquad = 1 - e^{-0.2} = 0.18127$

유/사/문/제 2

다음의 확률을 각각 계산하시오. (15년 2회, 15년 4회)

가. 부적합품률이 4%, N=50인 공정에서 5개의 표본을 샘플링 할 때 부적합품이 하나가 있을 확률을 초기하분포로 구하시오.

술술 풀어보는 키포인트

ⓑ 간혹 이항 확률지와 푸아송 확률지로 출제되는 때도 있으므로 수표 활용법을 알아 두시기 바랍니다.

[채점 및 답안 작성 포인트]

각각 수식 및 답이 모두 옳으면 3점 그 외는 0점

[채점 및 답안 작성 포인트]

ⓐ 하나 이상 포함될 확률은 1에서 하나도 포함되지 않을 확률을 빼서 구합니다.
ⓑ 수식 답이 각각 모두 옳으면 3점, 그 외는 0점

[출제 경향]

ⓐ 간혹 이질적 문제가 두 세 가지 섞여서 분포문제로 출제되기도 합니다.
ⓑ 통상 소문항이 2~3이며 점수는 문항당 3점 내외로 출제됩니다.

술술 풀어보는 키포인트

나. 부적합품률이 6%인 모집단에서 5개의 표본을 랜덤샘플링 했을 때 부적합품이 1개 이하일 확률을 이항분포로 구하시오.

다. 부적합품률이 1%인 크기 500인 모집단에서 n=10의 랜덤샘플링을 하였을 때 부적합품이 한 개 이하 포함되어 있을 확률(단, 푸아송분포로 구하시오.)

라. 일 사고 건수가 평균 3건인 집단에서 사고 건수가 3건 이상일 확률

풀이

가. $NP = 50 \times 0.04 = 2, \quad N - NP = 50 - 2 = 48$

$$\Pr(X=1) = \frac{{}_2C_1 \times {}_{48}C_4}{{}_{50}C_5} = 0.18367$$

나. $\Pr(X \leq 1) = {}_5C_0(0.06)^0(0.94)^5 + {}_5C_1(0.06)^1(0.94)^4$
$= 0.73390 + 0.23422 = 0.96813$

다. $m = nP = 10 \times 0.01 = 0.1$

$\Pr(X \leq 1) = e^{-0.1}(1 + 0.1) = 0.99532$

라. $m = 3$

$\Pr(X \geq 3) = 1 - \Pr(X \leq 2)$
$= 1 - e^{-3}(1 + 3 + \frac{3^2}{2!}) = 0.57681$

[채점 및 답안 작성 포인트]

ⓐ 일반적으로 분포문제는 어떤 분포로 풀라고 하면 그 분포로 풀어야만 정답 처리가 됩니다.
ⓑ 라항은 시간의 함수이므로 푸아송분포만 정답으로 처리됩니다.
ⓒ 수식 답이 모두 옳으면 각각 3점, 그 외는 0점입니다.

[출제 경향]

ⓐ 이 문제는 단위 환산문제입니다. 과거에 출제가 되었다가 뜸하지만, 간혹 한 번씩 출제됩니다.

유/사/문/제 3

1000개의 제품 중 950개가 적합품이며, 40개의 제품은 각각 1개의 부적합품, 5개의 제품은 각각 2개의 부적합품, 3개의 제품은 각각 3개, 2개의 제품은 각각 4개의 부적합품을 가지고 있을 때 다음 물음에 답하시오.

가. 부적합품 %

나. 100단위당 부적합수

다. 부적합품률을 ppm으로 구하시오.

풀이

가. $\frac{50}{1000} \times 100\% = 5\%$

나. $\frac{40 \times 1 + 5 \times 2 + 3 \times 3 + 2 \times 4}{1000} \times 100 = 6.7$

다. $\frac{50}{1000} \times 1,000,000 = 50,000 ppm$

03

어느 실험용 쥐에 대한 전염병의 치료율은 25%로 알려져 있다. 전염병에 걸린 실험용 쥐가 모두 20마리라 할 경우 주어진 수표를 활용하여 다음 물음에 답하시오. (14년 4회)

가. 쥐가 10마리 이상 치료될 확률
나. 쥐가 6마리 이상 12마리 이하로 치료될 확률
다. 5마리 생존할 확률

누적이항분포표: $\Pr(X \leq c) = \sum_{x=0}^{c} {}_nC_x P^x (1-P)^{n-x}$

c	$p=0.25$	c	$p=0.25$	c	$p=0.25$
0	0.0032	7	0.8981	14	1.0000
1	0.0243	8	0.9590	15	1.0000
2	0.0912	9	0.9861	16	1.0000
3	0.2251	10	0.9960	17	1.0000
4	0.4148	11	0.9990	18	1.0000
5	0.6171	12	0.9998	19	1.0000
6	0.7857	13	1.0000	20	1.0000

풀이

가. $\Pr(X \geq 10) = 1 - \Pr(X \leq 9)$
$= 1 - 0.9861 = 0.0139$

나. $\Pr(6 \leq X \leq 12) = \Pr(X \leq 12) - \Pr(X \leq 5)$
$= 0.9998 - 0.6171 = 0.3827$

다. $\Pr(X = 5) = \Pr(X \leq 5) - \Pr(X \leq 4)$
$= 0.6171 - 0.4148 = 0.2023$

유/사/문/제

어느 공장의 사고 발생은 푸아송분포를 따르며, 연간 종업원 1인당 사고 발생 건수는 1.7건이다. 이 공정에서 종업원 1인을 임의 추출하였을 때 누적 푸아송분포표를 활용하여 다음 물음에 답하시오.

가. 한 건의 사고도 내지 않았을 확률
나. 적어도 2건 이상의 사고를 낼 확률

c \ m	1.6	1.7	1.8	1.9
0	0.202	0.183	0.165	0.150
1	0.525	0.493	0.463	0.434
2	0.783	0.757	0.731	0.704
3	0.921	0.907	0.891	0.875
4	0.976	0.971	0.964	0.956

술술 풀어보는 키포인트

[출제 경향]
① 푸아송분포와 이항분포는 과거 수표를 주고 찾은 방법이 많았습니다. 그 경향으로 간혹 수표가 출제되는데 이 경우 표는 지문에 함께 제시됩니다. 그 수표가 누적표인지 아닌지가 관건이 됩니다. 10년 1회 미만으로 빈도 낮음
② 배점은 소문항 수에 따라 4~6점(통상 소문항 당 2점)

[채점 및 답안 작성 포인트]
ⓐ 시간에 따른 문제, 고장 건수, 사절 건수, 안전사고 건수 등은 푸아송분포를 따릅니다.
ⓑ 계수형 확률문제는 이상, 미만, 등 용어의 적용에 따라 값이 바뀔 수 있음을 유의하세요.
ⓒ 수식 답이 모두 옳으면 각각 2점, 그 외는 0점으로 채점합니다.

[출제 경향]
ⓐ 이 문항의 유사문제 출제빈도는 3년 1회 정도입니다.
ⓑ 통상 소문항이 1~2이며 점수는 4~6점으로 출제됩니다.

[채점 및 답안 작성 포인트]
ⓐ 수표를 참고하여 구하는 푸아송 분포 문제입니다. 각각 옳으면 2~3점, 그 외는 0점

풀이

가. $m = 1.7$
  $\Pr(x = 0) = 0.183$

나. $\Pr(X \geq 2) = 1 - \Pr(X \leq 1)$
  $= 1 - 0.493 = 0.507$

[출제 경향]
ⓐ 정규분포의 확률분포를 이해하는지에 관한 문제입니다.
ⓑ 유사문제 출제빈도는 3년간 1회로 보통입니다.

04

정규분포를 따르는 Y 제품의 강도가 5.0, 표준편차가 0.2일 때 확률변수 X가 4.8보다 크고 5.4 이하일 확률을 구하시오. (09년, 15년 1회)

[채점 및 답안 작성 포인트]
ⓐ 정규분포의 확률분포 계산은 가감승제가 이루어집니다. 범위의 문제가 출제될 경우 누적확률분포를 활용(풀이의 계산법을 의미합니다)하여 계산합니다.
ⓑ 수표를 읽을 줄 알아야 하며 계산과 답이 옳으면 4점 그 외는 0점

풀이

$P\% = \Pr(4.8 < X < 5.4)$
$= 1 - \Pr(X < 4.8) - \Pr(X > 5.4)$
$= 1 - \Pr\left(z < \dfrac{4.8 - 5.0}{0.2}\right) - \Pr\left(z > \dfrac{5.4 - 5.0}{0.2}\right)$
$= 1 - \Pr(z < -1) - \Pr(z > 2)$
$= 1 - 0.1587 - 0.0228 = 0.8185$

유/사/문/제 1

어떤 약품의 순도의 합격기준은 90% 이상이다. 공정평균이 순도 93%, 표준편차가 1.5%인 정규분포를 따를 때 불량로트가 발생할 확률은 약 몇 %인가? (16년 2회)

[채점 및 답안 작성 포인트]
ⓐ 간혹 질문을 이 문제처럼 확률을 반대로 질문하는 경우도 있습니다. 문제를 주의해서 읽으셔야 합니다.
ⓑ 옳으면 4점, 그 외는 0점

풀이

$P\% = 1 - \Pr(X \geq 90)$
$= \Pr(X < 90) = \Pr\left(z < \dfrac{90 - 93}{1.5}\right)$
$= \Pr(z < -2.0) = 0.0228$

[출제 경향]
ⓐ 이항분포의 정규근사 개념을 질의하는 형태입니다.

유/사/문/제 2

ABC 방송국의 시청률은 평소 40%로 알려져 있다. 시청률에 변화가 없다는 가정하에 300명의 시청자를 임의추출하여 조사한 결과 100명에서 130명이 시청하였을 확률을 구하시오. (18년 4회)

풀이

이항분포로 계산하기에는 범위가 100~130이 너무 넓으므로 정규근사로 풀면

① $E(x) = nP = 300 \times 0.4 = 120$

② $V(x) = nP(1-P) = 300 \times 0.4 \times 0.6 = 72$

③ $\Pr(100 \leq X \leq 130)$

$= \Pr(\dfrac{100-120}{\sqrt{72}} \leq z \leq \dfrac{130-120}{\sqrt{72}})$

$= 1 - \Pr(X < \dfrac{100-120}{\sqrt{72}}) - \Pr(X > \dfrac{130-120}{\sqrt{72}})$

$= 1 - \Pr(z < -2.35702) - \Pr(z > 1.17851)$

$= 1 - 0.0091 - 0.1190 = 0.8719$

술술 풀어보는 키포인트

ⓑ 물론 이항분포로는 수표가 주어지지 않으면 범위가 너무 넓으므로 계산하기 매우 어렵습니다. 그리고 푸아송근사는 P>0.1이므로 조건이 성립되지 않습니다.

[채점 및 답안 작성 포인트]

ⓐ 이항분포의 정규근사에서 미만과 이하는 계산에 영향을 미치지 않습니다. 표준정규분포의 수표는 반올림하여 구하면 되며 -2.35나 -2.36 모두 정답 처리됩니다.

ⓑ 수식 및 답이 옳으면 4~5점, 그 외는 0점

유/사/문/제 3

어떤 제조공정에서 만들어진 부품의 작업시간은 평균 90분 표준편차 20분인 정규분포를 한다고 알려져 있다. 다음 물음에 답하시오.

(09년, 18년 2회)

가. 작업시간이 100분 이내로 소요될 확률을 구하시오

나. 전체의 5%가 완료되는 작업시간은?

풀이

(1) $P\% = \Pr(X < 100) = \Pr(z < \dfrac{100-90}{20})$

$= \Pr(z < 0.5) = 1 - 0.3085 = 0.6915$

(2) 하측 5%는 -1.645이므로

$P\% = 0.05 = \Pr(X < L) = \Pr(z < \dfrac{L-90}{020})$

$P\% = 0.05 = \Pr(X < L) = \Pr(z < -1.645)$

$\dfrac{L-90}{20} = -1.645$ ☞ $L = 90 - 1.645 \times 20 = 57.1$ 분

[채점 및 답안 작성 포인트]

ⓐ 수식 및 답이 옳으면 각각 4점, 그 외는 0점

ⓑ 작업시간은 망소특성입니다. 빠를수록 좋지요. '나'의 경우 전체의 5%가 완료되므로 빨리 작업이 완료되는 5% 시점을 구하여야 합니다.

[출제 경향]
ⓐ 차의 정규분포에 관한 출제 빈도는 10년 1회 미만으로 거의 출제되지 않습니다.
ⓑ 정규분포의 합·차에 관한 문제의 산포는 분산의 가법성이 성립되어야 하므로 무조건 독립입니다.

[채점 및 답안 작성 포인트]
ⓐ 품질경영의 틈새 문제를 합차의 법칙 확률로 질의한 문제입니다. 틈새=내경-외경
ⓑ 평균은 가감이 이루어지지만 분산은 가법성이 성립합니다. 주의하세요.
ⓒ 수식 답이 모두 옳으면 5점, 그 외는 0점

05

베어링의 내경 $N_B \sim (1.25, 0.0012^2)$, 샤프트의 외경 $N_S \sim (1.23, 0.0016^2)$은 각각 정규분포를 따르며 공정은 관리상태이다. 두 부품을 조립하였을 때 틈새(clearance)는 0.012~0.018이어야 한다. 조립품의 부적합품률을 구하시오.

풀이

① $E(B-S) = 1.25 - 1.23 = 0.02$
② $V(B-S) = 0.0012^2 + 0.0016^2 = 0.0020^2$
③ $P\% = \Pr(B-S < 0.012) + \Pr(B-S > 0.018)$
$= \Pr(z < \dfrac{0.012 - 0.02}{0.002}) + \Pr(z > \dfrac{0.018 - 0.02}{0.002})$
$= \Pr(z < -4.00) + \Pr(z > -1.00)$
$= 0.00003 + (1 - 0.1587) = 0.84133$

[출제 경향]
ⓐ 이 문항의 유사 문제 출제빈도는 3년 1회로 보통입니다.
ⓑ 통상 1문항 출제되며 점수는 4~5점으로 출제됩니다.

[채점 및 답안 작성 포인트]
ⓐ 옳으면 4점, 그 외는 0점

06

정규분포를 따르는 모집단 $N \sim (100, 5^2)$에서 표본 n개를 취하여 평균치를 분석할 경우, 표본평균 $\overline{x}$의 분포를 $N \sim (100, 1^2)$으로 하기 위한 표본의 크기를 구하시오. (12년 4회)

풀이

$\sigma_{\overline{x}}^2 = 1 = \dfrac{\sigma^2}{n} = \dfrac{5^2}{n}$

$n = 25$

유/사/문/제 1

다음 ( ) 안을 채우시오.

> 정규분포 $N \sim (\mu, \sigma^2)$을 따르는 모집단에서 크기 n의 표본을 랜덤샘플링 하였을 때, 그 표본평균 $\overline{x}$의 분포는, 평균치 (①), 표준편차 (②)인 (③)분포를 따른다.

[채점 및 답안 작성 포인트]
ⓐ 각각 옳으면 2점, 그 외는 0점

풀이

① μ ② $\sigma/\sqrt{n}$ ③ 정규

유/사/문/제 2

K 제품의 중량에 대한 품질특성은 $N \sim (129, 2^2)$을 따른다. 공정이 관리상태일 경우 4개를 샘플링하여 측정한 평균이 126 이하 또는 132 이상이 나올 확률을 구하시오.

풀이

$$p\% = \Pr(\bar{x} < 126) + \Pr(\bar{x} > 132)$$
$$= \Pr\left(z < \frac{126 - 129}{2/\sqrt{4}}\right) + \Pr\left(z > \frac{132 - 129}{2/\sqrt{4}}\right)$$
$$= \Pr(z < -3.0) + \Pr(z > 3.0)$$
$$= 0.00135 + 0.00135 = 0.0027$$

유/사/문/제 3

한강에서 모래를 채취하여 운반하는 트럭이 적재한 모래의 무게가 $N \sim (10, 0.5^2)$을 따를 때, 모래의 검수를 위해 트럭 4대를 샘플링할 경우 4대의 평균 무게 $\bar{x}$가 10% 미만에 해당되는 평균중량을 구하시오.

(19년 2회)

풀이

10% 이하일 확률 $p\% = 0.1 = \Pr(z < -1.282)$

10% 이하일 평균중량의 확률 $= \Pr\left(z < \frac{\bar{x} - 10}{0.5/\sqrt{4}}\right)$

그러므로 $-1.282 = \dfrac{\bar{x} - 10}{0.5/\sqrt{4}}$

$\bar{x} = 10 - 1.282 \times \dfrac{0.5}{\sqrt{4}} = 9.6795$

즉 10% 미만에 해당되는 평균중량은 9.6795kg 이하이다.

술술 풀어보는 키포인트

[채점 및 답안 작성 포인트]

ⓐ 이 문항은 확률변수의 확률이 아니고 평균의 확률을 질의하는 문항입니다. 주의요망

ⓑ 옳으면 5점 그 외는 0점, 이 문항 역시 z값이 소수점으로 나올 경우 올림, 내림 모두 정답처리 됩니다.

[출제 경향]

ⓐ 이 문항은 과거 수표가 바뀌기 전 출제 문제로서 해석여하에 따라 매우 애매한 풀이가 될 수 있는 아규가 많은 문제입니다. 그러므로 조금 수정하여 말이 되도록 연결시켜 놓은 문제입니다. 거의 10년 1회 만의 출제빈도로 산업기사에서 출제된 예로서는 이래적이라 할 수 있습니다.

ⓑ 옳으면 5점, 그 외는 0점

제3장 검정과 추정

제1절 모집단의 검정과 추정 (양쌤의 품질교실 통계 110강~112강)

1. 표본개수의 추정(평균치의 95% 정밀도)

① 계량치: $\pm \beta_{\bar{x}} = \pm z_{1-\alpha/2} \dfrac{\sigma}{\sqrt{n}}$

② 계수치: $\pm \beta_P = \pm z_{1-\alpha/2} \sqrt{\dfrac{p(1-p)}{n}}$

2. 제1종 오류와 제2종 오류

결과 \ 현상	H_0 참	H_0 거짓
H_0 (채택)	true ($1-\alpha$: 신뢰도)	β (제2종 오류)
H_0 (기각)	α (제1종 오류)	true ($1-\beta$: 검출력)

3. 단일모형의 검정 및 추정

단일모형의 검·추정은 총 7~10점으로 출제되는 경우가 일반적이며 모분산의 검정을 거치는 문항이 많습니다. 이러한 모분산의 검정이 필요한 경우 지문에서 구하라고 명시되어 있습니다.

① 모분산의 검정 및 추정[χ^2 분포(chi-squared distribution)]

ⓐ 가설의 수립: ☞ 무조건 배반으로 설계합니다.

㉠ 모분산이 달라졌다($H_0 : \sigma^2 = \sigma_0^2 \ H_1 : \sigma^2 \neq \sigma_0^2$)

☞ 모분산의 변화유무 검정은 무조건 이것입니다.

㉡ 모분산이 커졌다($H_1 : \sigma^2 > \sigma_0^2$)

㉢ 모분산이 작아졌다($H_1 : \sigma^2 < \sigma_0^2$)

ⓑ 위험율: $\alpha = 5\%$ or 1%

ⓒ 검정통계량: $\chi_0^2 = \dfrac{SS}{\sigma^2} = \dfrac{\nu s^2}{\sigma^2} = \dfrac{(n-1)s^2}{\sigma^2}$

ⓓ 기각역(R):

㉠ 다르다: $\chi_{\alpha/2}^2(\nu)$ & $\chi_{1-\alpha/2}^2(\nu)$ ☞ 이 경우는 2가지를 모두 기록해야 합니다.

ⓛ 크다: $\chi^2_{1-\alpha}(\nu)$

ⓒ 작다: $\chi^2_\alpha(\nu)$

ⓔ 판정: H_0 기각 또는 채택으로만 답을 쓰시기 바랍니다.

ⓕ 귀무가설이 기각되면 무조건 신뢰한계의 질의가 나옵니다. 기각역의 반대~~
다만 모평균의 검정인 문제는 모분산의 신뢰한계는 구하지 않습니다.

ⓞ 모분산의 신뢰구간: $\dfrac{SS}{\chi^2_{1-\alpha/2}(\nu)} \leq \sigma^2 \leq \dfrac{SS}{\chi^2_{\alpha/2}(\nu)}$

ⓛ 모분산의 하측 신뢰한계: $\dfrac{SS}{\chi^2_{1-\alpha}(\nu)} \leq \sigma^2$

ⓒ 모분산의 상측 신뢰한계: $\sigma^2 \leq \dfrac{SS}{\chi^2_\alpha(\nu)}$

② 모평균의 검정 및 추정

ⓐ 가설의 수립은 3가지 형태 : 모수와 다른가, 큰가 또는 작은가

ⓞ 다르다 또는 같지 않다 $H_0 : \mu = \mu_0$ $H_1 : \mu \neq \mu_0$

ⓛ 커졌다 $H_0 : \mu \leq \mu_0$ $H_1 : \mu > \mu_0$

ⓒ 작아졌다 $H_0 : \mu \geq \mu_0$ $H_1 : \mu < \mu_0$

ⓑ 위험율: $\alpha = 5\%$ or 1%

ⓒ 검정통계량: $\nu \geq 30$ 이상이면 z 검정으로 풀어도 됩니다.

ⓞ σ기지: $\dfrac{통계량 - E(통계량)}{D(통계량)}$: $z_0 = \dfrac{\bar{x} - \mu}{\sigma/\sqrt{n}}$

ⓛ σ미지: $\dfrac{통계량 - E(통계량)}{D(통계량)}$: $t_0 = \dfrac{\bar{x} - \mu}{s/\sqrt{n}}$

ⓓ 기각역

ⓞ 양측검정(다르다) 5% $\pm z_{0.975}$: $\pm t_{0.975}(\nu)$

ⓛ 단측검정(크다) 5%는 $z_{0.95} : t_{0.95}(\nu)$

ⓒ 단측검정(작다) 5%는 $z_{0.05} = -z_{0.95} : t_{0.05}(\nu) = -t_{0.95}(\nu)$

ⓔ 판정: H_0 기각 또는 채택 으로만 답을 쓰시기 바랍니다.

ⓕ 신뢰구간의 추정

신뢰계수의 적용은 기각역 부호의 반대부호로 적용됩니다.

ⓞ 양쪽추정: 신뢰구간(다를 때) $\bar{x} \pm z_{0.975} \dfrac{\sigma}{\sqrt{n}} : \bar{x} \pm t_{0.975}(\nu)\sqrt{\dfrac{s^2}{n}}$

ⓛ 한쪽추정: 하측 신뢰한계($z_{0.95}:t_{0.95}(\nu)$), $\overline{x}-z_{0.95}\dfrac{\sigma}{\sqrt{n}}$: $\overline{x}-t_{0.95}(\nu)\sqrt{\dfrac{s^2}{n}}$

ⓒ 한쪽추정: 상측 신뢰한계($-z_{0.95}:-t_{0.95}(\nu)$), $\overline{x}+z_{0.95}\dfrac{\sigma}{\sqrt{n}}$: $\overline{x}+t_{0.95}(\nu)\sqrt{\dfrac{s^2}{n}}$

제2절 평균치 차의 검정과 추정 (양쌤의 품질교실 통계 113강)

1. 두 집단의 차의 검정(시그마 기지)

① 모평균 차의 검정 및 추정(양측검정, 유의수준 5%)

ⓐ 가설의 수립: 다르다 또는 같지 않다.

$H_0 : \mu_A - \mu_B = 0 \qquad H_1 : \mu_A - \mu_B \neq 0$

ⓑ 위험률: $\alpha = 5\%$

ⓒ 검정통계량

$$\dfrac{\overline{x}_A - \overline{x}_B - E(\overline{x}_A - \overline{x}_B)}{\sqrt{V(\overline{x}_A - \overline{x}_B)}} = \dfrac{\overline{x}_A - \overline{x}_B - \delta_0}{\sqrt{\dfrac{\sigma_A^2}{n_A} + \dfrac{\sigma_B^2}{n_B}}}$$

ⓓ 기각역: $\pm z_{0.975}$

ⓔ 판정: H_0 기각 또는 채택

② 평균치 차이의 신뢰구간 추정

$$(\overline{x}_A - \overline{x}_B) \pm z_{0.975}\sqrt{\dfrac{\sigma_A^2}{n_A} + \dfrac{\sigma_B^2}{n_B}}$$

2. 대응이 있는 경우(쌍체비교) 검정 및 추정

쌍체 검정은 분산비 검정이 없으며, t 분포로 검정합니다. 모든 문제는 표본별로 칸이 쳐져 있으므로 쌍체비교인지 확인할 수 있습니다.

① 쌍체비교의 검정(양측검정, 유의수준 5%)

ⓐ 가설의 수립

$H_0 : \Delta = 0 \qquad H_1 : \Delta \neq 0$

ⓑ 위험률: $\alpha = 5\%$

ⓒ 검정통계량: $t_0 = \dfrac{\overline{d} - E(\overline{d})}{\sqrt{V(\overline{d})}} = \dfrac{\overline{d} - \delta_0}{s_d/\sqrt{n_d}}$ ($d_i = X_{Ai} - X_{Bi}$)

      ⓓ 기각역: $\pm t_{0.975}(\nu)$

      ⓔ 판정: H_0 기각 또는 채택

② 쌍체비교의 신뢰구간 추정

$$\bar{d} \pm t_{0.975}(\nu_d)\sqrt{\frac{s_d^2}{n_d}}$$

제3절 계수치 데이터의 검정과 추정 (양쌤의 품질교실 통계 114강)

1. 모부적합품률의 검정 및 추정

모부적합품률의 경우 출제는 표본크기 결정문제와 신뢰구간을 구하는 문제가 간혹 출제됩니다. 계수치 데이터는 표준환경에서 적용되므로 정규분포를 적용합니다.

① 가설의 수립

    ⓐ 양측검정(다르다): $H_0 : p = p_0$ $H_1 : p \neq p_0$

    ⓑ 단측검정(크다): $H_0 : p \leq p_0$ $H_1 : p > p_0$

    ⓒ 단측검정(작다): $H_0 : p \geq p_0$ $H_1 : p < p_0$

② 위험률(유의수준): 5% 또는 1%

③ $z_0 = \dfrac{\hat{p} - E(p)}{D(p)} = \dfrac{p - p_0}{\sqrt{\dfrac{p_0(1-p_0)}{n}}}$

④ 기각역(유의수준 5%로 가정) ☞ 모든 계수치 검정이 동일합니다.

    ⓐ 대립가설 $H_1 : p \neq p_0$: $\pm z_{0.975} = \pm 1.96$

    ⓑ 대립가설 $H_1 : p > p_0$: $z_{0.95} = 1.645$

    ⓒ 대립가설 $H_1 : p < p_0$: $z_{0.05} = -z_{0.95} = -1.645$

⑤ 판정: H_0 채택 또는 기각

⑥ 모부적합품률의 추정

일반적으로 계량치와 큰 차이가 없으나 계수치는 분산이 평균과 연동되므로 표준편차를 통계량을 사용하여 계산합니다.

    ⓐ 양쪽추정: $H_1 : p \neq p_0$: $\bar{p} \pm z_{0.975}\sqrt{\dfrac{\bar{p}(1-\bar{p})}{n}}$

ⓑ 한쪽추정(하측 신뢰한계): $H_1 : p > p_0$: $\overline{p} - z_{0.95}\sqrt{\dfrac{\overline{p}(1-\overline{p})}{n}}$

ⓒ 한쪽추정(상측 신뢰한계): $H_1 : p < p_0$: $\overline{p} + z_{0.95}\sqrt{\dfrac{\overline{p}(1-\overline{p})}{n}}$

2. 모부적합수의 검정 및 추정

① 가설의 수립

 ⓐ 양측검정(다르다): $H_0 : m = m_0$ $H_1 : m \neq m_0$

 ⓑ 단측검정(크다): $H_0 : m \leq m_0$ $H_1 : m > m_0$

 ⓒ 단측검정(작다): $H_0 : m \geq m_0$ $H_1 : m < m_0$

② 위험률(유의수준): 5% 또는 1%

③ $z_0 = \dfrac{\hat{u} - E(u)}{D(u)} = \dfrac{u - u_0}{\sqrt{\dfrac{u_0}{n}}} = \dfrac{x - m_0}{\sqrt{m_0}}$

④ 기각역(유의수준 5%로 가정) ☞ 모부적합품률의 검정과 동일

⑤ 판정: H_0 채택 또는 기각

⑥ 모부적합품수의 추정

 ⓐ 양쪽추정: $H_1 : m \neq m_0$: $\overline{u} \pm z_{0.975}\sqrt{\dfrac{\overline{u}}{n}}$ 또는 $x \pm z_{0.975}\sqrt{x}$

 ⓑ 한쪽추정(하측 신뢰한계): $H_1 : m > m_0$: $\overline{u} - z_{0.95}\sqrt{\dfrac{\overline{u}}{n}}$ 또는 $x - z_{0.95}\sqrt{x}$

 ⓒ 한쪽추정(상측 신뢰한계): $H_1 : m < m_0$: $\overline{u} + z_{0.95}\sqrt{\dfrac{\overline{u}}{n}}$ 또는 $x + z_{0.95}\sqrt{x}$

핵심/문제/풀이 | 제3장 검정과 추정 (양쌤의 품질교실 실기 제403, 404강)

01

Y사의 LED 전등의 평균중량은 100gr, 모표준편차는 1.8gr으로 알려져 있다. 중량을 줄이기 위해 재질을 개선한 후 10개를 랜덤샘플링하여 측정한 결과 평균 중량이 98gr으로 나타났다. (11년)

가. 공정 평균이 작아졌다고 할 수 있는지 위험률 1%로 검정하시오. 단, 산포는 변하지 않았다.

나. 검정결과 유의하다면 평균 중량의 신뢰한계를 구하시오.

풀이

가. ① $H_0 : \mu \geq 100 \quad H_1 : \mu < 100$

② $\alpha = 1\%$

③ $z_0 = \dfrac{\overline{x} - \mu}{\sigma/\sqrt{n}} = \dfrac{98 - 100}{1.8/\sqrt{10}} = -3.51364$

④ $R : -z_{0.99} = -2.326$

⑤ 판정: H_0 기각

나. $\hat{\mu}_U = \overline{x} + z_{1-\alpha} \dfrac{\sigma}{\sqrt{n}}$

$= 98 + 2.326 \times \dfrac{1.8}{\sqrt{10}} = 99.32398$

유/사/문/제 1

K 공정의 마우스는 1개당 평균 무게가 100gr으로 알려져 있다. 성적서 작성을 위해 표본을 12개 추출하여 측정하였더니 표본평균이 103gr으로 나타났다.

가. 공정의 모표준편차가 3gr이고 관리상태라면, 공정 평균이 다르다고 할 수 있는지 유의수준 5%로 검정하시오. (18년 1회)

나. 모표준편차는 알 수 없지만, 공정의 표본표준편차가 3gr 이라면 공정 평균이 다르다고 할 수 있는지 유의수준 5%로 검정하시오. (18년 2회)

다. '나'항에서 공정 평균이 달라졌다면 신뢰한계를 추정하시오. (18년 2회, 4회)

술술 풀어보는 키포인트

[출제 경향]

ⓐ 정규분포의 검·추정문제는 1년 2회 이상 출제빈도로 매우 높습니다.

ⓑ 통상 2~3문항으로 출제되며 점수는 5~10점으로 출제됩니다.

[채점 및 답안 작성 포인트]

ⓐ 신뢰도가 99%로 출제되는 때도 있으니 주의하세요.

ⓑ 작아졌으므로 기각역은 음수가 됩니다. 모두 옳으면 5점, 검정통계량이 옳으면 3점, 그 외는 0점

ⓒ 신뢰한계는 기각역이 음수이므로 상측 신뢰한계가 구해집니다. 옳으면 3점 그 외는 0점

[출제 경향]

ⓐ 문제는 간혹 정규분포만 출제되거나 t분포만 출제되거나 섞어서 출제되기도 합니다.

ⓑ 통상 검정은 4~5점 추정은 3점입니다.

술술 풀어보는 키포인트

[채점 및 답안 작성 포인트]

ⓐ 다르다면 양측검정입니다. 옳으면 4점, 검정통계량이 옳으면 2점, 그 외는 0점

ⓑ 표본표준편차의 경우 시그마 미지이므로 t 검정을 수행하게 됩니다. 자유도에 주의하세요. 옳으면 4점, 검정통계량이 옳으면 2점, 그 외는 0점

ⓒ 검정이 양측이므로 신뢰한계는 신뢰구간이 됩니다. 자유도는 11이고 표본 수는 12입니다. 헷갈리지 마세요. 옳으면 3점 그 외는 0점

풀이

가. ① $H_0 : \mu = 100 \quad H_1 : \mu \neq 100$

② $\alpha = 5\%$

③ $z_0 = \dfrac{\overline{x} - \mu}{\sigma/\sqrt{n}} = \dfrac{103 - 100}{3/\sqrt{12}} = 3.46410$

④ $R : \pm z_{0.975} = \pm 1.96$

⑤ 판정: H_0 기각

나. ① $H_0 : \mu = 100 \quad H_1 : \mu \neq 100$

② $\alpha = 5\%$

③ $t_0 = \dfrac{\overline{x} - \mu}{s/\sqrt{n}} = \dfrac{103 - 100}{3/\sqrt{12}} = 3.46410$

④ $R : \pm t_{0.975}(11) = \pm 2.201$

⑤ 판정: H_0 기각

다. $\hat{\mu} = \overline{x} \pm t_{1-\alpha/2}(11) \dfrac{s}{\sqrt{n}}$

$= 103 \pm 2.201 \times \dfrac{3}{\sqrt{12}} = 103 \pm 1.90612$

유/사/문/제 2

당도가 10인 공정의 촉매를 개선한 후 로트로부터 10개의 표본을 랜덤하게 샘플링한 결과 표본평균 12, 표본 표준편차 2.2가 나왔다. (13년 2회)

가. 모평균이 커졌다고 할 수 있는지 유의수준 5%로 검정하시오.

나. 유의하다면 모평균의 신뢰한계를 구하시오.

[채점 및 답안 작성 포인트]

ⓐ 표본표준편차의 경우 시그마 미지이므로 t 검정을 수행하게 됩니다. 모평균이 커졌으므로 기각역은 +1.833입니다. 옳으면 5점, 검정통계량이 옳으면 2점, 그 외는 0점

ⓑ 검정이 크다 이므로 신뢰한계는 신뢰하한이 됩니다. 자유도는 9이고 표본 수는 10입니다. 헷갈리지 마세요. 옳으면 3점 그 외는 0점

풀이

가. ① $H_0 : \mu \leq 10 \quad H_1 : \mu > 10$

② $\alpha = 5\%$

③ $t_0 = \dfrac{\overline{x} - \mu}{s/\sqrt{n}} = \dfrac{12 - 10}{2.2/\sqrt{10}} = 2.87480$

④ $R : t_{0.95}(9) = 1.833$

⑤ 판정: H_0 기각

나. $\hat{\mu}_L = \overline{x} - t_{1-\alpha}(9) \dfrac{s}{\sqrt{n}}$

$= 12 - 1.833 \times \dfrac{2.2}{\sqrt{10}} = 10.72478$

유/사/문/제 3

다음은 통계적 가설 검정에 나타나는 오류 현상을 나타내는 표이다. 빈칸을 채우시오.
(12년)

결과＼현상	H_0 참	H_0 거짓
H_0 (채택)	$1-\alpha$ (신뢰수준)	②
H_0 (기각)	①	③

풀이

① α (제1종 오류)

② β (제2종 오류)

③ $1-\beta$ (검출력)

02

H 부품공장은 새로운 표준의 산포가 효과적인가 평가하기 위해 10개의 제품을 표본으로 샘플링하여 품질특성을 측정한 결과 다음 자료를 얻었다.
(13년, 14년, 16년, 17년 1회)

[data] 6.5 6.9 7.0 6.7 6.2 7.2 6.8 7.3 6.9 6.4

가. 새 표준으로 인한 작업으로 개선된 모분산이 $\sigma_0^2 = 0.6$보다 작아졌다고 할 수 있는지, 유의수준 1%로 검정하시오.

나. 검정결과 유의하다면 새로운 표준의 모분산을 신뢰한계 99%로 추정하시오.

풀이

가.

n	ν	$\bar{x}$	s^2
10	9	6.79	0.34785^2

① $H_0 : \sigma^2 \geq \sigma_0^2 \quad H_1 : \sigma^2 < \sigma_0^2$

② $\alpha = 1\%$

③ $\chi_0^2 = \dfrac{SS}{\sigma^2} = \dfrac{9 \times 0.34785^2}{0.6} = \dfrac{1.089}{0.6} = 1.815$

④ 기각역(R): $\chi_{0.01}^2(9) = 2.09$

⑤ 판정: H_0 기각

술술 풀어보는 키포인트

[출제 경향]

ⓐ 이 문제는 개요 문제로 어쩌다 한 번 출제된 문제입니다.

[채점 및 답안 작성 포인트]

ⓐ 각 항목당 옳으면 2점 틀리면 0점

[출제 경향]

ⓐ 이 문제는 모분산의 검정과 신뢰구간을 구하는 문제로 통상 8점 내외로 출제됩니다.

ⓑ 출제빈도는 1년 1회로 높은 편입니다.

ⓒ 질의 시 신뢰한계와 검정의 유의수준은 동일합니다. 다만 수치가 1%로 주어지거나 검정과 추정의 신뢰한계가 다른 해괴한 예도 있으니 주의 바랍니다.

[채점 및 답안 작성 포인트]

ⓐ 먼저 테이블 데이터를 작성하여 실수를 예방합니다.
일반적으로 5단계의 순서로 답안처럼 검정합니다. 모두 옳으면 4점, 검정통계량이 옳으면 2점, 그 외에는 0점

ⓑ 신뢰한계는 검정이 틀리면 0점 처리됩니다. 그리고 구간으로 표시하지 않고 답안처럼 경계만 기록하셔도 정답처리 합니다. 옳으면 3점 그 외는 0점

술술 풀어보는 키포인트

나. $\widehat{\sigma}^2_U = \dfrac{SS}{\chi^2_{0.01}(9)} = \dfrac{1.089}{2.09} = 0.52105$

유/사/문/제 1

어떤 회로에 사용되는 특수자기의 소성 수축율은 지금까지 관리상태로 유지되어 왔으며 모표준편차는 0.1%로 알려져 있다. 최근 원가의 압박을 받아 원가를 줄이기 위해 대체 원료를 투입하여 작업 후 표본을 샘플링하여 측정한 결과 다음 데이터를 얻었다. (10년, 13년, 17년 1, 2회)

[data] 3.2 3.4 3.1 3.5 3.3 3.9 3.5 3.7 3.0 3.8 3.4

가. 소성수축률의 산포가 달라졌는지 유의수준 5%로 검정하시오.

나. 검정결과 유의하다면 모분산의 신뢰한계를 구하시오.

풀이

가.

n	ν	$\bar{x}$	s^2
11	10	3.43636	0.28381^2

① $H_0 : \sigma^2 = 0.1^2$ $H_1 : \sigma^2 \neq 0.1^2$

② $\alpha = 5\%$

③ $\chi^2_0 = \dfrac{SS}{\sigma^2} = \dfrac{10 \times 0.28381^2}{0.1^2} = \dfrac{0.80548}{0.1^2} = 80.54812$

④ 기각역(R): $\chi^2_{0.025}(10) = 3.25$, $\chi^2_{0.975}(10) = 20.48$

ⓔ 판정: H_0 기각

나. $\dfrac{SS}{\chi^2_{0.975}(10)} \leq \widehat{\sigma}^2 \leq \dfrac{SS}{\chi^2_{0.025}(10)}$

$\dfrac{0.80548}{20.48} \leq \widehat{\sigma}^2 \leq \dfrac{0.80548}{3.25}$

$0.03933 \leq \widehat{\sigma}^2 \leq 0.24784$

유/사/문/제 2

어떤 제품의 과거 수율의 표준편차는 0.10%임을 알고 있다. 하지만 최근 11개의 제품 성적서의 표본 표준편차는 0.12%였다. (10년, 16년 4회)

가. 최근 제품의 산포가 나빠졌다고 할 수 있는가($\alpha = 0.05$)?

나. 만약 나빠졌다면 신뢰한계를 구하시오.

[채점 및 답안 작성 포인트]

ⓐ 먼저 테이블 데이터를 작성하여 실수를 예방합니다. 달라졌는지의 문제이므로 양쪽검정입니다.

ⓑ 기각역은 양쪽 모두 기재하셔야 합니다. 모두 옳으면 4점, 검정통계량이 옳으면 2점, 그 외에는 0점

ⓒ 신뢰한계는 검정이 양쪽검정이므로 추정도 양쪽추정이 됩니다. 옳으면 3점 그 외는 0점

풀이

가.

① $H_0 : \sigma^2 \leq 0.1^2 \quad H_1 : \sigma^2 > 0.1^2$

② $\alpha = 5\%$

③ $\chi_0^2 = \dfrac{SS}{\sigma^2} = \dfrac{10 \times 0.12^2}{0.1^2} = 14.4$

④ 기각역(R): $\chi_{0.95}^2(10) = 18.31$

⑤ 판정: H_0 채택

나. H_0 채택이므로 신뢰한계는 의미없다.

03

J 부품의 특성치 길이에 대한 모평균은 18.52(mm)였다. 기계를 조정한 후 n=10의 샘플을 취해 다음과 같은 데이터를 얻었다. 모표준편차는 σ=0.03(mm)로 변화가 없었다. (13년, 16년, 17년 2회)

[데이터] 18.54 18.57 18.52 18.56 18.51 18.53 18.56
         18.51 18.58 18.55

가. 유의수준 5%로 조정 후의 모평균이 커졌다고 할 수 있는지 검정하시오.

나. 검정결과 유의하다면 95% 신뢰한계를 구하시오.

풀이

가.

n	ν	$\overline{x}$	s^2
10	9	18.543	0.02497^2

① $H_0 : \mu \leq 18.52 \quad H_1 : \mu > 18.52$

② $\alpha = 0.05$

③ $z_0 = \dfrac{\overline{x} - \mu_0}{\sigma/\sqrt{n}} = \dfrac{18.543 - 18.52}{0.03/\sqrt{10}} = 2.42441$

④ R: $z_{0.95} = 1.645$

⑤ H_0 기각

나. $\hat{\mu}_L = \overline{x} - z_{1-\alpha}\dfrac{\sigma}{\sqrt{n}}$

$= 18.543 - 1.645 \times \dfrac{0.03}{\sqrt{10}} = 18.52739$

술술 풀어보는 키포인트

유/사/문/제 1

Y 공장에서 가공한 어떤 부분품에 대한 지름의 모평균이 기준으로 설정된 값 7.95(mm)와 다른지를 검정하려고 한다. 로트로부터 10개의 표본을 랜덤하게 뽑아 측정한 결과 다음과 같은 데이터를 구하였다.

(12년, 14년, 15년 1회)

가. 모표준편차는 σ=0.03(mm)로 변화가 없었다면, 유의수준 5%로 지름의 변화 유·무를 검정하시오.

나. 검정결과 유의하다면 모평균의 95% 신뢰구간을 구하시오.

[data] 7.92 7.94 7.90 7.93 7.92 7.92 7.94 7.91 7.93 7.95

[채점 및 답안 작성 포인트]

ⓐ 모표준편차가 변화가 없으므로 정규검정이고, 변화 유·무이므로 양측검정입니다.

ⓑ 모평균의 검정은 과정 및 답이 모두 옳으면 4점, 검정통계량만 옳으면 2점 그 외는 0점입니다.

풀이

가.

n	ν	$\bar{x}$	s^2
10	9	7.926	0.01506^2

① $H_0 : \mu = 7.95 \quad H_1 : \mu \neq 7.95$

② $\alpha = 0.05$

③ $z_0 = \dfrac{\bar{x} - \mu_0}{\sigma/\sqrt{n}} = \dfrac{7.926 - 7.95}{0.03/\sqrt{10}} = -2.52982$

④ $R : \pm z_{0.975} = \pm 1.96$

⑤ H_0 기각

나. $\hat{\mu} = \bar{x} \pm z_{1-\alpha/2} \dfrac{\sigma}{\sqrt{n}}$

$= 7.9263 \pm 1.96 \times \dfrac{0.03}{\sqrt{10}} = 7.9263 \pm 0.01859$

ⓒ 양측 검정의 신뢰한계는 신뢰구간이 됩니다. 옳으면 3점 그 외는 0점

유/사/문/제 2

제조공정을 개선한 후 로트로부터 10개의 표본을 랜덤하게 샘플링하여 측정한 결과 다음 데이터를 얻었다.

(10년, 15년, 16년 1회)

가. 개선 후 모평균이 개선 전의 모평균 $10kg$과 달라졌다고 할 수 있는지 유의수준 5%로 검정하시오.

나. 검정결과 유의하면, 신뢰율 95%로 모평균의 신뢰구간을 추정하시오.

[데이터] 12, 14, 10, 16, 11, 18, 18, 12, 14, 15

풀이

가.

n	ν	$\bar{x}$	s^2
10	9	14	2.78887^2

① $H_0 : \mu = 10$ $H_1 : \mu \neq 10$

② $\alpha = 0.05$

③ $t_0 = \dfrac{\bar{x} - \mu_0}{s/\sqrt{n}} = \dfrac{14 - 10}{2.78887/\sqrt{10}} = 4.53557$

④ $R : \pm t_{0.975}(9) = \pm 2.262$

⑤ H_0 기각

나.

$$\hat{\mu} = \bar{x} \pm t_{1-\alpha/2}(\nu)\dfrac{s}{\sqrt{n}}$$
$$= 14 \pm 2.262 \times \dfrac{2.78887}{\sqrt{10}} = 14 \pm 1.99490$$

유/사/문/제 3

작업방법을 개선한 후 로트로부터 10개의 시료를 랜덤하게 샘플링하여 측정한 결과 다음 데이터를 얻었다. **(14년, 15년 2회)**

[데이터] 198 205 204 197 203 199 206 201 210 198

가. 모평균이 $\mu = 205g$ 보다 작다고 할 수 있는지 위험률 5%로 검정하시오.
나. 검정결과 유의하다면 신뢰한계를 구하시오.

풀이

가.

n	ν	$\bar{x}$	s^2
10	9	202.1	4.22812^2

① $H_0 : \mu \geq 205$ $H_1 : \mu < 205$

② $\alpha = 5\%$

③ $t_0 = \dfrac{\bar{x} - \mu}{s/\sqrt{n}} = \dfrac{202.1 - 205}{4.22812/\sqrt{10}} = -2.16891$

④ $R : -t_{0.95}(9) = -1.833$

⑤ 판정: H_0 기각

[채점 및 답안 작성 포인트]

ⓐ 모표준편차를 알 수 없으므로 t 검정이고, 변화 유·무이므로 양측검정입니다.

ⓑ 모평균의 검정은 과정 및 답이 모두 옳으면 4점, 검정통계량만 옳으면 2점 그 외는 0점입니다.

ⓒ t 검정도 양측 검정의 신뢰한계는 신뢰구간이 됩니다. 옳으면 3점 그 외는 0점

[채점 및 답안 작성 포인트]

ⓐ 과정 및 답이 모두 옳으면 4점, 검정통계량만 옳으면 2점 그 외는 0점

ⓑ 판정에 사족을 달지 말고 간결하게 쓰세요.

ⓒ 신뢰한계는 기각역의 부호가 반대가 된다는 것을 활용하시면 쉽게 구할 수 있습니다. 즉 최댓값이 나타나게 되며 배점은 3점입니다.

나. $\hat{\mu}_U = \bar{x} + t_{0.95}(9)\dfrac{s}{\sqrt{n}}$

$= 202.1 + 1.833 \times \dfrac{4.22812}{\sqrt{10}} = 204.5509$

04

어떠한 제품의 목표 길이는 23.5cm 이다. 가 표준을 설정하여 작업한 7개 제품의 측정결과는 data와 같다. 또한, 과거 같은 제조 방식에 의한 유사 제품의 표준편차 $\sigma = 0.12$cm 이다. **(12년 1회)**

[데이터] 23.29 23.46 23.51 23.39 23.31 23.44 23.28

가. 모분산은 동일하다고 할 수 있는가? ($\alpha = 0.05$)

나. 가 표준에 따른 평균치는 목표 길이에 적합하다고 할 수 있는가? ($\alpha = 0.05$)

다. 목표 길이에 적합하지 않았다면 측정된 길이의 95% 신뢰한계를 구하시오.

풀이

가. ① $H_0 : \sigma^2 = 0.12^2$ $H_1 : \sigma^2 \neq 0.12^2$

② $\alpha = 5\%$

③ $\chi_o^2 = \dfrac{(n-1)s^2}{\sigma^2} = \dfrac{6 \times 0.09123^2}{0.12^2} = 3.46788$

④ $R : \chi_{0.025}^2(6) = 1.237,\ \chi_{0.975}^2(6) = 14.45$

⑤ 판정: H_0 채택

나. ① $H_0 : \mu = 23.5$ $H_1 : \mu \neq 23.5$

② $\alpha = 5\%$

③ $z_0 = \dfrac{\bar{x} - \mu}{\sigma/\sqrt{n}} = \dfrac{23.38286 - 23.5}{0.12/\sqrt{7}} = -2.58276$

④ $R : \pm z_{0.975} = \pm 1.96$

⑤ 판정: H_0 기각

다. $\bar{x} \pm z_{1-\alpha/2}\dfrac{\sigma}{\sqrt{n}} = 23.38286 \pm 1.96 \times \dfrac{0.12}{\sqrt{7}}$

$= 23.38286 \pm 0.08890$

술술 풀어보는 키포인트

[출제 경향]

ⓐ 이 문항의 유사문제 출제빈도는 5년 1회 정도로 보통입니다.

ⓑ 복합문제의 경우 모분산의 검정 등을 구분하여 출제하므로 지문에 충실히 응대하시면 됩니다. 통상 모평균의 검정결과가 유의하여 평균치의 신뢰한계 추정이 필요하면 10점, 추정이 필요 없으면 8점으로 출제됩니다.

[채점 및 답안 작성 포인트]

ⓐ 모분산의 검정은 과정 및 답이 모두 옳으면 3점 그 외는 0점

ⓑ 모평균의 검정은 과정 및 답이 모두 옳으면 4점, 검정통계량만 옳으면 2점 그 외는 0점입니다.

ⓒ 신뢰한계는 기각역의 부호의 반대입니다. 그러므로 양측검정은 신뢰구간을 추정하게 됩니다. 옳으면 3점 그 외는 0점

유/사/문/제 1

다음 데이터는 H 부품의 치수를 조사하기 위해 10개의 표본을 랜덤 샘플링하여 측정한 결과이다. (14년 1회)

[데이터] 5.48 5.47 5.50 5.51 5.50 5.51 5.50 5.51
        5.52 5.51(mm)

가. 과거의 자료로 공정치수의 모표준편차가 0.02mm임을 알고 있을 때, 공정 모평균의 신뢰구간을 유의수준 5%로 추정하시오.

나. 모표준편차를 모르는 경우 모평균의 신뢰구간을 추정하시오 (신뢰율 95%).

다. 신뢰율 95%로 모분산의 신뢰구간을 추정하시오.

풀이

가.

n	$\bar{x}$	s^2
10	5.501	0.01524^2

$$\bar{x} \pm z_{1-\alpha/2} \frac{\sigma}{\sqrt{n}}$$

$$= 5.501 \pm 1.96 \times \frac{0.02}{\sqrt{10}} = 5.501 \pm 0.01240$$

$$5.48860 \sim 5.51340$$

나. $\bar{x} \pm t_{0.975}(9) \frac{s}{\sqrt{n}}$

$$= 5.501 \pm 2.262 \times \frac{0.01524}{\sqrt{10}} = 5.501 \pm 0.01090$$

$$5.49010 \sim 5.51190$$

다. $\dfrac{SS}{\chi^2_{0.975}(9)} \leq \sigma^2 \leq \dfrac{SS}{\chi^2_{0.025}(9)}$

$$\frac{9 \times 0.01524^2}{19.02} \leq \sigma^2 \leq \frac{9 \times 0.01524^2}{2.70}$$

$$0.00011 \leq \sigma^2 \leq 0.00077$$

05

치과용 마취제가 남자와 여자에게 미치는 영향의 차에 대해 알기 위하여 15명의 남자와 16명의 여자를 임의 추출하여 마취시간을 기록한 결과 표본의 평균시간과 모표준편차가 다음과 같다.

술술 풀어보는 키포인트

[출제 경향]

ⓐ 이 문항의 유사문제 출제빈도는 5년 1회 정도로 보통입니다.

ⓑ 이 문항과 같이 통상 3문항으로 출제되며 점수는 9점 정도로 출제됩니다.

[채점 및 답안 작성 포인트]

ⓐ 소항목별 수식 및 답이 둘 다 옳으면 3점 그 외는 0점

ⓑ 식은 수식으로 쓰는 것이 좋으며 답은 굳이 범위로 쓰지 않고 5.501±0.0124로 써도 됩니다.
단위는 적지 않아도 됩니다.

ⓒ '가'항은 σ 기지이므로 정규분포로 신뢰구간을 구합니다. 특별한 지시가 없다면 검정이 없이 신뢰한계를 구할 때 신뢰구간을 구합니다.

ⓓ '나'항은 σ 미지이므로 t 분포로 계산합니다.

ⓔ '다'항의 모분산 추정 공식은 별도로 외우기보다는 카이제곱분포를 활용하면 됩니다. 최종답안이 작은 값이 나오니 소수 자릿수에 유의하세요.

[출제 경향]

ⓐ 이 문항은 산업기사에는 거의 출제되지 않습니다. 노파심에 정규분포만 올려놓은 것입니다. 어려우면 안 하셔도 됩니다.

ⓑ 통상 2문항으로 출제되며 점수는 8점으로 출제됩니다.

	남자	여자
표본평균	4.8	4.4
모표준편차	0.3	0.5

가. 치과용 마취제가 남자와 여자에게 미치는 영향이 차이가 있는지 유의수준 5%로 검정하시오.

나. 남자와 여자의 평균 마취시간의 차에 대한 95% 신뢰한계를 구하시오.

풀이

가. 두 집단의 모평균 차이의 비교 검정

① $H_0 : \mu_남 - \mu_여 = 0 \quad H_1 : \mu_남 - \mu_여 \neq 0$

② $\alpha = 5\%$

③ $z_0 = \dfrac{\overline{x}_남 - \overline{x}_여}{\sqrt{\dfrac{\sigma_남^2}{n_남} + \dfrac{\sigma_여^2}{n_여}}} = \dfrac{4.8 - 4.4}{\sqrt{\dfrac{0.3^2}{15} + \dfrac{0.5^2}{16}}} = 2.72008$

④ $R : \pm z_{0.975} = \pm 1.96$

⑤ 판정 H_0 기각

나. $(\overline{x}_남 - \overline{x}_여) \pm z_{0.975} \sqrt{\dfrac{\sigma_남^2}{n_남} + \dfrac{\sigma_여^2}{n_여}}$

$= (4.8 - 4.4) \pm 1.96 \sqrt{\dfrac{0.3^2}{15} + \dfrac{0.5^2}{16}} = 0.4 \pm 0.28823$

[채점 및 답안 작성 포인트]

ⓐ 모표준편차가 주어져 있으므로 정규분포를 따르며, 정규분포의 경우는 등분산의 검정을 하지 않습니다. 지문에서 영향의 차이가 있는지를 요구하고 있으므로 양측검정입니다.

ⓑ 모두 옳으면 5점, 검정통계량이 옳으면 3점, 그 외는 0점

ⓒ 차의 신뢰구간도 기각역만 부호를 뒤집어 계산하면 됩니다. 이 경우는 신뢰구간이므로 결론은 같죠? 옳으면 3점, 그 외는 0점

유/사/문/제

표본 6개를 선정하여 A, B 두 검사원에게 각각의 길이를 측정한 결과 다음과 같은 DATA가 얻어졌다.

가. A 작업자가 측정한 것이 B 작업자의 측정치보다 크다고 할 수 있는가? (단 위험률은 5%이다)?

나. 유의한 경우 신뢰한계를 구하시오.

	1	2	3	4	5	6
A	85	83	79	82	80	83
B	84	80	70	75	81	75

풀이

가. 대응관계가 있으므로 데이터는 $\Delta = A - B$로 하면
1, 3, 9, 7, -1, 8이다.

[출제 경향]

ⓐ 이 문항도 산업기사는 출제범위가 아닙니다. 다만 혹시나 출제될 확률도 있어 예시문제만 올립니다. 하지만 쌍체비교는 t 검정과 사실 같으므로 그리 어려운 문제는 아닙니다.

ⓑ 통상 2문항으로 출제되며 점수는 7점으로 출제됩니다.

[채점 및 답안 작성 포인트]

ⓐ 쌍체비교는 표와 같이 데이터 테이블이 반드시 표본 번호에 대응이 되어 표기됩니다. 이러한 데이터의 유형은 회귀와 쌍체비교 2가지입니다.

그러므로 $\bar{d}=4.5$, $s_d=4.08656$, $n_d=6$

① $H_0 : \Delta \leq 0 \quad H_1 : \Delta > 0$

② $\alpha = 5\%$

③ $t_0 = \dfrac{4.5}{4.08656/\sqrt{6}} = 2.69730$

④ $R : t_{0.95}(5) = 2.015$

⑤ H_0 기각

[A 검사원의 측정치가 더 크다고 할 수 있다.]

나. $\hat{\Delta}_L = \bar{d} - t_{0.95}(5)\dfrac{s}{\sqrt{n}}$

$= 4.5 - 2.015 \times \dfrac{4.08656}{\sqrt{6}} = 1.13831$

06

어떠한 집단의 모부적합품률은 8%이다. 부적합품을 줄일 방안을 적용한 후 표본을 300개 랜덤으로 취하여 조사해 보았더니 부적합품수가 6개였다.

(11년, 14년, 15년, 16년 4회)

가. 유의수준 5%로 모부적합품률이 개선되었다고 할 수 있는가?

나. 공정이 개선되었을 경우 모부적합품률을 신뢰한계를 구하시오.

풀이

가. ① $H_0 : P \geq 0.08 \quad H_1 : P < 0.08$

② $\alpha = 5\%$

③ $z_0 = \dfrac{\hat{p} - P}{\sqrt{\dfrac{P(1-P)}{n}}} = \dfrac{0.02 - 0.08}{\sqrt{\dfrac{0.08 \times 0.92}{300}}} = -3.83065$

(단, $\hat{p} = \dfrac{x}{n} = \dfrac{6}{300} = 0.02$)

④ $R : -z_{0.95} = -1.645$

⑤ 판정: H_0 기각

[즉 부적합품률이 개선되었다고 할 수 있다.]

나. $\hat{p}_U = \hat{p} + z_{1-\alpha}\sqrt{\dfrac{\hat{p}(1-\hat{p})}{n}}$

술술 풀어보는 키포인트

ⓑ 무조건 표본별 차의 데이터를 문제 밑에 표기한 후 표본별 차의 데이터로 분석합니다.

ⓒ 이 문항은 무조건 t 검정입니다. 검정통계량이 옳으면 부분점수 2점을 받는 경우가 일반적입니다.

ⓓ 신뢰한계는 통상 3점입니다. 부호는 기각역 반대 이제 아시죠?

[출제 경향]

ⓐ 이 문항의 유사문제 출제빈도는 2년 1회 정도로 높음입니다.

ⓑ 통상 2문항으로 출제되며 점수는 8점으로 출제됩니다.

[채점 및 답안 작성 포인트]

ⓐ 부적합품률의 검정 시 모부적합품률은 가설 p_0를 활용합니다.

ⓑ 검정통계량이 옳으면 2점의 부분점수가 부여됩니다. 일반적으로 검정은 5점 추정은 3점입니다.

ⓒ 계수치의 신뢰한계도 기각역만 부호를 뒤집어 계산하면 됩니다. 추정의 분산은 통계량 $\bar{p}$를 활용하여 구합니다.

술술 풀어보는 키포인트

[출제 경향]
ⓐ 이 문항의 유사문제 출제빈도는 5년 1회 정도로 보통입니다.

ⓑ 통상 2문항으로 출제되며 점수는 6점으로 출제됩니다.

[채점 및 답안 작성 포인트]
ⓐ 검정이 없이 신뢰구간을 추정하는 문제는 지문이 요구한 대로 하여야 합니다. 신뢰구간을 구합니다. 모분산은 통계량 $\bar{p}$ 즉, 0.0825로 구합니다.
ⓑ 이 문항은 각 3점입니다.

$$= 0.02 + 1.645 \times \sqrt{\frac{0.02 \times (1-0.02)}{300}} = 0.03330$$

유/사/문/제 1

한 도시에서 실업률을 조사하기 위해 취업대상자를 대상으로 조사한 결과 임의로 추출한 2,000명 중 165명이 실업자였다. (09년, 14년 1회)

가. 이 도시의 실업률을 추정하시오.

나. 실업률에 대한 95% 신뢰구간을 구하시오.

풀이

가. $\hat{p} = \dfrac{x}{n} = \dfrac{165}{2000} = 0.0825$

나. $\hat{p} = \hat{p} \pm 1.96 \sqrt{\dfrac{\hat{p}(1-\hat{p})}{n}}$

$= 0.0825 \pm 1.96 \sqrt{\dfrac{0.0825(1-0.0825)}{2000}}$

$= 0.0825 \pm 0.01206 \quad (0.07044 \le \hat{p} \le 0.09456)$

유/사/문/제 2

기존의 공정부적합품률은 5%로 유지되고 있었는데, 협력업체의 자재 공장의 이전문제로 최근 200개를 검사하였더니 20개가 부적합으로 나타났다. (13년, 17년 1회)

가. 부적합품률이 증가하였다고 할 수 있는가를 위험률 5%로 검정하시오.

나. 검정결과 유의한 경우 신뢰한계를 추정하시오.

[채점 및 답안 작성 포인트]
ⓐ 이번에는 부적합품률이 증가한 경우입니다. 가설수립에 유의하세요. 옳으면 5점, 검정통계량만 옳으면 3점, 그 외는 0점

ⓑ 신뢰한계는 하측 신뢰한계가 되며 통계량 $\bar{p}$로 구합니다. 옳으며 3점, 그 외는 0점

풀이

가. ① $H_0 : P \le 0.05 \quad H_1 : P > 0.05$

② $\alpha = 5\%$

③ $z_0 = \dfrac{\hat{p} - P}{\sqrt{\dfrac{P(1-P)}{n}}} = \dfrac{0.1 - 0.05}{\sqrt{\dfrac{0.05 \times 0.95}{200}}} = 3.24443$

(단, $\hat{p} = \dfrac{x}{n} = \dfrac{20}{200} = 0.10$)

④ $R : z_{0.95} = 1.645$

⑤ 판정: H_0 기각

나. $\hat{p}_L = \hat{p} - z_{1-\alpha}\sqrt{\dfrac{\hat{p}(1-\hat{p})}{n}}$

$\quad = 0.1 - 1.645 \times \sqrt{\dfrac{0.1 \times (1-0.9)}{200}} = 0.06510$

유/사/문/제 3

어떤 감광지의 제조공정에서 농도가 다른 용액 A, B 속에서의 변색 정도를 알아보기 위하여 실험한 후 다음과 같은 데이터를 얻었다. 이때 평균 부적합품률이 얼마인지 구하시오. (15년 1회)

농도	양호품수	부적합품수	합계
A	928	72	1000
B	772	28	800

풀이

$\bar{p} = \dfrac{x_A + x_B}{n_A + n_B} = \dfrac{72+28}{1000+800} = \dfrac{100}{1800} = 0.0556$

07

종래의 한 로트의 모부적합수 m=16이었다. 작업방법을 개선한 후는 표본의 부적합수 c=8이 나왔다. (09년, 13년)

가. 모부적합수가 개선되었다고 할 수 있는지 유의수준 5%로 검정하시오.
나. 검정결과 유의하다면 신뢰한계를 추정하시오.

풀이

가. ① $H_0 : m \geq 16 \quad H_1 : m < 16$

② $\alpha = 0.05$

③ $z_o = \dfrac{x - m_0}{\sqrt{m_0}} = \dfrac{8-16}{\sqrt{16}} = -2.0$

④ R: $-z_{0.95} = -1.645$

⑤ H_0 기각

[유의수준 5%로 개선 후 모부적합수가 작아졌다고 할 수 있다.]

나. $m_U = x + z_{1-\alpha}\sqrt{x}$

$\quad = 8 + 1.645 \times \sqrt{8} = 12.65276$

술술 풀어보는 키포인트

[출제 경향]
ⓐ 이 문항의 유사문제 출제빈도는 5년 1회 이하로 보통입니다.
ⓑ 점수 배점은 4점 내외입니다.

[채점 및 답안 작성 포인트]
ⓐ 석판 1매당이므로 단위당 부적합수를 구하여 신뢰한계를 구하여야 합니다. 옳으면 4점, 그 외는 0점

유/사/문/제 1

20매의 석판에서 30개의 흠을 발견하였다. 석판 1매당의 부적합수에 대한 신뢰구간을 신뢰율 95%로 추정하시오. (17년 2회)

풀이

① $\hat{u} = \dfrac{x}{n} = \dfrac{30}{20} = 1.5$ 매/개

② $\hat{u} = u \pm z_{0.975}\sqrt{\dfrac{u}{n}}$

$= 1.5 \pm 1.96\sqrt{\dfrac{1.5}{20}} = 1.5 \pm 0.53677$

유/사/문/제 2

J 공장의 권취공정에서의 사절수는 10,000m당 평균 14회였다. 사절의 원인을 조사해 보았더니 보빈의 장력에 있음을 알게 되어 개선한 후 운전한 결과 10,000m당 평균 6회의 사절이 발생하였다. 다음 물음에 답하시오. (11년, 16년 1회)

가. 사절수가 변화하였는지 유의수준 5%로 검정하시오.
나. 유의한 경우 사절수의 신뢰한계를 구하시오.

[채점 및 답안 작성 포인트]
ⓐ 변화하였으므로 양측검정입니다. 옳으면 5점, 검정통계량만 옳으면 3점, 그 외는 0점

ⓑ 신뢰한계는 양측검정이므로 신뢰구간이 됩니다. 옳으면 3점 그 외는 0점

풀이

가. ① $H_0 : m = 14 \quad H_1 : m \neq 14$

② $\alpha = 0.05$

③ $z_o = \dfrac{x - m_0}{\sqrt{m_0}} = \dfrac{6 - 14}{\sqrt{14}} = -2.13809$

④ $R : \pm z_{0.975} = \pm 1.96$

⑤ H_0 기각

나. $\hat{m} = x \pm z_{1-\alpha/2}\sqrt{x}$

$= 6 \pm 1.96 \times \sqrt{6} = 6 \pm 4.80100$

제4장 상관관계분석

제1절 상관관계분석 (양쌤의 품질교실 통계 115, 116강)

1. 상관관계 관련 공식

① 제곱합과 평균제곱

　제곱에 확률을 곱하여 더하면 평균제곱 그냥 더하면 제곱합입니다.

　ⓐ $SS_x = \Sigma(x-\overline{x})^2 = \Sigma x^2 - \dfrac{(\Sigma x)^2}{n}$

　　$MS_x = \sigma_{xx} = \Sigma(x-\overline{x})^2 p(x) = \dfrac{SS_x}{n-1}$

　ⓑ $SS_y = \Sigma(y-\overline{y})^2 = \Sigma y^2 - \dfrac{(\Sigma y)^2}{n} = SS_T$

　　$MS_y = \sigma_{yy} = \Sigma(y-\overline{y})^2 p(x) = \dfrac{SS_y}{n-1}$ ☞ y는 확률변수 x의 종속변수입니다.

② 곱의 합과 평균 곱

　x, y의 곱에 확률을 곱하여 더하면 평균곱 그냥 더하면 곱의 합입니다.

　ⓐ $S_{xy} = \Sigma(x-\overline{x})(y-\overline{y}) = \Sigma xy - \dfrac{\Sigma x \Sigma y}{n}$ ☞ 음수가 나올 수 있습니다.

　ⓑ $\sigma_{xy} = \Sigma(x-\overline{x})(y-\overline{y})p(x) = \dfrac{S_{xy}}{n-1}$

③ 상관계수: $r = \dfrac{S_{xy}}{\sqrt{SS_x SS_y}} = \dfrac{\sigma_{xy}}{\sqrt{MS_x MS_y}} = \dfrac{V_{xy}}{\sqrt{V_{xx} V_{yy}}}$

④ 회귀식

　ⓐ $SS_T = \Sigma(y-\overline{y})^2 = \Sigma(y-\hat{y})^2 + \Sigma(\hat{y}-\overline{y})^2 = SS_{y/x} + SS_R$

　ⓑ 회귀식: $\hat{y} = a + bx = \overline{y} + b(x-\overline{x})$

　ⓒ 절편: $a = \overline{y} - b\overline{x}$

　ⓓ 기울기: $b = \dfrac{S_{xy}}{SS_x} = \dfrac{V_{xy}}{MS_x} = \dfrac{V_{xy}}{V_{xx}} = \dfrac{\sigma_{xy}}{\sigma_{xx}}$

2. 1차 회귀의 ANOVA 분석

① $ANOVA$ table을 활용한 회귀의 유의차 검정

ⓐ $SS_R = \dfrac{S_{xy}^2}{SS_x} = bS_{xy}$

ⓑ $SS_{y/x} = SS_y - SS_R$

ⓒ ANOVA Table

구분	SS	ν	MS	F_0
회귀	$SS_R = S_{xy}^2/SS_x$	1	V_R	$\dfrac{V_R}{V_{y/x}}$
잔차	$SS_{y/x} = SS_y - SS_R$	n−2	$V_{y/x}$	
전체	$SS_y = SS_T$	n−1		

② 결정계수(= 회귀의 기여율)

$$r^2 = \dfrac{S_{xy}^2}{SS_x SS_y} = \dfrac{(S_{xy}^2/SS_x)}{SS_y} = \dfrac{S_R^2}{SS_T} = \rho_R$$

③ 회귀계수 β의 추정

$$\beta = \dfrac{S_{xy}}{SS_x} \Rightarrow \beta \pm t_{0.975}(\nu_{y/x})\sqrt{\dfrac{V_{y/x}}{SS_x}}$$

④ 최적해 $E(y)$의 점추정

$E(y) = (\alpha + \beta x_0)$

3. 상관계수의 유무 검정과 추정

상관계수의 유무검정은 기각이 되면 상관관계가 존재한다는 뜻입니다. 특별한 검정법이 명시되지 않으면, ANOVA, t 검정, r 검정 모두 가능합니다. 간혹 검정법이 명시된 문제가 있는데 이 경우는 그 검정만 맞게 채점됩니다. 그리고 상관계수의 유무 검정은 F검정을 변형한 것으로 무조건 양측 검정입니다.

① t 검정

ⓐ $H_0 : \rho = 0$ $H_1 : \rho \neq 0$

ⓑ $\alpha = 0.05$

ⓒ $t_0 = \dfrac{r - 0}{\sqrt{\dfrac{1-r^2}{n-2}}} = r\sqrt{\dfrac{n-2}{1-r^2}}$

ⓓ $R : \pm t_{0.975}(\nu = n-2)$

ⓔ H_0 채택 또는 기각

② r 검정

ⓐ $H_0 : \rho = 0$ $H_1 : \rho \neq 0$

ⓑ $\alpha = 0.05$

ⓒ $r_0 = r$ ☞ r표는 $(\nu \geq 10)$일 때 가능

ⓓ $R : \pm r_{0.975}(\nu = n-2)$

ⓔ H_0 채택 또는 기각

4. 회귀계수의 t 검정 방법

기각이 되면 회귀계수가 존재한다는 뜻입니다. 상관계수와 회귀계수의 검정통계량은 동일한 값입니다.

① $H_0 : \rho = 0 \quad H_1 : \rho \neq 0$

② $\alpha = 0.05$

③ $t_0 = \dfrac{r-0}{\sqrt{\dfrac{1-r^2}{n-2}}}$

④ $R : \pm t_{0.975}(\nu = n-2)$

⑤ H_0 채택 또는 기각

① $H_0 : \beta = 0 \quad H_1 : \beta \neq 0$

② $\alpha = 0.05$

③ $t_0 = \dfrac{\beta-0}{\sqrt{\dfrac{V_{y/x}}{SS_x}}}$

④ $R : \pm t_{0.975}(\nu = n-2)$

⑤ H_0 채택 또는 기각

핵심/문제/풀이 | 제3장 상관관계분석 (양쌤의 품질교실 실기 제405강)

술술 풀어보는 키포인트

[출제 경향]

ⓐ 이 문항의 유사 문제 출제 빈도는 1년 2회 이상으로 매우 높음입니다. 너무 많아 연도를 못 달 정도의 출제 문항입니다.

ⓑ 통상 3~4 소문항으로 출제되며 점수는 10점 내외로 출제됩니다. 간혹 6점으로 출제되기도 하지만 이건 무조건 10점 정도로 출제된다고 생각하시는게 좋습니다.

[채점 및 답안 작성 포인트]

ⓐ 공분산은 계산기에서 ①항처럼 풀 수 있습니다. 다만 수식을 기록하게 되어 있으니 답만 쓰지 마시고, 답안처럼 수식을 적어주세요. 옳으면 3점, 그 외는 0점

ⓑ 상관계수 기여율은 결정계수를 의미합니다. 자주 출제되며 계산기로 풀 경우 ①항처럼 풀 수 있습니다. 단, 답안처럼 수식을 적어주세요. 옳으면 3점, 그 외는 0점

01

대응을 이루고 있는 두 확률변수 x와 y에 대한 5조의 데이터는 다음과 같다. (12년, 14년, 16년 4회)

x	2	3	4	5	6	$\bar{x}=4$
y	4	7	6	8	10	$\bar{y}=7$

가. 공분산을 구하시오.

나. 상관계수의 기여율을 구하시오.

다. $\alpha = 5\%$로 모상관계수 존재 유·무를 검정하시오(t검정으로 구하시오).

라. 회귀직선을 적합시켰을 때 분산분석표를 작성하여 회귀계수의 존재 유·무를 유의수준 5%로 검정하시오.

마. 최소자승법에 의한 회귀계수를 구하시오.

바. $E(8)$에서의 기댓값을 구하시오.

풀이

가. ① 계산기의 값으로 풀면

$$r = \frac{\sigma_{xy}}{\sigma_x \sigma_y} \Rightarrow \sigma_{xy} = r \times \sigma_x \times \sigma_y$$

$$\sigma_{xy} = 0.91924 \times 1.58114 \times 2.23607 = 3.25$$

② 또는 수식으로 풀면

$$S_{xy} = \Sigma x_i y_i - \frac{\Sigma x_i \Sigma y_i}{n} = 13$$

$$V_{xy} = \frac{13}{5-1} = 3.25$$

나. ① 계산기로 풀면

$$r^2 = 0.91924^2 \times 100\% = 84.5\%$$

② 수식으로 풀면

$$SS_x = \Sigma x_i^2 - \frac{(\Sigma x_i)^2}{n} = 10$$

$$SS_y = \Sigma y_i^2 - \frac{(\Sigma y_i)^2}{n} = 20$$

$$S_{xy} = \Sigma x_i y_i - \frac{\Sigma x_i \Sigma y_i}{n} = 13$$

$$r^2 = \frac{S_{xy}^2}{SS_x SS_y} = \frac{13^2}{10 \times 20} = 0.845$$

다. ① $H_0 : \rho = 0 \quad H_1 : \rho \neq 0$

② $\alpha = 0.05$

③ $t_0 = \dfrac{r - 0}{\sqrt{\dfrac{1 - r^2}{n - 2}}} = \dfrac{0.91924}{\sqrt{\dfrac{1 - 0.91924^2}{5 - 2}}} = 4.04412$

④ $R : \pm t_{0.975}(3) = \pm 3.182$

⑤ 판정: H_0 기각(상관관계는 유의하다.)

라. ① $H_0 : \beta_1 = 0 \quad H_1 : \beta_1 \neq 0$

② $SS_R = \dfrac{S_{xy}^2}{SS_x} = \dfrac{13^2}{10} = 16.9$

	SS	ν	MS	F_0	$F_{0.95}$
회귀	16.9	1	16.9	16.35484*	10.1
잔차	3.1	3	1.03333		
T	20.0	4			

판정: 회귀는 유의하다.

마. ① $b = \dfrac{S_{xy}}{SS_x} = \dfrac{13}{10} = 1.3$

② $a = \overline{y} - b \times \overline{x} = 7 - 1.3 \times 4 = 1.8$

③ $\hat{y} = a + bx = 1.8 + 1.3x$

바. $E(y_8) = a + bx = 1.8 + 1.3 \times 8 = 12.2$

술술 풀어보는 키포인트

ⓒ 이 문항처럼 t분포로 검정하라는 지문이 있으면 t분포로 검정해야 합니다. 이 경우 5점이 일반적이며, 검정통계량의 부분 점수는 2점이 됩니다. 자유도에 주의하세요. n-2

ⓓ ANOVA 검정은 5점 정도 배정되며 통상 부분 점수는 없습니다. 판정은 1점을 따로 채점합니다.
모두 옳으면 4점, 판정까지 옳으면 5점

ⓕ 최소자승법의 회귀식 계산은 공식으로 풀으라는 뜻입니다. 그러므로 전통적 공식인 제곱합과 곱의합을 이용하여 푸셔야 합니다. 하늘에서 비가 내리네.
옳으면 3점 그 외는 0점

ⓖ y의 기댓값은 점 추정치를 주로 질의합니다. 추정식을 구하라는 문제는 20년에 1회 나오는데 3점이니 그냥 틀리세요^^

[출제 경향]
이 문항은 기본지식을 질의하는 문제로 잘 출제되는 문제는 아닙니다.

유/사/문/제 1

다음 설명의 ( )안을 채우시오.　　　(13년 2회)

서로 대응관계에 있는 두 변량 데이터 x, y를 x, y축 상에 도표로 표시한 그림을 (①)라 하며, 이 관계의 정도를 상관계수 r로 평가한다. 상관계수의 값이 (②) 가까울수록 완전 정상관이고, (③)에 가까울수록 완전 부상관, (④)에 가까운 경우 무상관으로 호칭한다.

[채점 및 답안 작성 포인트]
ⓐ 각각 옳으면 1점, 그 외는 0점

[출제 경향]
이 문항은 기본지식을 질의하는 문제로 잘 출제되는 문제는 아니지만 최근 10년간 각각 1문항씩 5점으로 출제되었습니다.

[채점 및 답안 작성 포인트]
ⓐ 상관계수는 단위에 따라 값이 변하지 않으므로 그 내용만 언급하고 증명 없이 바로 답을 쓰시면 됩니다. 옳으면 5점, 그 외는 0점

ⓑ 상수의분산은 0이므로 $V(x_0) = 0$ 입니다

[풀이]

① 산점도(산포도) ② 1 ③ -1 ④ 0

유/사/문/제 2

x, y의 시료의 회귀계수 b를 구하기 위하여 원 데이터를 다음과 같이 수치변환하였다. **(13년, 15년 4회)**

$$X = (x - 120) \times 10, \quad Y = (y - 5) \times 100$$

가. 수치변환 결과 상관계수 $r_{XY} = 0.37$이라면 원 데이터의 상관계수는 얼마인가?

나. 수치변환 결과 회귀계수 $b' = 1.5$였다면 원 데이터의 회귀계수는 얼마인가?

[풀이]

가. [풀이 ①]
상관계수의 단위는 변화가 없으므로 수치변환에 영향을 받지 않는다. 즉 $r = 0.37$

[풀이 ②]

① 원래의 값을 중심으로 식을 정리한다.

   ⓐ $x = \dfrac{1}{10}X + x_0$ ⓑ $y = \dfrac{1}{100}Y + y_0$

② 확률변수에 대한 각각의 분산의 기댓값을 구한다.

   ⓐ $V(x) = V(\dfrac{1}{10}X + x_0) = V(\dfrac{1}{10}X) = (\dfrac{1}{10})^2 V(X)$

   ⓑ $V(y) = V(\dfrac{1}{100}Y + y_0) = V(\dfrac{1}{100}Y) = (\dfrac{1}{100})^2 V(Y)$

   ⓒ $Cov(xy) = Cov(\dfrac{1}{10}X + x_0)(\dfrac{1}{100}Y + y_0)$
   $= Cov(\dfrac{1}{10}X)(\dfrac{1}{100}Y) = \dfrac{1}{100} \times \dfrac{1}{10} Cov(XY)$

③ 상관계수를 구한다.

$$r = \dfrac{V_{xy}}{\sqrt{V_x V_y}} = \dfrac{(\dfrac{1}{10} \times \dfrac{1}{100}) V_{XY}}{\sqrt{(\dfrac{1}{10})^2 V_X (\dfrac{1}{100})^2 V_Y}}$$

$$= \dfrac{V_{XY}}{\sqrt{V_X V_Y}} = r' = 0.37$$

나. ① 원래의 값을 중심으로 식을 정리한다.

ⓐ $x = \frac{1}{10}X + x_0$　　ⓑ $y = \frac{1}{100}Y + y_0$

② 확률변수에 대한 각각의 분산의 기댓값을 구한다.

ⓐ $V(x) = V(\frac{1}{10}X + x_0) = V(\frac{1}{10}X) = (\frac{1}{10})^2 V(X)$

ⓑ $V(y) = V(\frac{1}{100}Y + y_0) = V(\frac{1}{100}Y) = (\frac{1}{100})^2 V(Y)$

ⓒ $Cov(xy) = Cov(\frac{1}{10}X + x_0)(\frac{1}{100}Y + y_0)$
$= Cov(\frac{1}{10}X)(\frac{1}{100}Y) = \frac{1}{100} \times \frac{1}{10} Cov(XY)$

③ 회귀계수를 구한다.

$$b = \frac{V_{xy}}{V_x} = \frac{(\frac{1}{10} \times \frac{1}{100})V_{XY}}{(\frac{1}{10})^2 V_X}$$

$$= \frac{10^2}{10 \times 100} \times \frac{V_{XY}}{V_X} = \frac{1}{10}b' = 0.15$$

> ⓒ 회귀계수는 단위에 따라 값이 변하므로 우측과 같은 방법으로 구하여야 합니다. 옳으면 5점, 그 외는 0점

유/사/문/제 3

다음은 검사요원의 기억력 x와 판단력 y를 조사한 표이다. 물음에 답하시오. **(10년, 15년, 17년 4회)**

x	11	10	14	18	10	5	12	7	15	16
y	6	4	6	9	3	2	8	3	9	7

가. (공) 곱의합을 구하시오.

나. 기억력 x에 대한 y의 상관계수를 구하시오.

다. 기억력 x에 대한 y의 회귀방정식을 구하시오.

라. 기여율을 구하시오.

마. $y = a + bx$ 일 때, $x = 7$일 때 y의 추정치를 구하시오.

바. 모상관계수가 존재하는지 유의수준 5%로 검정하시오.

풀이

가. ① 계산기의 값으로 풀면

$$r = \frac{\sigma_{xy}}{\sigma_x \sigma_y} \Rightarrow (n-1)\sigma_{xy} = (n-1) \times r \times \sigma_x \times \sigma_y$$

$$S_{xy} = 9 \times 0.88549 \times 4.04969 \times 2.58414 = 83.4$$

[채점 및 답안 작성 포인트]

ⓐ 곱의합보다는 공분산으로 출제가 잘 됩니다. 계산기에서 ①항처럼 풀 수 있습니다. 단, 답안만 적으면 안되니 수식을 반드시 적어주세요. 옳으면 3점 그 외는 0점

술술 풀어보는 키포인트

ⓑ 상관계수 도 계산기에서 바로나오지만 수식은 적어주세요. 옳으면 2점, 그 외는 0점

ⓒ 회귀식도 계산기에서 바로 구할 수 있지만 수식은 적어주셔야 합니다. 하늘에서 비가 내리네. 옳으면 3점 그 외는 0점

ⓓ 결정계수는 회귀계수의 기여율입니다. 옳으면 3점, 그 외는 0점

ⓔ 기댓값은 회귀식에 값을 대입하여 구합니다. 옳으면 3점, 그 외는 0점

ⓕ 통계적 가설 검정은 t검정으로 요구하는 경우가 많습니다. 아무 단서가 없으면 ANOVA로 풀으셔도 됩니다. 자유도에 주의하세요.
모두 옳으면 5점, 검정통계량이 옳으면 3점, 그 외는 0점

② 또는 수식으로 풀면

$$S_{xy} = \Sigma x_i y_i - \frac{\Sigma x_i \Sigma y_i}{n}$$

$$= 756 - \frac{118 \times 57}{10} = 83.4$$

나. $r = \dfrac{S_{xy}}{\sqrt{SS_x SS_y}} = 0.88549$

다. ① $b = \dfrac{S_{xy}}{SS_x} = 0.56504$

② $a = \bar{y} - b \times \bar{x} = -0.96748$

③ $\hat{y} = a + bx = -0.96748 + 0.56504x$

라. $r^2 = 0.88549^2 = 0.78410$

마. $E(y) = a + bx$
$= -0.96748 + 0.56504 \times 7 = 2.98780$

바. ① $H_0 : \rho = 0 \quad H_1 : \rho \neq 0$

② $\alpha = 0.05$

③ $t_0 = \dfrac{r-0}{\sqrt{\dfrac{1-r^2}{n-2}}} = \dfrac{0.88549}{\sqrt{\dfrac{1-0.88549^2}{10-2}}} = 5.39019$

④ $R : \pm t_{0.975}(8) = \pm 2.306$

⑤ 판정: H_0 기각 (상관관계는 유의하다.)

02

어떤 공장에서 생산되는 제품을 로트 크기(lot size)에 따라 생산에 소요되는 시간(M/H)을 측정하였더니, 다음과 같은 자료가 얻어졌다.

(10년, 13년, 16년 1회)

[자료] $\Sigma x = 500, \Sigma y = 1100, n = 10,$
$\Sigma x^2 = 28400, \Sigma y^2 = 134660, \Sigma xy = 61800$

가. 공분산을 구하시오.

나. 상관계수를 구하시오.

다. 추정회귀방정식을 구하시오.

라. 회귀방정식의 기여율을 구하시오.

마. $x = 12$일 때의 점추정치를 구하시오.

바. 회귀관계가 존재하는지 유의수준 5%로 검정하시오.

풀이

가. ① $S_{xy} = \Sigma x_i y_i - \dfrac{\Sigma x_i \Sigma y_i}{n} = 61800 - \dfrac{500 \times 1100}{10} = 6800$

　② $V_{xy} = \dfrac{S_{xy}}{n-1} = \dfrac{6800}{9} = 755.55556$

나. ① $SS_x = \Sigma x_i^2 - \dfrac{(\Sigma x_i)^2}{n} = 28400 - \dfrac{500^2}{10} = 3400$

　② $SS_y = \Sigma y_i^2 - \dfrac{(\Sigma y_i)^2}{n} = 134660 - \dfrac{1100^2}{10} = 13660$

　③ $r = \dfrac{S_{xy}}{\sqrt{SS_x SS_y}} = \dfrac{6800}{\sqrt{3400 \times 13660}} = 0.99780$

다. ① $b = \dfrac{S_{xy}}{SS_x} = \dfrac{6800}{3400} = 2.0$

　② $a = \bar{y} - b\bar{x} = \dfrac{1100}{10} - 2 \times \dfrac{500}{10} = 10$

　③ $\hat{y} = 10 + 2x$

라. $r^2 = 0.99780^2 = 0.99560$

마. $E(y) = a + bx$
　　　　$= 10 + 2 \times 12 = 34$

바. ① $H_0 : \rho = 0 \quad H_1 : \rho \neq 0$

　② $SS_R = \dfrac{S_{xy}^2}{SS_x} = \dfrac{6800^2}{3400} = 13600$

	SS	ν	MS	F_0	$F_{0.95}$
회귀	13600	1	13600	181.33333*	5.32
잔차	600	8	75		
T	13660	9			

판정: 회귀는 유의하다.

유/사/문/제 1

다음 ( )안에 알맞은 말을 쓰시오.

회귀분석에서 전체의 제곱합(S_{yy})에서 회귀에 의한 제곱합(SS_R)의 비율이 얼마인지를 의미하는 값을 (①)(이)라 하며, 이 값이 (②)에 가까울수록 회귀직선의 기울기가 유의하다고 할 확률이 높아지게 된다.

술술 풀어보는 키포인트

[채점 및 답안 작성 포인트]

ⓐ 공분산은 자주 출제하는 소문항으로 자유도가 n-1임에 유의하세요. 옳으면 3점, 그 외는 0점

ⓑ 상관계수를 구하는 문항은 3점이 배정됩니다. 과정은 식이나 수식 중 하나만 쓰시면 됩니다.

ⓒ 회귀선이나 a, b를 묻는 문항은 3점이 배정됩니다. 과정은 식이나 수식 중 하나만 쓰시면 됩니다.

ⓓ 회귀선의 기여율은 결정계수입니다. 옳으면 3점, 그 외는 0점

ⓔ 기댓값은 회귀식에 값을 대입하여 구합니다. 옳으면 3점, 그 외는 0점

ⓕ 회귀나 상관 등을 구체적 기법 없이 검정을 요구할 경우 회귀의 신뢰구간을 감안할 때 ANOVA로 푸는 것이 가장 효과적입니다. 배정 점수는 5점입니다. 판정에 유의하세요.

[출제 경향]

ⓐ 이 문항은 기초지식을 체크하는 문제입니다.

ⓑ 각각 옳으면 2점 그 외는 0점, ②항은 ±1만 정답입니다.

술술 풀어보는 키포인트

풀이

① 결정계수(또는 (회귀의) 기여율, r^2) ② ± 1

유/사/문/제 2

다음은 어느 공정에 대한 분산분석표이다. 다음 물음에 답하시오.

(11년, 18년 2회)

	SS	ν	MS	F_0	$F_{0.95}$
회귀	12600	1	12600	95.09434*	5.32
잔차	1060	8	132.5		
T	13660	9			

가. 회귀관계를 유의수준 5%로 검정하시오.

나. 회귀의 기여율을 구하시오.

다. 상관계수를 구하시오.

풀이

가. $F_0 > F_{0.95} = 5.32$이므로 회귀는 유의하다.

나. $r^2 = \dfrac{SS_R}{SS_y} = \dfrac{12600}{13660} = 0.92240$

다. $r = \pm\sqrt{r^2} = \pm 0.96042$

유/사/문/제 2

$n=16,\ \overline{x}=10.8,\ \overline{y}=122.7,\ S_{xx}=70.6,\ S_{yy}=98.5,\ S_{xy}=68.3$
일 때, 다음 물음에 답하시오.

(10년, 12년, 16년, 17년 2회)

가. 공분산을 구하시오.

나. 시료 상관계수를 구하시오.

다. 모상관계수(ρ)가 존재하는지 r표를 활용하여 검정하시오. 단, 유의수준은 5%이다.

라. 모상관계수(ρ)가 존재하는지 t표를 활용하여 검정하시오. 단, 유의수준은 5%이다.

풀이

가. $V_{xy} = \dfrac{S_{xy}}{n-1} = \dfrac{68.3}{14} = 4.87857$

[채점 및 답안 작성 포인트]

ⓐ '가'는 분산분석이 되어 있으므로 판정만 하면 됩니다. 옳으면 2점, 그 외는 0점

ⓑ '나'는 회귀변동의 비율입니다. 옳으면 3점, 그 외는 0점

ⓒ '다'는 '±' 부호가 없으면 오답입니다. 옳으면 3점, 그 외는 0점

[채점 및 답안 작성 포인트]

ⓐ 모상관계수의 유무 검정은 무조건 양측이며 수표가 제공되므로 r검정으로 분석 가능합니다.

나. $r = \dfrac{S_{xy}}{\sqrt{SS_x SS_y}} = \dfrac{68.3}{\sqrt{70.6 \times 98.5}} = 0.81903$

다. ① $H_0 : \rho = 0 \quad H_1 : \rho \neq 0$

　② $\alpha = 5\%$

　③ $r_0 = \dfrac{S_{xy}}{\sqrt{S_{xx} S_{yy}}} = 0.81903$

　④ $R: \pm r_{0.975}(13) = \pm 0.5139$

　⑤ H_0 기각 (즉, 상관관계가 존재한다.)

라. ① $H_0 : \rho = 0 \quad H_1 : \rho \neq 0$

　② $\alpha = 0.05$

　③ $t_0 = \dfrac{r - 0}{\sqrt{\dfrac{1-r^2}{n-2}}} = \dfrac{0.81903}{\sqrt{\dfrac{1-0.81903^2}{15-2}}} = 5.14694$

　④ $R: \pm t_{0.975}(13) = \pm 2.160$

　⑤ 판정: H_0 기각 (상관관계는 유의하다.)

술술 풀어보는 키포인트

ⓑ 통상 검정은 4점 정도로 배정되며 검정통계량은 2점 정도의 부분점수가 부여될 수 있습니다.

ⓒ r표는 r검정을 활용하여 검정하게 됩니다. 옳으면 5점, 검정통계량이 옳으면 3점, 그 외는 0점

ⓓ t표는 t검정을 활용하여 검정하게 됩니다. 옳으면 5점, 검정통계량이 옳으면 3점, 그 외는 0점

양쌤의 품질경영산업기사 실기

샘플링과 관리도

제1장 샘플링검사와 OC곡선
제2장 샘플링검사 규격
제3장 관리도

제 1 장 샘플링검사와 OC곡선

제1절 샘플링검사 개요 (양쌤의 품질교실 샘플 121강)

1. 임계부적합품률
전수검사, 샘플링검사, 무검사가 균형을 이루는 부적합품률을 의미합니다.
① 조건
  a: 개당 검사비용
  b: 유출 불량으로 인한 개당 손실비용
  c: 검사로 발견된 불량에 대한 개당 조치비용(수리 또는 폐기)
② 임계부적합품률
  ⓐ $aN + cPN = bPN$
  ⓑ $P_b = \dfrac{a}{b-c}$
  ☞ $P_b > p\%$ 이면 무검사, $P_b < p\%$ 이면 전수검사가 유리하다.

2. 검사의 분류방법
① 검사가 행해지는 공정 : 수입 공정 최종 출하로 분류   공정은 흐름이다.
② 검사가 행해지는 장소 : 정위치, 순회   돌아다니는가 정위치인가?
③ 검사의 성질에 따라 : 파괴, 비파괴   성질나면 파괴
④ 판정 대상에 따라 : 전부, 일부(샘플링), 없음(무검사)   대상이 전부인가 일부인가?
⑤ 검사항목 : 질량, 무게, 외관, 수량, 치수   검사항목은 품질특성

3. 샘플링검사가 전수검사보다 유리한 경우
① 파괴검사(팔 것이 없다).
② 생산자에 자극을 준다(로트 불합격으로 날벼락).
③ 검사항목이 많으면(시간과 비용이 너무 많이 소요됨).
④ 검사비용이 비싸서 절감하고 싶을 때
⑤ 불완전한 전수검사에 비해 높은 신뢰성이 얻어질 때

4. 샘플링검사의 조건 5가지

① 데이터가 계량치일 때 정규분포를 따를 것 ☞ 이건 필수 이래야 관리상태이므로
② 품질기준이 명확할 것 ☞ 합·부 판정 기준이 있어야 하죠
③ 제품이 로트로 처리될 수 있을 것 ☞ 로트에 대해 합·부 판정을 하므로
④ 시료의 샘플링은 랜덤할 것 ☞ 이래야 로트에 대해 대표성이 생기므로 판정이 가능해짐
⑤ 합격로트 중에 부적합품이 포함되는 것을 허용할 것 ☞ 샘플링은 불량 0는 실현 불가능

4. 품질의 표시방법

계약서, 시방서, 상표 또는 설명서에 품질조건의 표기 시 명시되어야 할 품질특성
① 로트: 부적합품률, 부적합수, 모평균, 모표준편차
② 시료: 부적합품수, 부적합수, 시료평균, 시료표준편차, 범위

5. 계수치 샘플링과 계량치 샘플링의 비교

① 계수치: 검사가 간단하고 검사비용이 저렴하다, 검사시간이 짧음
  검사정보의 활용도가 낮고 시료가 많이 필요하다.
② 계량치: 로트의 분포를 대략적으로 알고 있어야 한다.
  측정이 복잡하고 검사비용이 비싸다.
  숙련검사원이 필요하고 검사기록의 용도가 많고 시료가 작다.

제2절 샘플링오차 (양쌤의 품질교실 샘플 122강)

1. 샘플링오차와 측정오차

평균치를 추정하기 위한 평균치의 95% 정밀도를 나타내는 정도는 샘플링오차, 축분오차 및 측정오차로 구성됩니다. 그리고 가장 바람직한 샘플링방법은 층별샘플링입니다. 왜냐하면, 층별샘플링은 군간변동이 나타나지 않기 때문입니다.

① 평균치의 오차분산

ⓐ m개의 sub-lot에서 n개씩 표본을 취하고 각 표본을 k번 측정하는 경우

$$V(\overline{x}) = \frac{1}{m}(\sigma_b^2 + \frac{1}{n}(\sigma_w^2 + \frac{1}{k}\sigma_m^2))$$

ⓑ n개의 표본을 샘플링하여 혼합 축분한 후 k번 측정하는 경우

$$V(\overline{x}) = \frac{1}{n}\sigma_s^2 + \sigma_R^2 + \frac{1}{k}\sigma_m^2$$

② 샘플링 오차 용어
ⓐ 오차 : 참값과 모집단의 측정값의 차이
ⓑ 신뢰도: 데이터의 신뢰도($1-\alpha$)와 샘플링방법(σ)의 결정
ⓒ 정밀도: 신뢰도를 고려한 정도를 결정하여 시료 크기를 결정한다.

평균치의 95% 정밀도(정도): $\beta_{\bar{x}} = 1.96\sqrt{V(\bar{x})}$

ⓓ 치우침(정확도): 참값과 측정값의 평균 차이($\bar{x}-m(=\mu)$)로 로트를 판정한다.

2. 샘플링방법

① 단순 랜덤샘플링
  모든 원소가 뽑힐 확률이 동일한 샘플링검사로 모집단의 정보가 특별히 없어도 가능하다.
② 계통샘플링
  첫 시료는 랜덤으로(랜덤스타트) 그리고 k개 또는 k 시간의 일정 간격으로 샘플링 한다.
  주기가 있으면 적용할 수 없으며, 이동로트에 대한 시료 채취가 용이한 장점이 있다.
③ 층별샘플링
  정도가 랜덤샘플링 보다 우수하며 모든 층에서 시료를 뽑는다.

  샘플링정도는 $V(\bar{x}) = \dfrac{N-n}{N-1} \times \dfrac{\sigma_W^2}{n} = \dfrac{N-n}{N-1} \times \dfrac{\sigma_w^2}{nm}$ 이므로 군간변동이 나타나지 않는다.

④ 집락(군집)샘플링
  서브로트를 몇 개 취하여 그 서브로트를 모두 취하는 방식이다.

  샘플링정도는 $V(\bar{x}) = \dfrac{M-m}{M-1} \times \dfrac{\sigma_b^2}{m}$ 이므로 군내변동이 나타나지 않는다.

⑤ 2단계 샘플링
  샘플링 비용 및 시간 감소를 목적으로 일부 서브로트를 선택(m)한 후 그 서브로트를 대상으로 층별샘플링을 하는 방식이다.

3. 층별샘플링의 종류

① 층별비례샘플링
  로트의 크기에 비례하여 샘플 수를 결정한다. $n_i = n \times \dfrac{N_i}{\Sigma N_i}$
② 네이만 샘플링
  로트의 크기와 표준편차를 고려하여 결정한다. $n_i = n \times \dfrac{N_i \sigma_i}{\Sigma N_i \sigma_i}$
③ 데밍 샘플링
  로트의 크기, 표준편차 및 샘플링 비용을 고려하여 결정한다.

제3절 샘플링검사와 OC 곡선 (양쌤의 품질교실 샘플 123강)

1. 합격확률 L(p)의 계산과 OC곡선

$\beta = L(p) = \Pr(X \leq c)$

	평균	분산	수식
초기하분포	np	$\dfrac{N-n}{N-1}np(1-p)$	$\sum \dfrac{{}_{Np}C_x \times {}_{N-Np}C_{n-x}}{{}_{N}C_n}$
이항분포	np	$np(1-p)$	$\Sigma {}_nC_x p^x (1-p)^{n-x}$
푸아송분포	np	$np = m$	$\Sigma e^{-np}\left(1+m+\dfrac{m^2}{2!}+\cdots\right)$

① $n/N < 0.1$ 또는 N이 매우 크면 이항분포에 근사한다.

② $p < 0.1$이고 $np = 0.1 \sim 10$이면 푸아송분포에 근사한다.

③ $np = m > 5$이면 정규분포에 근사한다.

2. OC 곡선의 원리

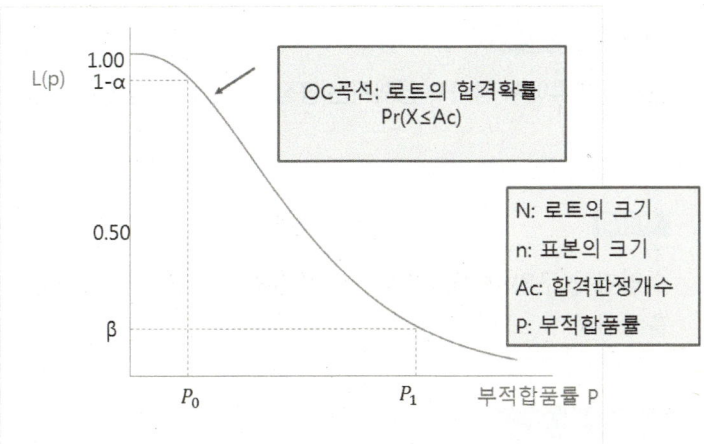

① N, n이 일정하고 Ac가 증가하면, α는 감소하고 β는 증가한다.

② N, Ac가 일정하고 n이 증가하면, α는 증가하고 β는 감소한다.

③ n, Ac가 일정하고 N이 증가하면, α와 β는 거의 변화가 없다.

④ Ac/n/N이 비례로 증가하면, α와 β는 동시에 감소한다.

핵심/문제/풀이 | 제1장 샘플링검사와 OC곡선 (양쌤의 품질교실 실기 제406, 407강)

[출제 경향]
① 임계 부적합품률의 출제빈도는 10년 간 1회로 낮은 편입니다. 간단한 공식 정도만 익혀두시면 됩니다.

01
어떤 제품의 개당 검사비용은 50원이며, 부적합품 유출로 인해 소비자로부터 claim이 발생했을 때는 교환 또는 수리비용은 개당 2000원이다.
(10년 이전)

가. 임계 부적합품률을 구하시오.
나. 공정부적합품률이 2%라면 어떠한 검사방식이 효과적인가?
다. 만약 검사에서 발견된 부적합품에 대한 수리비용이 500원이라면 임계 부적합품률은 얼마인가?

[채점 및 답안 작성 포인트]
ⓐ 이 문항은 대략 출제 시 3~4점 정도의 간단한 문제로 출제됩니다. 최근 출제는 되지 않았습니다.

풀이

가. $P_b = \dfrac{a}{b} = \dfrac{50}{2000} \times 100\% = 2.5\%$

나. $p\% < P_b$ 이므로 무검사가 유리하다.

다. $P_b = \dfrac{a}{b-c} = \dfrac{50}{2000-500} \times 100\% = 3.33333\%$

유/사/문/제 1
검사의 분류에서 검사가 행해지는 공정에 의한 분류방법 4가지를 쓰시오.
(11년, 15년 2회)

[출제 경향]
ⓐ 검사의 분류 문제는 2년 1회 정도의 출제빈도로 높은 편입니다.
ⓑ 배점은 5점 내외입니다.

풀이

수입검사(구입검사), 공정검사(중간검사), 완성검사(최종검사), 출하검사

유/사/문/제 2
검사의 분류에서 검사가 행해지는 장소에 의한 분류방법 3가지를 쓰시오.
(13년 1회)

[채점 및 답안 작성 포인트]
ⓐ 개당 옳으면 1점, 그 외는 0점

풀이

정위치검사, 순회검사, 출장검사

[채점 및 답안 작성 포인트]
ⓐ 개당 옳으면 2점, 그 외는 0점

유/사/문/제 3

검사의 분류에 관한 명칭을 쓰시오. (19년 1회)

가. 공정에 의한 분류에서 입고 시에 하는 검사
나. 검사 방법에 따른 분류에서 파괴검사에는 적용할 수 없는 검사
다. 성질에 의한 분류에서 검사 후에도 품질특성이 변하지 않는 검사
라. 장소에 따른 분류에서 돌아다니면서 하는 검사

풀이

가. 수입검사(구입검사)
나. 전수검사
다. 비파괴검사
라. 순회검사

02

샘플링검사의 실시조건 5가지를 서술하시오. (12년, 13년, 17년 2회)

풀이

① 품질기준을 명확히 할 것.
② 제품이 로트로 처리될 수 있을 것.
③ 표본을 랜덤으로 추출한다.
④ 합격된 로트에 어느 정도 부적합품이 허용될 수 있을 것
⑤ 계량 샘플링검사의 경우 로트의 검사단위에 대한 특성치의 분포를 개략적으로 알고 있을 것.
 ☞ '정규분포를 따를 것'도 인정됩니다.

유/사/문/제 1

전수검사에 비해 샘플링검사가 유리한 경우를 5가지만 기술하시오. (12년, 15년 2회)

풀이

① 검사항목이나 검사품목이 매우 많아 전수검사가 곤란한 경우
② 다수, 다량의 것으로 어느 정도 부적합품의 혼입이 허용되는 경우

③ 생산자에게 품질향상을 위한 자극을 주고 싶을 경우
④ 검사비용을 줄이는 것이 효과적인 경우
⑤ 출고로트의 품질보증을 목적으로 하는 경우
⑥ 부족한 검사시간 내에서 검사의 신뢰성 높은 로트의 품질보증을 하고자 하는 경우(불충분한 전수검사에 비해 높은 신뢰성이 얻어질 때)

유/사/문/제 2

계량 샘플링검사와 계수 샘플링검사의 차이를 고려하여 [보기]에서 옳은 단어를 선택하여 빈칸을 채우시오. (15년, 17년 2회)

항목	계량 샘플링검사	계수 샘플링검사
① 검사소요시간		
② 계량기의 사용상의 난이도		
③ 검사의 기록		
④ 검사 표본의 크기		
⑤ 검사원의 숙련도		
⑥ 검사기록의 이용도		

[보기] ① 길다, 짧다. ② 쉽다, 어렵다.
③ 간단하다, 복잡하다. ④ 많다, 적다.
⑤ 요구한다, 요구하지 않는다. ⑥ 높다, 낮다.

풀이

① 길다, 짧다. ② 어렵다, 쉽다.
③ 복잡하다, 간단하다. ④ 적다, 많다.
⑤ 필요로 한다, 필요로 하지 않는다. ⑥ 높다, 낮다.

03

로트의 품질표시 방법 4가지를 쓰시오. (15년, 17년 4회, 19년 1회)

풀이

① 로트의 모평균(μ)
② 로트의 모표준편차(σ)
③ 로트의 모부적합품률(P)
④ 로트의 검사단위당 평균부적합수(m)

[출제 경향]
ⓐ 이 문제는 계량샘플링과 계수샘플링의 비교에 관한 문제입니다.
ⓑ 유사문제 출제빈도는 5년간 1회 정도로 낮은 편으로 배점은 6점 내외입니다. 보기가 차례대로 주어져 있습니다.

[채점 및 답안 작성 포인트]
ⓐ 각각 옳으면 1점, 그 외는 0점
ⓑ 계량은 어렵고 반면 가성비가 높으며 계수는 쉽다고 생각하고 답을 선택하세요.

[출제 경향]
ⓐ 이 문제는 KS 규격에 관한 문제로 모두 옳아야 점수를 받게 됩니다.
ⓑ 유사문제 출제빈도는 5년간 1회 정도로 보통인 편으로 배점은 4점 내외입니다.

[채점 및 답안 작성 포인트]
ⓐ 모두 옳아야 점수를 받으며, μ σ p, m 도 맞는 것으로 채점합니다. 각각 옳으면 1점, 그 외는 0점

유/사/문/제

표본의 품질표시 방법 5가지를 쓰시오. (13년 1회, 19년 2회)

풀이

① 표본의 평균($\bar{x}$)
② 표본의 표준편차(s)
③ 표본의 범위(R)
④ 표본의 부적합품수(nP)
⑤ 표본의 검사단위당 평균 부적합 수($m\ or\ c$)

04

종래 A 회사로부터 납품되고 있는 약품의 유황 함유율의 표준편차는 0.35%이었다. 이번에 납품된 lot의 평균치를 신뢰도 95%, 정도 0.2%로 양쪽 추정할 경우 필요한 표본의 개수를 구하시오. (12년, 16년 1회)

풀이

$$\pm \beta = \pm 0.2 = \pm z_{1-\alpha/2} \frac{\sigma}{\sqrt{n}} = \pm 1.96 \times \frac{0.35}{\sqrt{n}}$$

$$n = \left(\frac{0.35 \times 1.96}{0.2}\right)^2 = 11.7649 \to 12개$$

유/사/문/제

종래 납품되고 있는 기계부품의 치수 표준편차는 0.18cm이었다. 이번에 납품된 lot의 평균치를 신뢰도 95%, 정밀도 0.12cm로 알고자 한다. 표본수를 몇 개로 하는 것이 좋겠는지 구하시오. (12년, 13년 2회)

풀이

$$\pm \beta = \pm 0.12 = \pm z_{1-\alpha/2} \frac{\sigma}{\sqrt{n}} = \pm 1.96 \times \frac{0.18}{\sqrt{n}}$$

$$n = \left(\frac{0.18 \times 1.96}{0.12}\right)^2 = 8.6436 \to 9개$$

술술 풀어보는 키포인트

[출제 경향]
ⓐ 이 문제는 KS 규격에 관한 문제로 모두 옳아야 점수를 받게 됩니다.
ⓑ 유사문제 출제빈도는 5년간 1회 정도로 보통인 편으로 배점은 5점 내외입니다.

[채점 및 답안 작성 포인트]
ⓐ 모두 옳아야 점수를 받으며, 통계량 기호로 작성해도 맞는 것으로 채점합니다. 각각 옳으면 1점, 그 외는 0점

[출제 경향]
ⓐ 이 문항의 유사문제 출제빈도는 3년 1회 정도로 보통입니다.
ⓑ 통상 1문항으로 출제되며 점수는 5점으로 출제됩니다.

[채점 및 답안 작성 포인트]
ⓐ 간혹 신뢰도가 99%로 출제되는 때도 있으니 주의하세요.
ⓑ 무조건 n은 올림으로 해야만 점수를 받습니다. 즉 11은 0점이 됩니다. 옳으면 5점 그 외는 0점(유튜브 샘플링검사 참조하세요).

[채점 및 답안 작성 포인트]
ⓐ 무조건 n은 올림입니다. 옳으면 5점, 그 외는 0점

05

한 상자에 100개씩 들어 있는 50개의 상자가 있다. 이 로트에서 상자 간 산포 $\sigma_b = 0.5$ 상자 내의 산포 $\sigma_w = 0.8$일 때 우선 5상자를 랜덤하게 뽑고, 그 상자마다 10개씩 랜덤샘플링 할 때 모평균의 추정정밀도 $V(\overline{x})$를 구하시오. 단, 초기하계수는 무시하고 구하시오. (14년, 15년 1회)

풀이

$$V(\overline{x}) = \frac{\sigma_b^2}{m} + \frac{\sigma_w^2}{m\overline{n}}$$

$$= \frac{1}{5} \times 0.5^2 + \frac{1}{5 \times 10} \times 0.8^2 = 0.0628$$

유/사/문/제 1

한 상자에 100개씩 들어 있는 부품이 50상자가 있다. 이 상자 간의 산포 $\sigma_b = 0.5$, 상자 내의 산포 $\sigma_w = 0.8$일 때 우선 1차 단위로 m상자를 랜덤하게 뽑고, 그 상자마다 2차 단위로 10개씩 랜덤샘플링 하였을 때, 모평균의 추정정밀도 $V(\overline{x}) = 0.063$이 되었다면 1차 단위 상자의 샘플링 개수 m을 구하시오. 단, 초기하계수는 무시하고 구하시오. (13년 1회)

풀이

$$V(\overline{x}) = \frac{1}{m}(\sigma_b^2 + \frac{\sigma_w^2}{\overline{n}})$$

$$m = (0.5^2 + \frac{1}{10} \times 0.8^2) \div 0.063 = 4.98413 \Rightarrow 5$$

유/사/문/제 2

Y 제품을 4개 샘플링하여 동일표본을 3회씩 측정하였다. 측정정밀도 $\sigma_{\overline{x}}^2$을 구하시오. 단, $\sigma_s^2 = 0.15$, $\sigma_m^2 = 0.2$이다. (14년, 18년 2회)

풀이

$$V(\overline{x}) = \frac{\sigma_s^2}{n} + \frac{\sigma_m^2}{nk} = \frac{0.15}{4} + \frac{0.2}{4 \times 3} = 0.05417$$

유/사/문/제 3

15kg들이 화학약품이 60상자가 입하되었다. 약품의 순도를 조사하려고 우선 5상자를 랜덤샘플링하고 각각의 상자에서 6인크리멘트씩 각각 랜덤샘플링 하였다. (단, 1인크리멘트는 15g이다) 그리고 각각의 상자에서 취한 인크리멘트를 혼합 축분하고, 축분된 표본을 2회 반복 측정하였다. 이 경우 순도에 대한 모평균의 추정정밀도를 구하시오. (단, $\sigma_b = 0.2\%$, $\sigma_w = 0.35\%$, $\sigma_R = 0.10\%$, $\sigma_m = 0.15\%$ 임을 알고 있다). (17년 2회)

풀이

$$V(\bar{x}) = \sigma_{\bar{x}}^2 = \frac{\sigma_b^2}{m} + \frac{\sigma_w^2}{mn} + \sigma_R^2 + \frac{\sigma_m^2}{k}$$

$$= \frac{0.2^2}{5} + \frac{0.35^2}{5 \times 6} + 0.1^2 + \frac{0.15^2}{2} = 0.03333$$

06

20병씩 담긴 화학약품이 60상자가 입하되었다. 이 약품의 순도를 조사하려고 우선 5상자를 랜덤샘플링하고 각각의 상자를 전부 검사하였다. 이러한 샘플링방식의 명칭은 무엇인지 쓰시오. (13년 4회)

풀이

집락샘플링(취락샘플링, 군집샘플링)

유/사/문/제

다음은 어떠한 샘플링방법에 해당하는지 명칭을 쓰시오.

1) 신제품 테스트를 위해 각 대리점의 소매상을 각각 10여 개씩 선정
2) 전구 100개들이 50상자 중 3상자를 선정하여 각각의 전구의 점등상태를 모두 조사
3) 서브로트를 무시하고 전체 1000개 중 20개를 무작위로 선정
4) 창고에 입고된 서브로트 20개 중 5개를 선정하여 각 10개씩 표본을 랜덤샘플링으로 선정

풀이

1) 층별샘플링
2) 집락샘플링(군집샘플링, 취락샘플링)
3) 단순랜덤샘플링
4) 2단계 샘플링

[채점 및 답안 작성 포인트]
ⓐ 모든 샘플링오차, 축분 및 측정오차는 분산의 가법성이 성립됩니다. 옳으면 5점 그 외는 0점

[출제 경향]
ⓐ 이는 점수 조정을 위한 기본문제로 5년에 1회로 낮은 편입니다.
ⓑ 1문항으로 출제되며 3점 내외입니다.

[채점 및 답안 작성 포인트]
ⓐ 옳으면 3점, 그 외는 0점

[채점 및 답안 작성 포인트]
ⓐ 답안은 규정된 용어이므로 정확한 샘플링 명칭을 기재해야 합니다.
ⓑ 수식 답이 모두 옳으면 5점, 그 외는 0점입니다.

술술 풀어보는 키포인트

[출제 경향]
ⓐ 인원의 할당문제는 3년에 1회 정도로 보통인 편으로 소문항 없이 6점 내외로 출제됩니다.

[채점 및 답안 작성 포인트]
ⓐ 인원을 계산한 후 전체 인원을 할당하는 문제이므로 소숫자리가 큰 순으로 인원을 올려 총인원 수를 맞춥니다.
ⓑ 수식 답이 모두 옳으면 65점, 그 외는 0점입니다.

07

도시별 인구는 도시 $A = 765$명, $B = 640$명, $C = 455$명으로 구성되어 있다. 여론 조사를 위해 저들 도시에서 층별비례샘플링으로 150명을 샘플링하고자 한다. 도시별 샘플링 인원을 구하시오. (13년 1회)

▶ 풀이

① $\Sigma N_i = 765 + 640 + 455 = 1860$만

② $N_1 : \dfrac{N_1}{\Sigma N_i} \times n = \dfrac{765}{1860} \times 150 = 61.69354$

③ $N_2 : \dfrac{N_2}{\Sigma N_i} \times n = \dfrac{640}{1860} \times 150 = 51.61290$

④ $N_3 : \dfrac{N_3}{\Sigma N_i} \times n = \dfrac{455}{1860} \times 150 = 36.69355$

☞ 150명에 맞추어 끝수를 크기대로 조정하여 $N_1 : 62, \ N_2 : 51, \ N_3 : 37$명을 할당한다.

유/사/문/제

검사로트의 크기는 1600개이고, 생산라인별로 분류한 자료가 다음과 같다. 150개의 시료를 층별비례샘플링으로 뽑고자 할 때 B 생산라인은 몇 개를 뽑는 것이 좋겠는가? (16년 2회)

[자료] $A = 800$개, $B = 640$개, $C = 160$개

▶ 풀이

① $\Sigma N_i = 800 + 640 + 160 = 1600$만

② $B : \dfrac{B}{\Sigma N_i} \times n = \dfrac{640}{1600} \times 150 = 60$

[채점 및 답안 작성 포인트]
ⓐ 옳으면 4점, 그 외는 0점

[출제 경향]
ⓐ 이 문항은 OC 곡선의 c/n/N 변화에 따른 형태변화를 기재하는 문항으로 6~8점짜리 문제로 5년 1회 정도 출제됩니다. ( )넣기는 소문항에서 주로 기울기에 대한 질문이 나옵니다. OC 곡선의 원리를 유튜브를 통해 꼭 익혀두세요.

08

로트의 크기 N, 표본의 크기 n, 합격판정개수 c, 공정부적합품률 p라 할 경우 OC곡선에 관한 다음 질문에 답하시오. (10년, 17년 1회)

가. N, n을 일정하게 하고 c를 증가시키면, 제1종 오류는 ( )하고, 제2종 오류는 ( )하며 OC곡선의 기울기는 ( ) 된다.

나. N, c을 일정하게 하고 n를 증가시키면 제1종 오류는 ( )하고, 제2종 오류는 ( )하며, OC곡선의 기울기는 ( ) 된다.

다. $n/N < 0.1$일 때, n, c을 일정하게 하고 N을 증가시키면 OC곡선은 변화가 ( ).

라. $c/n/N$이 일정한 비율로 증가하면 OC곡선은 ( ).

풀이

가. 감소, 증가, 완만하게
나. 증가, 감소, 급하게
다. 거의 없다.
라. 크게 변한다.

유/사/문/제 1

가. $N=30, n=10, c=1$의 샘플링 검사방식에 대하여 로트의 부적합품률이 20%인 경우 합격률을 구하시오.

나. 복원추출인 경우 $n=10, c=1$의 샘플링 검사방식에 대하여 로트의 부적합품률이 20%인 경우 합격률을 구하시오.

다. $n=100, c=2$인 경우의 샘플링 검사방식에 대하여 로트의 부적합품률이 1%인 경우 푸아송분포를 이용하여 구하시오. (13년, 18년 4회)

풀이

가. $\Pr(X \leq 1) = \Pr(X=0) + \Pr(X=1)$
$= \dfrac{{}_6C_0 \times {}_{24}C_{10}}{{}_{30}C_{10}} + \dfrac{{}_6C_1 \times {}_{24}C_9}{{}_{30}C_{10}}$
$= 0.06528 + 0.26111 = 0.32639$

나. $\Pr(X \leq 1) = \Pr(X=0) + \Pr(X=1)$
$= {}_{10}C_0 \times 0.2^0 0.8^{10} + {}_{10}C_1 \times 0.2^1 0.8^9$
$= 0.10737 + 0.26844 = 0.37581$

다. $m = nP = 100 \times 0.01 = 1$
$\Pr(X \leq 2) = e^{-1}(1 + 1 + 1/2) = 0.91970$

유/사/문/제 2

다음은 계수규준형에 관한 OC 곡선을 나타낸 그림이다. 아래 그림에서 빈칸에 알맞은 내용을 채우시오. (14년 1회)

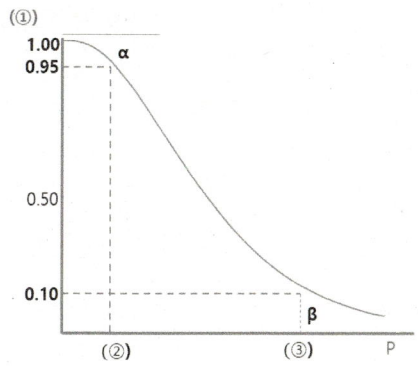

[채점 및 답안 작성 포인트]
ⓐ 각각 옳으면 2점, 그 외는 0점

[출제 경향]
ⓐ 계수치 OC 곡선 작성문제는 3년 1회로 출제율은 보통입니다. 하지만 출제가 되는 경우 배점은 6점 이상이므로 익혀두는 것이 좋습니다.

[풀이]

① $L(p)$ ② P_0 ③ P_1

09

로트의 크기 $N = 1,000$, 시료의 크기 $n = 10$, 합격 판정개수 $c = 2$에 대한 샘플링 검사방식에 관한 제시 표는 다음과 같다. (18년 4회)

$L(P)$	0.975	0.950	0.250	0.100	0.050	0.025
np_i	0.619	0.818	3.920	5.325	6.296	7.224

가. 검사 특성 곡선 작성을 위한 p_0 및 p_1을 구하시오.
(단, $\alpha = 0.05$, $\beta = 0.10$)

나. OC 곡선을 작성하시오.

[채점 및 답안 작성 포인트]
ⓐ 수표의 합격률 95%와 10%에서 p_0, p_1을 구합니다. 이를 활용하여 OC 곡선을 작성합니다. 모두 옳으면 7점, p_0, p_1이 옳으면 4점, 그 외는 0점

ⓑ OC 곡선에는 p_0, p_1, 1-α, β의 표기가 그래프에 되어 있어야 합니다.

[풀이]

가. ① $L(p_0) = 0.95$ 수표에서

$$np_0 = 0.818 \Rightarrow P_0 = \frac{0.818}{n} = \frac{0.818}{10} = 0.0818$$

② $L(p_1) = 0.10$ 수표에서

$$np_1 = 5.325 \Rightarrow P_1 = \frac{5.325}{n} = \frac{5.325}{10} = 0.5320$$

나. OC곡선

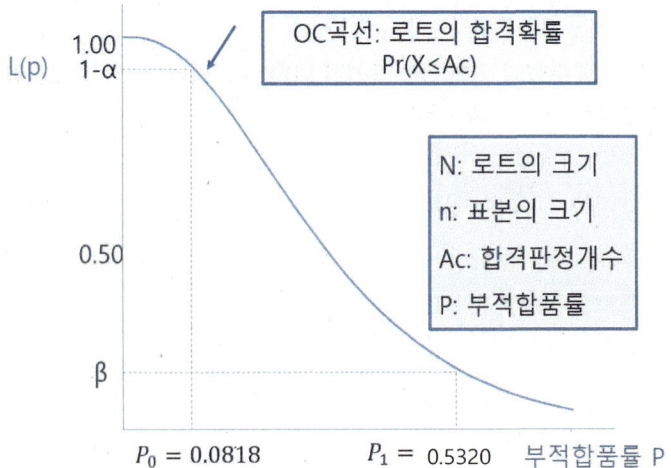

유/사/문/제 1

크기 $N=5,000$ 의 로트에서 샘플의 크기 $n=100$ 의 표본을 샘플링하여 합격판정개수 $c=2$인 1회 샘플링검사를 행할 때 부적합품률 1%, 2%, 3%, 4%, 5% 인 로트가 합격하는 확률은 얼마인가? OC 곡선을 작성하시오.

(10년 이전)

풀이

① $P \leq 0.1$이므로 푸아송분포에 근사한다.

$p\%$	$m=np$	$L(P)=P(x \leq 2)=\sum_{x=0}^{2}\dfrac{e^{-nP}(nP)^x}{x!}$
1	1	$e^{-1}(1+1+\dfrac{1^2}{2})=0.9197$
2	2	$e^{-2}(1+2+\dfrac{2^2}{2})=0.67668$
3	3	$e^{-3}(1+3+\dfrac{3^2}{2})=0.42319$
4	4	$e^{-4}(1+4+\dfrac{4^2}{2})=0.2381$
5	5	$e^{-5}(1+5+\dfrac{5^2}{2})=0.12465$

② OC 곡선

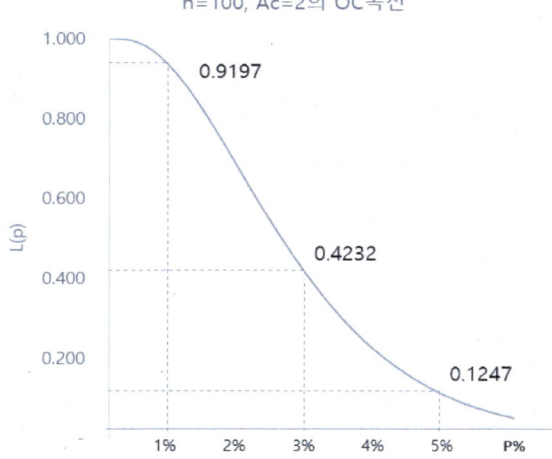

n=100, Ac=2의 OC곡선

유/사/문/제 2

휴대용 저장장치를 만드는 A 사는 $p_0=1\%$, $p_1=10\%$로 하는 계수규준형 1회 샘플링검사를 적용하여 협력사의 주요부품을 검사하고 있다. 이를 만족하기 위한 샘플링방식을 아래 표를 활용하여 정하시오. **(17년 1회)**

술술 풀어보는 키포인트

[채점 및 답안 작성 포인트]

ⓐ 부적합품률에 대한 합격확률은 푸아송 근사를 활용하시면 쉽게 작성할 수 있습니다. 통상 그래프까지 모두 옳으면 8점 확률계산이 옳으면 4점, 그 외는 0점입니다.

ⓑ OC 곡선에는 p_0, p_1, 1-α, β의 표기가 그래프에 되어 있어야 합니다.

[출제 경향]

ⓐ 계수규준형 샘플링표에 의해 샘플링 방식을 설계하는 문제입니다.

② 배점은 6점 내외입니다.

c	$np_{0.99}$	$np_{0.95}$	$np_{0.10}$	$np_{0.05}$
0	–	–	2.30	2.90
1	0.15	0.35	3.90	4.60
2	0.42	0.80	5.30	6.20
3	0.80	1.35	6.70	7.60
4	1.30	1.95	8.00	9.20

[채점 및 답안 작성 포인트]

ⓐ 계수규준형은 $\alpha = 5\%, \beta = 10\%$에 해당하는 품질수준을 상호 합의하여 검사방식을 정하는 방식입니다. 그러므로 위험률은 제시하지 않아도 당연히 $\alpha = 5\%, \beta = 10\%$를 적용합니다.

ⓑ 두 조건에 가장 유사한 조건이 검사기준이 되며 표본의 크기는 평균값으로 구합니다. 옳으면 7점, 그 외는 0점

풀이

① $np_{0.95}$의 경우

c	0	1	2	3	4
$np_{0.95}$		0.35	0.80	1.35	1.95
n		35	80	135	195

② $np_{0.10}$의 경우

c	0	1	2	3	4
$np_{0.10}$	2.30	3.90	5.30	6.70	8.00
n	23	39	53	67	80

③ 가장 근사한 경우: $c = 1$

$n = \dfrac{35 + 39}{2} = 37$ 그러므로 $n = 37, c = 1$

유/사/문/제 3

계수, 계량 샘플링검사에서 OC 곡선을 그릴 때, x축과 y축에 들어갈 내용을 각각 쓰시오.   (17년 1회)

[출제 경향]

ⓐ OC 곡선 설계 시 관련 용어를 기재하는 문제입니다.
ⓑ 배점은 8점 내외입니다.

[채점 및 답안 작성 포인트]

ⓐ 용어나 기호 모두 기재 가능합니다. 각 항목 당 옳으면 2점, 그 외는 0점으로 채점됩니다.

풀이

① 계수 샘플링검사
   x축: 부적합품률(p) y축: 로트의 합격확률($L(p)$)
② 계량 샘플링검사
   x축: 평균치(m) y축: 로트의 합격확률($L(m)$)

제 2 장 샘플링검사 규격

제1절 규준형 샘플링검사 (양쌤의 품질교실 샘플 124, 125강)

1. 계량샘플링 검사 (평균치 보증): KS Q0001

$$\underset{m_1}{|} \overset{+G_1\sigma}{\underset{\overline{X}_L}{|}} \overset{-G_0\sigma}{\underset{m_0}{|}} \overset{+G_0\sigma}{\underset{\overline{X}_U}{|}} \overset{-G_1\sigma}{\underset{m_1}{|}}$$

① 표본의 크기: 품질특성에 관계없이 동일하다.

    ⓐ 계산으로 구하는 경우: $n = (\frac{k_\alpha + k_\beta}{m_0 - m_1})^2 \times \sigma^2$

    ⓑ 수표를 활용하여 구하는 경우: $\frac{|m_0 - m_1|}{\sigma}$ 값을 계산하여 수표를 찾는다.

② 합격판정기준: m_0를 기준으로 설계한다. 그림을 참조하세요.

    ⓐ 망대특성 $\overline{X}_L = m_0 - G_0\sigma$

    ⓑ 망소특성 $\overline{X}_U = m_0 + G_0\sigma$

    ⓒ 망목특성 $\overline{X}_L = m_0 - G_0\sigma$, $\overline{X}_U = m_0 + G_0\sigma$ 단, $G_0 = \frac{k_\alpha}{\sqrt{n}}$, $G_1 = \frac{k_\beta}{\sqrt{n}}$

③ 합격판정: n개를 검사하여

    ⓐ 망대특성: $\overline{X}_L \leq \overline{X}$ 이면 로트 합격

    ⓑ 망소특성: $\overline{X} \leq \overline{X}_U$ 이면 로트 합격

    ⓒ 망목특성: $\overline{X}_L \leq \overline{X} \leq \overline{X}_U$ 이면 로트 합격

④ 계량 샘플링 평균치 보증의 OC곡선의 계산 식

    ⓐ 망소특성 $K_{L(m)} = \frac{\sqrt{n}(m - \overline{X}_U)}{\sigma}$

    ⓑ 망대특성 $K_{L(m)} = \frac{\sqrt{n}(\overline{X}_L - m)}{\sigma}$

2. 계량샘플링 검사 (부적합품률 보증): KS Q0001

$$\underset{L}{|} \overset{+k\sigma}{\underset{\overline{X}_L}{|}} \underset{m_0}{|} \overset{-k\sigma}{\underset{\overline{X}_U}{|}} \underset{U}{|}$$

① 표본의 크기: 품질특성과 관계없이 동일하다

ⓐ 계산으로 구하는 경우: $n = (\frac{k_\alpha + k_\beta}{k_{p0} - k_{p1}})^2 = (\frac{1.645 + 1.282}{k_{p0} - k_{p1}})^2$

ⓑ 수표를 활용하여 구하는 경우: p_0, p_1 을 정하여 수표를 찾는다.

② 합격판정계수

ⓐ 계산으로 구하는 경우: $k = \frac{k_\alpha k_{p1} + k_\beta k_{p0}}{k_\alpha + k_\beta}$

ⓑ 수표를 활용하여 구하는 경우: p_0, p_1 을 정하여 수표를 찾는다.

③ 합격판정기준: 규격한계에서 떨어진 거리를 기준으로 설계한다. 그림을 참조하세요.

ⓐ 망대특성: $\overline{X}_L = L + k\sigma$

ⓑ 망소특성: $\overline{X}_U = U - k\sigma$

ⓒ 망목특성: $\overline{X}_L = L + k\sigma, \overline{X}_U = U - k\sigma$

④ 합격판정: n개를 검사하여

ⓐ 망대특성: $\overline{X}_L \leq \overline{X}$ 이면 로트 합격

ⓑ 망소특성: $\overline{X} \leq \overline{X}_U$ 이면 로트 합격

ⓒ 망목특성: $\overline{X}_L \leq \overline{X} \leq \overline{X}_U$ 이면 로트 합격

3. 계량규준형 샘플링검사 (시그마 미지: KS Q0001)

① 표본의 크기: 품질특성과 관계없이 동일하다

ⓐ 계산으로 구하는 경우: $n' = (1 + \frac{k^2}{2})n = (1 + \frac{k^2}{2})(\frac{k_\alpha + k_\beta}{k_{p0} - k_{p1}})^2$

ⓑ 수표를 활용하여 구하는 경우: p_0, p_1 을 정하여 수표를 찾는다.

② 합격판정계수 k는 시그마 기지와 동일

ⓐ 계산으로 구하는 경우: $k = \frac{k_\alpha k_{p1} + k_\beta k_{p0}}{k_\alpha + k_\beta}$

ⓑ 수표를 활용하여 구하는 경우: p_0, p_1 을 정하여 수표를 찾는다.

③ 합격판정기준

$\overline{X}_L = L + ks \leq \overline{x}$ 이면 합격이지만 기준치가 통계량이 포함되어 있으므로 합격판정 기준을 명확히 하기 위해 규격과 통계량의 관계로 수정하여 비교합니다.

ⓐ 망대특성: $\overline{X}_L = L + k\sigma$ ☞ $L \leq \overline{x} - ks$

ⓑ 망소특성: $\overline{X}_U = U - k\sigma$ ☞ $U \geq \overline{x} + ks$

④ 합격판정: n개를 검사하여

ⓐ 망대특성 $L \leq \overline{x} - ks$ 이면 로트 합격

ⓑ 망소특성 $U \geq \overline{x} + ks$ 이면 로트 합격

ⓒ 망목특성 $L \leq \overline{x} - ks$ & $U \geq \overline{x} + ks$ 이면 로트 합격

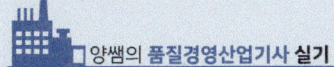

핵심/문제/풀이 | 제2장 제1절 규준형 샘플링검사 (양쌤의 품질교실 실기 제408강)

01

제품에 사용되는 유황의 색도는 낮을수록 좋다고 한다. 그래서 제조자와 합의하여 $m_0 = 3\%$, $m_1 = 6\%$로 하고 표준편차 $\sigma = 5\%$일 때 다음 물음에 답하시오. (12년, 13년, 14년, 16년 1회)

가. $\alpha = 0.05$, $\beta = 0.10$을 만족하는 샘플링방식을 KS Q0001 계량 규준형 수표를 활용하여 결정하시오.

나. $\alpha = 0.05$, $\beta = 0.10$을 만족하는 샘플링방식을 구하시오.

다. 만약 '나'의 경우에 대해 n개의 시료를 측정한 결과 $\overline{x} = 4.620\%$가 되었다면, 이 로트에 대한 판정을 하시오.

풀이

가. KS Q0001 계량규준형 수표에서

① $\dfrac{|m_1 - m_0|}{\sigma} = \dfrac{|6-3|}{5} = 0.6$

② (수표에서) $n = 25$, $G_0 = 0.329$

③ $\overline{X}_U = m_0 + G_0\sigma$
    $= 3 + 0.329 \times 5 = 4.645$

나. ① $n = \left(\dfrac{1.645 + 1.282}{m_0 - m_1}\right)^2 \sigma^2$
    $= \left(\dfrac{1.645 + 1.282}{3 - 6}\right)^2 \times 5^2 = 23.798 \Rightarrow 24$

② $\overline{X}_U = m_0 + G_0\sigma$
    $= 3 + \dfrac{1.645}{\sqrt{24}} \times 5 = 4.67892$

다. $\overline{x} = 4.62 \leq \overline{X}_U = 4.645$이므로 lot를 합격시킨다.

유/사/문/제 1

계량규준형 1회 샘플링검사인 특성치를 보증하는 경우, 평균치가 0.135mm 이상의 로트는 합격으로 하고, 0.130mm 이하인 로트는 불합격으로 하는 검사방식을 설계하고자 한다.
(단, $\sigma = 0.006$, $\alpha = 0.05$, $\beta = 0.10$ 이다.)

(12년, 15년, 16년, 17년 1회)

[출제 경향]

ⓐ 이 문항의 유사문제는 연 2회 이상 출제되는 단골 출제문제입니다. 2~3가지 소항목으로 구성하여 통상 7~8점 내외로 출제됩니다.

[채점 및 답안 작성 포인트]

ⓐ 수표에서 찾는 경우 수표가 지문에 제시됩니다. 수표는 부록 수치표에 포함되어 있습니다. 판정식이 옳으면 5점, 표본수가 옳으면 3점, 그 외는 0점

ⓑ 산업기사도 지문에 수표가 없이 계산으로 구하라는 경우도 나옵니다. 공식을 외워두시는 것이 당연히 좋습니다. 판정식이 옳으면 5점, 표본수가 옳으면 3점, 그 외는 0점

ⓒ 합격판정은 판정식이 옳아야 부분점수를 받으실 수 있으며 로트 합격 또는 로트 불합격으로 간결하게 쓰시면 됩니다. 옳으면 2점, 그 외는 0점

가. $\alpha = 0.05$, $\beta = 0.10$ 을 만족하는 샘플링방식을 KS Q0001 계량규준형 수표를 활용하여 결정하시오.

나. $\alpha = 0.05$, $\beta = 0.10$ 을 만족하는 샘플링방식을 구하시오.

다. 만약 '나'의 경우에 대해 n개의 시료를 측정한 결과 $\bar{x} = 0.134mm$가 되었다면 이 로트에 대한 판정을 하시오.

풀이

가. KS Q0001 계량규준형 수표에서

① $\dfrac{|m_1 - m_0|}{\sigma} = \dfrac{|0.130 - 0.135|}{0.006} = 0.83333$

② (수표에서) $n = 13$, $G_0 = 0.456$

③ $\overline{X_L} = m_0 - G_0 \sigma$
$= 0.135 - 0.456 \times 0.006 = 0.13226$

나. ① $n = \left(\dfrac{1.645 + 1.282}{m_0 - m_1}\right)^2 \sigma^2$

$= \left(\dfrac{1.645 + 1.282}{0.135 - 0.130}\right)^2 \times 0.006^2$

$= 12.33695 \Rightarrow 13$

② $\overline{X_L} = m_0 - G_0 \sigma$

$= 0.135 - \dfrac{1.645}{\sqrt{13}} \times 0.006 = 0.13226$

다. $\bar{x} = 0.134 \geq \overline{X_L} = 0.13226$이므로 lot를 합격시킨다.

유/사/문/제 2

어떤 금속판의 기본치수는 5mm이며 두께의 평균치수가 기본치수에서 $\pm 0.2mm$ 이내면 로트를 합격시키고, $\pm 0.4mm$ 이상이면 로트를 통과시키지 않도록 하는 KS Q0001 평균치 보증방식을 설계하려고 한다. 단, 로트의 표준편차는 $0.2mm$로 알려져 있다. (14년, 17년 2회, 17년 4회)

가. $\alpha = 0.05$, $\beta = 0.10$ 을 만족하는 샘플링방식을 KS Q0001 계량규준형 수표를 활용하여 결정하시오.

나. $\alpha = 0.05$, $\beta = 0.10$ 을 만족하는 샘플링방식을 구하시오.

다. 만약 '가'의 경우에 대해 n개의 시료를 측정한 결과 $\bar{x} = 5.35mm$가 되었다면 이 로트에 대한 판정을 하시오.

[채점 및 답안 작성 포인트]

ⓐ 수표에서 찾는 경우 수표가 지문에 제시됩니다. 수표는 부록 수치표에 포함되어 있습니다. 판정식이 옳으면 5점, 표본수가 옳으면 3점, 그 외는 0점

ⓑ 산업기사도 지문에 수표가 없이 계산으로 구하라는 경우도 나옵니다. 공식을 외워두시는 것이 당연히 좋습니다. 판정식이 옳으면 5점, 표본수가 옳으면 3점, 그 외는 0점

ⓒ 합격판정은 판정식이 옳아야 부분점수를 받으실 수 있으며 로트 합격 또는 로트 불합격으로 간결하게 쓰시면 됩니다. 옳으면 2점, 그 외는 0점

풀이

가. KS Q0001 계량규준형 수표에서

① $\dfrac{|m_1 - m_0|}{\sigma} = \dfrac{|5.4 - 5.2|}{0.2} = 1.00$

② (수표에서) $n = 9$, $G_0 = 0.548$

③ $\overline{X}_U = m_0 + G_0 \sigma$
$= 5.2 + 0.548 \times 0.2 = 5.3096$

$\overline{X}_L = m_0 - G_0 \sigma$
$= 4.8 - 0.548 \times 0.2 = 4.6904$

나. ① $n = \left(\dfrac{k_\alpha + k_\beta}{m_0 - m_1}\right)^2 \sigma^2$
$= \left(\dfrac{1.645 + 1.282}{5.2 - 5.4}\right)^2 \times 0.2^2 = 8.56739 \Rightarrow 9$

② $\overline{X}_U = m_0 + G_0 \sigma$
$= 5.2 + \dfrac{1.645}{\sqrt{9}} \times 0.2 = 5.30967$

③ $\overline{X}_L = m_0' - G_0 \sigma$
$= 4.8 - \dfrac{1.645}{\sqrt{9}} \times 0.2 = 4.69033$

다. $\overline{X} = 5.35 > 5.3096$ 로트는 불합격이다.

유/사/문/제 3

평균치 500g 이하인 로트는 될 수 있는 한 합격시키고 싶으나, 평균치 540g 이상인 로트는 될 수 있는 한 불합격시키고 싶다. 과거의 데이터로부터 판단하여 볼 때 품질특성치는 정규분포에 따르고 표준편차는 20g 이다. (16년, 17년 4회, 19년 4회)

$\alpha = 0.05$, $\beta = 0.10$을 만족시키는 샘플링 검사방식을 구하시오.

풀이

① $n = \left(\dfrac{k_\alpha + k_\beta}{m_0 - m_1}\right)^2 \sigma^2$
$= \left(\dfrac{1.645 + 1.282}{500 - 540}\right)^2 \times 20^2 = 2.14 \rightarrow 3$

술술 풀어보는 키포인트

[채점 및 답안 작성 포인트]

ⓐ 양측의 경우 어느 한쪽으로 계산하여도 결과는 같게 나옵니다. 양측 문제는 대부분 수표가 지문에 제시되어 출제됩니다. 수표는 부록 수치표에 포함되어 있습니다. 판정식이 모두 옳으면 6점, 표본수가 옳으면 3점, 그 외는 0점

ⓑ 산업기사도 지문에 수표가 없이 계산으로 구하라는 경우도 나옵니다. 공식을 외워두시는 것이 당연히 좋습니다. 판정식이 옳으면 6점, 표본수가 옳으면 3점, 그 외는 0점

ⓒ 합격판정은 판정식이 옳아야 부분점수를 받으실 수 있으며 로트 합격 또는 로트 불합격으로 간결하게 쓰시면 됩니다. 옳으면 2점, 그 외는 0점

[채점 및 답안 작성 포인트]

ⓐ 망소특성이므로 상한 합격판정 기준만 정답입니다. 통상 5점이 배정됩니다.

ⓑ 표본의 크기가 옳으면 2점의 부분점수를 받을 수 있습니다. 단 무조건 이 경우는 올림입니다. 즉 2는 오답입니다.

② $\overline{X}_U = m_0 + k_\alpha \dfrac{\sigma}{\sqrt{n}}$

$= 500 + 1.645 \times \dfrac{20}{\sqrt{3}} = 518.99482$

유/사/문/제 4

어느 특성치의 데이터는 적을수록 좋다고 할 때, 로트의 평균치가 0.9ton 이하면 합격, 0.3ton 이상이면 불합격이라 할 때 n, G_0, $\overline{X}_U$를 구하시오. 단, 로트의 표준편차는 0.3ton으로 알려져 있다. (16년 4회)

풀이

① $n = \left(\dfrac{k_\alpha + k_\beta}{m_0 - m_1}\right)^2 \sigma^2$

$= \left(\dfrac{1.645 + 1.282}{0.9 - 1.3}\right)^2 \times 0.3^2 = 4.81912 \Rightarrow 5$

② $G_0 = \dfrac{1.645}{\sqrt{n}} = \dfrac{1.645}{\sqrt{5}} = 0.73567$

③ $\overline{X}_U = m_0 + G_0 \sigma$

$= 0.9 + 0.73567 \times 0.3 = 1.12070$

[채점 및 답안 작성 포인트]
ⓐ 망소특성이므로 상한 합격판정 기준만 정답입니다. 통상 6점이 배정됩니다.
ⓑ 각 항목당 옳으면 2점, 그 외는 0점

02

어떤 정밀 기계 부품의 품질특성에 대한 설계 규격은 5±0.01mm이다. 이 공정에서는 부적합품률이 1% 이하인 로트는 합격시키고, 부적합품률이 10%를 초과한 로트는 불합격시키는 계량규준형 1회 샘플링 검사를 하고자 한다. 이때 특성치는 대개 정규분포를 하며 $\sigma = 0.003$mm이다. 다음 물음에 답하시오. (13년, 18년 1회)

가. 샘플의 크기 n 및 합격판정계수 k

나. 위 조건을 만족하는 $\overline{X}_U$ 및 $\overline{X}_L$

다. 검사결과 표본의 평균치 $\overline{x} = 4.998$인 로트를 판정하시오.

[출제 경향]
ⓐ 부적합품률 보증의 유사문제는 2년 1회 이상 출제되는 단골 출제문제입니다. 2~3가지 소항목으로 구성하여 통상 7~8점으로 출제됩니다.

[채점 및 답안 작성 포인트]
ⓐ 부적합품률 보증방식의 공식도 확실히 외워두세요. 간혹 수표를 찾는 문제도 나오니 부록에 있는 수표 활용법도 익혀두시기 바랍니다. 모두 옳으면 4점, n이 옳으면 2점, 그 외는 0점

풀이

가. ① $n = \left(\dfrac{k_{0.05} + k_{0.1}}{k_{0.01} - k_{0.1}}\right)^2$

$= \left(\dfrac{1.645 + 1.282}{2.326 - 1.282}\right)^2 = 7.86040 \Rightarrow 8$ 개

② $k = \dfrac{k_{0.01}k_{0.1} + k_{0.1}k_{0.05}}{k_{0.05} + k_{0.1}}$

$= \dfrac{2.326 \times 1.282 + 1.282 \times 1.645}{1.645 + 1.282} = 1.73926$

나. ① $\overline{X}_L = L + k\sigma$
$= 4.99 + 1.73926 \times 0.003 = 4.99522$

② $\overline{X}_U = U - k\sigma$
$= 5.01 - 1.73926 \times 0.003 = 5.00478$

다. $\overline{X} = 4.998$ 일 때
$4.99522 \leq \overline{X} \leq 5.00478 \Rightarrow$ 로트 합격

유/사/문/제 1

금속판의 표면경도의 상한 규격치가 로크웰 경도 68 이하로 규정되었을 때 규격을 만족하지 못하는 제품이 0.5% 이하는 통과시키고, 4% 이상이면 통과시키지 않는 계량규준형 1회 샘플링검사 방식을 설계하시오. 단, $\sigma = 3\%$ 이다.

(15년 4회)

풀이

① $n = \left(\dfrac{k_{0.05} + k_{0.1}}{k_{0.01} - k_{0.1}}\right)^2$

$= \left(\dfrac{1.645 + 1.282}{2.576 - 1.751}\right)^2 = 12.58744 \Rightarrow 13$

② $k = \dfrac{k_{0.005}k_{0.1} + k_{0.05}k_{0.04}}{k_{0.05} + k_{0.1}}$

$= \dfrac{2.576 \times 1.282 + 1.645 \times 1.751}{1.645 + 1.282} = 2.11234$

③ $\overline{X}_U = U - k\sigma$
$= 68 - 2.11234 \times 3 = 61.66298$

유/사/문/제 2

하한규격 16에 대한 $p_o = 1\%$, $p_1 = 10\%$을 만족시키는 검사방식을 설계하기 위해 KS Q0001 부적합품률 보증방식의 수표를 찾은 결과 $n = 8$, $k = 1.74$이었다. $n = 8$에 대한 측정치의 평균 $\overline{x} = 23$인 로트의 합격여부를 판정하시오. 단, $\sigma = 4$이고 관리상태이다.

(13년 2회)

[채점 및 답안 작성 포인트]

ⓐ 망대특성입니다. 이 경우 n과 k가 주어져 있으므로 이 값을 활용하여야 합니다. 모두 옳으면 6점, 합격판정 기준만 옳으면 4점, 그 외는 0점

풀이

① 망대특성이므로

$$\overline{X}_L = L + k\sigma$$
$$= 16 + 1.74 \times 4 = 22.96$$

② $\overline{x} = 23$ 일 때

$22.96 \leq \overline{x}$ ⇒ 로트 합격

유/사/문/제 3

어떤 제품의 품질특성에 대한 하한규격은 17,000psi이다. 이 제품에 대해 $p_0 = 0.01$, $p_1 = 0.10$을 만족하는 $\sigma = 80$psi일 때 수표를 활용하여 계량규준형 1회 샘플링검사 방식을 설계하시오. (12년)

[채점 및 답안 작성 포인트]

ⓐ 부적합품률 보증방식의 수표는 부록에 있습니다. 모두 옳으면 6점, n이 옳으면 3점, 그 외는 0점

풀이

① KS Q0001 수표에서

$n = 8$, $k = 1.74$

② 망대특성이므로

$$\overline{X}_L = L + k\sigma$$
$$= 17000 + 1.74 \times 80 = 17139.2$$

제2절 계수형 샘플링검사 (양쌤의 품질교실 샘플 126, 127강)

1. KS Q ISO 2859-1 AQL 지표형 샘플링 검사

1) 전환규칙(KS Q ISO 2859-1 AQL 지표형 샘플링검사)

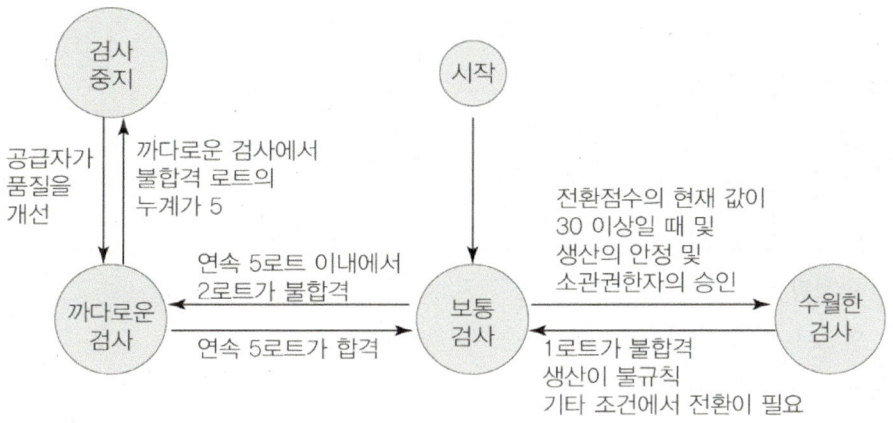

2) 전환점수의 계산(반드시 보통검사에서만 계산)
   ① 합격판정개수가 2개 이상
      한 단계 엄격한 조건에서도 합격 시 +3점 아니면 0점으로 복귀
   ② 합격판정개수가 1개 이하
      합격 시 +2점 아니면 0점으로 복귀
   ③ 2회 샘플링 검사
      1회 검사에서 합격 시 +3점 아니면 0점으로 복귀
   ④ 다회 샘플링 검사
      3회 이하 검사에서 합격 시 +3점 아니면 0점으로 복귀

3) 분수합격판정의 합격판정
   ① 샘플링개수가 일정할 때
      ⓐ 검사 결과 부적합품이 1개이면
         ㉠ 1/2일 때: 직전 1로트가 부적합품이 없으면 합격 그 외는 불합격
         ㉡ 1/3일 때: 직전 2로트가 부적합품이 없으면 합격 그 외는 불합격
         ㉢ 1/5일 때: 직전 4로트가 부적합품이 없으면 합격 그 외는 불합격
      ⓑ 검사 결과 부적합품이 0개이면 Ac에 관계없이 합격

ⓒ 검사 결과 부적합품이 2개 이상이면 Ac에 관계없이 불합격

② 샘플링개수가 일정하지 않을 때
  ⓐ (검사 전) 합격판정점수의 계산
    보조샘플링검사표에서 주어진 Ac 즉
    ㉠ 합격판정개수가 1 이상
      앞 로트의 합격판정점수에 7점을 가산하여 적용
    ㉡ 합격판정개수가 0
      앞 로트의 합격판정점수에 0점을 가산하여 적용
    ㉢ 합격판정개수가 1/2
      앞 로트의 합격판정점수에 5점을 가산하여 적용
    ㉣ 합격판정개수가 1/3
      앞 로트의 합격판정점수에 3점을 가산하여 적용
    ㉤ 합격판정개수가 1/5
      앞 로트의 합격판정점수에 2점을 가산하여 적용
  ⓑ 합격판정개수의 결정(적용하는 Ac)
    ㉠ 주어진 Ac가 분수일 때
      검사 전 합격판정점수가 9 이상이면 $Ac = 1$, 8 이하면 $Ac = 0$을 적용하여 로트의 합·부를 판정함.
    ㉡ 주어진 Ac가 0 또는 1 이상의 자연수일 때
      검사 전 합격판정점수와 관계없이 주어진 Ac를 적용하여 판정함.
  ⓒ 검사 후 합격판정점수
    ㉠ 검사 시 부적합이 1개라도 검사 중 발생하면 검사 후 합격판정점수를 0으로 복귀
    ㉡ 검사 시 부적합이 없으면 검사 후 합격판정점수는 검사 전 합격판정점수를 유지함.

[실전 예제] 로트의 크기가 변하는 경우의 분수 샘플링검사
A사는 어떤 부품의 수입검사에 계수값 샘플링검사인 ISO 2859-1을 사용하고 있다. 검토 후 AQL=1.0%, 통상 검사수준 Ⅱ로 소관권한자의 판단 아래 1회 보조적 주샘플링 검사표를 이용해 검사하고 있다. 로트 검사 시 처음 로트는 보통검사에서 시작하였다. 답안지 표의 공란을 채우시오.

로트번호	N 로트크기	샘플문자	n 샘플크기	주어진 Ac	합격판정점수 (검사 전)	적용하는 Ac	부적합품 d	합격여부	합격판정점수 (검사 후)	전환점수	후속 조치 (검사 후)
1	180						0				
2	200						1				
3	250						1				
4	450						1				
5	300						0				
6	80						1				
7	800						1				
8	300						0				
9	100						0				
10	600						0				
11	200						1				
12	250						0				
13	600						1				
14	80						0				
15	200						0				
16	500						0				
17	100						0				
18	120						0				
19	85						0				
20	300						1				
21	500						0				
22	700						1				
23	600						0				
24	830						0				
25	400						0				

풀이

로트번호	N 로트크기	샘플문자	n 샘플크기	주어진 Ac	합격판정점수 (검사 전)	적용하는 Ac	부적합품 d	합격여부	합격판정점수 (검사 후)	전환점수	후속 조치 (검사 후)
1	180	G	32	1/2	5	0	0	합격	5	2	보통검사로 속행
2	200	G	32	1/2	10	1	1	합격	0	4	보통검사로 속행
3	250	G	32	1/2	5	0	1	불합격	0	0	보통검사로 속행
4	450	H	50	1	7	1	1	합격	0	2	보통검사로 속행

로트 번호	N 로트 크기	샘플 문자	n 샘플 크기	주어 진 Ac	합격 판정 점수 (검사 전)	적용 하는 Ac	부적 합품 d	합격 여부	합격 판정 점수 (검사 후)	전환 점수	후속 조치 (검사 후)
5	300	H	50	1	7	1	0	합격	7	4	보통검사로 속행
6	80	E	13	0	7	0	1	불합격	0*	0*	까다로운 검사로 전환
7	800	J	80	1	7	1	1	합격	0	–	까다로운 검사로 속행
8	300	H	50	1/2	5	0	0	합격	5	–	까다로운 검사로 속행
9	100	F	20	0	5	0	0	합격	5	–	까다로운 검사로 속행
10	600	J	80	1	12	1	0	합격	12	–	까다로운 검사로 속행
11	200	G	32	1/3	15	1	1	합격	0*	–	보통검사로 복귀
12	250	G	32	1/2	5	0	0	합격	5	2	보통검사로 속행
13	600	J	80	2	12	2	1	합격	0	5	보통검사로 속행
14	80	E	13	0	0	0	0	합격	0	7	보통검사로 속행
15	200	G	32	1/2	5	0	0	합격	5	9	보통검사로 속행
16	500	H	50	1	12	1	0	합격	12	11	보통검사로 속행
17	100	F	20	1/3	15	1	0	합격	15	13	보통검사로 속행
18	120	F	20	1/3	18	1	0	합격	18	15	보통검사로 속행
19	85	E	13	0	18	0	0	합격	18	17	보통검사로 속행
20	300	H	50	1	25	1	1	합격	0	19	보통검사로 속행
21	500	H	50	1	7	1	0	합격	7	21	보통검사로 속행
22	700	J	80	2	14	2	1	합격	0	24	보통검사로 속행
23	600	J	80	2	7	2	0	합격	7	27	보통검사로 속행
24	830	J	80	2	14	2	0	합격	0*	30	수월한 검사로 전환
25	400	H	20	1/2	5	0	0	합격	5	–	수월한 검사로 속행

2. 2859-2 LQ 지표형 샘플링 검사

1) LQ 지표형 샘플링 검사 규칙

① 공급자와 구매자 모두 고립로트라 판단할 때 : 절차 A

② 공급자가 연속로트라 판단하고 구매자는 고립로트라 판단할 때 : 절차 B

2) LQ 지표형 샘플링 검사 설계

① 절차 A 인지 절차 B 인지를 결정한다.

② 로트의 크기와 LQ를 결정한다.

③ 2859-2.표에서 해당하는 n과 Ac값을 찾는다.

핵심/문제/풀이 | 제2장 제2절 계수형 샘플링검사 (양쌤의 품질교실 실기 제409강)

01

다음 ( )안에 적당한 것을 쓰시오. (13년, 14년 1회)

'계수형 샘플링검사(ISO 2859-1)에서 1회 샘플링검사, 2회 샘플링검사, 다회 샘플링검사에서 어느 형식을 결정하거나 (①), (②), (③)(가) 이 같으면 OC 곡선이 실제로 거의 동일하게 되기 때문에 합격확률에는 큰 차이가 없다.'

풀이

① 샘플문자 ② AQL ③ 적용하는 엄격도

유/사/문/제 1

다음 ( )안에 적당한 것을 쓰시오. (13년 4회)

'계수형 샘플링검사(ISO 2859-1)에서 연속로트에 대한 AQL 지표형 샘플링검사를 설계하고자 할 때 샘플문자를 구하기 위해서는 (①)와 (②)를 이용한다.'

풀이

① N ② 검사수준

유/사/문/제 2

다음 ( )안에 적당한 것을 쓰시오.

'계수형 샘플링 검사(KS Q ISO 2859-1)에서 일반검사수준은 Ⅰ, Ⅱ, Ⅲ의 3가지가 있으며, 통상적으로는 검사수준(①)을 적용한다. 만약 표본의 수를 적게 하고 싶으면 검사수준(②)을 적용하고, 검사의 정밀도를 향상하고자 한다면 검사수준(③)을 적용한다. 대체로 Ⅰ:Ⅱ:Ⅲ에 대한 샘플의 크기의 비율은 (④)이다.' (11년)

풀이

① Ⅱ ② Ⅰ ③ Ⅲ ④ 0.4:1:1.6

술술 풀어보는 키포인트

[출제 경향]
ⓐ 이 문항은 3점이 부여되는 문제로 점수 총점 조정 목적으로 출제되므로 그냥 외워두시기 바랍니다.

[채점 및 답안 작성 포인트]
ⓐ 3가지 모두 옳으면 3점, 그 외는 0점

[출제 경향]
ⓐ 이 문항은 3점이 부여되는 문제로 점수 총점 조정 목적으로 출제되므로 그냥 외워두시기 바랍니다.

[채점 및 답안 작성 포인트]
ⓐ 2가지 모두 옳으면 3점, 그 외는 0점

[출제 경향]
ⓐ 이 문항은 3점 정도로 내는 문제로 점수 총점 조정 목적으로 출제되므로 그냥 답을 외워두시기 바랍니다. 출제 형태는 ①~③이 나오거나 ④만 나오는 2가지 형태로 출제됩니다.

[채점 및 답안 작성 포인트]
ⓐ 모두 옳으면 3점, 그 외는 0점

[출제 경향]
ⓐ 용어의 명칭을 쓰는 문제로 한글 명칭이 옳으면 정답처리 합니다. 통상 8점으로 출제됩니다.

[채점 및 답안 작성 포인트]
ⓐ 각각 옳으면 2점, 그 외는 0점

유/사/문/제 3
다음은 샘플링검사에 사용되는 기호 또는 용어이다. (예)와 같이 용어의 명칭을 쓰시오.

(예) QC : 품질관리(Quality control)

① AQL ② LQ ③ Q_{PR} ④ Q_{CR}

풀이
① 합격품질한계(Acceptable Quality limit)
② 한계품질(Limit Quality)
③ 생산자 위험 품질(Producer Risk Quality)
④ 소비자 위험 품질(Consumer Risk Quality)

02
계수형 샘플링 검사(ISO 2859-1)의 엄격도 전환 절차에서 보통검사에서 수월한 검사로 전환되는 전제조건 3가지를 쓰시오. (10년, 14년 4회)

풀이
① 전환점수의 현재값이 30점 이상일 때
② 생산이 안정될 것
③ 소관권한자의 승인

[출제 경향]
ⓐ 엄격도 전환에 관한 조건을 쓰는 문제는 2년 1회 6점 정도로 출제되므로 반드시 외워두셔야 합니다.

[채점 및 답안 작성 포인트]
ⓐ 될 수 있는 대로 용어가 옳아야 합니다. 유사한 내용은 오답처리 하는 경우가 많습니다. 각각 옳으면 2점 그 외는 0점

유/사/문/제 1
계수형 샘플링 검사(ISO 2859-1)의 엄격도 전환 절차에서 수월한 검사에서 보통검사로 복귀되는 전제조건 3가지를 쓰시오. (09년, 12년 4회)

풀이
① 1로트가 불합격
② 생산이 불규칙해지는 경우
③ 기타 조건에서 전환이 필요해지는 경우

[채점 및 답안 작성 포인트]
ⓐ 기타 조건에서 전환이 필요해지는 경우는 소관권한자 인정도 정답으로 인정됩니다. 각각 옳으면 2점 그 외는 0점

유/사/문/제 2
계수형 샘플링 검사(ISO 2859-1)의 엄격도 전환 절차에서
가. 보통검사에서 까다로운 검사로 전환되는 전제조건
나. 까다로운 검사에서 보통검사로 복귀되는 전제조건을 쓰시오.
(14년, 17년 3회)

풀이

가. 연속 5로트 이내에서 2로트가 불합격되는 경우
나. 연속 5로트가 합격하는 경우

유/사/문/제 3

계수형 샘플링 검사(ISO 2859-1)의 엄격도 전환 절차에서
가. 까다로운 검사에서 거래 중지되는 전제조건
나. 거래 중지에서 까다로운 검사로 전환되는 전제조건을 쓰시오.

(15년, 18년 2회)

풀이

가. 까다로운 검사에서 불합격 로트의 누계가 5개에 도달할 때
나. 공급자가 품질을 개선하였음을 소관권한자가 인정하였을 때

유/사/문/제 4

$AQL = 0.65\%$, 샘플문자 F, 형식 1회인 보통검사를 하였을 경우 다음 물음에 답하시오.

(16년 4회)

가. AQL품질의 로트가 합격할 확률을 구하시오.

나. 위 조건에서 로트의 합격확률이 80%가 되는 로트의 부적합품률을 구하시오.

다. 위 조건에서 로트의 합격확률이 95%가 되기 위한 표본의 크기를 구하시오.

풀이

가. ① $Ac = 0$일 경우의 공식을 활용할 경우
부표1 및 부표 2-A에서 $n = 20$, $Ac = 0$ 이다.
$L(P) = 100 - AQL \times n = 100 - 0.65 \times 20 = 87(\%)$

② 푸아송분포를 활용하는 경우
$m = np = 20 \times 0.0065 = 0.13$
$L(p) = \Pr(X \leq Ac) = \Pr(X = 0) = e^{-0.13} = 0.87810$

나. ① $Ac = 0$일 경우의 공식을 활용할 경우
$L(P) = 80 = 100 - 100 \times p \times 20$

© '다'는 단일 문항일 때 5점, 2문항으로 출제될 경우 3점이 배정됩니다. 풀이는 2가지 중 택1하여 구하시면 됩니다.

$$p = \frac{100-80}{100 \times 20} = 0.01 \Rightarrow 1\%$$

② 푸아송분포를 활용하는 경우

$$L(p) = 0.8 = e^{-20 \times P}$$

$$p = \frac{-\ln 0.8}{20} = 0.01116 \Rightarrow 1.116\%$$

다. ① $Ac = 0$일 경우의 공식을 활용할 경우

$$L(P) = 95 = 100 - 0.65 \times n$$

$$n = \frac{100-95}{0.65} = 7.69 \Rightarrow 8$$

② 푸아송분포를 활용하는 경우

$$L(p) = 0.95 = e^{-n \times 0.0065}$$

$$n = \frac{-\ln 0.95}{0.0065} = 7.89128 \Rightarrow 8$$

[출제 경향]

ⓐ 테이블로 하여 엄격도 조정을 하는 문항은 연 2회 정도의 빈도로 출제되며 주로 분수샘플링과 정상 샘플링이 5:5 정도의 비율로 출제됩니다.

ⓑ 점수는 7~8점이 배정됩니다. 마지막 로트의 샘플링 엄격도를 질문하는 경우가 대부분이며 1점이 부여됩니다.

03

A 사는 어떤 부품의 수입검사에 계수형 샘플링검사인 KS Q ISO 2859-1을 사용하고 있다. 현재의 적용조건은 AQL=1.5%, 검사수준 II로 1회 샘플링검사이며, 검사의 엄격도는 80번 현재 수월한 검사를 수행 중이다. 각 로트 당 검사 결과 부적합품수는 표와 같이 알려져 있다. 주 샘플링표를 활용하여 답안지 표의 공란을 채우시오. (12년, 17년 2회)

로트	N	샘플문자	n	Ac	부적합품수	합격여부	전환점수	후속 조치
80	2000	K	50	3	3	합격	–	수월한 검사 속행
81	1000	( )	( )	( )	3	( )	( )	( )
82	2000	( )	( )	( )	3	( )	( )	( )
83	1000	( )	( )	( )	5	( )	( )	( )
84	2000	( )	( )	( )	2	( )	( )	( )
85	1000	( )	( )	( )	4	( )	( )	( )
86	2000	( )	( )	( )	4	( )	( )	( )

[풀이]

로트	N	샘플문자	n	Ac	부적합품수	합격여부	전환점수	후속 조치 (검사 후)
80	2000	K	50	3	3	합격	–	수월한 검사 속행
81	1000	J	32	2	3	불합격	–	보통검사 복귀
82	2000	K	125	5	3	합격	3	보통검사 속행
83	1000	J	80	3	5	불합격	0	보통검사 속행
84	2000	K	125	5	2	합격	3	보통검사 속행
85	1000	J	80	3	4	불합격	0*	까다로운 검사 전환
86	2000	K	125	3	4	불합격	–	까다로운 검사 속행

[채점 및 답안 작성 포인트]

ⓐ 점수는 7~8점으로 출제되며 채점은 열 단위로 모두 옳으면 부분점수를 받을 수 있습니다. 예를 들면 '샘플문자와 n이 모두 옳으면 2점' 이러한 식입니다. 단 행으로는 모두 옳아도 점수를 주지 않습니다.

ⓑ 합격 여부는 ○, ×로 표기해도 됩니다. 전환점수는 수월한 검사 까다로운 검사에서는 적용하지 않습니다. 즉 엄격히 채점하면 0은 오답입니다. 아예 기입하지 않는 것이 좋습니다.

유/사/문/제 1

Y 사는 어떤 부품의 수입검사에 계수형 샘플링검사인 KS Q ISO 2859-1을 사용하고 있다. 현재의 적용조건은 AQL=1.0%, 검사수준 II로 1회 샘플링검사이며, 검사의 엄격도는 11번 현재 보통검사를 수행 중이다. 각 로트 당 검사 결과 부적합품수는 표와 같이 알려져 있다. 주 샘플링표를 활용하여 답안지 표의 공란을 채우고, 16번째 로트에 수월한 검사를 적용할 수 있는지 검토하시오. (10년, 12년, 15년 4회)

로트	N	샘플문자	n	Ac	부적합품수	합격여부	전환점수	후속 조치
11	400	H	50	1	1	합격	21	보통검사 속행
12	500	( )	( )	( )	0	( )	( )	( )
13	400	( )	( )	( )	1	( )	( )	( )
14	1000	( )	( )	( )	0	( )	( )	( )
15	800	( )	( )	( )	1	( )	( )	( )

[풀이]

로트	N	샘플문자	n	Ac	부적합품수	합격여부	전환점수	후속 조치 (검사 후)
11	400	H	50	1	1	합격	21	보통검사 속행
12	500	H	50	1	0	합격	23	보통검사 속행
13	400	H	50	1	1	합격	25	보통검사 속행
14	1000	J	80	2	0	합격	28	보통검사 속행
15	800	J	80	2	1	합격	31	수월한검사 전환

[채점 및 답안 작성 포인트]

ⓐ 점수는 7~8점으로 출제되며 채점은 열 단위로 모두 옳으면 부분점수를 받을 수 있습니다.

ⓑ 합격 여부는 ○, ×로 표기해도 됩니다. 전환점수가 2점과 3점이 함께 있으므로 주의하세요.

ⓒ 16번째 로트의 판정을 요구하는 문제는 답안과 같이 기재하셔야 합니다.

16번째 로트부터 수월한검사로 전환할 수 있다.

유/사/문/제 2

A 사는 어떤 부품의 수입검사에 계수형 샘플링검사인 KS Q ISO 2859-1을 사용하고 있다. 현재의 적용조건은 AQL=0.40%, 검사수준 II로 1회 샘플링검사이며, 검사의 엄격도는 보통검사로 시작하려 한다. 각 로트당 입고량은 400개로 동일하며 검사 결과 부적합품수는 표와 같이 알려져 있다. 주 샘플링보조표를 활용하여 답안지 표의 공란을 채우시오. (13년)

로트	N	샘플문자	n	Ac	부적합품수	합격여부	전환점수	후속 조치
1	400	( )	( )	( )	0	( )	( )	( )
2	400	( )	( )	( )	1	( )	( )	( )
3	400	( )	( )	( )	0	( )	( )	( )
4	400	( )	( )	( )	0	( )	( )	( )
5	400	( )	( )	( )	1	( )	( )	( )
6	400	( )	( )	( )	2	( )	( )	( )
7	400	( )	( )	( )	0	( )	( )	( )

[채점 및 답안 작성 포인트]

ⓐ 점수는 7~8점으로 출제되며 채점은 열 단위로 모두 옳으면 부분점수를 받을 수 있습니다.
ⓑ 합격 여부는 ○, ×로 표기해도 됩니다. 까다로운 검사로 전환이 될 때 전환점수는 '*'를 붙이는 경우가 일반적입니다.

풀이

로트	N	샘플문자	n	Ac	부적합품수	합격여부	전환점수	후속 조치
1	400	H	50	1/3	0	합격	2	보통검사 속행
2	400	H	50	1/3	1	불합격	0	보통검사 속행
3	400	H	50	1/3	0	합격	2	보통검사 속행
4	400	H	50	1/3	0	합격	4	보통검사 속행
5	400	H	50	1/3	1	합격	6	보통검사 속행
6	400	H	50	1/3	2	불합격	0*	까다로운 검사 전환
7	400	H	50	0	0	합격	–	까다로운 검사 속행

유/사/문/제 3

A 사는 어떤 부품의 수입검사에 계수형 샘플링검사인 KS Q ISO 2859-1의 보조표인 분수 샘플링검사를 적용하고 있다. 현재 이 회사의 적용조건은 AQL=1.0%, 통상검사수준 III이며, 엄격도는 31번째 로트부터 까다로운 검사로 전환되었다. (13년, 16년, 19년 2회)

1) 답안지 표의 샘플문자, n, 당초의 Ac, 합격판정점수(검사 전, 후), 적용 가능 Ac, 합격 여부 등을 기재하시오.

로트번호	N	샘플문자	n	주어진 Ac	합격판정점수(검사 전)	적용하는 Ac	부적합품	합격여부	합격판정점수(검사 후)	전환점수
31	200	H	50	1/2	5	0	0	합격	5	–
32	250	( )	( )	( )	( )	( )	1	( )	( )	( )
33	400	( )	( )	( )	( )	( )	1	( )	( )	( )
34	80	( )	( )	( )	( )	( )	0	( )	( )	( )
35	120	( )	( )	( )	( )	( )	0	( )	( )	( )

2) 36번째 로트의 엄격도를 결정하시오.

풀이

1) 표 작성

로트번호	N	샘플문자	n	주어진 Ac	합격판정점수(검사 전)	적용하는 Ac	부적합품	합격여부	합격판정점수(검사 후)	전환점수
31	200	H	50	1/2	5	0	0	합격	5	–
32	250	H	50	1/2	10	1	1	합격	0	–
33	400	J	80	1	7	1	1	합격	0	–
34	80	F	20	0	0	0	0	합격	0	–
35	120	G	32	1/3	3	0	0	합격	3*	–

2) 적용하는 엄격도: 보통검사로 복귀

유/사/문/제 4

A 사는 어떤 부품의 수입검사에 계수형 샘플링검사인 KS Q ISO 2859-1의 보조표인 분수 샘플링검사를 적용하고 있다. 현재 이 회사의 적용조건은 AQL=1.0%, 통상검사수준 II이며, 엄격도는 보통검사로 시작하였다.

(14년, 15년, 18년 1회)

1) 답안지 표의 샘플문자, n, 당초의 Ac, 합격판정점수(검사 전, 후), 적용가능 Ac, 합격 여부 등을 기재하시오.

로트번호	N	샘플문자	n	주어진 Ac	합격판정점수(검사 전)	적용하는 Ac	부적합품	합격여부	합격판정점수(검사 후)	전환점수
1	200	G	32	1/2	5	0	1	불합격	5	0
2	250	( )	( )	( )	( )	( )	0	( )	( )	( )
3	600	( )	( )	( )	( )	( )	1	( )	( )	( )
4	80	( )	( )	( )	( )	( )	0	( )	( )	( )
5	120	( )	( )	( )	( )	( )	0	( )	( )	( )

2) 36번째 로트의 엄격도를 결정하시오.

술술 풀어보는 키포인트

[채점 및 답안 작성 포인트]
ⓐ 점수는 7~8점으로 출제되며 채점은 열 단위로 모두 옳으면 부분점수를 받을 수 있습니다. 예를 들면 '샘플문자와 n이 모두 옳으면 2점' 이러한 식입니다. 단 행으로는 점수를 주지 않습니다.
ⓑ 합격 여부는 ○, ×로 표기해도 됩니다. 까다로운 검사로 전환이 될 때 전환점수는 '*'를 붙이는 경우가 일반적입니다.

[채점 및 답안 작성 포인트]

ⓐ 점수는 7~8점으로 출제되며 채점은 열 단위로 모두 옳으면 부분점수를 받을 수 있습니다.
ⓑ 합격 여부는 ○, ×로 표기해도 됩니다. 까다로운 검사로 전환이 될 때 전환점수는 '*'를 붙이는 경우가 일반적입니다.

풀이

1) 표 작성

로트번호	N	샘플문자	n	주어진 Ac	합격판정점수 (검사 전)	적용하는 Ac	부적합품	합격여부	합격판정점수 (검사 후)	전환점수
1	200	G	32	1/2	5	0	1	불합격	0	0
2	250	G	32	1/2	5	0	0	합격	5	2
3	600	J	80	2	12	2	1	합격	0	5
4	80	E	13	0	0	0	0	합격	0	7
5	120	F	20	1/3	3	0	0	합격	3*	9

2) 적용하는 엄격도: 보통검사 실시

유/사/문/제 5

다음은 AQL 지표형 샘플링검사의 일부분이다. 빈칸을 채우시오.

(16년 2회)

로트	적용 Ac	부적합품수	합격판정	전환점수	후속 조치
1	0	1	( )	( )	보통검사 속행
2	1	0	( )	( )	보통검사 속행
3	1	1	( )	( )	보통검사 속행
4	0	0	( )	( )	보통검사 속행
5	1	1	( )	( )	( )

풀이

로트	적용 Ac	부적합품수	합격판정	전환점수	후속 조치
1	0	1	불합격	0	보통검사 속행
2	1	0	합격	2	보통검사 속행
3	1	1	합격	4	보통검사 속행
4	0	0	합격	6	보통검사 속행
5	1	1	합격	8	보통검사 속행

[출제 경향]

ⓐ 2859-2 절차 A는 수표가 기본으로 제공되므로 5년 1회 정도의 비율로 출제가 되며, 점수는 6점 내외로 2개의 소문항으로 출제됩니다.

04

어느 조립식책장을 납품하는데 있어 10개씩 나사를 패킹하여 첨부하여야 한다. 이때 나사의 수는 정확히 팩당 10개이어야 하지만 약간의 부적합품을 인정하기로 하되 나사의 개수가 부족한 팩이 1% 이하여야 한다. 생산계획은 5000세트이고 로트크기는 1250으로 하기로 하였다. 공급자와 소비자는 상호 협의에 의해 1회 거래로 한정하고 한계품질 수준을 3.15%로 하기로 합의하였다.

(19년 4회)

가. 이를 만족시킬 수 있는 샘플링 절차는 무엇인가?
나. 샘플링 방식을 기술하고 설계하라
다. '나'에서 1%인 로트의 합격확률은 어떻게 되는가?

풀이

가. 상호 1회 거래이므로 고립로트이다.

'KS Q ISO 2859-2 절차 A LQ 방식의 샘플링 검사'

나. N=1250 LQ=3.15%이므로 절차 A에서 n=125, Ac=1인 검사방식이다.

즉, 125개를 검사해서 부적합품이 1개 이하이면 로트를 합격시킨다.

다. $m = np = 125 \times 0.01 = 1.25$

$L(p) = e^{-1.25}(1+1.25) = 0.64464$

[채점 및 답안 작성 포인트]

ⓐ '가'는 상호 1회의 거래이므로 절차 A 입니다. 그러므로 '2859-2 절차 A'는 최소한 포함되어야 정답입니다.

ⓑ '나'는 수표에서 구합니다.

ⓒ '다'의 확률계산은 푸아송분포로 구하시면 됩니다.

제3절 축차 샘플링검사 (양쌤의 품질교실 샘플 128강)

1. 계수형 축차샘플링 검사(망소특성 D): KS Q ISO 28591

1) 적용순서

① 판정 기준을 명확히 한다. $Q_{PR}(P_A)$, $Q_{CR}(P_R)$을 결정한다.

규준형이므로 $PR(\alpha) = 5\%$, $CR(\beta) = 10\%$이다.

② 수표에서 파라미터 h_A, h_R, g, n_t, A_t를 찾는다.

③ 합격판정 기준을 설정한다.

ⓐ $n_{CUM} < n_t$ 일 때

㉠ $A = -h_A + g n_{cum}$ 무조건 버림 $\Rightarrow Ac$

㉡ $R = h_R + g n_{cum}$ 무조건 올림 $\Rightarrow Re$

ⓑ $n_{CUM} = n_t$ 일 때

㉠ $A_t = g n_t$ 무조건 버림 $\Rightarrow Ac_t$

㉡ $Re_t = Ac_t + 1$

④ 판정

ⓐ $n_{CUM} < n_t$ 일 때

㉠ $Ac = D$ 이면 로트 합격

㉡ $Re < Re_t$ 일 때

㉮ $Re = D$ 이면 로트 불합격

㉯ $Ac < D < Re$ 이면 검사속행

㉢ $Re \geq Re_t$ 일 때

㉮ $D = Re_t$이면 로트 불합격

㉯ $Ac < D < Re_t$이면 검사속행

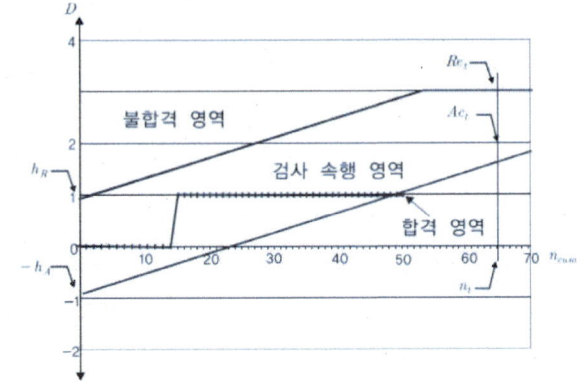

2) 중지값 n_t

① 1회 샘플링 검사를 알 때의 중지값 $n_t = 1.5 n_0$

② 1회 샘플링 검사를 모를 때의 중지값(이항분포의 경우) $n_t = \dfrac{2 h_A h_R}{g(1-g)}$

③ 수표에서 바로 구할 수 있다.

(수험생에게 제공되는 수치표는 개정판이 아니어서 적용할 수 없음)

핵심/문제/풀이 | 제2장 제3절 축차 샘플링검사 (양쌤의 품질교실 실기 제410강)

01

$Q_{PR}(P_A) = 1\%$, $Q_{CR}(P_R) = 5\%$를 만족하는 계수형 축차 Sampling 검사를 하고자 한다.

가. 중지값과 중지 시 합격판정개수를 구하시오.

나. $n_{cum} < n_t$인 경우 합격판정식을 설계하시오.

다. 검사결과 28번째와 40번째가 부적합품이었다. 40번째에서 합격판정 기준을 구하고, 판정하시오.

풀이

가. ① 수표에서 $h_A = 1.364$, $h_R = 1.751$, $g = 0.0250$

② $n_t = \dfrac{2h_A h_R}{g(1-g)}$

$= \dfrac{2 \times 1.364 \times 1.751}{0.025 \times (1-0.025)} = 195.9683 \Rightarrow 196$

③ $A_t = gn_t = 0.025 \times 196 = 4.9 \Rightarrow Ac_t = 4$

나. ① $A = -h_A + gn_{cum} = -1.364 + 0.025n_{cum}$

② $R < Re_t = 5$

$R = h_R + gn_{cum} = 1.751 + 0.025n_{cum}$

③ $R = Re_t$

$R = 5$

다. ① $A = -h_A + gn_{cum} = -1.364 + 0.025 \times 40 = -0.364$

합격판정 기준은 아직 없다.

② $R = h_R + gn_{cum} = 1.751 + 0.025 \times 40 = 2.751 \to 3$

$R < Re_t = 5$ 이므로 $R = 3$

③ $D = 2 < R = 3$ 이므로 검사를 속행한다.

유/사/문/제

특성치가 부적합품률인 어느 로트에 대해 가능한 한 합격시키고 싶은 로트의 품질 수준을 1%, 될 수 있으면 불합격시키고 싶은 로트의 품질 수준을 8%로 합의한 계수 축차 샘플링검사이다.

가. 연속적으로 80개를 검사한 결과 35번째, 80번째에서 부적합품이 발

술술 풀어보는 키포인트

[출제 경향]

ⓐ 축차 샘플링검사는 현재까지 출제된 예는 없습니다. 출제된다면 2~3가지 소항목으로 구성하여 통상 6~8점으로 출제됩니다.

[채점 및 답안 작성 포인트]

ⓐ 수표에서 파라미터를 찾은 후 부적합품률이므로 이항분포로 중지값을 계산하여야 합니다. 중지값 n_t값은 무조건 올림으로 구합니다.

ⓑ 중지 시 합격판정개수의 소수점은 버림입니다. 모두 옳으면 2~3점 그 외는 0점입니다.

ⓒ 2)의 수식을 설계하는 경우 R의 경우 중지 시 부적합품수에 도달하면 불합격이 되므로 조심하시기 바랍니다. 모두 옳으면 2~3점 그 외는 0점입니다.

ⓓ 3) 4)는 통상 동시에 주어지는 문제입니다. 표본의 크기이므로 올림으로 맞춤한다는 것 주의하시기 바랍니다. 모두 옳으면 2~3점 그 외는 0점입니다.

ⓔ 합격판정개수 A는 버림 R은 올림입니다. 모두 옳으면 2~3점 그 외는 0점입니다

견되었다. n=80에서의 합격판정선과 불합격판정선의 값을 쓰시오. 단, 샘플크기의 중지값(n_t)은 86개이다.

나. 계속 검사를 진행하였더니 더는 부적합이 나오지 않고 86개째에 도달하여 검사를 중지하였다. 이 로트는 어떻게 판정하게 되는가?

풀이

가. $n < n_t$ 이므로

$$A = -1.046 + 0.0341 \times n_{CUM}$$
$$= -1.046 + 0.0341 \times 80 = 1.682 \Rightarrow 1$$
$$R = 1.343 + 0.0341 \times n_{CUM}$$
$$= 1.343 + 0.0341 \times 80 = 4.071 \Rightarrow 5$$

나. $A_t = g\, n_t = 0.0341 \times 86 = 2.9326 \Rightarrow 2$개

부적합품수(D)는 2개이므로 로트를 합격시킨다.

[채점 및 답안 작성 포인트]

ⓐ 합격판정개수 A는 버림 R은 올림입니다. 모두 옳으면 3점 그 외는 0점입니다

ⓑ 중지 시 합격판정개수의 소수점은 버림입니다. 모두 옳으면 3점 그 외는 0점입니다.

제 3 장 관리도

제 1 절 　관리도의 작성과 모니터링 (양쌤의 품질교실 관리 131~133강)

1. 관리도의 수리와 합·차의 법칙

1) $\bar{x} - R$ 관리도의 합·차 계산

   U_{CL}과 L_{CL}을 주고 나머지 모든 통계량을 구하는 문제입니다. 합·차의 원리를 이용합니다.

   $$\pm \left[\begin{array}{l} \bar{\bar{x}} + A_2 \bar{R} = \bar{\bar{x}} + 3\dfrac{\sigma}{\sqrt{n}} \\ \bar{\bar{x}} - A_2 \bar{R} = \bar{\bar{x}} - 3\dfrac{\sigma}{\sqrt{n}} \end{array} \right] \quad \bar{\bar{x}}, R, \sigma, \sigma_{\bar{x}} \text{의 계산}$$

   ① 합의 원리: 평균치를 구할 수 있습니다.

   $$2\bar{\bar{x}} = U_{CL} + L_{CL}$$

   ② 차의 원리: 산포에 관한 모든 통계량을 구할 수 있습니다.

   $$U_{CL} - L_{CL} = 6\dfrac{\sigma}{\sqrt{n}} = 6\sigma_{\bar{x}} = 2A\sigma = 2A_2\bar{R} = 2A_3\bar{s}$$

2) 관리도의 수식의 정의

   ① $\bar{x}$ 관리도

$\mu \pm A\sigma_0$	$\bar{\bar{x}} \pm A_2 \bar{R}$	$\bar{\bar{x}} \pm A_3 \bar{s}$	$\bar{\bar{x}} \pm A_4 \bar{R}$
$A = \dfrac{3}{\sqrt{n}}$	$A_2 = \dfrac{3}{d_2\sqrt{n}}$	$A_3 = \dfrac{3}{c_4\sqrt{n}}$	$A_4 = m_3 A_2$

   ② $H - L$ 관리도

   ⓐ $\bar{H} = \dfrac{\Sigma H_i}{k} \quad \bar{L} = \dfrac{\Sigma L_i}{k} \quad \bar{R} = \dfrac{\Sigma H - \Sigma L}{k} = \bar{H} - \bar{L}$

   ⓑ $C_L = \dfrac{\bar{H} + \bar{L}}{2} = \bar{M}$

   ⓒ $U_{CL}/L_{CL} = \dfrac{\bar{H} + \bar{L}}{2} \pm H_2 \bar{R}$ ☞ H_2는 과거 A_9값을 의미한다.

③ x 관리도

R_m 관리도는 공식을 외워야 합니다. 특히 $\overline{R}_m$를 구할 때 실수가 잦습니다. 그리고 관리도 작성에 실수가 잦으므로 반드시 연습해 두셔야 합니다.

ⓐ $C_L = \dfrac{\Sigma x}{k} = \overline{x}$

ⓑ $U_{CL}/L_{CL} = \overline{x} \pm 2.66 \overline{R}_m$

ⓒ R_m 관리도는 부분 군이 k-1개이다.

㉠ $\overline{R}_m = \dfrac{\Sigma R_m}{k-1}$

㉡ $U_{CL} = D_4 \overline{R}_m$ (단, n=2이다.)

④ R 관리도

ⓐ $C_L = \dfrac{\Sigma R}{k} = \overline{R}$

ⓑ $U_{CL}/L_{CL} = D_4 \overline{R} / D_3 \overline{R}$ ☞ $n \leq 6$이면 L_{CL}을 고려하지 않는다.

⑤ s 관리도

ⓐ $C_L = \dfrac{\Sigma s}{k} = \overline{s}$

ⓑ $U_{CL}/L_{CL} = B_4 \overline{s} / B_3 \overline{s}$ ☞ $n \leq 5$이면 L_{CL}을 고려하지 않는다.

⑥ $\tilde{x}$ 관리도

ⓐ $C_L = \overline{\tilde{x}} = \dfrac{\Sigma \tilde{x}}{k}$

ⓑ $U_{CL}/L_{CL} = \overline{\tilde{x}} \pm A_4 \overline{R} = \overline{\tilde{x}} \pm m_3 A_2 \overline{R}$

⑦ nP 관리도(부적합품수)

ⓐ $C_L = n\overline{p} = \dfrac{\Sigma np}{k}$

ⓑ $U_{CL}/L_{CL} = n\overline{p} \pm 3\sqrt{n\overline{p}(1-\overline{p})}$

☞ 계수치 관리도는 관리하한이 음수이면 고려하지 않는다.

⑧ P관리도(부적합품률)

관리도에 타점되는 점이 p_i입니다. 모든 부분 군에서 p_i를 구해야 합니다.

ⓐ $C_L = \overline{p} = \dfrac{\Sigma np}{\Sigma n}$

ⓑ $U_{CL}/L_{CL} = \overline{p} \pm 3\sqrt{\dfrac{\overline{p}(1-\overline{p})}{n_i}} = \overline{p} \pm A\sqrt{\overline{p}(1-\overline{p})}$

⑨ c 관리도(부적합수)

ⓐ $C_L = \dfrac{\Sigma c}{k} = \bar{c}$

ⓑ $U_{CL}/L_{CL} = \bar{c} \pm 3\sqrt{\bar{c}}$

⑩ u 관리도(단위당 부적합수)

관리도에 타점되는 점이 u_i입니다. 모든 부분 군에서 u_i를 구해야 합니다.

ⓐ $C_L = \dfrac{\Sigma c}{\Sigma n} = \bar{u}$

ⓑ $U_{CL}/L_{CL} = \bar{u} \pm 3\sqrt{\dfrac{\bar{u}}{n_i}} = \bar{u} \pm A\sqrt{\bar{u}}$

2. 관리도의 작성과 해석

1) 관리도의 작성

① 관리도의 타점은 그 관리도의 명칭에 해당하는 점을 타점하는 것입니다. 반드시 부분군별 타점 내역 ($\bar{x_i}, R_i, p_i, u_i, c_i, np_i$)을 구하여 그 값을 타점합니다.

② 특히 p, u 관리도는 np, c 관리도에 비해 부분군별로 p, u를 계산하여야 합니다. 또한 p, u 관리도는 관리한계에 요철이 발생하므로 작성에 유의하도록 합니다.

③ 관리도의 중심선, 관리한계를 반드시 나타내 주세요. 표시가 안 되어 있으면 0점입니다. 그리고 점들은 꺾은선 그래프로 이어야 합니다. 점만 찍으면 0점이라는 것 명심하세요.

④ 기준값이 주어진 관리도를 작성하라는 경우는 이상치를 제거하고 관리한계를 다시 구하라는 문제입니다. 이상치 제거하고 수식을 작성하는 방법을 익혀두세요.

2) 관리도 해석의 8대 규칙

① 3σ 이탈 점 1점(out of control)

② 9점이 중심선에 대하여 같은 쪽에 있다(런).

③ 6점이 증가 또는 감소하고 있다(경향).

④ 14점이 교대로 증감하고 있다(주기).

⑤ 연속하는 3점 중 2점이 A 영역 선 또는 그것을 넘는 영역에 있다.

⑥ 연속하는 5점 중 4점이 B 영역 또는 그것을 넘는 영역에 있다.

⑦ 연속하는 15점이 영역 C에 존재한다.

⑧ 연속하는 8점이 상하 관계없이 영역 C를 넘는 영역에 있다.

핵심/문제/풀이 | 제3장 제1절 관리도의 작성과 모니터링

술술 풀어보는 키포인트

[출제 경향]
ⓐ 관리도의 기본 특성에 관한 문제로 최근 15점으로 출제되고 있어 포함되어 출제될 수 있으니 익혀두시기 바랍니다. 개당 1점

[채점 및 답안 작성 포인트]
ⓐ 관리한계의 이탈과 부적합은 무관합니다. 불량이 나오는 확률이 는 거죠.
ⓑ 공정의 이상상태를 발견하는 능력은 검출력입니다.
ⓒ $\bar{x}-R$ 관리도는 계량치 관리도입니다.
ⓓ 부분 군의 크기가 커질수록 폭이 좁아져서 관리도의 검출력이 높아집니다.

01
관리도에 대한 설명으로 옳으면 ○, 틀리면 × 하시오. (15년, 17년 1회)

가. 관리한계를 이탈하면 부적합품이 있다는 뜻이다. ( )
나. 3σ법 $\bar{x}$ 관리도에서 제1종 오류(α)는 0.27%이다. ( )
다. 관리한계의 폭을 좁게 잡으면 제1종 오류(α)를 범할 가능성이 커진다. ( )
라. 공정이 안정상태가 아닌 것을 놓치지 않고 옳게 발견해내는 확률을 제2종 오류(β)라 한다. ( )
마. $\bar{x}-R$ 관리도는 대표적인 계수치 관리도이다. ( )
바. 공정의 평균에 변화가 생겼을 때 $\bar{x}$ 관리도의 시료 크기 n이 크면 이상상태를 발견하기가 어려워진다. ( )

📘풀이

가. × 나. ○ 다. ○ 라. × 마. × 바. ×

[출제 경향]
ⓐ 이 문제는 기초 지식 관점으로 출제한 문제입니다.
ⓑ 역시 관리도가 15점으로 점수 배정이 커진 상태이므로 일부가 포함 될 수 있으므로 익혀두시기 바랍니다. 개당 1점

유/사/문/제 1
다음 사실들을 관리하는데 $\bar{x}-R, x, p, pn, c, u$ 관리도 중 적합한 관리도를 선택하시오. (11년)

가. 원료 1톤을 투입하여 제품 800kg를 생산하는 공정의 수율을 관리도를 관리하는 경우
나. 공장의 일별 전력 원단위
다. 휴대폰의 일간 생산량에 대한 부적합품수를 점검한 데이터.
라. 크기가 다른 원단의 $1m^2$ 당 부적합수
마. 제품의 반품률
바. 로트별로 취한 부분군의 크기 5의 인장강도를 측정한 검사 성적서 데이터
사. 100개씩 입고되는 로트의 부적합품수

[채점 및 답안 작성 포인트]
ⓐ 가, 나는 회당 1개씩의 데이터만 나오는 계량치 데이터입니다.
ⓑ 다, 라, 마는 로트의 크기가 일정하지 않은 계수치 관리도입니다.
ⓒ 라는 푸아송분포를 따릅니다.
ⓓ 다, 마, 사는 이항분포를 따릅니다.
ⓔ 가, 나, 바는 계량치 데이터입니다.

📘풀이

1) x 관리도 2) x 관리도 3) p 관리도
4) u 관리도 5) p 관리도 6) $\bar{x}-R$ 관리도
7) nP 관리도

유/사/문/제 2

어떤 회사에서는 제조공정의 공정관리를 관리도를 사용하여 실시하기 시작했다. 그런데 원인불명의 관리한계를 벗어나는 점이 나타나기 때문에 이의 원인 규명에 고민하게 되었다. 따라서 사내의 품질경영산업기사 5명을 소집하여 나왔다. 옳은 의견을 제의한 기사는? (10년)
(답은 복수가 될 수도 있음)

- A 기사 : 원인추구의 방법이 철저하지 못하기 때문이므로 좀 더 확신을 가지고, 다시 한번 철저하게 원인을 추구할 필요가 없다.
- B 기사 : 관리한계로부터 점이 벗어나기는 하였지만 사내 규격을 벗어나지 않았으므로 원인을 추구할 필요가 없다.
- C 기사 : 관리도를 사용하여 공정관리를 해도 원인불명으로 조처를 할 수 없으므로 종전과 같이 검사에 치중하는 것이 좋겠다.
- D 기사 : 공정해석이 불충분할지도 모르니까 공정해석을 다시 해보기로 하자.
- E 기사 : 작업표준이 잘못되었거나 샘플링 방법이 나쁘기 때문인지도 모르니 이것을 재검토 해보자.

풀이

D, E 기사

유/사/문/제 3

어떤 회사에서는 사내 품질경영산업기사 5명을 소집하여 작업표준의 작성과 관리도의 활용에 관한 토론을 한 결과 다음과 같은 의견이 나왔다. 이들 중 옳은 의견을 제의한 기사는? (15년 1회)
(답은 복수가 될 수도 있음)

- A 기사 : 관리도는 공정의 이상유·무를 통계적으로 판정하는 도구이기 때문에 작업표준이 만들어져 있어도 관리도는 작성하여야 한다.
- B 기사 : 관리도는 작업표준을 만들기까지의 수단이기 때문에 작업표준이 완성되면 관리도를 작성할 필요가 없다.
- C 기사 : 모든 작업자가 완성된 작업표준에 따라 작업을 실시하고 있으므로 관리도는 작성할 필요가 없다.
- D 기사 : 작업표준은 공정관리를 목적으로 작성하는 것으로, 여기에는 표준의 작업방법뿐만 아니라 이상 시의 조치방법도 기술되어 있으므로 작업표준이 작성되어 있으면 관리도는 작성할 필요가 없다.
- E 기사 : 관리도는 공정의 관리뿐만 아니라 공정의 해석에도 사용되는 것이기 때문에 작업표준이 작성되어 있어도 관리도는 작성하여야 한다.

[출제 경향]

ⓐ 이 문제는 기초 지식 관점으로 출제한 문제입니다.
ⓑ 역시 15점 배점에 포함되어 출제될 수 있으니 관점을 익혀두시기 바랍니다.

[채점 및 답안 작성 포인트]

ⓐ A, B는 '없다'를 '있다'로 바꾸어야 합니다.

[채점 및 답안 작성 포인트]

ⓐ 작업표준은 올바른 작업을 하기 위해서 갖추어야 할 수단이고 관리도는 표준이 잘 지켜지고 있는지를 모니터링하기 위한 수단입니다. 그러므로 작업표준 작성이 완료되면 더더군다나 관리도가 필요합니다.

풀이

A, E 기사

02

부분군의 크기 4, 부분군의 수 20인 기준값이 주어지지 않은 $\bar{x}-R$ 관리도를 작성한 결과 $\sum \bar{x} = 20.51$, $\sum R = 20$이었다.

(10년, 12년, 14년, 16년 4회)

가. $\bar{x}-R$ 관리도의 중심선과 관리한계를 구하시오.
나. 군내변동(σ_w^2)의 추정치를 구하시오.

풀이

가. ① $\bar{x}$ 관리도

ⓐ 중심선: $C_L = \dfrac{\Sigma \bar{x}_i}{k} = \dfrac{20.51}{20} = 1.0255$

ⓑ 관리상한:
$$U_{CL} = \bar{\bar{x}} + A_2 \bar{R} = 1.0255 + 0.729 \times \dfrac{20}{20} = 1.7545$$

ⓒ 관리하한:
$$L_{CL} = \bar{\bar{x}} - A_2 \bar{R} = 1.0255 - 0.729 \times \dfrac{20}{20} = 0.2965$$

② R 관리도

ⓐ 중심선: $C_L = \dfrac{\Sigma R}{k} = \dfrac{20}{20} = 1$

ⓑ 관리상한: $U_{CL} = D_4 \bar{R} = 2.282 \times 1 = 2.282$

ⓒ 관리하한: 고려하지 않는다.

나. $\hat{\sigma}_w^2 = \left(\dfrac{\bar{R}}{d_2}\right)^2 = \left(\dfrac{1}{2.059}\right)^2 = 0.48567^2 = 0.23588$

유/사/문/제 1

J 공장은 품질특성 Y를 관리하기 위해 하루에 4개씩 25군의 표본을 측정하여 3σ법에 따른 $\bar{x}$ 관리도를 작성한 결과 $U_{CL} = 14.25$, $L_{CL} = 11.75$이었다. 다음을 구하시오. (12년, 13년, 15년, 16년 2회, 19년)

가. $\bar{\bar{x}}$ 나. σ_x 다. $\sigma_{\bar{x}}$ 라. $\bar{R}$ 바. $\bar{s}$

풀이

가. $\bar{\bar{x}} = \dfrac{U_{CL} + L_{CL}}{2} = \dfrac{14.25 + 11.75}{2} = 13$

나. $U_{CL} - L_{CL} = 2.5 = 6\dfrac{\sigma}{\sqrt{n}} = \dfrac{6}{\sqrt{4}}\sigma_w$

$\therefore \sigma_w = \dfrac{2.5}{3} = 0.83333$

다. $U_{CL} - L_{CL} = 2.5 = 6\dfrac{\sigma}{\sqrt{n}} = 6\sigma_{\bar{x}}$

$\therefore \sigma_{\bar{x}} = \dfrac{2.5}{6} = 0.41667$

라. $U_{CL} - L_{CL} = 2.5 = 2A_2\bar{R} = 2 \times 0.729 \times \bar{R}$

$\therefore \bar{R} = \dfrac{2.5}{2 \times 0.729} = 1.71468$

마. $U_{CL} - L_{CL} = 2.5 = 2A_3\bar{s} = 2 \times 1.628 \times \bar{s}$

$\therefore \bar{s} = \dfrac{2.5}{2 \times 1.628} = 0.76781$

유/사/문/제 2

어떤 $\bar{x} - R$ 관리도의 $\bar{R} = 3.8$이고 R 관리도의 관리한계 $U_{CL} = 8.033$이였다. 이때 부분군의 크기 n은 얼마인지 구하시오. (16년 4회)

풀이

$U_{CL} = D_4\bar{R}$ ☞ $D_4 = \dfrac{U_{CL}}{\bar{R}} = \dfrac{8.033}{3.8} = 2.114$

그러므로 수표에서 부분 군의 크기 $n = 5$이다.

유/사/문/제 3

어떤 $\bar{x} - R$ 관리도에서 $\bar{x}$ 관리도의 관리한계 $U_{CL} = 22.5965$, $L_{CL} = 17.4035$, $\bar{R} = 4.5$ 이다. 이때 부분 군의 크기 n은 얼마인지 구하시오. (19년 4회)

풀이

$U_{CL} - L_{CL} = 5.193 = 2A_2\bar{R} = 2 \times A_2 \times 4.5$

$A_2 = \dfrac{5.193}{2 \times 4.5} = 0.577$이므로

그러므로 수표에서 부분 군의 크기 $n = 5$이다.

술술 풀어보는 키포인트

② 유사문제 출제빈도는 2년간 1회로 높은 편입니다. 특히 개개치 변동 (σ_x)이 잘 나오는 편이며 최근 10년간 예시된 소문항 모두 출제 예가 있습니다.

[채점 및 답안 작성 포인트]

ⓐ 소항목 당 모두 옳으면 3~4점이 부여됩니다.

ⓑ 만약 풀이와 다른 계수 즉 d_2 등을 활용하여 답을 구했을 경우 과정과 답이 옳으면 정답으로 채점됩니다.

[채점 및 답안 작성 포인트]

ⓐ 부분 군의 크기는 계수를 구하여 해당하는 n을 수표에서 구합니다. 수표는 수험생용 수표를 참조하시면 됩니다.

[채점 및 답안 작성 포인트]

ⓐ 부분 군의 크기는 계수를 구하여 해당하는 n을 수표에서 구합니다. 수표는 수험생용 수표를 참조하시면 됩니다.

03

AT&T 규칙으로 알려진 관리도의 해석법 8가지를 기술하시오.

(20년5회)

풀이

① 1점이 영역 A를 벗어나고 있다(out of control).
② 9점이 중심선에 대하여 같은 쪽에 있다(런).
③ 6점이 증가 또는 감소하고 있다(경향).
④ 14점이 교대로 증감하고 있다(주기).
⑤ 연속하는 3점 중 2점이 A 영역 또는 그것을 넘는 영역에 있다.
⑥ 연속하는 5점 중 4점이 B 영역 또는 그것을 넘는 영역에 있다.
⑦ 연속하는 15점이 영역 C에 존재한다.
⑧ 연속하는 8점이 상하 관계없이 영역 C를 넘는 영역에 있다.

유/사/문/제

관리도에 관한 일반적 용어이다. 다음 ( )안을 채우시오. (12년)

가. 중심선 한쪽에서 점이 연속하여 나타나는 것 ( )
나. 점이 연속적으로 상승 또는 하강하는 경우 ( )
다. 점이 교대로 증가하며 어떠한 반복되는 패턴을 나타내는 경우 ( )
라. 집단을 구성하고 있는 많은 데이터를 어떤 특성에 따라서 몇 개의 부분 집단으로 나누는 것 ( )

풀이

가. 런   나. 경향   다. 주기   라. 층별

04

어떤 제품에 대한 공정관리를 목적으로 $\bar{x} - R$ 관리도를 작성하고자 부분군의 크기 n=5로 하여 다음과 같은 예비데이터를 얻었다.

(14년, 15년 2회)

k	x_1	x_2	x_3	x_4	x_5	$\bar{x_i}$	R
1	55.5	56.9	54.0	52.8	58.3	55.50	5.5
2	56.2	57.6	56.4	54.2	56.0	56.08	3.4
3	52.8	57.8	55.2	53.9	54.4	54.82	5.0

k	x_1	x_2	x_3	x_4	x_5	$\overline{x_i}$	R
4	55.7	57.3	55.4	56.0	54.9	55.86	2.4
5	56.9	57.3	53.7	55.5	55.5	55.78	3.6
6	61.2	62.6	61.4	59.2	61.0	61.08	3.4
7	55.4	56.3	55.8	55.3	54.8	55.52	1.5
8	57.9	54.3	55.8	56.7	53.7	55.68	4.2
9	54.5	57.3	56.2	54.0	55.2	55.44	3.3
10	54.6	57.0	55.8	56.4	54.7	55.70	2.4
11	55.2	56.3	58.1	55.8	58.2	56.70	3.0
12	56.1	56.3	54.2	54.8	58.2	55.92	4.0
13	53.6	57.1	56.7	57.4	56.0	56.16	3.8
14	57.6	54.7	57.0	54.4	55.8	55.90	3.2
15	57.7	57.3	56.5	56.0	57.4	56.98	1.7
16	58.2	55.7	54.8	54.1	56.4	55.84	4.1
17	56.3	59.2	54.4	58.7	54.8	56.68	4.8
18	53.9	58.1	54.0	57.2	52.5	55.14	5.6
19	54.6	55.7	54.6	55.9	55.7	55.30	1.3
20	57.6	58.9	55.5	56.8	55.3	56.82	3.6
합계						1122.90	69.8

가. 위 자료에서 $\overline{x}-R$ 관리도를 작성하기 위한 관리한계를 구하시오.

나. 부분군 10까지에 대한 $\overline{x}-R$ 관리도를 작성하고 관리상태를 판정하시오. (단 부분군 11에서 20까지는 관리상태이다.)

다. 관리도 작성결과 이상치를 제거한 후 기준값을 구하시오.

라. 규격이 50~65일 때 기준값을 활용하여 공정능력지수를 구하고 평가하시오.

풀이

가. ① $\overline{x}$ 관리도

  ⓐ $C_L = \dfrac{\Sigma \overline{x_i}}{k} = \dfrac{1122.90}{20} = 56.145$

  ⓑ $U_{CL} = 56.145 + 0.577 \times 3.49 = 58.15873$

  ⓒ $L_{CL} = 56.145 - 0.577 \times 3.49 = 54.13127$

  ② R 관리도

  ⓐ $C_L = \dfrac{\Sigma R}{k} = \dfrac{69.80}{20} = 3.49$

  ⓑ $U_{CL} = D_4 \overline{R} = 2.114 \times 3.49 = 7.37786$

  ⓒ 관리하한: 고려하지 않는다.

[채점 및 답안 작성 포인트]

ⓐ 관리도의 관리한계는 수표에서 A_2, D_4 값을 활용하여 구합니다.

ⓑ 통상관리한계는 관리도 별로 2점씩 4점 정도가 배점됩니다.

ⓒ 관리도 작성은 꺾은선과 관리한계가 평가대상이며 높낮이 정도가 개략적으로 맞으면 됩니다. 그런데 관리한계를 긋지 않거나 타점을 연결하지 않는 수험생이 있습니다. 0점 처리되니 주의하세요.
옳으면 5점 그 외는 0점

술술 풀어보는 키포인트

ⓓ 판정은 별도로 점수가 가산됩니다. 단 관리도가 옳아야 점수가 부가됩니다. 옳으면 1점 그 외는 0점

ⓔ 기준값의 작성은 관리한계와 동일하게 통상 4점이 부여됩니다. 때로는 관리한계를 작성하라는 때도 있습니다.

ⓕ 공정능력을 작성하고 평가하는 문제는 4~6점 정도가 부여됩니다. 이 문제는 모표준편차를 구하여야 하므로 각각 3점씩 부여되며 판정이 부가되므로 7점 정도가 될 수 있습니다.

나. 관리도의 작성

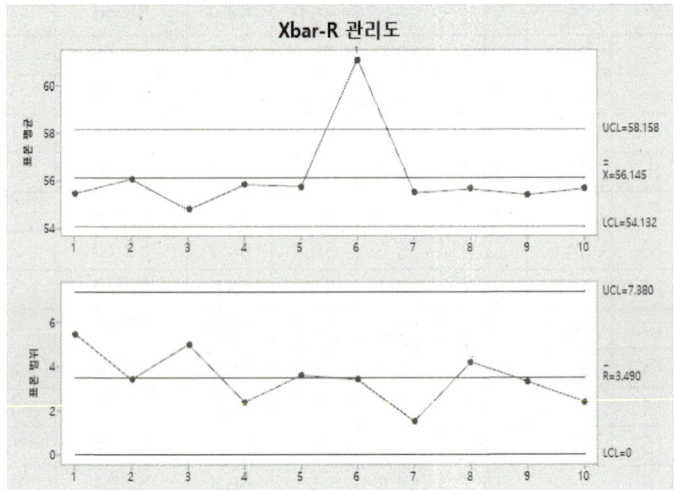

판정: out of control 즉 관리도는 이상상태이다.

다. 기준값

① $\bar{\bar{x}} = \dfrac{1122.90 - 61.08}{20 - 1} = 55.88526$

② $\bar{R} = \dfrac{69.80 - 3.4}{20 - 1} = 3.49474$

라.
① $\sigma_w = \dfrac{3.49474}{2.326} = 1.50247$

② $C_P = \dfrac{U - L}{6 \times \sigma_w} = \dfrac{65 - 50}{6 \times 1.50247} = 1.66393$

$C_P < 1.67$ 공정능력은 1등급이다.

유/사/문/제 1

다음 데이터는 Y 공정의 배치당 알코올 함량을 각 1회씩 측정한 결과이다. 물음에 답하시오. **(14년, 15년, 17년 1회)**

가. 관리도의 중심선과 관리한계를 구하시오.

나. 관리도를 작성하고 판정하시오.

다. 알코올 함량의 규격이 4~6인 경우 부적합품률을 구하시오.

라. '다'의 조건에서 공정능력지수를 구하고 평가하시오.

마. '나'를 기준값으로 하여 공정을 관리할 때 공정 평균이 4.0으로 낮아졌다면 관리도의 검출력을 구하시오.

[출제 경향]

ⓐ $x - R_m$ 관리도의 관리한계를 구하고 관리도를 작성하는 기본적인 문제입니다.

ⓑ 모든 관리도가 15점 기준으로 출제되고 있으므로 복합 문제로 대비하는 것이 필요합니다. 역시 4문항 정도 출제될 수 있습니다.

번호	측정치(X)	이동범위(Rm)	번호	측정치(X)	이동범위(Rm)
1	5.1	0.2	11	4.5	0.7
2	4.9		12	4.6	0.1
3	4.8	0.1	13	5.3	0.7
4	5.1	0.3	14	4.8	0.5
5	4.8	0.3	15	5.4	0.6
6	5.1	0.3	16	5.2	0.2
7	4.5	0.6	17	4.5	0.7
8	4.5	0	18	4.4	0.1
9	5.6	1.1	19	4.8	0.4
10	5.2	0.4	20	5.2	0.4

풀이

가. ① x관리도

ⓐ 중심선: $C_L = \bar{x} = \dfrac{\Sigma x}{k} = \dfrac{98.3}{20} = 4.915$

ⓑ 관리상한:
$U_{CL} = 4.915 + 2.66 \times 0.40526 = 5.99299$

ⓒ 관리하한:
$L_{CL} = 4.915 - 2.66 \times 0.40526 = 3.83701$

② R_m관리도

ⓐ 중심선: $C_L = \bar{R}_m = \dfrac{\Sigma R_m}{k-1} = \dfrac{7.7}{19} = 0.40526$

ⓑ 관리상한: $U_{CL} = 3.267 \times 0.40526 = 1.32398$

ⓒ 관리하한: 고려하지 않음

나.

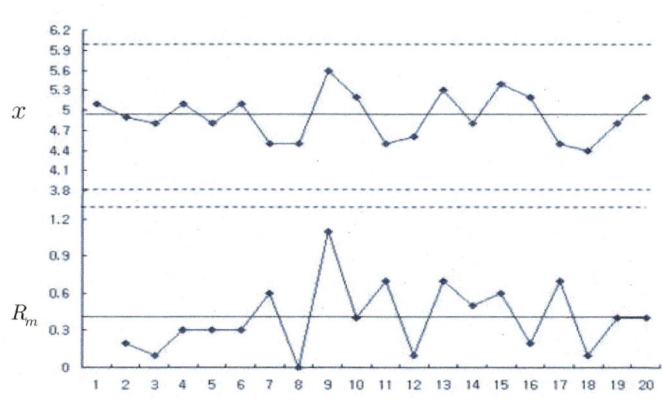

판정: 관리도는 대체로 관리상태이다.

[채점 및 답안 작성 포인트]

ⓐ x 관리도는 R_m 관리도의 관리한계가 틀리기 쉬우므로 $\bar{x}-R$ 관리도 보다 출제빈도가 훨씬 높습니다. 관리한계 틀리지 않도록 꼼꼼히 준비해 두시기 바랍니다.

ⓑ 관리한계는 4점이고 그래프는 5~6점이지만 관리한계가 틀리면 그래프는 0점이니 관리한계에 주의하셔야 합니다.

ⓒ R_m 관리도의 관리도 그림은 첫 부분군을 비고 그리는 것이 요령입니다. 반드시 작도해 보시기 바랍니다. 옳으면 4~5점 그리고 판정은 별도로 1점이 부가됩니다.

ⓓ 관리도의 채점 포인트는 먼저 중심선과 관리한계가 옳아야 합니다. 점선이나 실선은 구분하지 않지만, 선이 모두 있어야 하고 타점들은 꺾은선 그래프로 표현되어야 합니다. 타점들은 대략적으로 변동이 표현되어 있으면 정답으로 인정합니다.

술술 풀어보는 키포인트

ⓔ 부적합품률을 계산할 경우 관리도의 기준값을 활용합니다. Z값의 계산 시 소숫자리는 반올림하여 수표와 자릿수를 맞추어 수표 값을 활용합니다. 즉 -2.57과 2.99를 활용하여 정규분포표에서 찾은 값입니다.

ⓕ 공정능력지수는 기준값에서 표준편차를 추정하여 구합니다. 반드시 평가하여야 합니다.

ⓖ 검출력은 부적합품률과 달리 평균치가 변한 방향만 계산하시면 됩니다. 반대 방향은 오류이기 때문에 분석할 이유가 없습니다.

[출제 경향]

ⓐ $\tilde{x}-R$ 관리도는 최근 산업기사에 출제된 적은 없지만, 한가지씩은 모두 경험해 두는 것이 좋습니다.

ⓑ 이상원인이 8대 규칙과 관련되는 경우는 8대 규칙과 연결되어 출제될 수 있습니다. 최근 사례가 있었음

ⓒ 통상 표에 평균, 중앙값, 범위, 표준편차 등은 모두 기재해서 단순 계산은 하지 않도록 출제하는 추세입니다.

다. $\sigma = \dfrac{\overline{R_m}}{d_2} = \dfrac{0.40526}{1.128} = 0.35927$

$$p\% = \Pr(x<4) + \Pr(x>6)$$
$$= \Pr(z < \dfrac{4-4.915}{0.35927}) + \Pr(z > \dfrac{6-4.915}{0.35927})$$
$$= \Pr(z < -2.54683) + \Pr(z > 3.02001)$$
$$= 0.0054 + 0.00126 = 0.00666$$

라. $C_P = \dfrac{6-4}{6 \times 0.35927} = 0.92781$

공정능력은 3등급이다.

마. 공정 평균이 하한으로 움직였으므로
$$1-\beta = \Pr(x < L_{CL})$$
$$= \Pr(z < \dfrac{3.83701-4.0}{0.35927})$$
$$= \Pr(z < -0.45367) \fallingdotseq \Pr(z < -0.45) = 0.3264$$

유/사/문/제 2

다음은 부분 군의 크기 5인 $\tilde{x}-R$ 관리도를 작성하기 위한 데이터이다.

$\tilde{x}-R$ 관리도 자료표(Data Sheet)

시료군번호	x_1	x_2	x_3	x_4	x_5	$\tilde{x}$	R
1	45	36	35	29	47	36	18
2	35	40	34	50	39	39	16
3	37	32	35	38	30	35	8
4	29	33	24	32	35	32	11
5	32	44	35	25	34	34	19
6	29	42	48	35	25	35	23
7	28	35	31	34	32	32	7
8	44	32	46	35	25	35	21
9	32	54	35	29	34	34	25
10	46	42	48	24	25	42	24
11	40	38	27	35	26	35	14
12	38	32	47	34	33	34	15
13	34	32	29	40	24	32	16
14	27	29	21	28	25	27	8
15	35	40	46	39	36	39	11
16	44	29	35	32	34	34	15
17	37	48	44	35	50	44	15
18	48	46	44	35	45	45	13
19	31	32	38	42	34	34	11
20	32	29	36	37	49	36	20
합계						714	310

가. $\tilde{x}-R$ 관리도의 관리한계를 구하시오.

나. $\tilde{x} - R$ 관리도를 작성하고 판정하시오.

다. 현재의 관리도로 공정을 관리할 경우, 규격이 20~55일 때 공정능력지수를 구하고 평가하시오.

라. 공정 평균이 1σ 증가했을 때 관리도의 검출력을 구하시오.

마. '라'의 조건에서 5점을 타점 했을 때 검출할 확률을 구하시오.

풀이

가. ① $\tilde{x}$ 관리도

ⓐ 중심선: $\bar{\tilde{x}} = \dfrac{\Sigma \tilde{x}}{k} = \dfrac{714}{20} = 35.70$

ⓑ 관리상한:
$$U_{CL} = \bar{\tilde{x}} + A_4 \bar{R}$$
$$= 35.70 + 0.691 \times 15.50 = 46.4105$$

ⓒ 관리하한:
$$L_{CL} = \bar{\tilde{x}} - A_4 \bar{R}$$
$$= 35.70 - 0.691 \times 15.50 = 24.9895$$

② R 관리도

ⓐ 중심선: $\bar{R} = \dfrac{\Sigma R}{k} = \dfrac{310}{20} = 15.50$

ⓑ 관리상한:
$$U_{CL} = D_4 \bar{R} = 2.114 \times 15.50 = 32.767$$

ⓒ 관리하한: 고려하지 않는다.

나. 관리도의 작성 및 판정

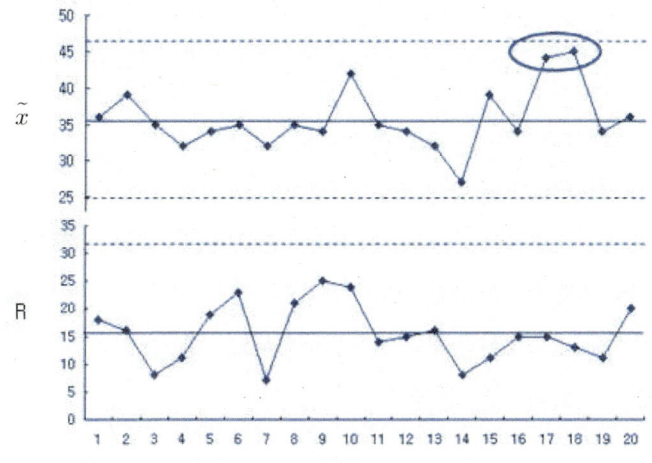

판정: 3점 중 2점이 영역 A에 나타나므로 '이상상태'이다.

[채점 및 답안 작성 포인트]

ⓐ 메디안 관리도의 규격한계의 계수는 A_4입니다. 그리고 R 관리도는 $\bar{\tilde{x}} - R$ 관리도의 관리한계 계산방법과 동일합니다.

ⓑ 메디안 관리도와 범위 관리도 각각 2점씩 총 4점 정도가 배정됩니다.

ⓒ 이 관리도는 관리상태가 아닙니다. 이 경우 관리상태가 아님을 그림처럼 마킹하여 표현합니다. 만약 이 관리도를 작성한 후 관리상태라고 판정하시면 판정점수만 0점 처리가 됩니다. 즉 관리도는 판정과는 관계없이 5점 내외가 배정되고 판정이 별도로 1점이 배정됩니다.

술술 풀어보는 키포인트

ⓓ 현재 값을 기준으로 하는 경우가 간혹 나옵니다. 아마 문제를 연결하려다 보니 생긴 현상 같습니다. 지금 풀이 역시 개선하지 않고 그대로 계산되었습니다. 5점 내외로 배정됩니다.

ⓔ 메디안 관리도의 검출력 계산방법 입니다. 조금 생소하시죠? 그냥 봐 두시기 바랍니다. 아직 출제된 예는 없답니다. 대략 4~5점 정도 배정됩니다.

ⓕ 5점을 타점 했을 때 탐지 확률은 1에서 5점이 한 점도 벗어나지 않을 확률을 빼주면 구할 수 있습니다. 4점 정도 배정됩니다.

[출제 경향]

ⓐ np 관리도는 최근 들어 출제빈도가 늘고 있는 관리도입니다. 하나 정도는 잘 정리해 두시기 바랍니다.

ⓑ 품질경영산업기사의 경우 계수치 관리도의 작성문제가 계량치 관리도 보다 출제빈도가 높습니다.

다. 관리상태와 관계없이 현재의 관리도를 기준으로 한다고 했으므로

$$\hat{\sigma} = \frac{\overline{R}}{d_2} = \frac{15.50}{2.326} = 6.66380$$

$$C_P = \frac{55-20}{6 \times 6.66380} = 0.87538$$

공정능력지수는 3등급이다.

라. 공정 평균이 상한으로 움직였으므로

$$1-\beta = \Pr(\tilde{x} > U_{CL})$$
$$= \Pr(z > \frac{[\mu + 3m_3\sigma/\sqrt{n}] - [\mu + \sigma]}{\sigma/\sqrt{n}})$$
$$= \Pr(z > [3m_3 - \sqrt{n}])$$
$$= \Pr(z > 3 \times 1.198 - \sqrt{5})$$
$$= \Pr(z > 1.35793) ≒ \Pr(z > 1.36) = 0.0869$$

마. $1-\beta = 1 - \Pr(k=0)$
$$= 1 - (1-0.0869)^5 = 0.36527$$

05

다음 자료는 부분 군의 크기 100에 대한 부적합품수를 나타낸 표이다. 물음에 답하시오. (10년, 13년, 17년 2회)

부분군 번호	부적합품	부분군 번호	부적합품	부분군 번호	부적합품	부분군 번호	부적합품
1	3	6	5	11	2	16	3
2	2	7	1	12	3	17	3
3	4	8	4	13	2	18	2
4	3	9	1	14	6	19	0
5	2	10	0	15	1	20	7

가. 위 데이터의 속성은 어떠한 확률분포를 따르는가?

나. 위 데이터에 적합한 관리도는 무엇인가?

다. 위 데이터로 작성한 관리도는 어떠한 분포에 근사됨을 근거로 하는가?

라. 부분군에 적합한 표본수를 구하시오. (18년 1회)

마. 관리도의 중심선과 관리한계를 구하시오.

바. 관리도를 작성하고 판정하시오.

풀이

가. 이항분포

나. np관리도

다. 이항분포의 정규분포 근사를 활용한다.

라. $n = \dfrac{1}{p} \sim \dfrac{5}{p} = \dfrac{1}{0.027} \sim \dfrac{5}{0.027} = 37.037 \sim 185.182$

∴ 38 ~ 186개

마. ① 중심선: $C_L = \dfrac{\Sigma np}{k} = \dfrac{54}{20} = 2.7$

② $U_{CL} = n\bar{p} + 3 \times \sqrt{n\bar{p}(1-\bar{p})}$
$= 2.7 + 3 \times \sqrt{2.7 \times (1-0.027)} = 7.56250$

③ L_{CL}은 고려하지 않음

바.

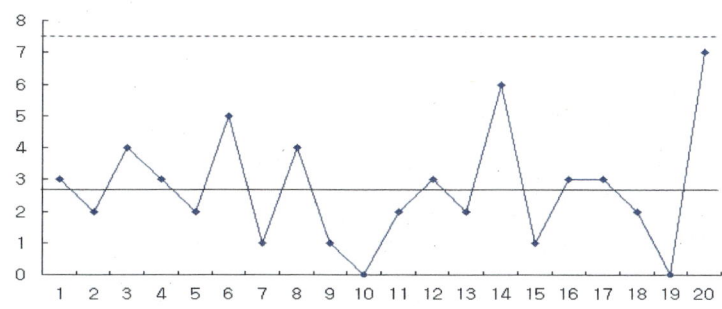

판정: 관리도는 대체로 관리상태이다.

유/사/문/제 1

전자레인지의 최종검사에서 20대를 랜덤 하게 추출하여 각각에 대한 부적합수를 측정하였더니 다음과 같았다.

(10년, 14년, 15년 4회)

부분군번호	1	2	3	4	5	6	7	8	9	10
부적합수	4	5	3	3	4	8	4	2	3	3
부분군번호	11	12	13	14	15	16	17	18	19	20
부적합수	6	4	1	6	4	2	4	4	3	7

가. 다음 데이터는 어떠한 분포를 따르는가?

나. 적절한 관리도를 결정하시오.

술술 풀어보는 키포인트

[채점 및 답안 작성 포인트]

ⓐ '가~다'는 각각 2점 정도씩 배정됩니다.

ⓑ 계수치 관리도의 표본의 크기는 평균 부적합품수 또는 평균 부적합수가 1~5 사이로 되도록 정하는 것이 좋습니다. 옳으면 3~4점 그 외는 0점

ⓒ 계수치의 관리하한은 평균치가 5이하이므로 고려하지 않음이 일반적입니다. 통상 4~6점이 부여됩니다.

ⓓ 관리도의 채점 포인트는 먼저 중심선과 관리한계가 옳아야 합니다. 점선이나 실선은 구분하지 않지만, 선이 모두 있어야 하고 타점들은 꺾은선 그래프로 표현되어야 합니다. 타점들은 대략적으로 변동이 표현되어 있으면 정답으로 인정합니다. 판정 기록하시구요.
보통 관리도는 5점 판정은 1점입니다.

[출제 경향]

ⓐ 부적합수로 주어졌으므로 c 관리도가 됩니다. c 관리도는 3년 1회 정도의 주기로 출제됩니다.

ⓑ C 관리도 역시 관리도 해석, 기준값 설정 등이 출제될 수 있습니다.

다. 해당되는 관리도의 중심선과 관리한계를 구하시오.
라. 관리도를 작성하고 판정하시오.
마. 공정이 관리상태이므로 c=4를 기준값으로 하여 공정을 관리하기로 하였다. 만약 공정 평균이 9로 변하였다면 관리도의 검출력을 구하시오.
바. '마'의 경우에서 5점을 타점 하여도 검출하지 못할 확률을 구하시오.

풀이

가. 푸아송분포

나. c 관리도

다. ① 중심선: $C_L = \bar{c} = \frac{\Sigma c}{k} = \frac{80}{20} = 4$

② 관리상한: $U_{CL} = \bar{c} + 3\sqrt{\bar{c}} = 10$

③ 관리하한: $L_{CL} = \bar{c} - 3\sqrt{\bar{c}} < 0 \rightarrow$ 고려하지 않는다.

라.

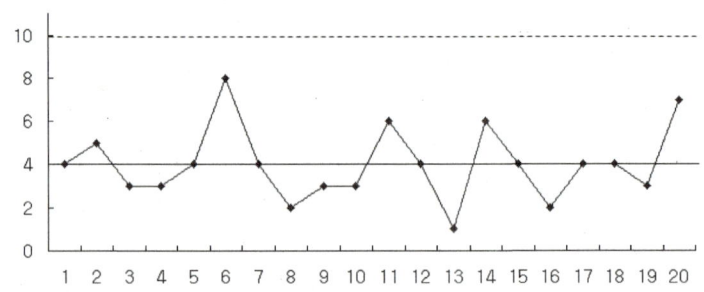

판정: 관리도는 관리상태이다.

마. $1 - \beta = \Pr(c > U_{CL})$

$= \Pr(z > \frac{10-9}{\sqrt{9}}) = \Pr(z > 0.33) = 0.3707$

바. $P_A = \Pr(k=0) = (1-0.3707)^5 = 0.09869$

유/사/문/제 2

다음은 매일 생산하는 최종제품에 대한 검사결과를 정리하여 얻은 데이터이다

(13년, 14년, 15년, 16년, 17년, 18년 4회)

시간	1	2	3	4	5	6	7	8	9	10
검사개수	48	46	50	28	28	50	46	48	28	50
부적합품수	5	1	3	4	9	4	3	2	8	3

가. 적절한 관리도를 결정하시오.

나. 중심선과 관리한계를 구하시오.
다. 관리도를 그리고 판정하시오.
라. 기준값이 주어진 관리도를 작성하기 위한 기준값을 구하시오.
마. $n = 100$인 경우 기준값이 주어진 관리도의 관리한계를 구하시오

풀이

가. p 관리도

나. ① 중심선: $\Sigma np = 42$ $\Sigma n = 422$

$$C_L = \bar{p} = \frac{\Sigma np}{\Sigma n} = 0.09953$$

② 관리한계

ⓐ $n = 50$

$$U_{CL} = 0.09953 + 3\sqrt{\frac{0.09953 \times 0.90047}{50}} = 0.22654$$

ⓑ $n = 48$

$$U_{CL} = 0.09953 + 3\sqrt{\frac{0.09953 \times 0.90047}{48}} = 0.22916$$

ⓒ $n = 46$

$$U_{CL} = 0.09953 + 3\sqrt{\frac{0.09953 \times 0.90047}{46}} = 0.23194$$

ⓓ $n = 28$

$$U_{CL} = 0.09953 + 3\sqrt{\frac{0.09953 \times 0.90047}{28}} = 0.26925$$

$L_{CL} < 0$ 이므로 모두 고려하지 않는다.

다. ① P 표

k	검사개수	부적합품수	p	U_{CL}
1	48	5	10.4%	22.91%
2	46	1	2.2%	23.19%
3	50	3	6.0%	22.65%
4	28	4	14.3%	26.92%
5	28	9	32.1%	26.92%
6	50	4	8.0%	22.65%
7	46	3	6.5%	23.19%
8	48	2	4.2%	22.91%
9	28	8	28.6%	26.92%
10	50	3	6.0%	22.65%
합계	422	42		

술술 풀어보는 키포인트

[채점 및 답안 작성 포인트]

ⓐ 관리한계를 작성할 때 부분 군이 틀리므로 부분 군별로 관리한계를 작성하여야 합니다. 통상 4.5~6점 정도 배정됩니다.

ⓑ 계수치 관리도는 L_{CL}이 음수가 발생하는 경우가 대부분입니다. '고려하지 않음'으로 표기합니다. L_{CL}을 계산할 때는 부분 군이 가장 큰 것을 먼저 계산해서 음수가 나오면 나머지는 모두 음수이므로 간단히 '고려하지 않음'으로 쓰시면 됩니다.

ⓒ p나 u 관리도의 경우 타점을 위한 보조 표를 먼저 작성하여야 합니다. 하지만 별도의 공란이 주어져 있지 않으므로 문제 지문의 표 옆에 칸을 만들어 기록해 놓으면 됩니다. 채점할 때 계산된 근거만 있으면 되기 때문입니다.

술술 풀어보는 키포인트

ⓓ 이 관리도는 관리한계를 벗어나므로 관리상태가 아닙니다. 벗어난 점을 마킹을 하지 않아도 판정란에 관리도는 '관리상태가 아니다'라고 기록하면 정답으로 인정됩니다. 하지만 원칙적으로 관리한계를 벗어난 점은 동그라미로 마킹하는 것이 규칙입니다. 통상 5점에 판정이 1점 부가됩니다.

ⓔ 기준값을 작성할 경우 이상치 데이터는 제거하고 다시 작성합니다. 3점 정도 배정됩니다.

ⓕ 기준값을 이용하여 관리한계를 계산하는 문제는 반드시 부분 군의 크기를 주고 계산하게 합니다. 통상 4점 정도가 배정됩니다.

[출제 경향]

ⓐ 유사문제 출제빈도는 1년간 1회 정도로 높은 편입니다. 하지만 15점으로는 출제된 예가 없습니다. 기존의 기출문제를 철저히 익혀놓으시기 바랍니다.

[채점 및 답안 작성 포인트]

ⓐ 통상 푸아송분포, 정규 근사와 함께 적용하는 관리도 등으로 4점 정도가 출제됨이 예상됩니다.

② 관리도

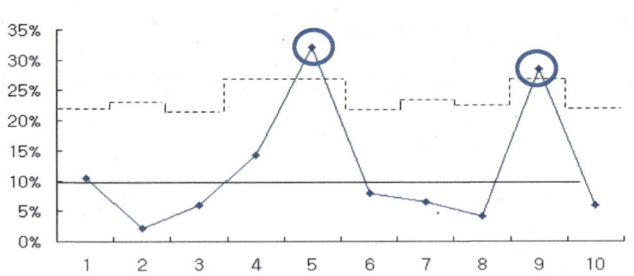

Out of control이 발생하므로 관리도는 관리상태가 아니다.

라. $p_0 = \dfrac{42-9-8}{422-28-28} = \dfrac{25}{366} = 0.06831$

마. $p_0 \pm 3\sqrt{\dfrac{p_0(1-p_0)}{n}}$

$= 0.06831 \pm 3\sqrt{\dfrac{0.06831 \times (1-0.06831)}{100}}$

$= 0.06831 \pm 0.07568$

$U_{CL} = 0.14399$ L_{CL}은 고려하지 않음

유/사/문/제 3

다음은 공정관리를 위한 서브로트별 측정 결과를 나타낸 것이다. (단위 n: 1000m)　　　　(12년, 14년, 15년, 16년, 18년 1회)

가. 적절한 관리도를 결정하시오.
나. 중심선 및 관리한계를 구하시오.
다. 관리도를 작성하고 판정하시오.
라. 공정이 관리상태이므로 기준값이 주어진 관리도로 공정을 관리하기로 하였다. 부분 군의 크기를 2.0으로 할 때 기준값이 주어진 관리도의 관리한계를 구하시오.

k	시료크기(n)	부적합수	k	시료크기(n)	부적합수	k	시료크기(n)	부적합수
1	1.0	2	6	1.3	5	11	1.2	4
2	1.0	5	7	1.3	2	12	1.2	1
3	1.0	3	8	1.3	4	13	1.7	8
4	1.0	2	9	1.3	2	14	1.7	3
5	1.3	1	10	1.2	6	15	1.7	8

풀이

가. u 관리도

나. ① 중심선

$\Sigma c = 56, \quad \Sigma n = 19.2$

$C_L = \bar{u} = \dfrac{\Sigma c}{\Sigma n} = \dfrac{56}{19.2} = 2.91667$

② 관리한계

ⓐ $n=1.0\ U_{CL}=2.91667+3\sqrt{\dfrac{2.91667}{1}}=8.04014$

ⓑ $n=1.2\ U_{CL}=2.91667+3\sqrt{\dfrac{2.91667}{1.2}}=7.59374$

ⓒ $n=1.3\ U_{CL}=2.91667+3\sqrt{\dfrac{2.91667}{1.3}}=7.41025$

ⓓ $n=1.7\ U_{CL}=2.91667+3\sqrt{\dfrac{2.91667}{1.7}}=6.84619$

다. ① u 표

k	시료크기(n)	부적합수	u	U_{CL}
1	1.0	2	2.00000	
2	1.0	5	5.00000	
3	1.0	3	3.00000	
4	1.0	2	2.00000	8.04014
5	1.3	1	0.76923	
6	1.3	5	3.84615	
7	1.3	2	1.53846	
8	1.3	4	3.07692	
9	1.3	2	1.53846	7.41025
10	1.2	6	5.00000	
11	1.2	4	3.33333	
12	1.2	1	0.83333	7.59374
13	1.7	8	4.70588	
14	1.7	3	1.76471	
15	1.7	8	4.70588	6.84619
합계	19.2	56.0		

② u 관리도

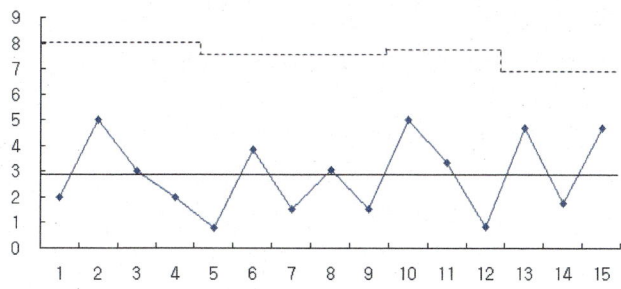

판정: 관리도는 관리상태이다.

라. $u_0 \pm 3\sqrt{\dfrac{u_0}{n}} = 2.91667 \pm 3\sqrt{\dfrac{2.91667}{2.0}}$

$= 2.91667 \pm 3.62285$

$U_{CL}=6.53952\ \ L_{CL}$은 고려하지 않음

술술 풀어보는 키포인트

[출제 경향]
ⓐ 이 문제는 U 관리도의 응용문제로 파레토그림과 연결된 관계로 언제든지 15점으로 편성되어 출제가 가능한 문제입니다.
ⓑ 실제 이 문제로 관리도를 작성하는 문제와 파레토를 작성하는 문제 모두 출제되어 있으므로 얼마든지 리뉴얼을 통해 출제가 가능합니다.

[채점 및 답안 작성 포인트]
ⓐ (b)÷(a)값이 u_i 입니다. 그러므로 단위당 결점수 즉 u 관리도입니다.
ⓑ 관리한계를 벗어난 점은 n=10인 부분 군의 u_i가 관리한계를 벗어난 점입니다. 10번이 4.10으로 관리상한을 벗어났네요. 시험문제 중에는 관리도를 그리게 되어 있고 그러면 이상원인을 제거하고 기준값 작성하는 문제로 확대될 수 있습니다.

유/사/문/제 4

표에서 나타난 데이터는 어느 직물공장에서. 직물에 나타난 흠의 수를 조사한 결과이다. 아래의 물음에 답하시오. (11년, 13년 2회)

가. 이 데이터로 관리도를 작성하고자 한다.
① 적합한 관리도의 명칭을 쓰시오.
② C_L의 값은 얼마인가?
③ 그리고 n이 10인 경우 관리한계를 구하고, 관리한계를 벗어난 로트가 있으면 부분군의 번호를 쓰시오.

로트번호		1	2	3	4	5	6	7	8	9	10	11	12	13	14	15	합계
(a)시료의 수(n)		10	10	15	15	20	20	20	20	20	10	10	10	15	15	15	225
흠의수	얼룩의수(개소)	12	16	12	15	21	15	13	32	23	16	17	6	13	22	16	249
	구멍이난수(개소)	5	3	5	6	4	6	6	8	8	6	4	1	4	6	6	78
	실이튄곳의수(개소)	6	1	6	7	2	7	10	9	9	7	2	1	10	11	8	96
	색상이나쁜곳(개소)	10	1	8	10	2	9	6	12	11	11	2	2	9	12	12	119
	기 타	2	-	2	4	-	3	-	2	1	1	-	-	-	1	1	17
(b)합 계		35	21	33	42	29	40	37	63	52	41	25	10	36	52	43	559
(b) ÷ (a)		3.50	2.10	2.20	2.80	1.45	2.00	1.85	3.15	2.60	4.10	2.50	1.00	2.40	3.47	2.87	

나. 위의 데이터에서 종류(유형)별로 분류해 놓은 흠의 통계를 가지고 파레토(pareto)도를 작성하시오.

풀이

가. ① u 관리도

② C_L ; $\bar{u} = \dfrac{\Sigma c}{\Sigma n} = \dfrac{559}{225} = 2.48444$

③ 부분 군의 크기가 10인 부분 군의 판정

ⓐ $U_{CL} = \bar{u} + 3\sqrt{\dfrac{\bar{u}}{n}}$
$= 2.48444 + 3\sqrt{\dfrac{2.48444}{10}}$
$= 3.97976$

ⓑ $L_{CL} = \bar{u} - 3\sqrt{\dfrac{\bar{u}}{n}}$
$= 2.48444 - 3\sqrt{\dfrac{2.48444}{10}}$
$= 0.98912$

ⓒ 관리한계를 벗어난 로트 번호; 10번

나. 파레토도

흠 항목	흠의 수	누적수	누적%
얼룩의 수	249	249	44.54
색상이 나쁜 곳	119	368	65.83
실이 튄 곳의 수	96	464	83.01
구멍이 난 수	78	542	96.96
기타	17	559	100
계	559		

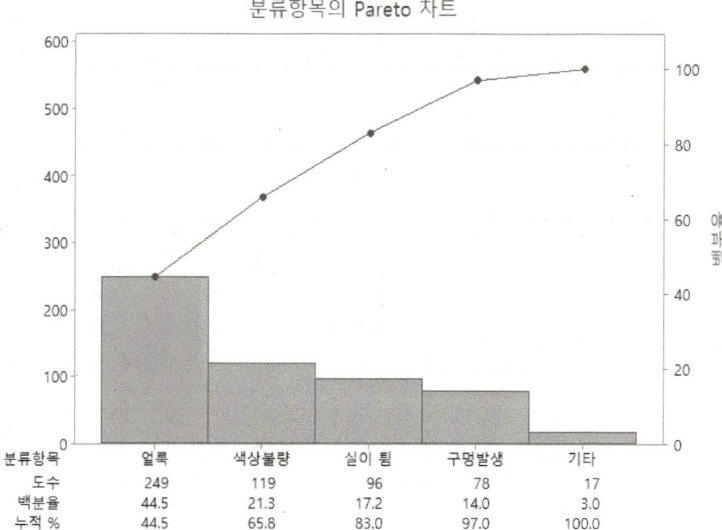

술술 풀어보는 키포인트

ⓒ 파레토도는 그래프가 옳아야 하며 막대그래프는 도수를, 꺾은선 그래프는 상대도수를 나타내는 것으로 그 두 가지가 모두 옳아야 합니다. 그리고 기타의 위치는 항상 맨 뒤에 나타나야 합니다. 그 3가지가 모두 옳은 경우만 점수를 얻을 수 있습니다. 표와 그래프 합쳐서 5~7점 정도 배정됩니다. 다른 그림 작성문제에 비해 점수가 작게 부여되는 편이죠.

제2절 관리도의 해석과 검출력 (양쌤의 품질교실 관리 134~136강)

1. **관리도의 검출력과 해석**

1) 관리도의 검출력

   ① $\bar{x}$ 관리도

   $\mu' = \mu + \sigma$ 라면 (n=4일 때)

   $$1 - \beta = p(\bar{x} > U_{CL}) = p(z > \frac{(\mu + 3\sigma/\sqrt{4}) - (\mu + \sigma)}{\sigma/\sqrt{4}}) = p(z > 1)$$

   ② x 관리도

   $\mu' = \mu + \sigma$ 라면

   $$1 - \beta = p(x > U_{CL}) = p(z > \frac{(\mu + 3\sigma) - (\mu + \sigma)}{\sigma}) = p(z > 2)$$

2) k 점 타점 시의 관리도의 탐지력(이상상태의 검출 확률)

   k 점을 타점 하였을 때 공정의 이상원인을 검출할 확률

   $p\% = 1 - \Pr(k=0) = 1 - (\beta)^k$ (단, β는 검출되지 못할 확률이다.)

2. **관리계수(C_f)**

1) 군간변동과 군내변동

   ① 군내변동: $\sigma_w = \dfrac{\bar{R}}{d_2} = \dfrac{\bar{s}}{c_4}$

   ② 군간변동:

   ⓐ $\sigma_{\bar{x}} = \dfrac{\bar{R}_m}{d_2 = 1.128}$ (단, $\bar{R}_m = \dfrac{\Sigma R_m}{k-1}$ 또한 $\sigma_{\bar{x}}^2 = \dfrac{\Sigma(\bar{x} - \bar{\bar{x}})^2}{k-1}$)

   ⓑ $\sigma_b = \sqrt{\sigma_{\bar{x}}^2 - \dfrac{\sigma_w^2}{n}}$

   ③ 전체변동: $\sigma_T^2 = \sigma_H^2 = \sigma_w^2 + \sigma_b^2$

2) 관리계수

   ① $C_f = \dfrac{\sigma_{\bar{x}}}{\sigma_w}$

   ② 판정법:

   ⓐ $C_f > 1.2$ 급간변동이 크다.

ⓑ $C_f < 0.8$ 군구분이 나쁘다.

ⓒ $0.8 \leq C_f \leq 1.2$ 관리도는 안정상태

3) PCI(공정능력지수)/PPI(공정성능지수)

① 공정능력치 $\pm 3\sigma_w$

② 공정능력지수: $C_P = \dfrac{U-L}{\pm 3\sigma_w}$

③ 공정성능지수: $P_P = \dfrac{U-L}{\pm 3\sigma_H}$

④ 최소공정능력지수: $C_{pk} = \min(C_{PU}, C_{PL}) = \dfrac{U-\overline{x}}{3\sigma_w} \, or \, \dfrac{\overline{x}-L}{3\sigma_w}$

⑤ 공정능력의 판정

판정	판정기준	대책
0등급	PCI > 1.67	공정능력이 매우 우수하다. 관리를 간소화한다.
1등급	PCI > 1.33	공정능력이 양호하다.
2등급	PCI > 1.00	관리에 주의를 요한다. 공정능력의 개선을 검토한다.
3등급	PCI > 0.67	공정개선이 필요하다. 완성품에 대한 선별이 필요하다. 규격을 조정한다.
4등급	PCI < 0.67	공정을 재검토한다. 완성품을 선별한다. 규격을 조정한다.

3. 관리도에서의 검·추정

1) 두 관리도의 비교 검정 조건

① 두 관리도는 정규분포를 따를 것

② 두 관리도는 관리상태일 것

③ 부분 군의 수 k_A, k_B는 충분히 클 것

④ 부분 군의 크기 $n_A = n_B$ 일 것

⑤ 두 관리도의 $\overline{R}_A, \overline{R}_B$는 유의차가 없을 것

2) 두 관리도의 검정

① $\overline{R} = \dfrac{k_A \overline{R}_A + k_B \overline{R}_B}{k_A + k_B}$

② $|\overline{\overline{x}}_A - \overline{\overline{x}}_B| > A_2 \overline{R} \sqrt{\dfrac{1}{k_A} + \dfrac{1}{k_B}}$ 성립하면 평균치 차이가 존재한다.

핵심/문제/풀이 | 제3장 제2절 관리도의 해석과 검출력 (양쌤의 품질교실 실기 제414강)

술술 풀어보는 키포인트

[출제 경향]

① $\bar{x}-R$ 관리도의 검출력 문제는 점수가 15점으로 되면서 관리도에 함께 출제될 확률이 높아지고 있습니다. 개념을 확실히 익혀두세요

[채점 및 답안 작성 포인트]

ⓐ 먼저 합·차의 법칙으로 평균치의 표준편차($\sigma_{\bar{x}}$)부터 구합니다.

ⓑ 검출력은 평균치가 상측으로 이동되었습니다. 그럼 하측으로 벗어나면 평균이 증가했는데 하측으로 벗어나는 건 오류죠? 즉 벗어나는 쪽만 계산하여야 합니다. 그래서 관리상한하고만 비교가 되어 있습니다.

ⓒ 통상 옳으면 5~6점 그 외는 0점

01

3σ법을 활용한 $\bar{x}$ 관리도에서 $U_{CL}=45$, $L_{CL}=15$이다. 공정 평균이 35로 변하였을 때 검출력을 구하시오. (14년, 16년 1회)

풀이

① $U_{CL} - L_{CL} = 30 = 6\dfrac{\sigma}{\sqrt{n}} = 6\sigma_{\bar{x}}$

$\sigma_{\bar{x}} = \dfrac{30}{6} = 5$

② 평균이 상측으로 이동되었으므로 관리상한 쪽으로 검출되어야 한다.

$1-\beta = \Pr(\bar{x} > U_{CL})$
$= \Pr(z > \dfrac{U_{CL} - \mu'}{\sigma/\sqrt{n}})$
$= \Pr(z > \dfrac{45-35}{5})$
$= \Pr(z > 2.0) = 0.0228$

유/사/문/제 1

어떠한 공정의 품질특성에 대해 x 관리도와 $\bar{x}-R$ 관리도($n=5$)로 공정을 관리하고자 한다. 표준편차는 변화가 없고 공정 평균이 95가 되었을 경우 x 관리도와 $\bar{x}$ 관리도의 검출력을 구하시오.

관리도	중심선	관리상한	관리하한
x관리도	100	130.0	70.0
$\bar{x}$관리도	100	113.4	86.6

[출제 경향]

① 이 문항은 x 관리도와 $\bar{x}-R$ 관리도의 검출력을 비교하기 위한 문항입니다. 두 관리도의 검출력을 확인할 수 있습니다. 실제로는 x 관리도와 $\bar{x}-R$ 관리도에 부가되어 검출력 계산이 출제되므로 연습 삼아 풀어보시기 바랍니다.

[채점 및 답안 작성 포인트]

ⓐ x 관리도의 검출력은 먼저 표준편차를 구한 후, 평균이 하한 쪽으로 낮아졌으므로 L_{CL}과의 비교가 이루어져야 합니다.

풀이

① x 관리도의 검출력

ⓐ $\sigma = \dfrac{U_{CL} - L_{CL}}{6} = \dfrac{130-70}{6} = 10.0$

ⓑ $\mu' = 95.0$ 즉 하한으로 평균이 낮아졌으므로
$1-\beta = \Pr(x < L_{CL})$

$$= \Pr(z < \frac{L_{CL} - \mu'}{\sigma})$$

$$= \Pr(z < \frac{70 - 95}{10})$$

$$= \Pr(z < -2.5) = 0.0062$$

② $\bar{x}$ 관리도의 검출력

ⓐ $\sigma_{\bar{x}} = \dfrac{U_{CL} - L_{CL}}{6} = \dfrac{113.4 - 86.6}{6} = 4.46667$

ⓑ $1 - \beta = \Pr(\bar{x} < L_{CL})$

$$= \Pr(z < \frac{L_{CL} - \mu'}{\sigma_{\bar{x}}})$$

$$= \Pr(z < \frac{86.6 - 95}{4.46667})$$

$$= \Pr(z < -1.88) = 0.0301$$

유/사/문/제 2

$n = 4$인 3σ법에 따른 $\bar{x}$관리도로 공정을 관리하고 있다.

(14년, 16년, 17년 2회)

가. 공정 평균이 μ_0에서 $\mu' = \mu_0 + 2\sigma$로 변했을 경우 4점으로 변화를 탐지하지 못할 확률을 구하시오.

나. 공정 평균이 μ_0에서 $\mu' = \mu_0 + 0.5\sigma$로 변했을 경우 25점으로 변화를 탐지할 확률을 구하시오.

풀이

가. 평균이 상측으로 치우쳤으므로 관리도는 상측으로 벗어나게 된다.

① $1 - \beta = \Pr(\bar{x} > U_{CL}) = \Pr(z > \dfrac{U_{CL} - \mu'}{\sigma/\sqrt{n}})$

$$= \Pr(z > \frac{(\mu + 3\sigma/\sqrt{4}) - (\mu + 2\sigma)}{\sigma/\sqrt{4}})$$

$$= \Pr(z > \frac{-0.5\sigma}{0.5\sigma})$$

$$= 1 - 0.1587 = 0.8413$$

② 4점으로 탐지하지 못할 확률은

$\beta = \Pr(k = 0)$

술술 풀어보는 키포인트

ⓑ $\bar{x}$ 관리도의 표준편차는 구하지 않아도 상관없으나, 풀이와 같이 합·차의 법칙으로 구할 수도 있습니다. 평균이 하한 쪽으로 낮아졌으므로 L_{CL}과의 비교가 이루어져야 합니다. 정규분포 수표 값은 반올림하면 되며 채점 시 올림 버림 모두 옳게 판정합니다.

[출제 경향]

ⓐ 이 문제는 검출력과 탐지력을 함께 나타낸 문제입니다. 관리도의 점수가 15점인 관계로 이 계산법이 계량치 관리도와 계수치 관리도 모두에 추가될 수 있으므로 개념을 익혀두시기 바랍니다.

[채점 및 답안 작성 포인트]

ⓐ 이 문항은 먼저 검출력을 계산하여야 합니다. 물론 상측으로 치우치면 하한 쪽은 오류이므로 검출력을 계산하는 것은 의미가 없습니다.

ⓑ 4점으로 탐지할 확률은 이항분포의 사고입니다. 탐지가 안 될 확률은 확률변수 x=0인 경우입니다.

술술 풀어보는 키포인트

ⓒ 25점으로 탐지할 확률은 이항분포의 사고입니다. 전체적으로 1에서 한 점도 탐지가 안 될 확률을 구하여 빼주면 됩니다.

$$= {}_4C_0(0.8413)^0(1-0.8413)^4 = 0.00063$$

나. ① $1-\beta = \Pr(\overline{x} > U_{CL}) = \Pr(z > \dfrac{U_{CL}-\mu'}{\sigma/\sqrt{n}})$

$= \Pr(z > \dfrac{(\mu+3\sigma/\sqrt{4})-(\mu+0.5\sigma)}{\sigma/\sqrt{4}})$

$= \Pr(z > \dfrac{1\sigma}{0.5\sigma}) = \Pr(z > 2.0) = 0.0228$

② 25점으로 탐지할 확률은

$1-\beta = 1 - \Pr(k=0)$

$= 1 - {}_{25}C_0(0.0228)^0(0.9772)^{25} = 0.43819$

유/사/문/제 3

$n=5$인 $\overline{x}-R$ 관리도에서 $U_{CL} = 126$, $L_{CL} = 94$라고 한다. 현재 생산되는 제품이 120이 넘는 제품이 나올 확률을 구하시오.

(13년, 17년 4회)

풀이

① $\overline{\overline{x}} = \dfrac{U_{CL}+L_{CL}}{2} = \dfrac{126+94}{2} = 110$

② $U_{CL} - L_{CL} = 32 = 6\dfrac{\sigma}{\sqrt{n}} = 6\dfrac{\sigma}{\sqrt{5}}$

$\sigma = \dfrac{32\times\sqrt{5}}{6} = 11.92570$

③ $p\% = \Pr(x > 120)$

$= \Pr(z > \dfrac{120-\mu}{\sigma})$

$= \Pr(z > \dfrac{120-110}{11.92570})$

$= \Pr(z > 0.83853)$

$= \Pr(z > 0.84) = 0.2005$

02

규격이 25.0~28.5인 A 제품공정에 대해 부분 군의 크기 $n=4$, 부분 군의 수 $k=20$인 $\overline{x}-R$ 관리도를 작성하여 데이터 시트를 만들어 본 결과 $\overline{\overline{x}} = 27.0$, $\overline{R} = 1$, $\sigma_{\overline{x}}^2 = 0.44326^2$이었다.

(09년, 14년, 16년 1회)

[출제 경향]

ⓐ 이 문제는 합·차의 법칙을 이용하여 공정의 부적합품률을 계산하는 문제입니다. 점수가 15점인 관계로 $\overline{x}-R$ 관리도와 연계되어 출제 확률이 높습니다. 개념을 익혀주시기 바랍니다.

[채점 및 답안 작성 포인트]

ⓐ 이 문항은 먼저 합·차의 법칙으로 평균과 표준편차를 구합니다. 그리고 이를 바탕으로 공정의 부적합품률을 구하는 문제입니다.
ⓑ 검출력과 부적합품률은 계산방법이 다르므로 잘 구분하여 익혀두세요.

[출제 경향]

ⓐ 유사문제 출제빈도는 2년간 1회 정도로 높은 편으로 관리도와 히스토그램 등과 연계되어 출제됩니다. 기출문제를 학습하시기 전 반드시 완벽하게 익혀두시기 바랍니다.

가. 군내변동 σ_w^2를 구하시오.

나. 군간변동 σ_b^2를 구하시오.

다. 관리계수 C_f를 구한 후 평가하시오.

라. 공정능력지수를 구하고 평가하시오.

마. 최소공정능력지수를 구하고 평가하시오.

풀이

가. $\sigma_w^2 = \left(\dfrac{\overline{R}}{d_2}\right)^2 = \left(\dfrac{1}{2.059}\right)^2 = 0.48567^2$

나. ⓐ $\sigma_{\overline{x}}^2 = \dfrac{\sigma_w^2}{n} + \sigma_b^2$

　ⓑ $\sigma_b^2 = \sigma_{\overline{x}}^2 - \dfrac{\sigma_w^2}{n}$

　　　$= 0.44326^2 - \dfrac{0.48567^2}{4} = 0.37083^2$

다. $C_f = \dfrac{\sigma_{\overline{x}}}{\sigma_w} = \dfrac{0.44326}{0.48567} = 0.91268$

$0.8 \leq C_f \leq 1.2$ 이므로 관리도는 대체로 관리상태이다.

라. $C_P = \dfrac{U-L}{6 \times \sigma_w}$

$= \dfrac{28.5 - 25.0}{6 \times 0.48567} = 1.20109$

공정능력은 2등급이다.

마. 공정평균은 상측으로 치우쳤으므로

$C_{PK} = C_{PKU} = \dfrac{U - \overline{x}}{3\sigma_w}$

$= \dfrac{28.5 - 27}{3 \times 0.48567} = 1.02951$

최소공정능력지수는 2등급이다.

유/사/문/제 1

A 철강 회사에서 제품공정의 작업순서에 따라 크기 $n=4$인 표본을 택하여 $\overline{x} - R$관리도를 작성하고 데이터 시트를 만들어 본 결과 $\overline{\overline{x}} = 99$, $\overline{R} = 10$ 이었다.

(10년, 13년, 19년 1회)

술술 풀어보는 키포인트

[채점 및 답안 작성 포인트]

ⓐ 군내변동의 계수 d_2는 수표에 주어져 있습니다.

ⓑ 군내변동이나 군간변동의 경우 σ_b와 σ_b^2의 구분 없이 변동으로 표현되므로 문제가 분산 값을 요구하는지 표준편차를 요구하는지 확인하여야 합니다.

ⓒ 관리계수의 평가는 군구분이 나쁜지, 급간변동이 큰지 관리상태인지를 분명히 기술해야 합니다.

ⓓ C_P, C_{PK}는 평가 기준이 동일합니다.

ⓔ 최소공정능력지수는 치우침을 고려한 공정능력지수를 의미합니다.

가. $\sigma_{\overline{x}} = 5.57$ 일 때 군간변동 σ_b는 얼마인가?

나. 관리계수 C_f를 구한 후 평가하시오.

다. 규격이 100 ± 15일 때 공정능력지수를 계산하시오.

풀이

가. ① $\sigma_w = \dfrac{\overline{R}}{d_2} = \dfrac{10}{2.059} = 4.85673$

② $\sigma_{\overline{x}}^2 = \dfrac{\sigma_w^2}{n} + \sigma_b^2$

③ $\sigma_b = \sqrt{\sigma_{\overline{x}}^2 - \dfrac{\sigma_w^2}{n}}$

$= \sqrt{5.57^2 - \dfrac{4.85673^2}{4}} = 5.01278$

나. $C_f = \dfrac{\sigma_{\overline{x}}}{\sigma_w} = \dfrac{5.57}{4.85673} = 1.14686$

관리도는 대체로 관리상태이다.

다. $C_P = \dfrac{U-L}{6 \times \sigma_w} = \dfrac{30}{6 \times 4.85673} = 1.02950$

공정능력은 2등급으로 부족하다.

03

두 관리도의 평균치 차의 검정에 대한 전제조건 5가지를 쓰시오.

(10년, 12년 2회)

풀이

① 두 관리도는 정규분포를 따를 것
② 두 관리도는 관리상태일 것
③ 두 관리도의 $\overline{R}_A$와 $\overline{R}_B$는 유의차가 없을 것
④ 두 관리도의 부분 군의 크기는 동일할 것($n_A = n_B$)
⑤ 두 관리도의 부분 군의 수 k_A, k_B는 충분히 클 것

유/사/문/제 1

두 $\bar{x} - R$ 관리도의 데이터를 정리한 결과는 다음과 같다.

A 관리도: $n = 5, k = 20$ $\overline{R}_A = 27.4$, $\bar{\bar{x}}_A = 29.9$

B 관리도: $n = 5, k = 15, \overline{R}_B = 26.0, \bar{\bar{x}}_B = 28.1$

두 관리도는 각각 관리상태이며 정규분포를 따른다. 최소유의차 검정을 위한 공통 범위 $\bar{\bar{R}}$를 구하시오. **(14년 4회)**

풀이

$$\bar{\bar{R}} = \frac{k_A \overline{R}_A + k_B \overline{R}_B}{k_A + k_B}$$

$$= \frac{20 \times 27.4 + 15 \times 26}{20 + 15} = 26.8$$

술술 풀어보는 키포인트

[채점 및 답안 작성 포인트]

ⓐ 공통 범위의 계산 공식은 평균치 차의 검정을 위한 공통 분산의 계산식과 유사합니다. 비교하여 공식을 암기해 두시기 바랍니다. 배점은 5점입니다. 옳으면 5점, 그 외는 0점

ⓓ 평균치 차이의 최소유의차 검정은 독립적으로 출제되며 부분점수는 없이 5점 내외로 출제됩니다.

양쌤의 품질경영산업기사 실기

제 3 편

실험계획법

제1장 실험계획법의 개요와 1요인실험
제2장 2요인실험
제3장 여러가지 실험계획법

제1장 실험계획과 1요인실험

제1절 실험계획과 1요인실험 (양쌤의 품질교실 실계 141~145강)

1. 실험계획법의 원리

1) 오차항의 4가지 법칙

정규성, 독립성, 등분산성, 불편성 $N-(0, \sigma_e^2)$

2) 실험계획의 5가지 원리

① 랜덤화의 원리

실험을 수행할 때 의도하지 않은 오차 요인의 영향으로 일부 수준에서 치우침(편기)에 의한 영향을 방지하기 위함이다.

② 반복의 원리

반복 실험으로 오차항의 자유도를 크게 할 수 있어 정도 높은 실험이 가능하며 교호작용 효과 등을 명확히 알 수 있다.

③ 블록화의 원리

실험을 시간적·공간적으로 층별하여 블록 내 실험 환경을 균일하게 함으로써 실험의 정도를 높이는 방법이다. 난괴법이 대표적 실험이다.

④ 직교의 원리

동일한 실험횟수로 직교성을 활용하여 검출력을 높이고, 특히 변곡점을 알 수 있어 곡선회귀 등을 통한 최적해 추구가 효과적이다. 회귀분석, 반응표면분석 등이 대표적 실험이다.

⑤ 교락의 원리

목적에 부합되지 않은 고차의 교호작용을 블록에 포함시켜 분석함으로써 실험비용을 줄이고 효율적 실험을 설계할 수 있다. 교락법 및 일부실시법 등이 대표적 실험이다.

3) 구조모형의 원리

① 구성요소

모수(μ), 요인(a_i, b_j) 및 교호작용($(ab)_{ij}, (abc)_{ijk}$)과 오차로 구성된다.

② 각각의 요인들에는 수준수 기호(i, j, k ······)가 붙는다(그 개수만큼 있다는 뜻이다).

③ 반복이 있으면 최종 교호작용이 존재한다.

ⓐ $y_{ij} = \mu + a_i + e_{ij}$ 1요인실험

ⓑ $y_{ij} = \mu + a_i + b_j + e_{ij}$ 반복 없는 2요인실험

ⓒ $y_{ij} = \mu + a_i + b_j + (ab)_{ij} + e_{ij}$ 반복 있는 2요인실험

ⓓ $y_{ijk} = \mu + a_i + b_j + c_k + (ab)_{ij} + (ac)_{ik} + (bc)_{jk} + e_{ijk}$ 반복 없는 3요인실험

☞ 반복이 없더라도 차수가 낮은 교호작용은 나타난다.

④ 평균의 모형은 해당 기호($i, j, k, \bar{y}_{i.} = \mu + a_i + \bar{b} + \bar{e}_{i.}$ 등)가 평균이 되었다는 뜻으로 요인의 기호가 평균에 해당되면 요인의 머리에 bar(예: $\bar{a}, \overline{ab}$)가 붙는다.

⑤ 오차 e는 y와 항상 같은 형태이며 평균(땡)이면 해당 기호는 bar가 붙는다.

⑥ bar가 붙은 경우 모수이면 평균이 0이 되므로 없어지고 변량은 살아남는다.

ⓐ $\bar{y}_{i.} = \mu + a_i + \bar{b} + (\overline{ab})_{i.} + \bar{e}_{i.}$

☞ b가 변량이면 bar가 붙어도 변량이므로 모두 남아 있다.

ⓑ $\bar{\bar{y}} = \mu + \bar{b} + \bar{\bar{e}}$ ☞ a가 모수 b가 변량이면 모수 a는 모두 없어진다.

2. 분산분석표(ANOVA Table: Analysis of variance)

1) 제곱합과 자유도

① 수정항(CT: Corrected Term) or (CF: Correction factor)

$$CT = \frac{(\sum_{i=1}^{l}\sum_{j=1}^{r} y_{ij})^2}{lm} = \frac{T^2}{lm}$$

② 제곱합(SS)

ⓐ $SS_T = \sum_{i=1}^{l}\sum_{j=1}^{r}(y_{ij} - \bar{\bar{y}})^2 = \sum_{i=1}^{l}\sum_{j=1}^{r} y_{ij}^2 - CT$

ⓑ $SS_A = \sum_{i=1}^{l}\sum_{j=1}^{r}(\bar{y}_{i.} - \bar{\bar{y}})^2 = \frac{\sum_{i=1}^{l} T_{i.}^2}{r} - CT$

ⓒ $SS_e = SS_T - SS_A$

③ 자유도(ν)

ⓐ $\nu_T = lr - 1 = N - 1$

ⓑ $\nu_A = l - 1$

ⓒ $\nu_e = N - l = lr - l = l(r-1)$

2) 기대평균제곱

① $E(MS_A) = E(V_A) = r\sigma_A^2 + \sigma_e^2$

② $E(MS_e) = E(V_e) = \dfrac{E(SS_e)}{l(r-1)} = \sigma_e^2$

3) 분산분석표

요인	SS	$df = \nu$	$MS = V$	F_0	$F_{0.95}$
군간(A)	SS_A	$l-1$	$MS_A = \dfrac{SS_A}{l-1}$	$\dfrac{V_A}{V_e}$	$F_{0.95}(\nu_A, \nu_e)$
군내(e)	SS_e	$l(r-1)$	$MS_e = V_e$		
전체(T)	SS_T	$lr-1$			

3. 분산분석표의 해석

1) 모평균의 최적해 추정

$$\hat{\mu}_{i.} = \widehat{\mu + a_i} = \bar{y}_{i.} = \dfrac{T_{i.}}{r}$$

2) 표본평균의 분산의 추정식

$$V(\bar{y}_{i.}) = V(\mu + a_i + \bar{e}_{i.}) = V(\bar{e}_{i.})$$

$$= \dfrac{1}{r^2}(\sigma_e^2 + \sigma_e^2 + \cdots + \sigma_e^2) = \dfrac{\sigma_e^2}{r} = \dfrac{MS_e}{r} = \dfrac{V_e}{r}$$

3) 수준 A_i에서 모평균 μ_i의 $100(1-\alpha)\%$ 신뢰한계

$$\bar{y}_{i.} \pm t_{1-\alpha/2}(\nu_e)\sqrt{\dfrac{V_e}{r}}$$

4) 두 수준 간 차의 추정(LSD: Least significance difference)

$$\mu(A_i) - \mu(A_i^{'}) = (\bar{y}_{i.} - \bar{y}_{i.}^{'}) \pm t_{0.975}(\nu_e)\sqrt{\dfrac{2V_e}{r}}$$

5) 오차항의 추정

① 점 추정: $\hat{\sigma}_e^2 = V_e$

② 신뢰구간의 추정

$$\dfrac{SS_e}{\chi_{1-\alpha/2}^2(\nu_e)} \leq \hat{\sigma}_e^2 \leq \dfrac{SS_e}{\chi_{\alpha/2}^2(\nu_e)}$$

6) 변량요인의 산포 추정

$$\hat{\sigma}_A^2 = \dfrac{V_A - V_e}{r}$$

핵심/문제/풀이 | 제1장 실험계획법과 1요인실험 (양쌤의 품질교실 실기 제421강, 433강)

01

다음은 실험계획의 원칙에 관한 설명이다. 적합한 용어를 쓰시오.

(12년 1회, 19년 4회)

가. 실험대상인 요인 외에 다른 원인의 영향이 실험 결과에 치우침(편기) 되도록 발생하는 것을 방지하기 위한 원리 (　　　)

나. 오차항의 자유도를 크게 하여 오차분산의 정도를 좋게 하여 실험 결과의 신뢰성을 높이기 위한 원리 (　　　)

다. 실험 환경을 시간적·공간적으로 층별하여 블록으로 만들어, 각 블록 내에서 실험 환경이 균일하게 됨으로써 정도 높은 결과를 얻을 수 있는 원리 (　　　)

라. 검출이 의미가 적은 고차의 교호작용을 블록에 희생시켜 실험함으로써 실험의 증가를 막고 실험의 정도를 향상하려는 방법이다. (　　　)

풀이

가. 랜덤의 원리　　나. 반복의 원리
다. 블록화의 원리　라. 교락의 원리

유/사/문/제 1

실험계획법의 5가지 원리를 쓰시오.　　　(20년 5회)

풀이

① 랜덤의 원리　　② 반복의 원리
③ 블록화의 원리　④ 교락의 원리
⑤ 직교화의 원리

유/사/문/제 2

오차항의 특성 4가지를 쓰시오.　　　(11년)

풀이

① 정규성　② 독립성　③ 등분산성　④ 불편성

술술 풀어보는 키포인트

[출제 경향]

ⓐ 실험계획법의 5원칙을 쓰는 문제로 유사문제의 출제빈도는 3년간 1회 보통 빈도이며 배점은 5~8점입니다.

ⓑ 때로는 '실험계획의 5가지 원리를 쓰시오'라고도 출제됩니다.

[채점 및 답안 작성 포인트]

ⓐ 키워드로 연결해 암기하시기 바랍니다. 답이 옳아야 합니다만 철자가 틀린 것도 정답으로 인정합니다. 각각 개당 2점씩입니다.

ⓐ 개당 1점씩 5점 만점입니다.

[출제 경향]

ⓐ 이 문항의 출제빈도는 10년 1회로 낮은 편이며 배점이 4점입니다. 채점 및 답안 작성 포인트

ⓐ 정독도서관은 등불이 꺼지지 않는다 기억하시죠? 개당 1점씩 총 5점입니다.

[출제 경향]
ⓐ 이 문항의 출제빈도는 10년 1회로 낮은 편이며 배점이 6점입니다.

[채점 및 답안 작성 포인트]
ⓐ 내용이 유사하면 정답처리 됩니다. 각각 옳으면 2점 그 외는 0점

유/사/문/제 3

1요인실험에서 반복수가 동일하지 않는 경우가 발생하는 원인을 3가지만 쓰시오.
(10년 이전)

풀이

① 특정 수준을 더 자세히 분석하고 싶을 때
② 특정 수준의 표본이 고가이거나 조달이 쉽지 않아 작은 숫자로 실험되는 경우
③ 특정 조건에서 실험에 실패한 경우

[출제 경향]
ⓐ 이 문항은 모수, 변량요인에서 2~3칸이 빈칸으로 제시되며 6~8점이 배정됩니다.

유/사/문/제 4

반복이 일정한 1요인실험의 구조모형을 $x_{ij} = \mu + a_i + e_{ij}$라 할 때 요인 A가 모수요인과 변량요인일 때를 비교한 것이다. 모형의 질문에 대해 빈칸을 채우시오.
(11년)

	모수모형	변량모형
A_i 수준 평균의 구조모형	①	②
총 평균의 구조모형	③	④
요인 a_i의 기댓값	$E(a_i)=$ (⑤)	$E(a_i)=$ (⑥)
Σa_i 또는 $\bar{a}$	(⑦)	(⑧)

풀이

	모수모형	변량모형
A_i 수준 평균의 구조모형	$\mu + a_i + \bar{e}_{i\cdot}$	$\mu + a_i + \bar{e}_{i\cdot}$
총 평균의 구조모형	$\mu + \bar{\bar{e}}$	$\mu + \bar{a} + \bar{\bar{e}}$
요인 a_i의 기댓값	a_i	0
Σa_i 또는 $\bar{a}$	$\bar{a} = 0$	$\bar{a} \neq 0$

[채점 및 답안 작성 포인트]
ⓐ 구조모형에서 모수요인의 $\bar{a}$는 0이고, 변량요인은 $\bar{a} \neq 0$ 입니다.
ⓑ 변량요인의 기대가는 0이고 모수요인의 기대가는 a_i입니다.
ⓒ 각각 항목당 옳으면 2~3점, 그 외는 0점입니다.

[출제 경향]
ⓐ 1요인실험은 여러 가지 해석 문제와 연계되어 출제되며 1년에 1회 이상 높은 빈도로 출제됩니다.
ⓑ 3~4개의 소문항으로 나누어 출제되며 통상 8~12점 내외입니다.

02

Y사는 생산되는 제품의 강도를 높이기 위해 요인으로 반응온도(A)를 선택하고, 최적 조업조건을 설정하기 위해 $A_1 = 120℃$, $A_2 = 140℃$, $A_3 = 160℃$, $A_4 = 180℃$의 수준을 택하였다. 각 수준의 반복수 5회의 실험을 랜덤으로 실시한 결과 다음 데이터를 얻었다.
(13년, 17년, 18년 4회)

반복 \ 수준	A_1	A_2	A_3	A_4
1	7.9	8.0	8.3	8.3
2	7.5	8.6	8.9	7.8
3	7.9	8.1	8.5	7.8
4	7.6	8.4	8.4	7.9
5	7.7	8.1	8.4	8.1

가. 다음 분산분석표를 작성하고 판정하시오.

요인	SS	df	MS	F_0	$F_{0.95}$
T					

나. 평균치의 최적수준을 결정하시오.

다. 평균치의 최적해를 위험률 5%로 추정하시오.

라. 수준 A_1과 A_3에 대한 차의 구간추정을 하시오.

풀이

가. ① $CT = \dfrac{T^2}{N} = \dfrac{162.2^2}{20} = 1,315.442$

② $SS_T = \Sigma\Sigma y_{ij}^2 - CT$
$= 1,317.92 - 1,315.442 = 2.478$

③ $SS_A = \dfrac{\Sigma T_{i.}^2}{r} - CT$
$= \dfrac{(38.6^2 + 41.2^2 + 42.5^2 + 39.9^2)}{5} - 1,315.442$
$= 1,317.132 - 1,315.442 = 1.690$

요인	SS	df	MS	F_0	$F_{0.95}$
A	1.690	3	0.56333	11.43817*	3.10
e	0.788	16	0.04925		
T	2.478	19			

요인 A는 유의하다.

나. 망대 특성이므로

$\hat{\mu}(A_3) = \mu + a_3 = \bar{y}_{3.} = \dfrac{42.5}{5} = 8.5$

술술 풀어보는 키포인트

ⓖ 차의 검정 '차두리' LSD 검정으로 혹 간 출제되기도 합니다. 옳으면 5점 그 외는 0점

다. $\hat{\mu}(A_3) = \bar{y}_{3.} \pm t_{0.975}(\nu_e)\sqrt{\dfrac{V_e}{r}}$

$= 8.5 \pm 2.120\sqrt{\dfrac{0.04925}{5}} = 8.5 \pm 0.21040$

라. $\mu(A_1 - A_3) = \bar{y}_{1.} - \bar{y}_{3.} \pm t_{0.975}(16)\sqrt{\dfrac{2V_e}{r}}$

$= (\dfrac{38.6}{5} - \dfrac{42.5}{5}) \pm 2.120\sqrt{\dfrac{2 \times 0.04825}{5}}$

$= -0.78 \pm 0.29756$

유/사/문/제 1

Y 사는 생산되는 제품의 강도를 높이기 위해 요인으로 반응온도(A)를 선택하고, 최적 조업조건을 설정하기 위해 120~160℃에서 5수준을 택하고, 각 수준별 4회의 반복 실험을 랜덤으로 실시한 결과 다음과 같은 분산분석표를 얻었다.

(10년, 13년, 15년 4회)

요인	SS	df	MS	F_0	$F_{0.95}$
A	40				
e	10				
T	50				

가. 분산분석표를 완성하고 위험률 5%로 검정하시오.
나. $\mu(A_3) = 15.2$일 때 신뢰구간을 추정하시오.

[채점 및 답안 작성 포인트]

ⓐ 분산분석표의 작성은 제곱합이 있으므로 별도의 풀이 과정 없이 답을 바로 작성하시면 됩니다. 모두 옳으면 4점 부분점수는 없습니다.

ⓑ 분산분석표에 유의하면 '*' 표시를 하는데, 표시와 관계없이 분산분석표 밑에 답처럼 '요인 A가 유의하다'라고 표현하셔야 합니다. 옳으면 1점, 그 외는 0점

ⓒ 최적해의 신뢰구간은 항상 t 검정이 됩니다. 옳으면 3점, 그 외는 0점

풀이

가.

요인	SS	df	MS	F_0	$F_{0.95}$
A	40	4	10	14.99993*	3.06
e	10	15	0.66667		
T	50	19			

요인 A는 유의하다.

나. $\hat{\mu}(A_3) = \bar{y}_{3.} \pm t_{0.975}(\nu_e)\sqrt{\dfrac{V_e}{r}}$

$= 15.2 \pm 2.131\sqrt{\dfrac{0.66667}{4}} = 15.2 \pm 0.86998$

유/사/문/제 2

어떤 직물 가공에서 처리액의 농도 A를 요인으로 하여 $A_1 = 3\%$, $A_2 = 3.3\%$, $A_3 = 3.6\%$, $A_4 = 3.9\%$의 4수준으로 반복 3회의 랜덤 실험을 수행하여 인장 강도를 측정한 결과 $S_A = 320$, $S_T = 455$ 이었다. 다음 물음에 답하시오. (12년, 13년, 16년 1회)

가. 분산분석표를 작성하고 유의수준 5%로 검정하시오.

나. 오차분산 $\widehat{\sigma_e^2}$의 점 추정치를 구하시오.

다. 오차분산 $\widehat{\sigma_e^2}$의 신뢰구간을 구하시오.

풀이

가.

요인	SS	df	MS	F_0	$F_{0.95}$
A	320	3	106.66667	6.32099*	4.07
e	135	8	16.875		
T	455	11			

요인 A는 유의하다.

나. $\widehat{\sigma_e^2} = V_e = 16.875$

다. $\dfrac{SS_e}{\chi_{0.975}^2(8)} \leq \widehat{\sigma_e^2} \leq \dfrac{SS_e}{\chi_{0.025}^2(8)}$

$\dfrac{135}{17.53} \leq \widehat{\sigma_e^2} \leq \dfrac{135}{2.18}$

$7.70108 \leq \widehat{\sigma_e^2} \leq 61.92661$

술술 풀어보는 키포인트

[채점 및 답안 작성 포인트]

ⓐ 분산분석표의 작성은 제곱합이 있으므로 별도의 풀이 과정 없이 답을 바로 작성하시면 되며 판정까지 모두 옳으면 5점, 분산분석표만 옳으면 4점, 그 외는 0점입니다.

ⓑ 오차분산이 오차의 평균제곱입니다. 옳으면 2점 그 외는 0점

ⓒ 오차분산의 신뢰구간 추정은 χ^2 검정을 활용합니다. 옳으면 3점, 그 외는 0점

유/사/문/제 3

다음은 반복이 일정한 1요인실험의 분산분석표이다. 빈칸을 채우시오. (16년 2회)

요인	SS	df	MS	F_0	$F_{0.95}$
A	48	(②)	12	(⑤)	3.06
e	(①)	(③)	(④)		
T	78	19			

[채점 및 답안 작성 포인트]
ⓐ ( )안에 수치를 넣어 분산분석표를 완성하는 문제는 항목당 1점씩 점수가 부여됩니다.

[출제 경향]
ⓐ 1요인실험 문제는 여러 가지 해석 문제와 연계되어 출제되며 5년에 1회 미만으로 낮은 편입니다.
ⓑ 3~4개의 소문항으로 출제되며 8~10점 내외입니다.

풀이

요인	SS	df	MS	F_0	$F_{0.95}$
A	48	(4)	12	(6*)	3.06
e	(30)	(15)	(2)		
T	78	19			

03
어떤 화학반응에서 반응농도를 4수준(10%, 20%, 30%, 40%)로 하여 실험한 결과 수량(收量)은 아래 표와 같다. 단, 농도는 망소특성이다.

(14년, 16년, 19년 2회)

수준수 반복수	A_1	A_2	A_3	A_4
1	84.4	85.2	84.6	86.0
2	84.0	85.0	84.4	–
3	84.1	85.8	–	–
4	84.5	–	–	–

가. 분산분석표를 작성하시오.
나. 최적해를 구하고, 최적해에 대한 모평균을 신뢰수준 95%로 추정하시오.
다. 수준 A_1과 A_4에 대한 차의 구간추정을 하시오.
라. 오차분산에 관한 95% 신뢰구간을 추정하시오.
마. 요인 A의 순 제곱합의 기여율을 구하시오.

[채점 및 답안 작성 포인트]
ⓐ 통상 CT와 SS_T는 주어지는 경우가 많습니다. 값이 주어지면 주어진 값을 그대로 적용하여 계산하여야 합니다.
ⓑ 통상 CT와 제곱합 SS_T, SS_A를 계산하고 나머지는 바로 분산분석표를 작성하면 됩니다. 즉 SS_e는 계산과정에 없어도 됩니다.

풀이

가. ① $CT = \dfrac{T^2}{N} = \dfrac{848^2}{10} = 71910.4$

② $SS_T = \Sigma\Sigma y_{ij}^2 - CT$
$= 71914.62 - 71910.4 = 4.22$

③ $SS_A = \Sigma \dfrac{T_{i\cdot}^2}{r_i} - CT$
$= \dfrac{337^2}{4} + \dfrac{256^2}{3} + \dfrac{169^2}{2} + 86^2 - 71910.4 = 3.68333$

④ $SS_e = SS_T - SS_A = 0.53667$

요인	SS	df	MS	F_0	$F_{0.95}$
A	3.68333	3	1.22778	13.72589**	4.76
e	0.53667	6	0.08944		
T	4.22	9			

판정: 요인 A는 매우 유의하다.

나. $\mu(A_1) = \bar{y}_{1.} \pm t_{0.975}(6)\sqrt{\dfrac{V_e}{r_1}}$

$= \dfrac{337}{4} \pm 2.447\sqrt{\dfrac{0.08944}{4}}$

$= 84.25 \pm 0.36592$

다. $\mu(A_1 - A_4) = \bar{y}_{1.} - \bar{y}_{4.} \pm t_{0.975}(6)\sqrt{V_e\left(\dfrac{1}{r_1} + \dfrac{1}{r_2}\right)}$

$= \left(\dfrac{337}{4} - 86\right) \pm 2.447\sqrt{0.08944\left(\dfrac{1}{4} + \dfrac{1}{1}\right)}$

$= -1.75 \pm 0.81819$

라. $\dfrac{SS_e}{\chi^2_{1-\alpha/2}(\nu_e)} \leq \sigma_e^2 \leq \dfrac{SS_e}{\chi^2_{\alpha/2}(\nu_e)}$

$\dfrac{0.53667}{14.45} \leq \sigma_e^2 \leq \dfrac{0.53667}{1.237}$

$0.03714 \leq \sigma_e^2 \leq 0.43385$

마. ① $SS'_A = SS_A - \nu_A V_e$

$= 3.68333 - 3 \times 0.08944 = 3.41501$

② $\rho_A = \dfrac{SS'_A}{SS_T} = \dfrac{3.41501}{4.22} = 0.80924$

유/사/문/제 1

어떤 직물 가공 시 처리액의 농도 A를 요인으로 하여 $A_1 = 3\%$, $A_2 = 3.3\%$, $A_3 = 3.6\%$, $A_4 = 3.9\%$의 4수준에서 품질특성에 대한 반복이 일정하지 않은 랜덤 실험을 하여 다음 데이터를 얻었다. 물음에 답하시오. (16년, 17년 2회)

가. 요인 A는 모수요인인가, 변량요인인가?

나. 분산분석표를 작성하고 판정하시오. (단, 유의수준 $\alpha = 5\%$)

다. 수준 A_3의 모평균 신뢰구간을 추정하시오.

술술 풀어보는 키포인트

ⓒ 분산분석표에 유의하면 '*' 표시를 하는데, 분산분석표 밑에 답처럼 '요인 A가 유의하다'로 표현하셔야 합니다.

ⓓ 분산분석표는 제곱합 또는 평균제곱까지 옳으면 통상 3점 정도의 부분점수를 부여합니다. 분산분석표는 5점 내외가 배정됩니다.

ⓔ 신뢰구간의 추정에서 반복수가 다를 때 해당 수준의 반복수를 활용합니다. 3점 내외가 배정됩니다.

ⓕ 반복수가 다른 차의 검정은 각각의 수준의 반복수를 적용합니다. 오차항은 등분산성이 적용되므로 공용으로 사용합니다. 3점 내외가 배정됩니다.

ⓖ 오차분산의 신뢰구간은 σ_e^2의 신뢰구간을 구하는 것으로 자유도는 오차분산의 자유도를 적용합니다. 3점이 배정됩니다.

ⓗ 반복이 일정하지 않아도 기여율의 계산 방법은 동일합니다. 3~5점이 배정됩니다.

수준 반복	A_1	A_2	A_3	A_4
1	46	50	48	58
2	48	58	40	62
3	51	52	42	60
4	55		54	

(단, $CT = 37441.14$, $S_T = 564.8571$ 이다.)

풀이

가. 모수요인

나. $SS_A = \Sigma \dfrac{T_{i\cdot}^2}{r_i} - CT$

$= \dfrac{200^2}{4} + \dfrac{160^2}{3} + \dfrac{184^2}{4} + \dfrac{180^2}{3} - CT$

$= 356.19333$

요인	SS	df	MS	F_0	$F_{0.95}$
A	356.19333	3	118.73111	5.69007*	3.71
e	208.66377	10	20.86638		
T	564.8571	13			

판정 : 요인 A는 유의하다.

다. $\mu(A_3) = \bar{y}_{3\cdot} \pm t_{0.975}(10)\sqrt{\dfrac{V_e}{r_3}}$

$= \dfrac{184}{4} \pm 2.228 \times \sqrt{\dfrac{20.86638}{4}}$

$= 46 \pm 5.08872$

유/사/문/제 2

어떤 화학반응 실험에서 농도를 4 수준으로 반복수가 일정하지 않은 실험을 하여 표와 같은 데이터를 얻었다. 분산분석 결과 오차의 제곱합 $S_e = 2508.795$이다. A_4와 A_2의 평균치 차를 유의수준 0.01로 검정하고자 한다. 평균치 차이의 신뢰구간을 구하시오. (19년 2회)

요인	A_1	A_2	A_3	A_4
m_i	5	6	5	3
$\bar{y}_{i\cdot}$	52.00	35.33	48.20	64.67

풀이

$$V_e = \frac{SS_e}{19-4} = 167.253$$

$$\mu(A_4 - A_2) = \bar{y}_{4.} - \bar{y}_{2.} \pm t_{0.995}(15)\sqrt{V_e\left(\frac{1}{r_1} + \frac{1}{r_2}\right)}$$

$$= (64.67 - 35.33) \pm 2.947\sqrt{167.253\left(\frac{1}{3} + \frac{1}{6}\right)}$$

$$= 29.34 \pm 26.94959$$

04

어떤 부품에 대하여 다수의 로트에서 3로트 A_1, A_2, A_3 를 골라 각 로트에서 랜덤하게 3개씩 추출하여 그 치수를 측정한 결과 다음과 같다. 유의수준 $\alpha = 0.05$로 물음에 답하시오. (12년, 15년, 16년 4회)

반복\로트	A_1	A_2	A_3
1	15.1	14.9	15.5
2	15.2	14.8	15.4
3	15.0	14.1	15.4

가. 요인 A는 모수요인인가? 변량요인인가?

나. 로트간 부품치수의 차이가 있다고 할 수 있는지 분산분석표를 작성하고 검정하시오.

다. 로트간의 산포 σ_A^2 의 점추정치를 계산하시오.

풀이

가. 변량요인(집단요인)

나. ① $CT = \dfrac{T^2}{lr} = \dfrac{135.4^2}{9} = 2037.017778$

② $SS_T = \Sigma\Sigma y_{ij}^2 - CT$
   $= 2038.48 - 2037.017778 = 1.46222$

③ $SS_A = \dfrac{\Sigma T_{i.}^2}{r} - CT$
   $= \dfrac{45.3^2 + 43.8^2 + 46.3^2}{3} - 2037.01778 = 1.05555$

④ $SS_e = SS_T - SS_A = 0.40667$

요인	SS	df	MS	F_0	$F_{0.95}$	$E(V)$
A	1.05555	2	0.52778	7.78622*	5.14	$\sigma_e^2 + 3\sigma_A^2$
e	0.40667	6	0.06778			σ_e^2
T	1.46222	8				

술술 풀어보는 키포인트

[채점 및 답안 작성 포인트]

ⓐ 산업기사 시험문제는 이러한 단문으로 출제되기도 합니다. 차의 검정이나 신뢰구간을 구하는 문제 F통계량을 구하는 문제 등입니다. 옳으면 6점, 그 외는 0점

[출제 경향]

ⓐ 변량요인의 분산분석 문제는 3년 1회 정도의 보통 빈도로 출제됩니다.
ⓑ 배점은 소문항 1~3개로 하여 4~8점 내외입니다. 특히 해석은 신뢰구간의 문제가 아니라 지빼리 (분산성분 분석) 문제입니다.

[채점 및 답안 작성 포인트]

ⓐ 랜덤으로 수준을 결정하면 변량(집단)요인이 됩니다.

ⓑ CT와 제곱합 SS_T, SS_A를 계산하고 나머지는 바로 분산분석표를 작성하면 됩니다. 즉 SS_e는 계산과정에 없어도 됩니다.

ⓒ 분산분석표, E(V), 판정이 모두 옳으면 7점 분산분석표와 E(V)가 옳으면 6점, 분산분석만 옳으면 4점, 제곱합만 옳으면 2점 그 외는 0점

술술 풀어보는 키포인트

ⓓ 요인 A의 점 추정치는 영원한 지뻬리입니다. 유튜브 참조하세요. 통상 3점이 배정됩니다.

판정: 요인 A는 유의하다.

다. $\hat{\sigma}_A^2 = \dfrac{V_A - V_e}{r} = \dfrac{0.52778 - 0.06778}{3} = 0.15333$

유/사/문/제 1

어느 실험실에서 측정자 간의 차이가 있는지 확인하기 위해 측정 요원 중 4명을 랜덤샘플링하여 정해진 표본을 각 4회 반복 측정한 결과이다. 물음에 답하시오. (14년, 16년, 17년 1회)

가. 데이터의 구조식을 적으시오.
나. 요인 A는 모수요인인가, 변량요인인가?
다. 분산분석표를 작성하고 판정하시오. (단, 유의수준 $\alpha = 5\%$)
라. 측정자 간의 산포를 점 추정하시오.

반복 \ 수준	A_1	A_2	A_3	A_4
1	59.4	59.8	60.9	61.0
2	58.9	60.4	60.6	59.8
3	58.7	59.2	60.1	60.0
4	60.0	60.5	60.4	60.8

(단, $CT = 57660.02$, $SS_T = 7.35438$ 이다.)

풀이

가. $y_{ij} = \mu + a_i + e_{ij}$

나. 변량요인

다. $SS_A = \dfrac{\Sigma T_{i\cdot}^2}{r} - CT$

$= \dfrac{237^2 + 239.9^2 + 242^2 + 241.6^2}{4} - CT$

$= 3.8725$

요인	SS	df	MS	F_0	$F_{0.95}$	$E(V)$
A	3.8725	3	1.29083	4.44868*	3.49	$\sigma_e^2 + 4\sigma_A^2$
e	3.48188	12	0.29016			σ_e^2
T	7.35438	15				

판정: 요인 A는 유의하다.

라. $\hat{\sigma}_A^2 = \dfrac{V_A - V_e}{r}$

$= \dfrac{1.29083 - 0.29016}{4} = 0.25017$

[채점 및 답안 작성 포인트]

ⓐ 데이터 구조식을 구하는 문제이므로 평균치 구조식은 해당 사항 없습니다.

ⓑ 랜덤으로 수준을 결정하면 변량(집단)요인이 됩니다.

ⓒ CT와 제곱합 SS_T가 주어져 있으므로 SS_A만 계산하고 나머지는 바로 분산분석표를 작성하면 됩니다.

ⓒ 분산분석표, E(V), 판정이 모두 옳으면 7점 분산분석표와 E(V)가 옳으면 6점, 분산분석만 옳으면 4점, 제곱합만 옳으면 2점 그 외는 0점

ⓓ 요인 A의 점 추정치는 영원한 지뻬리입니다. 유튜브 참조하세요. 통상 3점이 배정됩니다.

제 2 장 2요인실험

제1절 2요인실험 (양쌤의 품질교실 실계 146~150강)

1. 2요인실험의 분산분석

1) 제곱합(SS)의 계산

① 하늘이 두 쪽 나도 $CT = T^2/N$ (단, 주어진 경우는 그 값을 사용합니다.)

② $SS_T = \Sigma\Sigma\Sigma y_{ijk}^2 - CT$ (단, 주어진 경우는 그 값을 사용합니다.)

③ 급간변동의 제곱합은 급간의 모든 값을 제곱하여 합한 후 반복수로 나눕니다.
요인실험에서 땡땡은 반복수를 의미합니다. 분모는 땡땡으로~~

ⓐ 1요인의 급간 제곱합

$$SS_A = \frac{\Sigma T_{i..}^2}{mr} - CT, \quad SS_B = \frac{\Sigma T_{.j.}^2}{lr} - CT$$

ⓑ 2요인의 급간 제곱합

$$SS_{AB} = \frac{\Sigma\Sigma T_{ij.}^2}{r} - CT$$

④ 반복이 있는 경우 교호작용의 제곱합은 급간변동의 제곱합에서 요인 및 교호작용의 제곱합을 빼서 구합니다.

○ $SS_{A \times B} = SS_{AB} - SS_A - SS_B$

⑤ 반복이 있는 경우 오차 제곱합은 전체 제곱합에서 최종 급간 제곱합을 빼서 구하고, 최종 급간 제곱합이 없으면(즉 반복을 주지 않았으면) 전체 제곱합에서 요인의 제곱합을 빼서 구합니다.

ⓐ $SS_e = SS_T - SS_{AB}$

ⓑ $SS_e = SS_T - SS_A - SS_B$

2) 자유도의 법칙

① 전체의 자유도

$\nu_T = lm(r) - 1 = N - 1$

단, 결측치가 있으면 결측치 수 만큼 전체의 자유도와 오차항의 자유도를 뺍니다.

② 반복이 있는 경우 오차의 자유도: $\nu_e = lm(r-1)$

③ 반복이 없는 경우 오차의 자유도: $\nu_e = (l-1)(m-1)$

④ 요인의 자유도: $\nu_x = $ 수준수 $- 1$

⑤ 교호작용의 자유도: $\nu_{A \times B} = \nu_A \times \nu_B = (l-1)(m-1)$

3) 제곱평균(V)의 계산

① 제곱합/자유도 $= \dfrac{SS_x}{\nu_x}$

② 만약, 오차항에 유의하지 않은 교호작용이나 변량요인을 풀링하면 풀링 후 오차항의 제곱평균은 제곱합을 모두 더한 후 자유도를 모두 더한 값으로 나누어 구합니다.

$$V_e' = \dfrac{S_e + \Sigma S_{pooling \text{ 대상}}}{\nu_e + \Sigma \nu_{pooling \text{ 대상}}} = \dfrac{S_e'}{\nu_e'}$$

4) E(V)의 법칙: 변량을 ○로 구분하세요~~ (r 반복 B 변량 A 모수일 때)

① 모수요인 A

ⓐ 변량요인과의 교호작용이 있으면

$\sigma_e^2 + r\sigma_{A \times B}^2 +$ 자기꺼 반복수 땡땡

ⓑ 변량요인과의 교호작용이 없으면 ☞ 산업기사는 여기에 해당합니다.

$\sigma_e^2 +$ 자기꺼 반복수 땡땡

② 변량요인(SS_B)

$\sigma_e^2 +$ 자기꺼 반복수 땡땡

요인	설계근거	혼합모형 E(V) (땡땡법)	모수모형 E(V) (땡땡법)
A	$A \times B$	$\sigma_e^2 + r\sigma_{A \times B}^2 + mr\sigma_A^2$	$\sigma_e^2 + mr\sigma_A^2$
Ⓑ	변량	$\sigma_e^2 + lr\sigma_B^2$	$\sigma_e^2 + lr\sigma_B^2$
$A \times$ Ⓑ	변량	$\sigma_e^2 + r\sigma_{A \times B}^2$	$\sigma_e^2 + r\sigma_{A \times B}^2$
ⓔ		σ_e^2	σ_e^2

☞ 산업기사는 난괴법 이외에는 혼합모형은 출제되지 않습니다.

5) F_0의 계산법: 변량요인은 무조건 ○ 표기를 하고 시작하세요~~~

① 변량요인(V_B)은 무조건 오차변동(V_e)으로 나눕니다.

② 변량요인과 교호작용($V_{A \times B}$)은 골품제로 변량으로 취급합니다.

③ 모수요인(V_A)은 변량요인을 끼고 있는 교호작용이 있으면($V_{A \times B}$) 교호작용으로, 변량 낀 교호작용이 없으면(즉 만약 교호작용을 오차항에 풀링 했다면) 오차 변동으로 나눕니다.

요인	제곱합	자유도	혼합모형 F_0	모수모형 F_0
A	SS_A	$l-1$	$V_A/V_{A \times B}$	V_A/V_e
B	SS_B	$m-1$	V_B/V_e	V_B/V_e
$A \times B$	$SS_{AB} - SS_A - SS_B$	$(l-1)(m-1)$	$V_{A \times B}/V_e$	$V_{A \times B}/V_e$
e	$SS_T - SS_{AB}$	$lm(r-1)$		
T	SS_T	$lmr-1$		

☞ 산업기사는 난괴법 이외에는 혼합모형은 출제되지 않습니다.

6) 순 제곱합과 기여율

순 제곱합 문제는 1, 2요인실험에 다양하게 출제됩니다. 반드시 공식을 익혀두셔서 공식으로 계산하시기 바랍니다. 그래야 실수를 하지 않습니다.

① 순 제곱합

ⓐ $SS_X' = SS_X - \nu_X V_e$

ⓑ $SS_e' = SS_e + \Sigma(\nu_T - \nu_e)V_e = \nu_T V_e$

② 기여율: $\rho_X = \dfrac{SS_X'}{SS_T} \times 100(\%)$

2. 2요인실험의 해석

1) 모수모형의 유의한 요인에 대한 추정

① 반복 있는 모수모형 2요인실험에서 인자와 교호작용이 모두 유의할 때

ⓐ 점 추정

교호작용 있으면 그것을 묶어서 먼저 수식을 분리합니다.

즉 $\mu + a + b + (ab) = \bar{y}_{ij.}$ 이 경우는 AB 급간평균이 됩니다.

ⓑ 평균치의 구간추정

오차분산의 반복수는 땡땡법을 따릅니다.

$$\bar{y}_{ij.} \pm t_{0.975}(\nu_e)\sqrt{\dfrac{V_e}{r}}$$

☞ 산업기사는 반복 있는 모수모형은 최근 10년간 출제되지 않았습니다.

② 반복 있는 모수모형 2요인실험에서 교호작용만 유의하지 않을 때

또는 반복 없는 모수모형 2요인실험에서 주 효과 2 요인이 모두 유의할 때

☞ 반복 있는 모수모형에서 교호작용 효과가 유의하지 않으면 오차항에 풀링하여 반복 없는 2요인실험과 동일하게 해석합니다.

ⓐ 점 추정

$\widehat{\mu+a+b}$ 모형에 ab가 없어 급간평균이 될 수 없습니다. 그러므로

$\widehat{\mu+a}+\widehat{\mu+b}-\hat{\mu}= \bar{y}_{i..}+\bar{y}_{.j.}-\bar{\bar{y}}$ ☞ 유효반복수(n_e)

ⓑ 구간추정

$$\bar{y}_{i..}+\bar{y}_{.j.}-\bar{\bar{y}} \pm t_{0.975}(\nu_e)\sqrt{\frac{V_e}{n_e}}$$

ⓒ 유효반복수

$$n_e = \frac{N}{1+\nu_A+\nu_B} = \frac{lmr}{l+m-1} \quad \text{또는} \quad \frac{1}{n_e} = \frac{1}{mr}+\frac{1}{lr}-\frac{1}{lmr}$$

☞ 반복수는 반복 없는 2요인실험에서는 제외됩니다.

③ 모수모형 2요인실험에서 주 효과 1 요인만 유의할 때

☞ 반복 있는 모수모형에서 교호작용 효과가 유의하지 않으면 오차항에 풀링하여 반복 없는 2요인실험과 동일하게 해석합니다.

ⓐ 점 추정

○ $\mu(A_i) = \widehat{\mu+a} = \bar{y}_{i..}$

○ $\mu(B_j) = \widehat{\mu+b} = \bar{y}_{.j.}$

ⓑ 구간추정

○ $\mu(A_i) = \bar{y}_{i..} \pm t_{0.975}(\nu_e)\sqrt{\frac{V_e}{mr}}$

○ $\mu(B_j) = \bar{y}_{.j.} \pm t_{0.975}(\nu_e)\sqrt{\frac{V_e}{lr}}$

☞ 반복수는 반복 없는 2요인실험에서는 제외됩니다.

2) 혼합모형의 유의한 요인에 대한 추정

① 난괴법 실험에서 주 효과 1 요인만 유의할 때

ⓐ 점 추정

○ $\mu(A_i) = \widehat{\mu+a} = \bar{y}_{i.}$

ⓑ 구간추정

○ $\mu(A_i) = \bar{y}_{i.} \pm t_{0.975}(\nu_e)\sqrt{\frac{V_e}{m}}$

② 난괴법 실험에서 주 효과가 모두 유의할 때

☞ 분산이 별스럽게 많다 ⇒ 별_별자리

ⓐ 점 추정

○ $\mu(A_i) = \widehat{\mu + a} = \bar{y}_{i.}$

ⓑ 구간추정

○ $\mu(A_{i.}) = \bar{y}_{i.} \pm t_{0.975}(\nu^*)\sqrt{\dfrac{V_B + (l-1)V_e}{N}}$

ⓒ 자유도 ☞ 반드시 정수로 반올림

○ $\nu^* = \dfrac{(V_B + \nu_A V_e)^2}{\dfrac{(V_B)^2}{\nu_B} + \dfrac{(\nu_A V_e)^2}{\nu_e}}$

3) 수준 간 차의 추정(차두리)

① 모수모형과 난괴법에서 교호작용이 유의하지 않으면 무조건 차두리

$\mu(A_i) - \mu(A_i^{'}) = (\bar{y}_{i..} - \bar{y}_{i..}^{'}) \pm t_{0.975}(\nu_e)\sqrt{\dfrac{2V_e}{mr}}$

4) 변량요인의 분산성분 추정

지빼리 ~~ 땡땡

○ $\hat{\sigma}_B^2 = \dfrac{V_B - V_e}{l}$

5) 오차분산의 추정

분산은 카이제곱 통계량을 따릅니다.

$\dfrac{SS_e}{\chi^2_{1-\alpha/2}(\nu_e)} \leq \hat{\sigma}_e^2 \leq \dfrac{SS_e}{\chi^2_{\alpha/2}(\nu_e)}$

6) 등분산의 검정: 반복 있는 2요인실험 문제에서 출제됩니다.

$U_{CL} = D_4 \bar{R}$ ☞ 관리도가 관리상태이면 등분산성이 성립합니다.

☞ 산업기사는 반복 있는 모수모형은 최근 10년간 출제되지 않았습니다.

3. Yates의 결측치의 추정법

1) 반복 없는 모수모형 2요인실험만 적용합니다. 'T자 T자 -T'

$y = \dfrac{lT_{i.} + mT_{.j} - T}{(l-1)(m-1)}$

2) 분산분석 시 총자유도와 오차 자유도는 결측치의 수만큼 작아집니다.

$\nu_e = (l-1)(m-1) -$ 결측치 수

핵심/문제/풀이 | 제2장 2요인실험법 (양쌤의 품질교실 실기 제423, 424강)

술술 풀어보는 키포인트

[출제 경향]
ⓐ 기여율과 순 제곱합에 관한 문제는 3년 1회로 보통인 편입니다.

[채점 및 답안 작성 포인트]
ⓐ 분산분석표는 양식이 제공되므로 빈칸을 채우는 식으로 작성하면 됩니다. 이 문항의 경우 배점은 5점 내외로 부분점수는 없습니다.

ⓑ 순 제곱합과 기여율은 각각 3점 정도가 배정되며 부분점수는 없습니다. 공식을 잘 익혀두세요.

01

요인 A가 4수준, 요인 B가 3수준인 모수요인 2요인실험에서 $SS_T = 3.97, SS_A = 1.02, V_B = 1.21$이다. (12년, 15년 17년 2회)

가. 분산분석표를 완성하시오.

나. 요인 B의 기여율을 구하시오.

다. 오차항의 순 제곱합 (SS_e')과 기여율을 구하시오.

풀이

가. 분산분석표

요인	SS	df	MS	F_0	$F_{0.95}$
A	1.02	3	0.34	3.84906	4.76
B	2.42	2	1.21	13.69811*	5.14
e	0.53	6	0.08833		
T	3.97	11			

요인 B는 유의하다.

나. ① $SS_B' = SS_B - \nu_B V_e = 2.42 - 2 \times 0.08833 = 2.24334$

② $\rho_B = \dfrac{SS_B'}{SS_T} = \dfrac{2.24334}{3.97} = 0.56507$

다. ① $SS_e' = \nu_T V_e = 11 \times 0.08833 = 0.97163$

② $\rho_e = \dfrac{SS_e'}{SS_T} = \dfrac{0.97163}{3.97} = 0.24474$

유/사/문/제 1

다음 2요인실험에서 모수요인 A를 5수준, 요인 B를 4수준으로 하여 20회의 실험을 랜덤으로 실시하였다. 다음 분산분석표를 활용하여 요인 A의 순 제곱합과 기여율을 구하시오. (15년 4회)

요인	SS	df	MS	F_0
A	30.4			
B	18.9			
e	18.0			
T	67.3			

풀이

먼저 분산분석표를 완성하면

요인	SS	df	MS	F_0
A	30.4	4	7.6	5.06667
B	18.9	3	6.3	4.2
e	18.0	12	1.5	
T	67.3	19		

① $SS'_A = SS_A - \nu_A V_e$
$= 30.4 - 4 \times 1.5 = 24.4$

② $\rho_A = \dfrac{SS'_A}{SS_T} = \dfrac{24.4}{67.3} = 0.36256$

02

M 화학 공장은 제품의 수율에 영향을 미칠 것으로 생각되는 반응온도와 원료를 요인으로 하는 반복 없는 2요인실험을 한 결과 아래와 같은 데이터를 얻었다. 다음 물음에 답하시오. (14년, 17년, 18년, 19년 4회)

	A_1	A_2	A_3	A_4	합계
B_1	97.6	98.6	99.0	98.0	393.2
B_2	97.3	98.2	98.0	97.7	391.2
B_3	96.7	96.9	97.9	96.5	388.0
합계	291.6	293.7	294.9	292.2	1172.4

(단, $SS_T = 6.22$, $CT = 114543.48$이다.)

가. 기대평균제곱을 포함한 분산분석표를 작성하시오.

나. 유의수준 5%로 최적해를 추정하시오.

다. 요인 A, B 및 오차분산에 관한 기여율을 구하시오.

풀이

가. 분산분석표의 작성

① $SS_A = \Sigma \dfrac{T_{i.}^2}{m} - CT = 2.22$

② $SS_B = \Sigma \dfrac{T_{.j}^2}{l} - CT = 3.44$

[채점 및 답안 작성 포인트]

ⓐ 이 문제는 순 제곱합과 기여율을 각각 계산하는 형태로 각각 3점 정도가 배정됩니다. 공식을 잘 익혀두셔야 실수 없이 풀 수 있습니다. 반드시 공식을 익혀두세요.

[출제 경향]

ⓐ 반복 없는 2요인실험의 경우 전체의 제곱합 또는 CT 값이 제시되는 경우가 많으며
ⓑ 유사문제 출제빈도는 1년 1회 정도로 매우 높은 편이며 배점이 10점 내외로 높습니다. 모델 문제를 중심으로 출제 유형을 확실히 익혀두시기 바랍니다.

[채점 및 답안 작성 포인트]

ⓐ 문제에 제시된 조건 즉 전체 제곱합은 계산하지 않습니다. 오차분산의 제곱합은 계산하지 않아도 됩니다.

ⓑ 기대평균제곱을 제외한 분산분석표의 작성은 5점 정도가 배정됩니다. 제곱합이 모두 옳으면 3점 정도의 부분점수를 받을 수 있습니다. 기대평균제곱은 별도로 2점 정도 배정됩니다.

ⓒ 분산분석표 말미에 유의한 요인을 답안과 같이 제시하여야 합니다. 옳으면 1점 그 외는 0점

ⓓ 수율은 망대특성이며 반복이 없으므로 각 요인의 수준에서 가장 평균치가 높은 수준을 선택합니다.

ⓕ 유효반복수는 평균치의 계수들의 합의 역수입니다.
즉 $1/n_e = 1/3 + 1/4 - 1/12$ 유튜브 참조하세요.

ⓖ 순 제곱합과 기여율은 단골 출제문제입니다. 연결시켜 학습해두세요

요인	SS	df	MS	F_0	$F_{0.95}$	$E(V)$
A	2.22	3	0.74	7.92885*	4.76	$\sigma_e^2 + 3\sigma_A^2$
B	3.44	2	1.72	18.42923*	5.14	$\sigma_e^2 + 4\sigma_B^2$
e	0.56	6	0.09333			σ_e^2
T	6.22	11				

판정: 요인 A, B는 유의하다.

나. 최적해의 추정

① 점 추정치: 수율이므로 망대특성이다. 요인 A, B가 모두 유의하므로 최적해는 $\hat{\mu}(A_3B_1)$이다.

$$\hat{\mu}(A_3B_1) = \bar{y}_{3.} + \bar{y}_{.1} - \bar{\bar{y}}$$

$$= \frac{294.9}{3} + \frac{393.2}{4} - \frac{1172.4}{12} = 98.9$$

② 최적 조건의 95% 구간추정

$$\mu(A_3B_1) = \hat{\mu}(A_3B_1) \pm t_{0.975}(6)\sqrt{\frac{V_e}{n_e}}$$

$$= 98.9 \pm 2.447 \times \sqrt{\frac{0.09333}{2}}$$

$$= 98.9 \pm 0.52860$$

(단 $n_e = \frac{lm}{l+m-1} = 2$ 이다)

다. ① 순 제곱합

ⓐ $SS'_A = SS_A - \nu_A V_e$

$= 2.22 - 3 \times 0.09333 = 1.94001$

ⓑ $SS'_B = 3.44 - 2 \times 0.09333 = 3.25334$

ⓒ $SS'_e = \nu_T V_e = 11 \times 0.09333 = 1.02663$

② 기여율

ⓐ $\rho_A = \dfrac{SS'_A}{SS_T} = \dfrac{1.94001}{6.22} = 0.31190$

ⓑ $\rho_B = \dfrac{SS'_B}{SS_T} = \dfrac{3.25334}{6.22} = 0.52305$

ⓒ $\rho_e = \dfrac{SS'_e}{SS_T} = \dfrac{1.02663}{6.22} = 0.16505$

유/사/문/제 1

모수요인 A 3수준, B 4수준으로 하여 반복 없는 2요인실험을 한 결과 다음과 같은 분산분석표로 작성하였다.　　　　　　　　　　(17년 1회)

요인	SS	df	MS	F_0	$F_{0.95}$	$E(V)$
A	4.17	②	2.08	6.5*	5.14	⑥
B	11.21	③	3.74	11.7*	4.76	⑦
e	①	④	⑤			⑧
T	17.50					

가. 분산분석표를 완성하시오.

나. $\hat{\mu}(A_iB_j)$ 수준의 조합 평균을 추정하기 위한 유효반복수를 구하시오.

[출제 경향]

ⓐ 이 문항은 반복 없는 2요인실험으로 분산분석표의 작성과 최적해를 구하는 문제입니다.

ⓑ 유사문제 출제빈도는 5년 1회로 보통이며 통상 8~10점으로 출제됩니다.

풀이

가. ① $SS_e = 17.5 - 4.17 - 11.21 = 2.12$

② $\nu_A = 3 - 1 = 2$

③ $\nu_B = 4 - 1 = 3$

④ $\nu_e = 2 \times 3 = 6$

⑤ $V_e = \dfrac{SS_e}{\nu_e} = \dfrac{2.12}{6} = 0.35333$

⑥ $E(V_A) = \sigma_e^2 + 4\sigma_A^2$

⑦ $E(V_B) = \sigma_e^2 + 3\sigma_B^2$

⑧ $E(V_e) = \sigma_e^2$

나. $n_e = \dfrac{lm}{l+m-1} = \dfrac{12}{3+4-1} = 2$

[채점 및 답안 작성 포인트]

ⓐ '가'는 항목별 수식과 답을 기재하는 문제로 풀이와 같이 간단하게 답을 쓰시면 되고 통상 5~8점으로 출제됩니다.

ⓑ 유효반복수의 구조모형은 요인 A, B가 유의하므로 $\hat{\mu} = \mu + a_i + b_j$ 가 됩니다.

유/사/문/제 2

모수요인 A 4수준, 모수요인 B 5수준인 반복 없는 2요인실험을 행한 결과 두 요인은 모두 유의하였으며 $\overline{y}_{3\cdot} = 8.6$, $\overline{y}_{\cdot 1} = 10.6$ 그리고 $\overline{\overline{y}} = 6.855$ 이고, 오차의 평균제곱은 0.468이었다.　　　　(19년 1회)

가. 신뢰구간 추정을 위한 유효반복수를 구하시오.

나. $\hat{\mu}(A_3B_1)$을 신뢰수준 95%로 추정하시오.

[채점 및 답안 작성 포인트]

ⓐ '가'는 유효반복수를 구하기 위해서는 평균치의 구조모형을 먼저 이해해야 합니다. 구조모형을 표현하면 양쌤법, 다구찌법 등으로 쉽게 구할 수 있습니다. 옳으면 3점, 그 외는 0점

ⓑ 최적조건을 구하려면 오차분산의 자유도를 먼저 알고 있어야 합니다. 그리고 신뢰구간은 t 분포로 계산됩니다. 옳으면 4점 그 외는 0점

풀이

가. ① 점 추정치

$$\hat{\mu}(A_3B_1) = \mu + a_3 + b_1$$
$$= \bar{y}_{3.} + \bar{y}_{.1} - \bar{\bar{y}}$$
$$= 8.6 + 10.6 - 6.855 = 12.345$$

② 유효반복수

$$n_e = \frac{lm}{l+m-1} = \frac{4 \times 5}{4+5-1} = 2.5$$

나. 최적 조건의 95% 구간추정

① $\nu_e = (l-1)(m-1) = 3 \times 4 = 12$

② $\mu(A_3B_1) = \hat{\mu}(A_3B_1) \pm t_{0.975}(12)\sqrt{\dfrac{V_e}{n_e}}$

$$= 12.345 \pm 2.179 \times \sqrt{\frac{0.468}{2.5}}$$
$$= 12.345 \pm 0.94278$$

유/사/문/제 3

2요인 모수모형인 2요인실험에서 아래의 데이터를 얻었다. 단 품질특성은 망대특성이다. (14년, 17년, 18년 2회)

A\B	A_1	A_2	A_3	A_4	T_j
B_1	4.1	5.1	4.4	4.3	17.9
B_2	4.6	5.0	5.2	5.4	20.2
B_3	4.9	5.7	5.8	5.9	22.3
$T_{i.}$	13.6	15.8	15.4	15.6	60.4

(단, $SS_T = 3.96667$, $CT = 304.01333$이다.)

가. 분산분석표를 작성하시오.

나. 최적해에 대한 95% 신뢰구간을 구하시오.

[채점 및 답안 작성 포인트]

ⓐ 분산분석표를 작성할 때 전체 제곱합 등은 제시된 값을 이용하여 계산합니다. 모두 옳으면 5점, 제곱합이 옳으면 3점, 그 외는 0점

풀이

가. 분산분석표의 작성

① $SS_A = \Sigma \dfrac{T_{i.}^2}{m} - CT = 1.02667$

② $SS_B = \Sigma \dfrac{T_{.j}^2}{l} - CT = 2.42167$

요인	SS	df	MS	F_0	$F_{0.95}$
A	1.02667	3	0.34222	3.96134	4.76
B	2.42167	2	1.21084	14.01597	5.14
e	0.51833	6	0.08639		
T	3.96667	11			

판정: 요인 B는 유의하다.

나. 최적해의 추정

① 점 추정치: 망대특성이므로 최적해는 $\hat{\mu}(B_3)$이다.

$$\hat{\mu}(B_3) = \mu + b_3 = \bar{y}_{.3}$$

$$= \dfrac{22.3}{4} = 5.575$$

② 최적 조건의 95% 구간추정

$$\hat{\mu}(B_3) = 5.575 \pm t_{0.975}(6)\sqrt{\dfrac{V_e}{l}}$$

$$= 5.575 \pm 2.447 \times \sqrt{\dfrac{0.08639}{4}}$$

$$= 5.575 \pm 0.35961$$

03

어떠한 품질특성에 영향을 미치는 2요인 A, B에 대해 각각 2수준을 정하여 3회씩 측정한 결과 데이터는 다음과 같다. (12년, 14년 2회)

	A_1	A_2	합계
B_1	31 45 46	82 100 88	392
B_2	22 21 18	30 37 38	166
합계	183	375	558

가. 분산분석표를 작성하시오.

나. 품질특성이 망소특성일 경우 최적해를 구하시오.

다. 최적해에 대한 95% 신뢰한계를 구하시오.

[채점 및 답안 작성 포인트]

ⓐ 급간변동 SS_{AB}를 실수 없이 구하려면 2요인표를 작성하는 것이 좋습니다.

ⓑ 만약 CT와 제곱합 SS_T이 주어진다면 오차분산 SS_e는 계산과정이 없어도 됩니다. 그리고 자유도는 분산분석표에 기재만 되어있으면 옳은 것으로 처리합니다.

ⓒ 분산분석표에 유의하면 '*' 표시를 하는데 그것이 유의한 것으로 인정되는 것이 아니고 분산분석표 밑에 답처럼 '요인 A, B 교호작용 $A \times B$가 유의하다'로 표현하셔야 합니다. 분신분석표는 5점 내외가 배점됩니다.

ⓓ 이번처럼 교호작용을 비롯하여 모두 유의하면 최적 수준의 결정은 교호작용 위주로 결정합니다. 옳으면 2점, 그 외는 0점

ⓔ 유효반복수는 급간변동의 반복수가 됩니다. 옳으면 3점, 그 외는 0점

풀이

가. ① $CT = \dfrac{T^2}{lmr} = \dfrac{558^2}{12} = 25947$

② $SS_T = \Sigma\Sigma\Sigma y_{ijk}^2 - CT$
$= 34532 - 25947 = 8585$

③ $SS_A = \Sigma \dfrac{T_{i..}^2}{mr} - CT$
$= \dfrac{183^2 + 375^2}{6} - 25947 = 3072$

④ $SS_B = \Sigma \dfrac{T_{.j.}^2}{lr} - CT$
$= \dfrac{392^2 + 166^2}{6} - 25947 = 4256.33333$

⑤ $SS_{AB} = \dfrac{\Sigma T_{ij.}^2}{r} - CT$
$= \dfrac{122^2 + 61^2 + 270^2 + 105^2}{3} - 25947$
$= 8229.66667$

⑥ $SS_{A \times B} = SS_{AB} - SS_A - SS_B$
$= 901.33334$

⑦ $SS_e = SS_T - SS_{AB} = 355.33333$

분산분석표

요인	SS	df	MS	F_0	$F_{0.95}$
A	3072	1	3072	69.16322*	5.32
B	4256.33333	1	4256.33333	95.82738*	5.32
$A \times B$	901.33334	1	901.33334	20.29268*	5.32
e	355.33333	8	44.41667		
T	8585	11			

판정: 요인 A, B, 교호작용 A×B 모두 유의하다.

나. 망소특성이고 교호작용이 모두 유의하므로
$\mu(A_1B_2) = \mu + a_1 + b_2 + a_1b_2$
$= \bar{y}_{12.} = \dfrac{61}{3} = 20.33333$

다. 최적해에 대한 95% 신뢰한계
$\mu(A_1B_2) = 20.33333 \pm t_{0.975}(8)\sqrt{\dfrac{V_e}{r}}$

$$= 20.33333 \pm 2.306 \sqrt{\frac{44.41667}{3}}$$
$$= 20.33333 \pm 8.87302$$

유/사/문/제

A(처리온도) 3수준, B(압력) 4수준으로 반복 2회의 랜덤 실험한 결과 A_2B_3가 최적 조건임을 확인하였다. 최적 조건의 95% 신뢰구간 추정하시오. (단, $\mu(A_2B_3) = 80$, 교호작용은 기술적 검토로 Pooling 하였다.)

요인	SS	df	MS	F_0	$F_{0.95}$
A	80	2	40	4.0	3.49
B	96	3	32	3.2	3.10
e	180	18	10		
T	356	23			

풀이

점 추정치: $\hat{\mu}(A_2B_3) = \bar{y}_{2..} + \bar{y}_{.3.} - \bar{\bar{y}} = 80$

$$n_e = \frac{lmr}{1+\nu_A+\nu_B} = \frac{24}{1+2+3} = 4$$

신뢰구간: $(\bar{y}_{2..} + \bar{y}_{.3.} - \bar{\bar{y}}) \pm t_{0.975}(\nu_e^*)\sqrt{\frac{V_e^*}{n_e}}$

$$= 80 \pm t_{0.975}(18)\sqrt{\frac{10}{4}}$$
$$= 80 \pm 2.101 \times \sqrt{\frac{10}{4}} = 80 \pm 3.32197$$

[채점 및 답안 작성 포인트]

ⓐ 신뢰구간을 구하려면 유효반복수를 구해야 합니다. 유의한 요인은 A, B이고 교호작용은 풀링 되었으므로 유의하지 않습니다. 그러므로 구조식은 설명과 같습니다. 즉, $\hat{\mu} = \mu + a_i + b_j$ 가 됩니다.

04

Y 화학은 제품 수율을 향상하기 위해 반응온도(A)를 요인으로 4가지 수준에서 최적 조건을 설정하려 한다. 반응 이외의 요인은 오랜 경험에서 상수 요인으로 정해져 있다. 하지만 공정이 일 4회의 배치로 생산이 이루어지고 있어 날짜를 블록요인으로 하여 5일간 실험하기로 하였다.

	B_1	B_2	B_3	B_4	B_5	합계
A_1	57.7	57.1	57.4	58.1	57.7	288.0
A_2	58.3	58.2	58.2	58.4	59.3	292.4
A_3	59.3	58.2	60.1	59.7	58.7	296.0
A_4	57.0	58.0	58.1	58.4	57.1	288.6
합계	232.3	231.5	233.8	234.6	232.8	1165.0

[출제 경향]

ⓐ 난괴법의 경우 주로 분산분석과 변량요인이 유의할 경우 분산의 추정치를 묻는 문제들이 출제됩니다.

ⓑ 난괴법의 출제빈도는 5년 1회로 낮은 편이며 주로 분산성분 분석이 출제되는 편입니다.

(단, $CT = 67861.25$, $SS_T = 13.63$이다.)

분산분석결과 다음과 같은 분산분석표를 얻었다.

요인	SS	DF	MS	F_0	$F_{0.95}$
A	8.294	3	2.76467	8.63743*	3.49
B	1.495	4	0.37375	1.16768	3.26
e	3.841	12	0.32008		
T	13.63	19			

가. 분산분석 결과 변량요인이 유의하지 않으면 풀링하여 분산분석표를 재작성하시오.

나. 신뢰수준 95%로 최적해를 추정하시오.

풀이

가. 오차항에 풀링한 후의 분산분석표

요인	SS	DF	MS	F_0	$F_{0.95}$
A	8.294	3	2.76467	8.28987*	3.10
e'	5.336	16	0.33350		
T	13.63	19			

판정: 요인 A는 유의하다.

나. 최적 조건의 추정

① 점 추정치

$$\hat{\mu}(A_3) = \bar{y}_{3.} = \frac{296}{5} = 59.2$$

② 신뢰구간의 추정

$$\hat{\mu}(A_3) = \bar{y}_{3.} \pm t_{1-\alpha/2}(\nu')\sqrt{\frac{V_e'}{m}}$$

$$= 59.2 \pm 2.120\sqrt{\frac{0.3335}{5}} = 59.2 \pm 0.54752$$

유/사/문/제 1

벼 품종 A_1, A_2, A_3의 단위당 수확량을 비교하기 위하여 2개의 블록으로 층별하여 난괴법 실험을 하였다. 각 품종별 단위당 수확량이 다음과 같을 때 블록(B)의 분산성분 추정치를 구하시오.

블록1

A_1	A_2	A_3
48	43	53

블록 2

A_1	A_2	A_3
45	44	45

풀이

	A_1	A_2	A_3	
B_1	48	43	53	144
B_2	45	44	45	134
	93	87	98	278

$$CT = \frac{278^2}{6} = 12880.66667$$

$$SS_T = 48^2 + 43^2 + \cdots + 45^2 - CT = 67.33333$$

$$SS_A = \frac{93^2 + 87^2 + 98^2}{2} - CT = 30.33333$$

$$SS_B = \frac{144^2 + 134^2}{3} - CT = 16.66667$$

$$SS_e = 20.33333$$

$$\widehat{\sigma_B^2} = \frac{V_B - V_e}{l}$$

$$= \frac{(16.66667/1 - 20.33333/2)}{3} = 2.16667$$

유/사/문/제 2

다음은 A : 모수모형, B : 변량모형의 난괴법 실험결과이다.

요인	SS	df	MS	F_0	$F_{0.95}$	$E(V)$
A	327	3				
B	180	2				
e	66	6				
T	573	11				

가. 분산분석표를 완성하시오.

나. 분산성분의 추정치 $\hat{\sigma}_B^2$을 구하시오.

[채점 및 답안 작성 포인트]

ⓐ 문제를 풀기 전에 풀이처럼 표와 같이 정리하는 것이 좋습니다. 분산분석표는 작성 안해도 되지만 작성하는 편이 실수 확률이 낮아집니다.

ⓑ 분산의 추정치는 지뻐리 기억하시죠? 5점 정도가 배정됩니다. 이 문항의 경우 부분점수는 없습니다.

[채점 및 답안 작성 포인트]

ⓐ 이 경우는 빈칸을 채우는 문제로 5점 정도로 출제되며 통상( )당 1점씩 부여됩니다.

ⓑ 변량요인의 출제 유형은 거의 지뻬리입니다. 3~4점이 배정됩니다.

[출제 경향]

ⓐ 결측치의 처리 방법을 설명하는 문제의 출제빈도는 5년 1회로 출제빈도는 낮은 편이며 6점 정도로 출제됩니다.

[채점 및 답안 작성 포인트]

ⓐ 기술된 내용의 뜻이 옳으면 정답으로 처리됩니다.

풀이

가. 분산분석표

요인	SS	df	MS	F_0	$F_{0.95}$	$E(V)$
A	327	3	109	9.90909	4.76	$\sigma_e^2 + 3\sigma_A^2$
B	180	2	90	8.18182	5.14	$\sigma_e^2 + 4\sigma_B^2$
e	66	6	11			σ_e^2
T	573	11				

판정: 요인 A, B는 유의하다.

나. $\widehat{\sigma_B^2} = \dfrac{V_B - V_e'}{l} = \dfrac{90-11}{4} = 19.75$

05

각각의 요인실험법에 대해 결측치가 발생할 때 분산분석 방법을 기술하시오. (10년)

가. 1요인실험

나. 모수모형 반복 없는 2요인실험

다. 모수모형 반복 있는 2요인실험

풀이

가. 반복이 일정하지 않은 1요인실험으로 분산분석을 실시한다.

나. Yate's의 방법으로 결측치를 추정하여 분산분석을 실시한다.

다. 결측치가 발생한 급의 평균값으로 결측치를 추정하여 분산분석을 실시한다.

유/사/문/제

다음은 모수모형 2요인실험 결과표이다. 단, 데이터는 $Y_{ij} = y_{ij} - 50$으로 치환하여 계산되었으나 결측치가 표와 같이 1개가 발생하였다.

(18년 4회)

	A_1	A_2	A_3	A_4	T_j
B_1	1	4	2	-1	6
B_2	1	2	y	-3	0
B_3	0	-1	3	0	2
B_4	-3	0	2	3	2
T_i	-1	5	7	-1	10

가. 결측치($\hat{y}$)를 추정하시오.

나. 분산분석을 하시오.

풀이

가. $y = \dfrac{lT_{3.}' + mT_{.2}' - T'}{(l-1)(m-1)} = \dfrac{4\times 7 + 4\times 0 - 10}{(4-1)(4-1)} = 2$

나. ① $CT = \dfrac{T^2}{lm} = \dfrac{12^2}{4\times 4} = 9$

② $SS_T = \Sigma\Sigma y_{ij}^2 - CT = 72 - 9 = 63$

③ $SS_A = \dfrac{\Sigma T_{i.}^2}{m} - CT$

$= \dfrac{1}{4}((-1)^2 + 5^2 + 9^2 + (-1)^2) - 9 = 18$

④ $SS_B = \dfrac{\Sigma T_{.j}^2}{l} - CT$

$= \dfrac{1}{4}(6^2 + 2^2 + 2^2 + 2^2) - 9 = 3$

요인	SS	df	MS	F_0	$F_{0.95}$
A	18	3	6	1.14286	4.07
B	3	3	1	0.19048	4.07
e	42	8	5.25		
T	63	14			

판정: 유의한 요인이 없다.

[채점 및 답안 작성 포인트]

ⓐ 결측치 처리는 yate's의 방법을 적용합니다. 3점이 배정됩니다.

ⓑ 분산분석 시 자유도에 유의하여야 합니다. 결측치는 표본이 아니므로 오차항과 총자유도에서 제외됩니다. 4점 내외가 배정됩니다.

제 3 장 여러가지 실험계획법

제1절 여러 가지 실험계획법 (양쌤의 품질교실 실계 150~153강)

1. 계수치 실험계획법

1) 이항분포의 원리를 따르므로 데이터가 0, 1로만 구성되어 총 제곱합의 계산이 용이하다.
   $SS_T = T - CT$
2) 계수치 1요인실험의 분산분석은 1요인실험과 같다.
3) 계수치 1요인실험의 해석은 부적합품률 p에 대해 수행하며 표준정규분포를 활용하여 신뢰구간을 구한다.

$$\hat{p}(A_i) = \bar{p}_{i.} \pm z_{0.975}\sqrt{\frac{V_e}{r}}$$

☞ 유효반복수는 요인실험에서의 계산방법과 동일하다.

2. 라틴방격법

1) 모수모형 3요인실험으로 주 효과만 해석할 수 있으며, 모든 교호작용은 나타나지 않는다.
2) 오차항의 자유도 계산
   $\nu_e = \nu_T - \Sigma\nu_{\text{인자}} = (k^2-1) - 3(k-1) = (k-1)(k-2)$
3) 해석: 요인의 반복수는 각각 항상 k이다.
   ① 1 요인만 유의한 경우
   ⓐ 점 추정
   $$\mu(A_1) = \mu + a_1 = \bar{y}_{1..} = \frac{T_{1..}}{k}$$
   ⓑ 구간추정
   $$\mu(A_1) = \bar{y}_{1..} \pm t_{0.975}(\nu_e)\sqrt{\frac{V_e}{k}}$$
   ② 2 요인이 유의한 경우
   ⓐ 점 추정
   $$\mu(A_1B_2) = \mu + a_1 + b_2 = (\mu + a_1) + (\mu + b_2) - \mu$$
   $$= \bar{y}_{1..} + \bar{y}_{.2.} - \bar{\bar{y}} = \frac{T_{1..}}{k} + \frac{T_{.2.}}{k} - \frac{T}{k^2}$$
   ⓑ 구간추정
   $$n_e = \frac{N}{1 + \nu_A + \nu_B} = \frac{k^2}{1 + k - 1 + k - 1} = \frac{k^2}{2k - 1}$$

$$\mu(A_1 B_2) = \bar{y}_{1..} + \bar{y}_{.2.} - \bar{\bar{y}} \pm t_{0.975}(\nu_e) \sqrt{\frac{V_e}{n_e}}$$

③ 3 요인이 유의한 경우
   ⓐ 점 추정
   $$\mu(A_1 B_2 C_3) = \mu + a_1 + b_2 + c_3 = \bar{y}_{1..} + \bar{y}_{.2.} - \bar{y}_{..3} - 2\bar{\bar{y}}$$

   ⓑ 구간추정
   $$n_e = \frac{N}{1 + \nu_A + \nu_B + \nu_C} = \frac{k^2}{3k - 2}$$

3. 2수준계 직교배열표

1) 2수준계 직교배열표의 제원

   $L_{2^n} 2^{2^n - 1}$

   ① L: Latin square의 약자
   ② 2^n: 실험 수(행의 수)
   ③ 2: 수준수
   ④ $2^n - 1$: 열의 수(배치 가능한 요인수, 자유도의 수)

2) 직교배열표 활용상의 장점

   ① 기계적으로 조작이 이루어지므로 이론을 잘 모르고도 일부실시법, 분할법, 교락법 등의 배치가 용이하다.
   ② 요인변동에 대한 계산이 용이하고, 분산분석이 쉽다.
   ③ 적은 실험으로도 많은 요인의 배치가 가능하다.

3) 특징

실험번호	열번호							데이터	실험조건
	1	2	3	4	5	6	7		
1	0	0	0	0	0	0	0	9	$A_0 B_0 C_0$
2	0	0	0	1	1	1	1	12	$A_0 B_1 C_1$
3	0	1	1	0	0	1	1	8	$A_1 B_0 C_1$
4	0	1	1	1	1	0	0	15	$A_1 B_1 C_0$
5	1	0	1	0	1	0	1	16	$A_1 B_1 C_1$
6	1	0	1	1	0	1	0	20	$A_1 B_0 C_0$
7	1	1	0	0	1	1	0	13	$A_0 B_1 C_0$
8	1	1	0	1	0	0	1	13	$A_0 B_0 C_1$
성분	a	b	ab	c	ac	bc	abc		
요인배치			A		B		C		

① 내부 (0, 1)의 표현기호는 (-,+) (0, 1) (1, 2) (-1, 1)로 4종류가 사용된다.

② 열의 요인의 효과는 $\dfrac{1}{N/2}(T_1 - T_0)$

③ 열의 제곱합은 $\dfrac{1}{N}(T_1 - T_0)^2$

④ 실험의 방법

L_8 직교배열표에서 내부 기호 0001111에 순서대로 A b A ×B b b B C로 배치를 한 경우이면 실험조건이 $A_0B_1C_1$으로 수행하면 그 결과값이 측정된다.

교호작용은 실험을 배치하는 것이 아니라 주요인 간의 기본표시의 곱의 위치에 결과로 나타나게 되며 그 값이 의미 있을 정도가 되면 교호작용이 있다는 뜻이 된다.

4) 선점도와 2수준계 선점도의 특징

① 점은 주요인, 선은 2요인 교호작용의 배치 번호(열)를 나타낸다.

② 선점도에서 자유도는 2수준계는 점, 선 관계없이 1이다.

③ 2수준계 선점도 유형

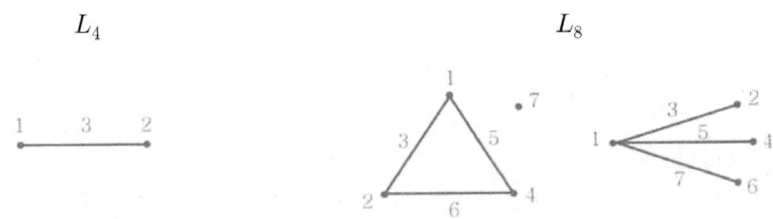

핵심/문제/풀이 | 제3장 여러가지 실험계획법 (양쌤의 품질교실 실기 제425, 426강)

01

다음은 기계별 부적합품률에 차이가 있는지 각 기계에서 120개의 데이터에 대해 적합품은 0, 부적합품은 1로 하여 취합한 결과이다. (10년)

	A_1	A_2	A_3	A_4	계
양품	100	95	110	115	420
부적합품	20	25	10	5	60
계	120	120	120	120	480

가. 분산분석을 하시오.
나. 최적해를 구하시오.
다. 최적해의 95% 신뢰한계를 구하시오.

풀이

가. ① $CT = \dfrac{T^2}{N} = \dfrac{60^2}{480} = 7.5$

② $SS_T = T - CT = 60 - 7.5 = 52.5$

③ $SS_A = \dfrac{20^2 + 25^2 + 10^2 + 5^2}{120} - 7.5 = 2.08333$

④ $SS_e = SS_T - SS_A = 52.5 - 2.08333 = 50.41667$

분산분석표

요인	SS	df	MS	F_0	$F_{0.95}$
A	2.08333	3	0.69444	6.55647*	2.60
e	50.41667	476	0.10592		
T	52.5	479			

판정: 요인 A는 유의하다.

나. 부적합품률이므로 망소특성이다.

$\mu(A_4) = \dfrac{5}{120} = 0.04167$

다. 최적해에 대한 95% 신뢰한계

$\hat{p} = \bar{p}_{4\cdot} \pm z_{0.975} \sqrt{\dfrac{V_e}{r}}$

$= 0.04167 \pm 1.96 \times \sqrt{\dfrac{0.10592}{120}}$

$= 0.04167 \pm 0.05823$

그러므로 $0 \sim 0.09990$

술술 풀어보는 키포인트

[출제 경향]

ⓐ 계수치 1요인 실험계획은 10년 1회 정도의 낮은 빈도로 출제됩니다.

ⓑ 통상 2~3 문항으로 출제되며 배점은 5~8점입니다.

[채점 및 답안 작성 포인트]

ⓐ 계수치는 SS_T 공식이 0, 1 방식으로 매우 쉽습니다. 나머지는 1요인실험과 동일합니다.

ⓑ 모든 군이 우연원인이면 관리상태로 판정합니다. 모두 옳으면 5점, 제곱합이 옳으면 3점, 그 외는 0점

ⓒ 판정은 별도로 1점을 부여합니다.

ⓓ 부적합품률은 망소특성입니다.

ⓔ 신뢰구간을 구할 때 주의할 점은 이항분포에 의한 분산 p(1-p)/n을 사용하지 않고 등분산성의 원리에 의해 V_e를 사용합니다. 그리고 표본의 크기가 크므로 정규분포로 계산합니다. 3점 정도가 배정됩니다.

ⓕ 이 경우 신뢰구간이 음수가 나오는데 부적합품률은 음수가 없으므로 0~0.09990으로 답하셔야 합니다. 즉 음수가 포함되면 오답이 됩니다.

술술 풀어보는 키포인트

[출제 경향]
ⓐ 단순회귀는 대부분 공업통계학과 연계되어 출제됩니다.

ⓑ 유사문제 출제빈도는 2년 1회 정도로 출제빈도가 매우 높습니다. 통상 4~10점으로 출제됩니다.

[채점 및 답안 작성 포인트]
ⓐ 분산분석표는 5점이 배정됩니다.

ⓑ 결정계수에서 상관계수를 구할 때 반드시 ±로 답을 하셔야 합니다. 결정계수와 상관계수는 각각 2~3점씩 출제됩니다.

[출제 경향]
ⓐ 라틴방격은 분산분석 후 최적해를 구하는 문제로 출제됩니다.

ⓑ 유사문제 출제빈도는 2년 1회 정도로 매우 높은 빈도로 출제되며 출제 시 점수는 8~10점 정도가 배정됩니다.

02

다음은 단순회귀에 관한 분산분석표이다. (17년 4회)

가. 유의수준 5%로 분산분석을 하시오.

요인	SS	df	MS	F_0	$F_{0.95}$
회귀	18.9	1			
잔차	8.1	4			
계	27.0	5			

나. 결정계수 r^2을 구하시오.

다. 상관계수를 구하시오.

풀이

가. 분산분석표

요인	SS	df	MS	F_0	$F_{0.95}$
회귀	18.9	1	18.9	9.33333*	7.71
잔차	8.1	4	2.025		
계	27	5			

판정: 회귀관계는 유의수준 5%로 유의하다.

나. $r^2 = \dfrac{SS_R}{SS_T} = \dfrac{18.9}{27} = 0.7$

다. $r = \pm 0.83666$

03

어떤 반응공정의 수율을 올릴 목적으로 반응시간(A) 반응온도(B) 성분(C)의 3가지 인자를 택해 4×4 라틴방격 실험한 결과 다음과 같다.

(12, 18년 2회)

	A_1	A_2	A_3	A_4	계
B_1	$C_4(84)$	$C_3(102)$	$C_2(98)$	$C_1(109)$	393
B_2	$C_2(74)$	$C_1(97)$	$C_3(108)$	$C_4(106)$	385
B_3	$C_1(92)$	$C_2(99)$	$C_4(106)$	$C_3(114)$	411
B_4	$C_3(96)$	$C_4(92)$	$C_1(106)$	$C_2(109)$	403
계	346	390	418	438	1592

(단, $CT = \dfrac{T^2}{k^2} = \dfrac{1592^2}{16} = 158404$,

$SS_T = \Sigma\Sigma\Sigma y_{ijk}^2 - CT = 1620$ 이다.)

가. 분산분석표를 작성하시오.

나. 최적해를 구하시오.

다. 평균치의 95% 신뢰한계를 구하시오.

풀이

가. ① C_i 1요인표

C_1	C_2	C_3	C_4	계
404	380	420	388	1592

② $SS_A = \dfrac{346^2 + 390^2 + 418^2 + 438^2}{4} - 158404 = 1192$

③ $SS_B = \dfrac{393^2 + 385^2 + 411^2 + 403^2}{4} - 158404 = 97$

④ $SS_C = \dfrac{404^2 + 380^2 + 420^2 + 388^2}{4} - 158404 = 236$

⑤ $SS_e = 1620 - 1192 - 97 - 236 = 95$

분산분석표

요인	SS	df	MS	F_0	$F_{0.95}$
A	1192	3	397.33333	25.09474*	4.76
B	97	3	32.33333	2.04211	4.76
C	236	3	78.66667	4.96842*	4.76
e	95	6	15.83333		
T	1620	15			

판정: 요인 A, C는 유의하다.

나. 최적해

수율이므로 클수록 좋으므로 망대특성이다.

$\hat{\mu}(A_4C_3) = \mu + a_4 + c_3 = \overline{y}_{4..} + \overline{y}_{..3} - \overline{\overline{y}}$

$= \dfrac{438}{4} + \dfrac{420}{4} - \dfrac{1592}{16} = 115$

다. 95% 신뢰한계

$n_e = \dfrac{k^2}{k+k-1} = \dfrac{16}{7}$

$\hat{\mu}(A_4C_3) = 115 \pm t_{0.975}(6)\sqrt{\dfrac{V_e}{n_e}}$

$$= 115 \pm 2.447 \sqrt{\frac{15.83333}{16/7}}$$

$$= 115 \pm 6.44034$$

유/사/문/제 1

3×3 라틴방격법에 의하여 다음의 실험데이터를 얻었다. 분산분석표를 작성하시오. (단, 괄호 속의 값은 데이터이다) (13년, 15년 2회)

	A_1	A_2	A_3	T_j
B_1	C_1(77.5)	C_2(84.3)	C_3(86.4)	248.2
B_2	C_2(86.0)	C_3(91.9)	C_1(88.2)	266.1
B_3	C_3(90.1)	C_1(94.8)	C_2(89.3)	274.2
$T_{i.}$	253.6	271.0	263.9	788.5

(단, $CT = \dfrac{T^2}{k^2} = \dfrac{(788.5)^2}{9} = 69081.36111$,

$SS_T = \Sigma\Sigma\Sigma\, y_{ijkp}^2 - CT = 196.72889$ 이다.)

풀이

가. ① C_i 1요인표

C_1	C_2	C_3	계
260.5	259.6	268.4	788.5

② $SS_A = \dfrac{253.6^2 + 271.0^2 + 263.9^2}{3} - CT = 51.02889$

③ $SS_B = \dfrac{248.2^2 + 266.1^2 + 274.2^2}{3} - CT = 118.00222$

④ $SS_C = \dfrac{260.5^2 + 259.6^2 + 268.4^2}{3} - CT = 15.62889$

⑤ $SS_e = SS_T - SS_A - SS_B - SS_C = 12.06889$

분산분석표

요인	SS	df	MS	F_0	$F_{0.95}$
A	51.02889	2	25.51445	4.22813	19.0
B	118.00222	2	59.00111	9.77738	19.0
C	15.62889	2	7.81445	1.29497	19.0
e	12.06889	2	6.03445		
T	196.72889	8			

판정: 유의한 요인은 없다.

[채점 및 답안 작성 포인트]

ⓐ 2요인표를 작성하는 것이 분산분석이나 데이터 해석에 용이합니다.

ⓑ 분산분석은 간혹 E(V)가 출제되는데 변량요인이 없어 평이한 것 같지만 반복수가 일부실시법이므로 유의하셔야 합니다.

ⓒ 분산분석은 5점이 배정되며 제곱합은 부분점수가 3점 정도 부여될 수 있습니다.

유/사/문/제 2

모수요인 A, B, C를 대상으로 수준이 각각 5인 라틴방격 실험하여 다음과 같은 분산분석표의 일부를 얻었다. A_1 수준에서의 데이터의 평균치가 $\overline{y}_{1..} = 18.82$라면 $\mu(A_1)$의 95% 신뢰구간을 구하시오. (10년, 11년)

요인	SS	df	MS	F_0	$F_{0.95}$
A	48	4	12	12*	3.26
B	20	4	5	5*	3.26
C	18	4	4.5	4.5*	3.26
e	12	12	1		
T	98	24			

풀이

$$\hat{\mu}(A_1) = \overline{y}_{1..} \pm t_{0.975}(12)\sqrt{\frac{V_e}{k}}$$

$$= 18.82 \pm 2.179\sqrt{\frac{1}{5}}$$

$$= 18.82 \pm 0.97448$$

04

다음은 $L_4(2^3)$형 직교배열표에 A, B, C의 3 요인을 배치하여 실험한 결과이다. (10년, 13년 2회)

가. 요인 B의 제곱합 SS_B를 구하시오.

나. 분산분석표를 작성하시오.

실험 \ 열	1	2	3	데이터
1	0	0	0	8
2	0	1	1	13
3	1	0	1	1
4	1	1	0	16
배치	A	B	C	38

풀이

가. $SS_B = \dfrac{1}{4}(T_1 - T_0)^2 = \dfrac{1}{4}(29 - 9)^2 = 100$

술술 풀어보는 키포인트

ⓑ '나'는 오차의 자유도가 없으므로 분산분석을 위해서는 가장 제곱합이 적은 요인을 오차로 하여 분석한다고 되어 있지만, 실전에서는 기여율을 활용합니다. 하지만 이건 시험이니까 규칙을 따라야겠죠? 그래서 요인 A가 오차가 된 것입니다.

나. ① $SS_A = \frac{1}{4}(T_1 - T_0)^2 = \frac{1}{4}(17-21)^2 = 4$

② $SS_C = \frac{1}{4}(T_1 - T_0)^2 = \frac{1}{4}(14-24)^2 = 25$

그러므로 가장 작은 요인 A를 오차로 처리한다.

요인	SS	df	MS	F_0	$F_{0.95}$
A	100	1	100	25	161
B	25	1	25	6.25	161
e	4	1	4		
T	129	3			

[출제 경향]

ⓐ 이 문제는 범위 밖에서 출제된 문제입니다. 그래서 수험생에게 항의를 많이 받았죠. 이 문제가 또 나오면 바로 이의제기를 하셔야 합니다.

ⓑ 하여튼 13년 4회 이후로 출제된 적은 없습니다.

유/사/문/제 1

다음은 2수준계 3요인실험에 2개의 블록으로 나누어 교락법을 사용하여 얻은 실험 데이터이다. 다음 데이터를 활용하여 요인 A의 제곱합을 구하시오.   (13년 4회)

블록 1	블록 2
(1): 5	a: 9
bc: 9	b: 9
ac: 9	c: 10
ab: 15	abc: 8

풀이

이를 풀기 위해서는 인수 전개를 하여야 합니다.
$(a-1)(b+1)(c+1) = [a+ab+ac+abc] - [(1)+b+c+bc]$
그리고 a가 있는 쪽의 합을 T_1, 없는 쪽의 합이 T_0로 합니다.
$T_1 = a + ab + ac + abc = 9+15+9+8 = 41$
$T_0 = (1) + b + c + bc = 5+9+10+9 = 33$
그리고 직교배열표와 동일한 방법으로 계산합니다.
$SS_A = \frac{1}{8}(T_1 - T_0)^2 = \frac{1}{8}(41-33)^2 = 8$

[채점 및 답안 작성 포인트]

ⓐ 이를 푸는 것은 어렵지 않은데 구하고자 하는 제곱합에 '-' 부호를 붙이고 나머지 요인은 '+' 부호로 하여 인수 전개한 후 '+'와 '-' 부호에 해당하는 값을 각각 합산하여 직교배열표 계산방식으로 구하면 제곱합을 쉽게 구할 수는 있습니다.

유/사/문/제 2

직교배열표의 장점 3가지를 쓰시오.   (10년, 14년 4회)

[출제 경향]

ⓐ 직교배열표의 서술형 문제는 5년 1회이며 6점으로 출제됩니다.

풀이

① 분할법이나 교락법 등의 기법을 잘 숙지하지 않아도 배치가 용이하다. (기법을 잘 몰라도 배치가 용이)
② 분산분석을 하기 위한 계산이 용이하다. (분산분석이 쉽다. 또는 계산이 쉽다)
③ 적은 실험횟수로 많은 요인의 실험이 가능하다. (적은 실험으로 많은 요인에 관한 실험을 한다.)

유/사/문/제 3

다음은 직교배열표 중 가장 실험 수가 작은 표를 나타낸 것이다. 각 번호가 나타내는 의미가 무엇인지 쓰시오. (10년)

$L_4(2^3)$　　　①
　|　|　|　|　　　②
　|　|　|　|　　　③
①②③④　　　④

풀이

① 라틴방격의 첫 번째 글자
② 실험 수(행의 수)
③ 수준수
④ 열 번호(배치 가능한 요인의 수)

유/사/문/제 4

다음은 $L_8(2)^7$ 직교배열표에 요인 A, B, C, D를 배치하여 실험한 결과이다. (11년, 15년 2회)

열	1	2	3	4	5	6	7
기본표시	a	b	ab	c	ac	bc	abc
요인배치	A	B		C			D

가. 요인 B와 C의 교호작용은 몇 열에 나타나는가?
나. 요인 B와 C의 교호작용과 요인 A와 D의 교호작용이 동시에 발생한다면 어떤 문제가 발생하는지 쓰시오.

풀이

가. $B \times C = bc$　6열에 나타난다.
나. $A \times D = a(abc) = bc$　6열에 함께 나타나므로 '교락'이 발생한다.

술술 풀어보는 키포인트

[채점 및 답안 작성 포인트]

ⓐ 대략 기본 키워드가 있으면 정답으로 처리됩니다. 즉 각각 옳으면 2점, 그 외는 0점입니다.

[출제 경향]

ⓐ 직교배열표의 용어를 묻는 문제는 5년 1회 정도로 출제됩니다. 기본적으로 외워두셔야 합니다.

[채점 및 답안 작성 포인트]

ⓐ 이는 의미에 관한 문제이므로 풀이에 제시된 항목과 동일한 의미만 정답으로 처리되며 점수는 각 1점씩으로 점수가 배정됩니다.

[출제 경향]

ⓐ 배치와 교락에 관한 사항으로 통항 2년 1회 정도 지문에 포함되어 출제됩니다. 교락의 개념 익혀두시기 바랍니다.

[채점 및 답안 작성 포인트]

ⓐ '나'는 교락이란 용어가 없으면 오답 있으면 정답으로 채점됩니다.
각각 옳으면 2점, 그 외는 0점

유/사/문/제 5

$L_{16}(2)^{15}$ 직교배열표에서 요인을 다음과 같이 배치하여 실험하였다. 다음 물음에 답하시오. (12년, 16년, 18년 4회)

열번호	1	2	3	4	5	6	7	8	9	10	11	12	13	14	15
기본 표시	a	b	a b	c	a c	b c	a b c	d	a d	b d	a b d	c d	a c d	b c d	a b c d
배치	A	B	C	D			E						F	G	H

가. 요인 A와 D의 교호작용은 몇 열에 배치되는가?

나. 요인 C와 요인 G의 교호작용은 몇 열에 배치되는가?

다. 만약 교호작용 $G \times H$가 존재한다면 어떠한 문제가 발생하는가?

풀이

가. $A \times D = a(c) = ac$ 5열

나. $C \times G = ab(bcd) = acd$ 13열

다. $G \times H = bcd(abcd) = a$ 1열에 주효과 A와 '교락'이 발생한다.

05

다음은 $L_8(2)^7$ 직교배열표에 요인 A, B, C, D를 배치하여 실험한 결과이다. (9년, 13년, 16년, 17년 4회)

요인	A	C	B		D			DATA
배치	1	2	3	4	5	6	7	
1	0	0	0	0	0	0	0	9
2	0	0	0	1	1	1	1	12
3	0	1	1	0	0	1	1	8
4	0	1	1	1	1	0	0	15
5	1	0	1	0	1	0	1	16
6	1	0	1	1	0	1	0	20
7	1	1	0	0	1	1	0	13
8	1	1	0	1	0	0	1	13
성분	a	b	a b	c	a c	b c	a b c	106

가. 5행 데이터의 실험조건을 쓰시오.

나. 교호작용 $A \times C$가 나타나는 열을 구하시오.

[채점 및 답안 작성 포인트]

ⓐ '다'는 교락이란 용어가 없으면 오답 있으면 정답으로 채점됩니다. 각각 옳으면 2점, 그 외는 0점

[출제 경향]

ⓐ $L_8(2)^7$ 직교배열표의 제곱합, 효과 및 분산분석에 관한 문제는 적어도 2년에 1회 이상 출제됩니다. 모든 유형의 문제를 익혀두세요.

ⓑ 소문항 3~4가지로 하여 통상 6~10점으로 출제됩니다.

다. 교호작용 $A \times C$와 $B \times D$가 동시에 존재한다면 어떠한 문제가 발생하는지 쓰시오.

라. 교호작용 $A \times C$의 효과를 구하시오.

마. 교호작용 $A \times C$를 포함한 분산분석표를 작성하시오.

바. 기여율 $\rho_{A \times C}$를 구하시오.

풀이

가. $A_1 B_0 C_0 D_1$

나. $A \times C = a \times b = ab$ → 3열

다. 이므로 두 교호작용이 같이 3열에 나타나게 된다. 즉 교락이 되므로 두 교호작용을 분리하여 분석할 수 없게 된다.

라. $A \times C = \frac{1}{4}(T_1 - T_0) = \frac{1}{4}(59 - 47) = 3.0$

마. $SS_T = \Sigma y^2 - CT = 1508 - \frac{106^2}{8} = 103.5$

① SS_A
$= \frac{1}{8}(-9-12-8-15+16+20+13+13)^2 = 40.5$

② SS_B
$= \frac{1}{8}(-9+12-8+15-16+20-13+13)^2 = 24.5$

③ $SS_C = \frac{1}{8}(-9-12+8+15-16-20+13+13)^2 = 8$

④ $SS_D = \frac{1}{8}(-9+12+8-15+16-20-13+13)^2 = 8$

⑤ $SS_{A \times C}$
$= \frac{1}{8}(-9-12+8+15+16+20-13-13)^2 = 18$

⑥ $SS_e = SS_T - SS_A - SS_B - SS_C - SS_D - SS_{A \times C} = 4.5$

요인	SS	df	MS	F_0	$F_{0.95}$
A	40.5	1	40.5	18	18.5
B	24.5	1	24.5	10.888	18.5
C	8	1	8	3.5556	18.5
D	8	1	8	3.5556	18.5
$A \times C$	18	1	18	8	18.5
e	4.5	2	2.25		
T	103.5	7			

술술 풀어보는 키포인트

[채점 및 답안 작성 포인트]

ⓐ 배치가 되지 않은 열은 실험조건과는 무관합니다.

ⓑ 같은 열에 같은 효과가 배치되면 이를 교락이라 합니다. 이 경우 '합해진다.' 또는 '같이 나타난다.' 등으로 답하면 모두 오답입니다. '교락'은 용어이기 때문입니다.

ⓒ 분산분석을 요구할 경우 요인과 요구하는 교호작용만 포함하면 됩니다. 오차분산은 전체의 제곱합을 구하여 적용되는 요인과 교호작용의 제곱합과의 차이로 구하면 됩니다. 분산분석표를 작성할 경우 제곱합의 개별 점수는 없으며 분산분석표는 5점 내외가 배정됩니다.

바. ① 순 제곱합:
$$SS'_{A \times C} = SS_{A \times C} - \nu_{A \times C} V_e$$
$$= 18 - 1 \times 2.25 = 15.75$$

② 기여율:
$$\rho_{A \times C} = \frac{SS'_{A \times B}}{SS_T} = \frac{15.75}{103.5} = 0.15217$$

유/사/문/제 1

다음은 $L_8(2)^7$ 직교배열표에 요인 A, B, C, D를 배치하여 실험한 결과이다.

(9년, 17년, 19년 1회)

요인 배치	B			C	A		D	DATA
	1	2	3	4	5	6	7	
1	0	0	0	0	0	0	0	20
2	0	0	0	1	1	1	1	24
3	0	1	1	0	0	1	1	17
4	0	1	1	1	1	0	0	27
5	1	0	1	0	1	0	1	26
6	1	0	1	1	0	1	0	15
7	1	1	0	0	1	1	0	36
8	1	1	0	1	0	0	1	32
성분	a	b	a b	c	a c	b c	a b c	197

가. 5행 데이터의 실험조건과 반응치를 쓰시오.

나. 요인 A의 효과를 구하시오.

다. 요인 B의 제곱합을 구하시오.

라. 만약 $C \times D$의 교호작용이 존재한다면 몇 열에 나타나는가? 그리고 교호작용의 자유도는 얼마인가?

마. 만약 $A \times C$의 교호작용이 존재한다면, 오차의 제곱합과 자유도를 구하시오.

풀이

가. $A_1 B_0 C_0 D_1 = 26$

나. $A = \frac{1}{4}(113 - 84) = 7.25$

다. $SS_B = \frac{1}{8}(112 - 85)^2 = 91.125$

라. $C \times D = c(abc) = ab$ 3열, 자유도는 1

마. $SS_e = SS_3 + SS_6 = 112.25$, 자유도는 2

① $SS_3 = \dfrac{1}{8}(112-85)^2 = 92.125$

② $SS_6 = \dfrac{1}{8}(92-105)^2 = 21.125$

술술 풀어보는 키포인트

ⓒ 오차분산의 제곱합은 배치하지 않고 남은 열의 합으로 구합니다. 1, 3, 6열이 배치되지 않았지만 1열은 교호작용이 나타나므로 3열과 6열의 합으로 구합니다.

ⓓ 각 문항별 2~3점이 부여됩니다.

양쌤의 품질경영산업기사 실기

품질경영

제1장 품질경영개론
제2장 표준화와 인증시스템
제3장 품질관리수법과 품질혁신활동

제1장 품질경영개론

제1절 품질경영개론 (양쌤의 품질교실 품경 171, 172, 174강)

1. 품질경영(QM)

1) 품질경영의 구성 4요소

품질경영이란 최고경영자의 품질방침 아래 목표 및 책임을 설정하고 고객을 만족시키는 모든 전사적 활동이다.

QM(품질경영) = 품질기획(QP) + 품질관리(QC) + 품질보증(QA) + 품질개선(QI)

2) 품질경영의 7원칙
① 고객이 요구하는 사항을(고객 중시)
② 목표로 설정하여(리더십)
③ 관계되는 조직원은 능동적으로 참여하고(인원의 적극참여)
④ 프로세스 전반에 걸쳐 문제를 정의하고(프로세스적 접근법)
⑤ 데이터를 기반으로 해석하며(증거기반 의사결정)
⑥ 지속적인 개선활동을 하는 것(개선)
⑦ 협력업체에서 고객까지 즉 SIPOC 중심 (관계관리/관계경영)

2. 품질관리

1) 품질사이클

시장품질 → 설계품질 → 제조품질 → 사용품질의 일련의 과정이다.
① 시장품질(요구품질)
   소비자가 요구하는 품질로 이를 기준으로 설계에 반영
② 설계품질(목표품질)
   제품설계시 목표로 하는 품질이다.
③ 제조품질(적합품질)
   실제로 제조된 품질로 설계품질에 적합하여야 한다.
④ 사용품질
   소비자가 제품의 사용을 통하여 인지하는 주관적 품질

2) 품질관리 사이클
　① 품질의 설계(표준설정: P)
　② 공정의 관리(훈련, 실시: D)
　③ 품질의 보증(C)
　④ 품질의 조사&개선(A)

3) 품질에 영향을 주는 5M1E
　4M: 사람(man), 자재(material), 설비(machine), 방법(method)
　5M1E: 측정(measure), 환경(environment)

4) 파이겐바움의 품질수준
　① 품질목표: 현재의 기술로는 도달하기 어렵지만 제반 요구에 의해 장래 도달하고 싶은 품질수준
　② 품질표준: 현재의 기술로서 관리하면 도달할 수 있는 품질수준
　③ 관리수준: 각 공정에 대해서 공정관리를 실시하기 위한 품질수준
　④ 품질보증: 현재의 기술, 공정관리, 검사에 의해 소비자에 대하여 보증할 수 있는 품질수준

3. 카노박사의 고객만족 곡선

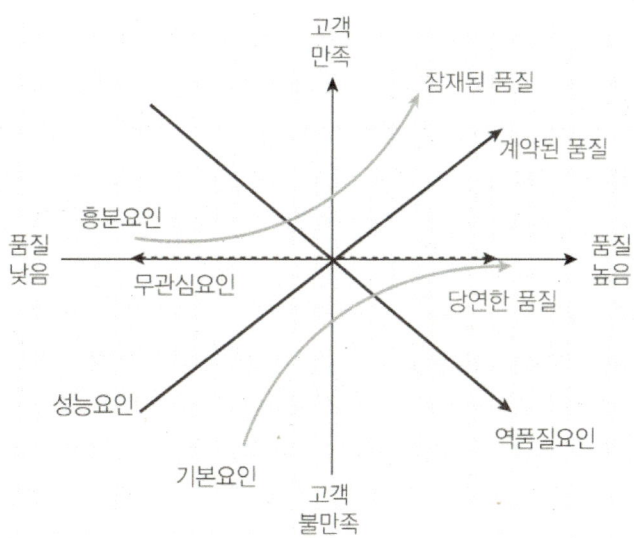

4. 과실책임의 유형
　① 설계상의 결함
　② 제조상의 결함
　③ 표시상의 결함

5. 품질비용

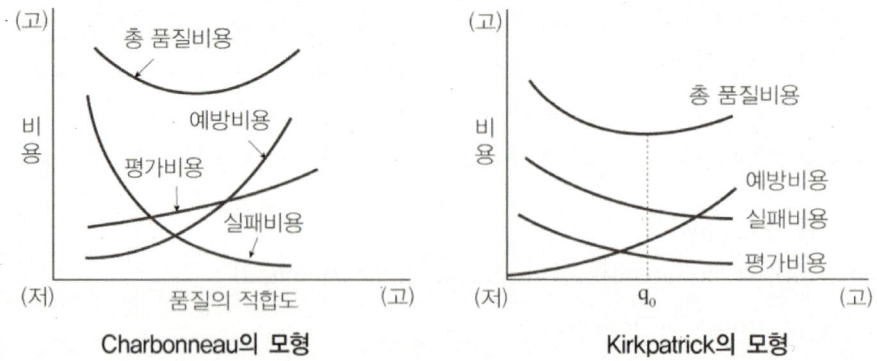

① 예방비용(P)
　ⓐ 처음부터 불량이 생기지 않도록 하는 비용
　ⓑ 조사비, 품질관리인건비, 교육비, 인증비, 외주지도비, 컨설팅비 등
② 평가비용(A)
　ⓐ 소정의 품질수준을 유지하기 위한 비용
　ⓑ 각종 검사비, PM비, 시험비 보전비용
③ 실패비용(F)
　ⓐ 품질수준을 유지하는데 실패하였기에 발생하는 비용
　ⓑ 사내실패: 폐기, 재가공, 설계변경, 협력업체 불량
　ⓒ 사외실패: 불량대책비, 현지서비스, A/S, 대품 현금보상 비용

핵심/문제/풀이 | 제1장 품질경영개론 (양쌤의 품질교실 실기 제431강)

01
(KS Q ISO 9001:2015에 제시된) 품질경영 7원칙 중 5가지를 쓰시오.

(20년 4회)

풀이
① 고객중시   ② 리더십   ③ 인원의 적극참여
④ 프로세스접근법 ⑤ 개선   ⑥ 증거기반 의사결정
⑦ 관계관리/관계경영

[출제 경향]
ⓐ 품질경영 7원칙은 7가지를 쓰는 문제로 출제 시 '5가지 이상 쓰시오' 등으로 출제됩니다.

[채점 및 답안 작성 포인트]
ⓐ 각각 옳으면 1점, 그 외는 0점.

유/사/문/제 1
다음 ( ) 속에 적당한 말을 보기에서 찾으시오.   (11년, 14년, 15년 4회)

[보기] ① 품질목표 ② 품질표준 ③ 보증품질 ④ 관리수준

가. 현재의 기술로는 도달하기 어렵지만 제반 요구에 의해 장래 도달하고 싶은 품질수준 ( )
나. 현재의 기술로서 관리하면 도달할 수 있는 품질 수준 ( )
다. 현재의 기술, 공정관리, 검사에 의해 소비자에게 보증할 수 있는 품질 수준 ( )
라. 각 공정에 대해서 공정관리를 실시하기 위한 품질수준 ( )

[출제 경향]
ⓐ 파이겐바움의 4가지 품질수준에 관한 문제는 산업기사의 단골문제로 파이겐바움의 TQC에 정의된 내용입니다. 출제 빈도는 3년 1회로 보기에서 골라 쓰는 형태로 4점 정도로 출제됩니다.

풀이
가. 품질목표   나. 품질표준   다. 보증품질   라. 관리수준

[채점 및 답안 작성 포인트]
ⓐ 보기가 주어진 경우 모두 옳아야 4점 그 외는 0점입니다.

유/사/문/제 2
KPI는 Q·C·D를 의미한다. 다음 물음에 답하시오.   (16년 1회)

가. Q·C·D의 용어를 쓰시오.
나. 품질경영에서 Q·C·D를 KPI로 활용하는 이유를 쓰시오.

[출제 경향]
ⓐ KPI는 경영목표에 관한 사항으로 10년 1회 정도의 빈도로 출제되며 6점 내외로 출제됩니다.

풀이
가. Q: 품질, C: 원가, D(납기, 속도)
나. Q·C·D가 고객 요구사항이므로 당연히 경영의 목표가 된다.

[채점 및 답안 작성 포인트]
ⓐ 설명형 문제는 키워드만 있으면 정답 처리됩니다. 즉 고객 요구사항이라는 뜻만 있으면 정답이 됩니다. 각각 3점 정도 배정됩니다.

[출제 경향]
ⓐ 품질사이클과 품질관리사이클은 10년에 1회 이하의 빈도로 출제됩니다.

[채점 및 답안 작성 포인트]
ⓐ 모두 옳으면 4점 그 외는 0점으로 출제됩니다.
ⓑ 이 문제는 사실 같은 문제인데 공통된 용어가 '관리'라는데 주목하세요.

02

품질사이클 3가지를 쓰시오. (10년)

풀이

① 설계품질 ② 제조품질 ③ 시장품질

유/사/문/제 1

품질관리의 4가지 기능을 쓰시오. (11년)

풀이

① Plan(품질설계) ② Do(공정관리) ③ Check(품질보증)
④ Action(품질조사 & 개선)

유/사/문/제 2

관리사이클의 4단계를 쓰시오. (15년 2회)
데밍사이클의 4단계를 쓰시오. (17년 4회)

풀이

① Plan(계획) ② Do(실행) ③ Check(확인) ④ Action(조치)

[출제 경향]
ⓐ 카노곡선은 그래프의 명칭을 쓰는 문제로 2가지 유형으로 출제되며 5년 1회 정도의 주기로 3개의 소문항으로 6점 내외가 배정됩니다.

03

다음은 카노의 품질요소에 관한 그림이다. ( )안을 채우시오. (18년 2회)

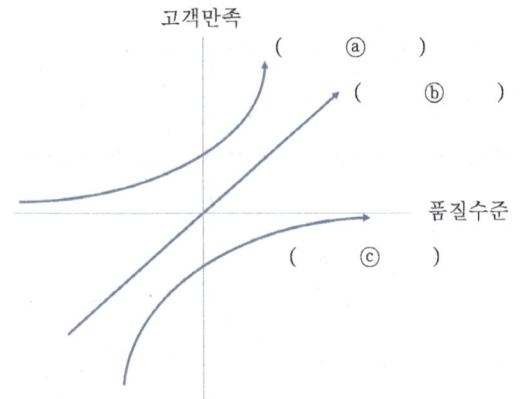

풀이

ⓐ 매력품질(감동품질, 흥분품질)
ⓑ 일원품질(명시품질, 성능품질)
ⓒ 기본품질(당연품질)

유/사/문/제 1

카노는 이원적 품질모델에서 품질요소를 크게 5가지로 설명하였다. 설명에 맞는 용어를 쓰시오. (13년)

가. 고객이 미처 기대하지 않는 것을 충족시켜 주거나, 고객이 기대한 것이라도 고객의 기대를 훨씬 초과하는 만족을 주는 품질로서 고객감동의 원천이 되는 품질이며 충족이 되지 않더라도 불만을 느끼지 않는 품질 (　　)

나. 충족이 되면 만족, 충족이 되지 않으면 불만을 느끼는 품질 (　　)

다. 반드시 있을 것으로 생각하는 기본적인 품질로 충족이 되면 당연하며, 충족이 되지 않으면 불만을 유발하는 품질 (　　)

라. 품질이 존재하고 있으나 고객에게 불만도 기쁨도 주지 못하는 품질 (　　)

마. 어떠한 서비스를 제공하였으나 그로 인해 도리어 고객에게 불만을 야기하므로 차라리 없으니만 못한 품질 (　　)

풀이

1) 매력품질(감동품질, 흥분품질)
2) 일원품질(명시품질, 성능품질)
3) 기본품질(당연품질)
4) 0품질(무관심품질)
5) 역품질

04

공정능력은 규격과 자연공차의 비교이다. 자연공차에 영향을 주는 6가지 요인을 쓰시오. (14년)

풀이

① Man(사람)　② Machine(설비)　③ Material(자재)
④ Method(방법)　⑤ Measure(측정)　⑥ Environment(환경)

유/사/문/제

작업표준이란 현장이 안전하게 효율적으로 생산하기 위한 도구로 이를 바탕으로 공정을 개선해 가는 것이 원칙이다. 이러한 작업표준을 작성할 때는 생산에 영향을 주는 4M을 중심으로 접근할 필요가 있다. 4M이란 무엇인가?   (11년)

풀이

① Man(사람)   ② Machine(설비)   ③ Material(자재)
④ Method(방법)

05

품질전략과 경쟁우선순위를 정하기 위해 많이 활용되는 SWOT가 뜻하는 의미를 쓰시오.   (15년, 18년 4회)

풀이

① S(Strengths): 강점   ② W(Weakness): 약점
③ O(Opportunities): 기회   ④ T(Threats): 위협

06

다음은 품질코스트에 관한 사항이다. 물음에 답하시오.

1) 품질 Cost의 구성비용 3가지를 설명하시오.   (11년, 14년, 16년, 17년 4회)

2) 다음 Kirkpatrick이 주창한 품질코스트와 품질과의 관계를 나타내는 곡선에 대한 명칭을 쓰시오.   (19년 1회)

풀이

1) 품질코스트
① 예방 코스트(P-cost)
처음부터 부적합품이 생기지 않도록 미연에 방지하기 위해 투입되는 비용
② 평가 코스트(A-cost)
요구되는 품질수준을 유지하기 위해 소요되는 비용으로 품질을 평가하기 위한 비용

[채점 및 답안 작성 포인트]
ⓐ 한글 영어 무엇이든 관계없으며 통상 개당 1점으로 채점합니다.

[출제 경향]
ⓐ 품질경영전략 수립 과정에 많이 활용되는 SWOT 분석의 출제빈도는 5년 1회로 배점은 4~8점입니다.

[채점 및 답안 작성 포인트]
내용이 옳으면 개당 1~2점 그 외는 0점입니다.

[출제 경향]
ⓐ 품질코스트 문제는 품질코스트 3가지를 간략히 기술하거나 그래프를 그려 놓고 코스트의 명칭을 쓰게하는 문제 및 품질코스트 계산문제가 출제됩니다.
② 출제주기는 2년 1회 정도로 높은 편이며 배점은 6점 내외입니다.

[채점 및 답안 작성 포인트]
ⓐ 예방비용은 교육비 등 불량을 방지하기 위한 비용
ⓑ 평가는 검사인건비등 품질수준을 유지하기 위한 검사관련 비용
ⓒ 실패는 불량발생으로 인란 손실비용 및 문제해결비용 이란 내용으로 간략히 설명해도 됩니다. 모두 옳아야 6점

③ 실패 코스트(F-cost)

소정의 품질을 유지하는 데 실패함으로 인한 손실비용 및 문제해결을 위해 투입된 비용

2) 품질코스트 관계곡선

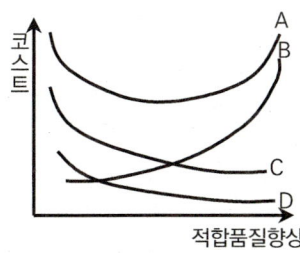

① A: 총비용
② B: 예방비용
③ C: 실패비용
④ D: 평가비용

유/사/문/제

다음 보기의 품질코스트의 세부내용을 P, A, F로 분류하시오.

(13년, 19년 2회)

① QC 사무코스트	② 시험코스트
③ 설계변경코스트	④ PM코스트
⑤ QC 교육코스트	⑥ 현지서비스코스트

풀이

1) 예방비용: QC 사무코스트, QC 교육코스트
2) 평가비용: 시험코스트, PM코스트
3) 실패비용: 설계변경코스트, 현지서비스 코스트

술술 풀어보는 키포인트

ⓐ 품질코스트 곡선의 명칭을 쓰는 문제로 답안과 같습니다. 모두 옳으면 4점 그 외는 0점입니다.

[출제 경향]

ⓐ 품질코스트의 분류 문제는 각 코스트의 유형을 분류하는 형태로 출제됩니다.
ⓑ 배점은 6점 내외입니다.

[채점 및 답안 작성 포인트]

ⓐ PM 코스트와 설계변경코스트의 분류에 주의하세요. 8강 품질코스트를 참조하세요. 각 비용별 모두 옳으면 2점 그 외는 0점입니다.

제 2 장 표준화와 인증시스템

제1절 표준화와 인증시스템 (양쌤의 품질교실 품경 173, 175, 176강)

1. 표준화

1) 표준화
   ① 3S: 단순화/전문화/표준화
   ② 표준화 공간: 문제를 표현하는 논리적 수단
      ⓐ 영역(주제: 공업기술)
      ⓑ 수준(범위: 국가)
      ⓒ 국면(주제를 만족시킬 요구조건 사항)

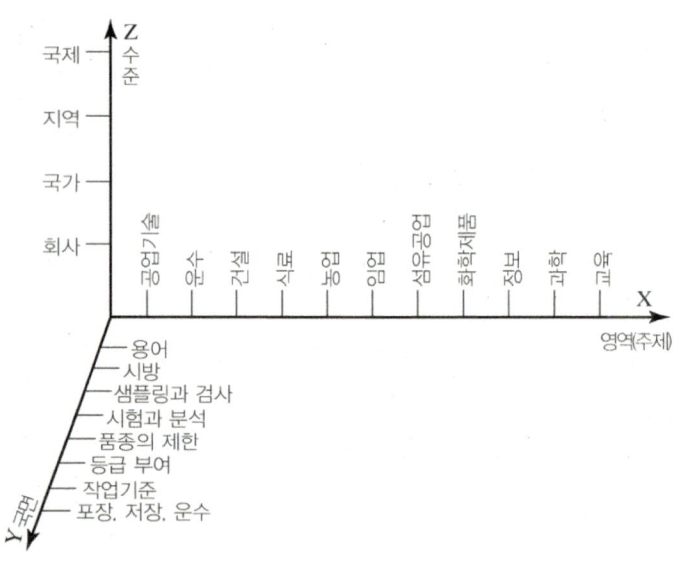

2) 품질: 제품의 유용성 결정, 목적을 만족시키기 위해 갖추어야 할 성질
   ① 종류: 제품의 성능, 성분, 구조, 형상, 치수, 제조방법 등에서 구분
   ② 등급: 요구 품질 수준의 고저에 따라 다시 구분
   ③ 형식: 특정 용도에 따라 식별할 필요가 있을 때

2. 국가표준의 명칭

국명	표준	국명	표준	국명	표준
영국	BS	프랑스	NF	미국	ANSI
독일	DIN	캐나다	CSA	중국	GB
벨기에	IBN	인도	IS	포르투갈	DGQ
일본	JIS	스페인	UNE	네덜란드	NNI
호주	AS	이탈리아	UNI	러시아	GOST
브라질	NB	대만	CNS	유고	JUST

3. 한국산업표준의 분류기호

A(기본)	B(기계)	C(전기)	D(금속)	E(광산)
F(건설)	G(일용품)	H(식료품)	I (환경)	J (생물)
K(섬유)	L(요업)	M(화학)	P(의료)	Q(품질경영)
R(수송기계)	S(서비스)	T(물류)	V(조선)	W(항공우주)
X(정보)				

4. ISO 표준 패밀리

1) KS Q ISO 9000: 품질경영시스템 기본사항 및 용어
2) KS Q ISO 9001: 품질경영시스템 요구사항
3) KS Q ISO 9004: 품질경영시스템 성과개선지침
4) KS Q ISO 10015: 품질경영시스템 교육훈련지침

5. ISO 9001:2015 표준과 PDCA 사이클

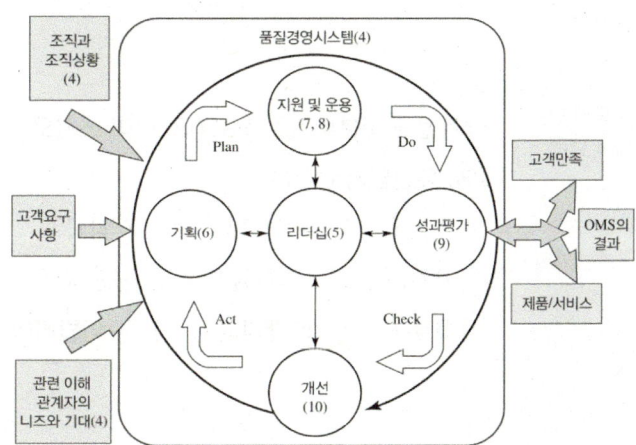

핵심/문제/풀이 | 제2장 표준화와 인증시스템

[출제 경향]
ⓐ KS 공장심사 또는 사업장 심사(서비스) 항목 출제는 없지만 기사 시험의 단골 출제항목이므로 알아두시는 것이 좋습니다.

[채점 및 답안 작성 포인트]
ⓐ 유튜브를 통해 암기법 다시 한번 학습하세요. 출제 시 각 1점씩입니다.

01
KS 표시인증 심사기준에서 정하고 있는 공장 심사항목 6가지를 기술하시오.

풀이
① 품질경영관리
② 자재관리
③ 제품관리
④ 공정·제조설비관리
⑤ 시험·검사설비관리
⑥ 소비자 보호 및 환경·자원관리

유/사/문/제 1
KS 표시인증 심사기준(서비스 분야)에서 정하고 있는 사업장 심사항목 5가지를 기술하시오.

풀이
① 서비스품질경영관리
② 서비스 운영체계
③ 서비스 운영
④ 서비스 인적자원관리
⑤ 시설·장비, 환경 및 자원관리

[채점 및 답안 작성 포인트]
ⓐ 유튜브를 통해 암기법 다시 한번 학습하세요. 출제 시 각 1점씩입니다.

[출제 경향]
ⓐ 국가별 분류기호는 5년 1회 정도의 빈도이며 5~6개로 5~6점 내외로 출제됩니다.

02
국가별 표준분류기호를 보기와 같이 쓰시오. (10년, 15년)

[예] 대한민국 (KS)

① 일본 (   ) ② 미국 (   ) ③ 영국 (   )
④ 프랑스 (   ) ⑤ 독일 (   ) ⑥ 중국 (   )
⑦ 호주 (   ) ⑧ 캐나다 (   ) ⑨ 이탈리아 (   )

풀이

① JIS ② ANSI ③ BS
④ NF ⑤ DIN ⑥ GB
⑦ AS ⑧ CSA ⑨ UNI

유/사/문/제 1

다음 KS 분류기호에 대한 명칭을 쓰시오. (17년, 18년 2회)

① A ( ) ② H ( ) ③ I ( )
④ J ( ) ⑤ Q ( ) ⑥ R ( )
⑦ S ( ) ⑧ T ( ) ⑨ W ( )
⑩ X ( ) ⑪ B ( ) ⑫ F ( )

풀이

① 기본 ② 식료품 ③ 환경 ④ 생물
⑤ 품질경영 ⑥ 수송기계 ⑦ 서비스 ⑧ 물류
⑨ 항공우주 ⑩ 정보 ⑪ 기계 ⑫ 건설

03

다음 설명에 적합한 답을 기술하시오. (12년 4회)

가. 정부는 제7조의 규정에 의한 국가표준기본계획 및 국가표준관련부처 간의 효율적인 업무조정에 관한 중요사항을 심의하기 위하여 (   )소속으로 국가표준심의회(이하 "심의회"라 한다)를 둔다.

나. 국가표준기본계획은 (   )이 관련 중앙행정기관별 계획을 종합하여 수립하여 심의회의 심의를 거쳐 이를 확정한다.

다. '과학기술분야 정부출연기관 등의 설립·운영 및 육성에 관한 법률'에 따라 설립된 (   )을 국가측정표준 대표기관으로 한다. 이 기관은 기본단위의 구현, 국가측정표준의 보급, 측정표준 및 측정과학기술의 연구·개발 및 보급, 측정표준의 국제비교활동 참여 등을 수행한다.

풀이

1) 산업통상자원부장관   2) 산업통상자원부장관
3) 한국표준과학연구원

술술 풀어보는 키포인트

[출제 경향]
ⓐ 주요 품질 관련 법률에 관한 문제는 법률의 명칭을 쓰는 문항으로 10년에 1회 정도의 주기로 출제됩니다. 4개의 소문항으로 각 2점씩 8점입니다.

[채점 및 답안 작성 포인트]
용어가 옳으면 각 2점 그 외는 0점

[출제 경향]
ⓐ 국가 표준과 관계되는 정부 부처와 정부 기관 그리고 관련 기관에 관한 문제입니다. 3년 1회 정도의 주기로 출제됩니다.

유/사/문/제 1

다음은 국가 품질경영을 위한 법률의 '제1조 목적'을 표현한 것이다. 해당하는 법률의 명칭을 쓰시오. (11년 4회)

가. 이 법은 계량의 기준을 정하여 계량을 적정하게 함으로써 공정한 상거래 질서를 유지하고, 산업의 선진화 및 국민경제 발전에 기여함을 목적으로 한다. (   )

나. 이 법은 국가표준제도의 확립을 위한 기본적인 사항을 규정함으로써 과학기술의 혁신과 산업구조 고도화 및 정보화 사회의 촉진을 도모하여 국가경쟁력 강화 및 국민복지 향상에 이바지함을 목적으로 한다. (   )

다. 이 법은 제조물의 결함으로 발생한 손해에 대한 제조업자 등의 손해배상책임을 규정함으로써 피해자 보호를 도모하고 국민 생활의 안전 향상과 국민경제의 건전한 발전에 이바지함을 목적으로 한다. (   )

라. 이 법은 적정하고 합리적인 산업표준을 제정·보급하고 품질경영을 지원하여 광공업품 및 산업활동 관련 서비스의 품질·생산효율·생산기술을 향상시키고 거래를 단순화·공정화하며 소비를 합리화함으로써 산업경쟁력을 향상시키고 국가 경제를 발전시키는 것을 목적으로 한다. (   )

▶풀이

가. 계량에 관한 법률
나. 국가표준기본법
다. 제조물 책임법
라. 산업표준화법

유/사/문/제 2

우리나라 표준화 관련 기관에 관한 설명이다. 해당하는 기관명을 기술하시오. (14년, 15년, 16년 4회)

가. 산업표준화 정책수립, 산업표준화 법령의 운용, 표준 관련 국제협력을 담당하는 정부 부처 (   )

나. 한국산업표준의 제정/개정/폐지에 관한 한국산업표준 표시 인증 심사기준을 조사·심의하는 회의기구 (   )

다. 산업표준의 제·개정 및 국제표준화 관련 기구와 교류 및 협력하며, 국가 측정표준의 확립 및 보급을 목적으로 하는 정부 기관 (   )

라. 국가표준제도의 확립 및 산업표준화제도 운용, 공산품의 안전/품질 및 계량·측정에 관한 사항, 산업기반 기술의 조사·연구 개발 지원, 교

정기관, 시험기관 및 검사기관 인정제도의 운용, 표준화 관련 국가 간 또는 국제기구와의 협력 및 교육에 관한 사항 등의 업무를 관장하는 국가기술표준원의 조직 (   )

마. 한국산업규격 안의 조사·연구개발, 규격 관련 정보의 분석 및 보급을 주관하는 특별법인 (   )

바. 국내제품인증체계의 선진화를 위한 효율적 추진 및 국제적 신뢰도 구축 등의 업무를 관장하는 국가기술표준원의 조직 (   )

사. 국가측정표준 원기의 유지·관리 및 표준과학기술의 연구·개발 및 보급하는 기관

풀이
가. 산업통상자원부
나. 산업표준심의회
다. 국가기술표준원
라. 한국인정기구(KOLAS)
마. 한국표준협회(KSA)
바. 한국제품인정제도(KAS)
사. 한국표준과학연구원(KRISS)

04
제품 및 서비스는 활동 또는 공정의 결과이며 유형이거나 무형이거나 이들의 조합일 수 있다. 제품 및 서비스는 일반적인 속성 분류에 따라 4가지 범주로 구분하는데 4가지를 쓰시오. (11년)

풀이
① 하드웨어   ② 소프트웨어   ③ 소재(가공물질)   ④ 서비스

유/사/문/제
표준의 번호와 내용의 연계성이 맞도록 연결하시오. (17년 4회)

ISO 9000	정의
KS Q ISO 9000(2015)	① 품질경영시스템-요구사항
KS Q ISO 9001(2015)	② 품질경영시스템-교육훈련지침
KS Q ISO 9004(2010)	③ 품질경영시스템-성과개선지침
KS Q ISO 10015(2001)	④ 품질경영시스템-기본사항 및 용어

술술 풀어보는 키포인트

[채점 및 답안 작성 포인트]
ⓐ 산업 표준화 정책 수립, 법령운영은 산업통상자원부입니다.
ⓑ 산업표준 조사 심의기구는 산업표준심의회입니다. 주의할 점은 국가표준 심의는 '국가표준심의회'이고 산업표준 심의는 '산업표준심의회'입니다. 법률 차이로 생긴 현상이죠.
ⓒ 국제표준화와 국가측정표준 확립을 목적으로 하는 정부 기관은 '국가기술표준원'입니다.
ⓓ 교정기관, 시험기관 등의 인정제도를 운용하는 국가기술표준원의 조직은 'KOLAS' 또는 '한국인정기구'입니다. '인정'에 주의해 주세요.
ⓔ 한국산업규격의 보급을 주관하는 특별법인은 '한국표준협회'입니다.
ⓕ 국내제품인증체계의 선진화를 위한 국가기술표준원 조직은 '한국제품인정제도' 또는 'KAS'입니다.
ⓖ 국가측정표준 원기 유지와 보급을 하는 기관은 '한국표준과학연구원' 또는 'KRISS'입니다.

[출제 경향]
ⓐ 전에는 제품의 종류 4가지를 기술하는 것이었으나, 이젠 제품 및 서비스로 바꾸어 출제되어야 하며 출제빈도는 5년 1회로 배점은 4점입니다.

풀이

KS Q ISO 9000(2015) ─── ① 품질경영시스템-요구사항
KS Q ISO 9001(2015) ─── ② 품질경영시스템-교육훈련지침
KS Q ISO 9004(2010) ─── ③ 품질경영시스템-성과개선지침
KS Q ISO 10015(2001) ── ④ 품질경영시스템-기본사항 및 용어

(정답: 9000-④, 9001-①, 9004-③, 10015-②)

05

KS Q ISO 9000:2015 용어(사람 및 조직)에 관한 설명이다. 해당하는 용어를 쓰시오.

가. 의사결정 또는 활동에 영향을 줄 수 있거나, 영향을 받을 수 있거나 또는 그들 자신이 영향을 받는다는 인식을 할 수 있는 사람 또는 조직 ( )

나. 조직의 목표 달성에 대한 책임, 권한 및 관계가 있는 자체의 기능을 가진 사람 또는 사람의 집단 ( )

다. 개인 또는 조직을 위해 의도되거나 그들에 의해 요구되는 제품 또는 서비스를 받을 수 있거나 제공 받는 개인 또는 조직 ( )

라. 제품 또는 서비스를 제공하는 조직 ( )

풀이

가. 이해관계자 나. 조직 다. 고객 라. 외부공급자

유/사/문/제 1

KS Q ISO 9000:2015 용어(활동 관련 용어)에 관한 설명이다. 해당하는 용어를 쓰시오. (18년 4회)

가. 품질에 관한 경영 ( )

나. 품질 요구사항이 충족될 것이라는 신뢰를 확보하는 데 중점을 둔 품질경영의 일부 ( )

다. 품질 요구사항을 충족하는 데 중점을 둔 품질경영의 일부 ( )

라. 품질 요구사항을 충족시키는 능력을 증진하는 데 중점을 둔 품질경영의 일부 ( )

마. 품질목표를 세우고, 품질목표를 달성하기 위하여 필요한 운영 프로세스 및 관련 자원을 규정하는 데 중점을 둔 품질경영의 일부 ( )

[채점 및 답안 작성 포인트]
1항목당 옳으면 1점 그 외는 0점

[출제 경향]
ⓐ 품질경영용어는 2년 1회 이상 출제됩니다. 그중 사람 및 조직에 관한 출제빈도는 10년 1회로 배점은 개당 2점입니다.

[채점 및 답안 작성 포인트]
모두 옳으면 4점 그 외는 0점입니다.

[출제 경향]
ⓐ 품질경영용어는 2년 1회 이상 출제됩니다. 그중 활동에 관한 출제빈도는 5년 1회로 배점은 개당 2점입니다.
ⓑ 활동 관련 용어는 품질보증과 품질관리가 특히 출제빈도가 높습니다. 비교하여 학습하시기 바랍니다.

📝 풀이

가. 품질경영   나. 품질보증   다. 품질관리   라. 품질개선
마. 품질기획

유/사/문/제 2

KS Q ISO 9000:2015 용어(프로세스 및 시스템)에 관한 설명이다. 해당하는 용어를 쓰시오.   (19년 2회)

가. 의도된 결과를 만들어 내기 위해 입력을 사용하여 상호 관련되거나 상호 작용하는 활동의 집합 (   )
나. 활동 또는 프로세스를 수행하기 위하여 규정된 방식 (   )
다. 상호 관련되거나 상호 작용하는 요소들의 집합 (   )
라. 착수일과 종료일이 있는 조정되고 관리되는 활동의 집합으로 구성되어 시간, 비용 및 자원의 제약을 포함한 특정 요구사항에 적합한 목표를 달성하기 위해 수행되는 고유의 프로세스 (   )
마. 품질에 관한 방침 (   )

📝 풀이

가. 프로세스   나. 절차   다. 시스템   라. 프로젝트
마. 품질방침

유/사/문/제 3

KS Q ISO 9000:2015 용어(요구사항 관련 용어)에 관한 설명이다. 해당하는 용어를 쓰시오.   (18년, 19년 2회)

가. 대상의 고유특성 집합이 요구사항을 충족시키는 정도 (   )
나. 동일한 기능으로 사용되는 대상에 대하여 상이한 요구사항으로 부여되는 범주 또는 순위 (   )
다. 요구사항의 불충족 (   )
라. 의도되거나 규정된 용도에 관련된 부적합 (   )

📝 풀이

가. 품질   나. 등급   다. 부적합   라. 결함

Quality Management Engineer

🔑 술술 풀어보는 키포인트

[채점 및 답안 작성 포인트]
각각 답이 옳으면 2점 그 외는 0점입니다.

[출제 경향]
ⓐ 품질경영용어는 2년 1회 이상 출제됩니다. 그중 프로세스 및 시스템의 출제빈도는 5년 1회로 배점은 개당 2점입니다.
ⓑ 프로세스 및 시스템 관련 용어는 프로세스를 비롯하여 5가지가 골고루 다른 용어와 함께 연계되어 출제됩니다. 키워드를 통해 구분하여 비교하여 학습하시기 바랍니다.

[채점 및 답안 작성 포인트]
각각 답이 옳으면 2점 그 외는 0점입니다.

[출제 경향]
ⓐ 요구사항에 관한 출제빈도는 3년 1회로 배점은 개당 2점입니다.
ⓑ 요구사항 관련 용어는 부적합과 결함이 비교되어 출제됩니다. 키워드를 통해 구분하여 비교 학습하시기 바랍니다.

[채점 및 답안 작성 포인트]
각각 답이 옳으면 2점 그 외는 0점입니다.

[출제 경향]
ⓐ 결과에 관한 출제빈도는 10년 1회로 배점은 개당 2점입니다.
ⓑ 결과 관련 용어는 특히 제품과 서비스의 차이를 키워드를 통해 구분하여 비교 학습하시기 바랍니다.

[채점 및 답안 작성 포인트]
각각 답이 옳으면 2점 그 외는 0점입니다.

유/사/문/제 4
KS Q ISO 9000:2015 용어(결과 관련 용어)에 관한 설명이다. 해당하는 용어를 쓰시오.

가. 조직과 고객 간에 어떠한 행위·거래·처리도 없이 생산될 수 있는 조직의 출력 (　　)

나. 조직과 고객 간에 필수적으로 수행되는 적어도 하나의 활동을 가지는 조직의 출력 (　　)

풀이

가. 제품　　나. 서비스

[출제 경향]
ⓐ 데이터, 정보, 문서에 관한 출제빈도는 2년 1회로 배점은 개당 2점입니다.
ⓑ 데이터, 정보, 문서 관련 용어는 특히 시방서, 품질계획서, 품질매뉴얼이 단골로 출제되는 문제입니다. 키워드를 통해 구분하여 반드시 비교 학습하시기 바랍니다.

유/사/문/제 5
KS Q ISO 9000:2015 용어(데이터, 정보 및 문서 관련 용어)에 관한 설명이다. 해당하는 용어를 쓰시오. (18년 1회, 19년 4회)

가. 의미 있는 데이터 (　　)

나. 요구사항을 명시한 문서 (　　)

다. 조직의 품질경영시스템에 대한 시방서 (　　)

라. 특정 대상에 대해 적용 시점과 책임을 정한 절차 및 연관된 자원에 관한 시방서 (　　)

마. 달성된 결과를 명시하거나 수행된 활동의 증거를 제공하는 문서 (　　)

바. 정보 및 정보가 포함된 매체 (　　)

풀이

가. 정보　　나. 시방서　　다. 품질매뉴얼　　라. 품질계획서
마. 기록　　바. 문서

[채점 및 답안 작성 포인트]
각각 답이 옳으면 2점 그 외는 0점입니다.

[출제 경향]
ⓐ 결정 관련 용어에 관한 출제빈도는 10년 1회로 배점은 개당 2점입니다.
ⓑ 결정 관련 용어는 구분이 매우 어려우니 키워드를 통해 구분하여 비교 학습하시기 바랍니다.

유/사/문/제 6
KS Q ISO 9000:2015 용어(결정 관련 용어)에 관한 설명이다. 해당하는 용어를 쓰시오.

가. 규정된 요구사항에 대한 적합의 확인 결정 (　　)

나. 특정하게 의도된 용도 또는 적용을 위한 요구사항에 따른 확인 결정 (　　)

다. 규정된 요구사항이 충족되었음을 객관적 증거의 제시를 통하여 확인하는 것 (　　)

풀이

가. 검사　　나. 시험　　다. 검증

유/사/문/제 7

KS Q ISO 9000:2015 용어(조치 관련 용어)에 관한 설명이다. 해당하는 용어를 쓰시오. (12년, 15년, 18년)

가. 잠재적 부적합 또는 기타 원하지 않은 잠재적 상황의 원인을 제거하기 위한 조치 (　　　)

나. 부적합의 원인을 제거하고 재발을 방지하기 위한 조치 (　　　)

다. 발견된 부적합을 제거하기 위한 행위 (　　　)

라. 규정된 요구사항에 적합하지 않은 제품 또는 서비스를 사용하거나 불출하는 것에 대한 허가 (　　　)

마. 부적합한 제품 또는 서비스에 대해 요구사항에 적합하도록 하는 조치 (　　　)

바. 부적합한 제품 또는 서비스에 대해 의도된 용도로 쓰일 수 있도록 하는 조치 (　　　)

사. 부적합 제품 또는 서비스에 대해 원래의 용도에 쓰이지 않도록 하는 조치 (　　　)

풀이

가. 예방조치　나. 시정조치　다. 시정　라. 특채
마. 재작업　　바. 수리　　　사. 폐기

유/사/문/제 8

KS Q 0001 표준의 서식과 작성방법에서는 다음과 같은 조동사 형태를 규정하고 있다. (예)와 같이 답하시오. (20년 2회)

[예] 요구사항: ~~ 하여야 한다.

가. 권고사항:

나. 허용:

다. 역량 및 가능성:

풀이

가. ~~ 하는 것이 좋다.

나. ~~ 해도 된다.

다. ~~ 할 수 있다.

[채점 및 답안 작성 포인트]
각각 답이 옳으면 2점 그 외는 0점입니다.

[출제 경향]
ⓐ 조치 관련 용어에 관한 출제빈도는 2년 1회로 배점은 개당 2점입니다.

ⓑ 조치 관련 용어는 예방조치, 시정조치, 특채 등이 특히 중점적으로 출제되며 시정, 재작업 수리 등으로 간혹 출제되므로 키워드를 통해 구분하여 비교 학습하시기 바랍니다.

[채점 및 답안 작성 포인트]
각각 답이 옳으면 2점 그 외는 0점입니다.

[채점 및 답안 작성 포인트]
각각 답이 옳으면 2점 그 외는 0점입니다.

제 3 장 품질관리수법과 품질혁신활동

제1절 품질관리수법과 품질혁신활동 (양쌤의 품질교실 품경 177~179강)

1. 공차와 공정능력

1) 치수공차와 끼워 맞춤

　① 용어

　　ⓐ 틈새: 공차가 +로 나타난다.

　　　최대틈새 A-b 최소틈새 B-a 평균틈새 (최대틈새+최소틈새) / 2

　　ⓑ 죔새: 공차가 -로 나타난다.

　　　죔새 : 최대죔새 B-a 최소죔새 A-b 평균죔새 (최대죔새+최소죔새) / 2

　② 끼워맞춤의 종류

　　ⓐ 헐거운 끼워맞춤: 항상 틈새

　　ⓑ 억지끼워맞춤: 항상 죔새

　　ⓒ 중간끼워맞춤: 틈새와 죔새가 함께 나타나는 조립

2) 공차설정법

　공차의 가법성이 성립한다.

　　ⓐ $E(\mu_A \pm \mu_B \pm \mu_C) = \mu_A \pm \mu_B \pm \mu_C$

　　ⓑ 공차 $T^2 = T_A^2 + T_B^2 + T_C^2$

2. 계측기 관리

1) 계량의 기본단위

　① 표준원기는 국가기술표준원장이 보관

　② ⓐ 길이(m)

　　ⓑ 시간(s)

　　ⓒ 질량(kg)

　　ⓓ 온도(캘빈도)

　　ⓔ 광도(cd: I)

ⓕ 전류(A)

ⓖ 물질량(mol)

2) 측정시스템(MSA) 변동의 5가지 유형과 원인

① 정확성: 계측기 마모, 적합하지 않은 눈금 또는 계측기

② 선형성(직선성): 눈금의 부정확, 설계 미스

③ 안정성: 환경조건, 불규칙한 사용 시기, 계측기 워밍 상태

④ 반복성: 계측기 보전 미비, 계측기 고정 방법이나 위치문제

⑤ 재현성: 계측자 버릇, 표준미비, 계측자 해독 오차

3) Gage R&R

① 반복성(Repeatability)

반복성은 동일 측정자가 동일 측정 환경에서 동일 계측기로 동일 표본을 동일한 측정방법으로 여러 번 반복 측정하였을 때 발생되는 측정 변동의 차이이다.

즉 개인의 오차 또는 계측기의 오차를 의미한다.

② 재현성(Reproducibility)

재현성은 동일한 계측기로 동일한 측정 환경에서 두 사람 이상의 다른 측정자가 동일 표본을 동일한 측정방법으로 측정할 때에 나타나는 개인 간 측정데이터의 평균값의 차이이다.

즉 개인간 오차를 의미한다.

3. 식스시그마

1) 6시그마 품질수준

① DPU: Defect per unit 단위당 부적합 수

② DPO: Defect per opportunity 기회당 부적합 수

③ DPMO: Defect per million opportunity 100만 기회당 부적합 수

2) 6시그마 프로젝트 추진

① 정의(Define): 고객의 정의, 고객요구사항 파악, 개선 프로젝트 선정

② 측정(Measure): 벤치마킹, 부적합의 정량화, 프로세스 Mapping

③ 분석(Analyze): 부적합 원인규명, 잠재원인에 대한 자료 확보, 치명적 원인도출

④ 개선(Improve): 프로세스개선 방법 모색, 최적해 도출 가능한 해결 방법의 실험적 실시

⑤ 관리(Control): 개선 프로세스의 지속적 방법 모색, 표준화, 모니터링

3) 6시그마 자격제도

① Champion: 목표설정, 추진방법의 확정, 6시그마의 신념을 조직에 확산

② MBB: 임직원 지도교육, 프로젝트 지원

③ BB: 프로젝트 추진리더

④ GB: 프로젝트 요원으로 활동에 참여

4. 소집단활동

1) QC 7가지 도구: 특히 파산층을 체크하여 그릴 것
    ① 특성요인도: fish_bone 결과 와 원인의 관계 주로 4M으로 접근
    ② 히스토그램: 분포상태 파악, 공정능력측정, 공정의 해석, 불량률파악
        ⓐ 낙도형: 기계의 돌발트러블 등으로 이물 혼입
        ⓑ 쌍봉형: 이질적 두 로트의 혼입
        ⓒ 이빠진형: 측정자의 버릇, 군구분의 잘못
        ⓓ 절벽형: 경계치 이하의 선별
    ③ 파레토: 파레토, 쥬란이 수정, 막대그래프와 꺾은선그래프로 구성되어 있다.
    ④ 산점도
    ⑤ 층별
    ⑥ 체크시이트
    ⑦ 그래프

2) QC 서어클(품질분임조, QM 분임조)
    ① 기본이념
        ⓐ 인간존중과 명랑한 직장
        ⓑ 인간의 능력개발
        ⓒ 기업의 체질개선
    ② 활동순서
        테마 〉 현상파악 〉 목표설정 〉 원인분석 〉 대책수립 〉 실시 〉 효과파악 〉 표준화 〉 사후관리 〉 반성 및 향후대책

3) 브레인스토밍의 4원칙: 다연이 비자 나왔다.
    ① 다다익선 ② 남의 아이디어 편성(연상) ③ 비판엄금 ④ 자유분방하게

4) 신QC 7가지 도구: 연애계 친구 P는 매매되었다.
    ① 연관도: 복잡하게 얽힌 인과관계에 대해 요인 상호관계를 밝힘.
    ② 애로우도법: 네트워크 그림. 일정계획 수립에 효과
    ③ 계통도: 목표 달성을 위해 수단과 방책을 계통적으로 전개
    ④ 친화도법(KJ): 혼돈된 상태에서 언어데이터에 의해 유도 데이터 정리

⑤ PDPC법: 신제품개발, 신기술개발, 치명적 문제회피 등에 효과적
⑥ 매트릭스도법: 문제의 사상을 행·열에 배치 QFD(품질기능전개)와 비슷
⑦ 매트릭스데이터해석법: 데이터가 지닌 정보를 한꺼번에 많이 보게 합성

5. TPM 과 5S

1) TPM 5본주(기둥)

① 개별개선: 설비효율극대화

② 자주보전: 오퍼레이터육성 설비의 일상점검능력

  ⓐ 1스텝: 초기청소

  ⓑ 2스텝: 발생원곤란개소대책

  ⓒ 3스텝: 가기준서 작성

  ⓓ 4스텝: 총점검

  ⓔ 5스텝: 자주점검

  ⓕ 6스텝: 정리정돈

  ⓖ 7스텝: 생활화

③ 계획보전

④ 교육훈련

⑤ 초기관리

2) 설비 5요소(5S)

① 정리: 불용품을 제거 한다.

② 정돈: 사용하기 좋게 한다.

  ⓐ 정해진 품목을

  ⓑ 정해진 위치에

  ⓒ 정해진 수량만큼

③ 청소: 쓰레기와 더러움이 없도록 함.

④ 청결: 정리정돈청소 상태를 유지하는 것.

⑤ 습관화(생활화): 정해진 일을 지키도록 습관화 하는 것.

핵심/문제/풀이 | 제3장 품질관리수법과 품질혁신활동 (양쌤의 품질교실 실기 433강)

술술 풀어보는 키포인트

[출제 경향]
ⓐ 공정능력지수는 개별적으로 출제되기도 하지만 관리도와 도수분포표와 연계되어 출제되므로 출제 빈도는 1년 1회 이상으로 높으며 공정능력지수는 3~4점이 부분점수로 부여되어 출제됩니다.

[채점 및 답안 작성 포인트]
ⓐ 공정능력지수를 구한 후 평가를 하지 않으면 0점 또는 감점이 됩니다. 모두 옳으면 4~6점

01

규격이 45.5 ± 2.0인 공정에서 $n = 100$개의 데이터를 추출하여 히스토그램을 작성한 결과 정규분포로 나타났으며, $\bar{x} = 44.873$ 및 $s = 0.584$를 구하였다.
(18년, 19년 2회)

가. 공정능력지수를 구하고 평가하시오.

나. 최소공정능력지수를 구하고 공정능력을 평가하시오.

풀이

가. $C_P = \dfrac{4}{6 \times 0.584} = 1.14155$

평가: 공정능력은 2등급이다.

나. $C_{pk} = C_{PL} = \dfrac{44.873 - 43.5}{3 \times 0.584} = 0.78368$

평가: 최소공정능력은 3등급이다.

유/사/문/제 1

관리상태에 있는 어떤 공정에서 $n = 100$개의 데이터를 추출하여 히스토그램을 작성한 결과 정규분포로 나타났으며, $\bar{x} = 64.8$ 및 $s = 3.1$를 구하였다. $U = 80$일 때, 최소공정능력지수를 구하고 공정능력을 평가하시오.
(13년, 15년 1회)

[채점 및 답안 작성 포인트]
ⓐ 한쪽 규격이 주어지는 경우는 그 자체가 바로 최소공정능력지수가 됩니다. 옳으면 4점

풀이

$C_{pk} = C_{PU} = \dfrac{80 - 64.8}{3 \times 3.1} = 1.63441$

평가: 최소공정능력은 1등급이다.

유/사/문/제 2

공정능력의 종류인 정적공정능력과 동적공정능력의 차이에 대해 설명하시오.
(16년, 19년 2회)

[채점 및 답안 작성 포인트]
ⓐ 이 분류는 과거의 분류방식 중 하나로 현재에는 Cp와 Cpk를 의미합니다. 용어를 묻는 경우가 많이 출제되

풀이

○ 정적공정능력(C_P)

문제의 대상물이 갖는 잠재 능력으로 가동되지 않은 정지상태의 능력

○ 동적공정능력(C_{PK})
  실제 운전상태의 현실 능력으로 시간적 변동뿐만 아니라 원재료, 작업자 교체를 포함한 능력

유/사/문/제 3

공정능력지수(C_P)의 등급별 평가 범위를 쓰시오. (19년 4회)

등급	판정기준	판정
0		매우우수
1		우수
2		보통
3		나쁨
4		매우 나쁨

풀이

등급	판정기준	판정
0	$1.67 \leq C_P$	매우우수
1	$1.33 \leq C_P < 1.67$	우수
2	$1.00 \leq C_P < 1.33$	보통
3	$0.67 \leq C_P < 1.00$	나쁨
4	$C_P < 0.67$	매우 나쁨

유/사/문/제 4

공정능력은 규격과 자연공차의 비교이다. 자연공차에 영향을 주는 6가지 요인을 쓰시오. (14년 2회)

풀이

① Man(사람)   ② Machine(설비)   ③ Material(자재)
④ Method(방법)   ⑤ Measure(측정)
⑥ Environment(환경)

02

축과 베어링 사이의 틈새에 대한 통계적 분석을 실시하려 한다. 다음은 축 (s: shaft)은 $N_S \sim (2.502, 0.0007^2)$, 베어링(b: bearing)은 $N_B \sim (2.5115, 0.0006^2)$의 정규분포를 따르며 공정은 안정상태이다. 이 조립품의 끼워맞춤 공차는 0.007 ~ 0.012이다. (12년 2회)

가. 조립품의 틈새의 평균치($\overline{x_c}$)를 구하시오.
나. 조립품의 틈새의 표준편차(σ_c)를 구하시오.
다. 제품의 합격률을 추정하시오.

풀이

가. $E(x_c) = \mu_B - \mu_s = 2.5115 - 2.502 = 0.0095$

나. $\hat{\sigma_c} = \sqrt{\sigma_b^2 + \sigma_s^2} = \sqrt{0.0006^2 + 0.0007^2} = 0.0009$

다. $\Pr(0.007 < x_c < 0.012)$
$= \Pr(x_c > 0.007) - \Pr(x_c > 0.012)$
$= \Pr(z > \dfrac{0.007 - 0.0095}{0.0009}) - \Pr(z > \dfrac{0.012 - 0.0095}{0.0009})$
$= \Pr(z > -2.78) - \Pr(z > 2.78)$
$= 1 - 2 \times 0.00272 = 0.9946$

유/사/문/제 1

서로 독립인 부품 A는 $N(2.5, 0.03^2)$, 부품 B는 $N(2.4, 0.02^2)$, 부품 C는 $N(2.4, 0.04^2)$ 부품 D는 $N(3.0, 0.01^2)$인 정규분포를 따른다. 이 4개 부품이 직렬로 결합되는 경우 조립품의 평균과 표준편차를 구하시오. 단, 조립시의 오차는 없는 경우이다. **(15년, 19년 2회)**

풀이

① $E(x) = 2.5 + 2.4 + 2.4 + 3.0 = 10.3$
② $D(x) = \sqrt{0.03^2 + 0.02^2 + 0.04^2 + 0.01^2} = 0.05477$

유/사/문/제 2

어떤 조립품은 3개의 부품으로 조립된다. 조립품의 공차는 ± 0.015가 되어야 하고, 2개의 부품은 공차가 각각 ± 0.010으로 이미 만들어져 있다. 다른 하나의 부품의 공차를 약 얼마로 설계하여야 하는가? **(10년)**

풀이

$\pm \sqrt{0.01^2 + 0.01^2 + x^2} = \pm 0.015$
$\pm x = \pm \sqrt{0.015^2 - 0.01^2 \times 2} = \pm 0.005$

[채점 및 답안 작성 포인트]
ⓐ 평균과 분산은 모두 옳으면 2~3점, 합격률은 옳으면 3점 그 외는 0점입니다.

[채점 및 답안 작성 포인트]
ⓐ 분산의 계산은 서로 독립이므로 분산의 가법성이 성립됩니다. 각각 옳으면 3점, 그 외는 0점

[채점 및 답안 작성 포인트]
ⓐ 공차이므로 ±에 주의하세요 옳으면 4점, 그 외는 0점

유/사/문/제 3

자동차부품 B의 생산프로세스는 부품 T를 생산하는데 서로 독립인 10개의 공정을 통과해야 하며, 각 공정의 평균부적합품률은 2%로 동일하게 발생한다. 이 경우 완성부품의 부적합품률은 얼마인가? (19년)

풀이

$p\% = 1 - (1-0.02)^{10} = 0.18293$

[채점 및 답안 작성 포인트]
ⓐ 합격률은 공정별 독립이므로 0.98의 곱으로 계산된다. 옳으면 5점, 그 외는 0점

03
측정시스템 변동원인 5가지를 기술하시오.

풀이

① 정확성(치우침) ② 재현성 ③ 반복성
④ 선형성(직선성) ⑤ 안정성

[출제 경향]
ⓐ 측정시스템의 5가지 변동원인의 출제 주기는 10년 1회입니다.

[채점 및 답안 작성 포인트]
ⓐ 각각 옳으면 1점 그 외는 0점

유/사/문/제 1

Gage R&R 연구에서 R&R의 명칭과 의미를 쓰시오.

풀이

① Reproducibility (재현성)
 ⓐ 동일한 계측기로 동일한 표본을 동일한 측정방법으로 동일한 환경에서 서로 다른 측정자가 측정한 데이터의 평균값의 차이 $\bar{x}_{max} - \bar{x}_{min}$
 ⓑ 개인 간 오차
② Repeatability(반복성)
 ⓐ 동일한 계측기로 동일한 표본을 동일한 측정방법으로 동일한 환경에서 동일한 측정자가 측정한 데이터의 최대값과 최소값의 차이 $x_{max} - x_{min}$
 ⓑ 측정기기의 오차 또는 개인의 오차

[채점 및 답안 작성 포인트]
ⓐ 각각 ⓐ 또는 ⓑ로 답하면 됩니다. 각각 옳으면 3점 그 외는 0점

04
다음 용어 설명에 대해 맞는 용어를 기입하시오. (15년 4회)

가. 1 기회당 부적합 수

[출제 경향]
ⓐ 6시그마 용어는 5년 1회 정도로 소문항 2~3개로 하여 4~6점으로 출제됩니다.

나. 단위당 부적합 수
다. 100만 기회당 부적합 수
라. 개선 프로젝트의 해결과 담당업무를 병행하는 문제해결의 전담자로서 프로젝트의 추진, 고객의 요구사항 등을 수행하는 사람에게 주어지는 자격

풀이

가. DPO　　나. DPU　　다. DPMO　　라. BB

유/사/문/제 1

6시그마 추진절차인 DMAIC의 5가지 절차를 쓰시오. (15년, 17년 2회)

풀이

① 정의(Define)　② 측정(Measure)
③ 분석(Analyze)　④ 개선(Improve)
⑤ 관리(Control)

유/사/문/제 2

0.0018를 PPM단위로 환산하시오. (12년)

풀이

$0.0018 \times 1,000,000 ppm = 1800 ppm$

유/사/문/제 3

A기업의 목표품질은 100ppm이다. 현재의 부적합품률이 0.1%이므로 목표품질에 도달하기 위해 불량 0 실현을 강조하고 있다. A기업의 현재의 부적합품률은 몇 ppm인가? (17년 4회)

풀이

$0.001 \times 1,000,000 ppm = 1000 ppm$

유/사/문/제 4

A사는 품질개선을 위한 6시그마 기법에서 경쟁력 차별화를 목표로 process mapping을 위한 SIPOC 다이어그램을 사용하고 있다. 여기서 의미하는 SIPOC가 무엇인지 쓰시오. (19년 4회)

풀이

① S: supplier ② I: input ③ P: process
④ O: output   ⑤ C: consumer

05

품질관리 활동을 수행하는데 있어서 기본적인 QC 수법의 7가지를 열거하시오. (12년, 14년 15년 18년, 19년 1회)

[유사질문]
분임조 활동을 수행하는 기본적 도구인 품질관리 7가지 도구를 쓰시오.

풀이

① 특성요인도   ② 파레토그림
③ 체크시이트   ④ 히스토그램
⑤ 산점도   ⑥ 꺾은선 그래프(관리도)
⑦ 층별

유/사/문/제 1

다음은 QC 7가지 기초 수법을 설명한 글이다. 설명에 해당되는 QC 수법을 기술하시오. (10년 이전)

가. 집단을 구성하고 있는 많은 데이터를 어떤 특징에 따라서 몇 개의 부분 집단으로 나누는 것.

나. 주로 계수치의 데이터가 분류 항목별의 어디에 집중되어 있는가를 알아보기 쉽게 나타낸 그림 혹은 표

다. 계층 간의 소득 분포 곡선을 J. M. Juran이 수정, 보완하여 사용한 수법

라. 길이, 무게, 인장강도 등과 같이 주로 계량치 데이터가 어떠한 분포를 하고 있는 가를 알아보기 위한 그림

마. 결과에 원인이 어떻게 관계하고 있는가를 한눈에 알아볼 수 있도록 작성한 그림

풀이

가. 층별   나. 체크시이트   다. 파레토그림
라. 히스토그램   마. 특성요인도

양쌤의 품질경영산업기사 실기

술술 풀어보는 키포인트

[출제 경향]
ⓐ 그래프의 종류는 10년 1회 미만으로 출제되며 배점은 5점 내외입니다.

[채점 및 답안 작성 포인트]
ⓐ 설명 중 키 워드가 있으면 각각 2점 그 외는 0점입니다.

[출제 경향]
ⓐ 신 QC 7가지 수법은 5년 1회로 배점은 7점입니다.

[채점 및 답안 작성 포인트]
ⓐ 각각 옳으면 1점, 그 외는 0점

[출제 경향]
ⓐ 분임조활동은 기본 이념, 목표, 브레인스토밍 등이 출제됩니다. 이념은 10년 1회로 배점은 6점입니다.

[채점 및 답안 작성 포인트]
ⓐ 각각 옳으면 2점 그 외는 0점

[출제 경향]
ⓐ 6가지 필수사명은 분임조 활동의 목표로 설정되는 항목으로 출제 빈도는 10년 1회로 배점은 6점입니다.

유/사/문/제 2

그래프의 종류를 5가지 쓰고 용도를 설명하시오. (10년 이전)

풀이

① 막대그래프: 일정 폭의 막대의 길이를 나열하여 수량의 크기를 비교한다.
② 꺾은선그래프: 시간의 변화에 따라 변하는 수량의 상황을 나타낸다.
③ 면적그래프: 사물의 크기를 면적으로 비교한다.
④ 점그래프: 계량치 데이터인 X와 Y의 관계를 표현에 사용된다.
⑤ 그림그래프: 흥미를 유발하고자 할 때 사용된다.

유/사/문/제 3

QCC 활동에 효과적인 신 QC 7가지 도구를 쓰시오. (16년, 17년 1회)

풀이

① 연관도   ② 애로우다이어그램
③ 계통도   ④ 친화도(KJ법)
⑤ PDPC법   ⑥ 매트릭스도법
⑦ 매트릭스데이터해석법

유/사/문/제 4

분임조 활동의 기본이념 3가지를 적으시오. (14년)

풀이

① 기업의 체질개선과 발전에 기여한다.
② 인간성을 존중하고 활력 있고 명랑한 직장을 만든다.
③ 인간의 능력을 발휘하고 무한한 가능성을 창출한다.

유/사/문/제 5

QC 분임조활동을 전개해 나가는 과정에서 품질관리 활동의 6가지 필수사명 활동이 있다 이 6가지 필수사명 활동 즉, Q, C, D, P, S, M이란 무엇인가? (13년)

가. Q   나. C   다. D   라. P   마. S   바. M

풀이

가. Q(Quality): 품질을 유지·향상시킨다.
나. C(Cost): 원가를 절감한다.
다. D(Delivery): 납기를 개선한다.
라. P(Productivity): 생산성을 향상시킨다.
마. S(Safety): 안전을 확보한다.
바. M(Morale): 직장의 사기를 향상시킨다.

유/사/문/제 6

분임조 활동시 분임토의 기법으로서 사용되고 있는 집단착상법(brain storming)의 4가지 원칙을 들으시오. (13년, 16년, 18년 2회)

풀이

① 남의 의견을 비판하지 않는다. (비판엄금)
② 자유분방하게 도출한다. (자유분방)
③ 남의 아이디어에 편승한다. (연상)
④ 의견은 많을수록 좋다. (다다익선)

유/사/문/제 7

히스토그램의 4가지 유형의 발생원인을 설명하시오. (12년)
가. 낙도형
나. 쌍봉형
다. 이빠진형
라. 절벽형

풀이

가. 낙도형: 이질적 재료가 로트에 혼입된 경우
나. 쌍봉형: 평균치가 다른 두 로트가 혼합되어 있는 경우
다. 이빠진형: 측정자의 끝맺음에 버릇이 있는 경우
라. 절벽형: 경계치 아래 제품을 선별한 경우

06

제조현장의 전사적 생산보전의 3정 5행(5S) 운동의 3정에 대하여 각기 서술하고 원칙을 기술하시오. (14년)

술술 풀어보는 키포인트

[채점 및 답안 작성 포인트]
ⓐ 각각 옳으면 1점, 그 외는 0점

[출제 경향]
ⓐ 브레인스토밍의 4원칙은 3년 1회 정도로 출제됩니다. 배점은 4점입니다.

[채점 및 답안 작성 포인트]
ⓐ 의미가 비슷하면 정답이므로 유튜브에서 학습한대로 '다연이 비자 나왔다'로 외우면 됩니다.

[채점 및 답안 작성 포인트]
ⓐ 의미가 비슷하면 정답이므로 각각의 용어 설명이 유사하면 득점
각각 한 개당 옳으면 2점, 그 외는 0점

[출제 경향]
ⓐ 3정 5S는 용어와 용어의 설명을 요구하는 문항이 주로 출제되며 5년 1회 정도로 출제됩니다. 배점은 6점 내외입니다.

[채점 및 답안 작성 포인트]
ⓐ 각각 옳으면 2점, 그 외는 0점.

풀이
① 정품 : 대상 ② 정량 : 수량 ③ 정위치 : 위치

유/사/문/제 1
현장 개선 활동에 효과적인 5S 활동에 대해 기술하고 간단하게 설명하시오.
(10년, 15년, 18년 1회, 4회)

[유사질문]
○ 현장개선활동에 효과적인 5행 활동 5가지를 쓰시오.
○ TPM 활동의 기본조건이 되는 5행 활동 5가지를 쓰시오.

[채점 및 답안 작성 포인트]
ⓐ 각각 항목 당 옳으면 1점, 그 외는 0점.

풀이
① 정리 : 불필요한 것을 버리는 것
② 정돈 : 사용하기 좋게 하는 것
③ 청소 : 더러움을 없애는 것
④ 청결 : 청소상태를 유지하는 것
⑤ 생활화 : 규칙을 정하여 지키는 것

[출제 경향]
ⓐ 파레토를 작성하는 문제는 품질경영 분야이므로 매년 1회 정도 출제되는 단골문제입니다. 점수는 대략 8점 내외로 편성됩니다.

07
표에서 나타난 데이터는 어느 직물공장에서. 직물에 나타난 흠의 수를 조사한 결과이다. 이 데이터에서 종류(유형)별로 분류해 놓은 흠의 통계를 가지고 파레토(pareto)도를 작성하시오. (12년, 18년)

로트번호		1	2	3	4	5	6	7	8	9	10	11	12	13	14	15	합계
(a)시료의 수(n)		10	10	15	15	20	20	20	20	20	10	10	10	15	15	15	225
흠의 수	얼룩의수(개소)	12	16	12	15	21	15	13	32	23	16	17	6	13	22	16	249
	구멍이난수(개소)	5	3	5	6	4	6	6	8	8	6	4	1	4	6	6	78
	실이튄곳의수(개소)	6	1	6	7	2	7	10	9	9	7	2	1	10	11	8	96
	색상이나쁜곳(개소)	10	1	8	10	2	9	8	12	11	2	2	1	9	12	12	119
	기 타	2	–	2	4	–	3	–	2	1	–	–	1	–	1	1	17
	(b)합 계	35	21	33	42	29	40	37	63	52	41	25	10	36	52	43	559
(b) ÷ (a)		3.50	2.10	2.20	2.80	1.45	2.00	1.85	3.15	2.60	4.10	2.50	1.00	2.40	3.47	2.87	

[채점 및 답안 작성 포인트]
ⓐ 파레토도는 그래프가 옳아야 하며 막대그래프는 도수를, 꺾은선 그래프는 상대도수를 나타내는 것으로 그 두 가지가 모두 옳아야 합니다. 그리고 기타의 위치는 항상 맨 뒤에 나타나야 합니다. 그 3가지가 모두 옳은 경우만 점수를 얻을 수 있습니다. 표와 그래프 합쳐서 8점 정도 배정됩니다. 다른 그림 작성 문제에 비해 점수가 작게 부여되는 편이죠. 표와 그래프 각각 옳으면 4점, 그 외는 0점

풀이

흠 항목	흠의 수	누적도수	누적백분율
얼룩의 수	249	249	44.54
색상이 나쁜 곳	119	368	65.83
실이 튄 곳의 수	96	464	83.01
구멍이 난 수	78	542	96.96
기타	17	559	100
계	559		

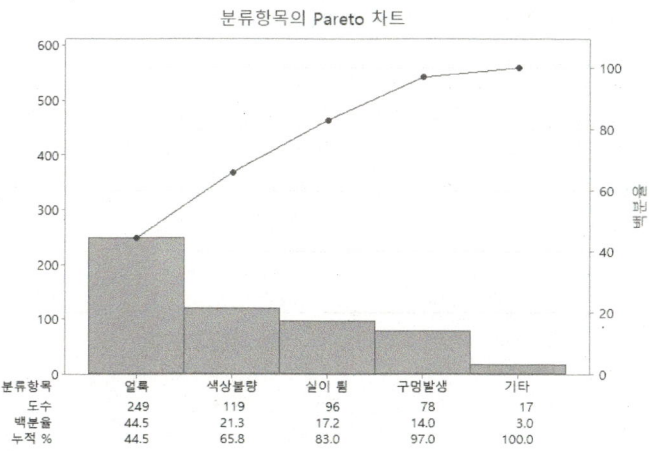

유/사/문/제 1

어떤 인쇄소에서 부적합품에 관한 데이터를 수집한 결과는 다음과 같다. 파레토를 작성하기 위한 표를 완성하고 파레토도를 작도하시오.

(13년, 15년, 16년, 19년 4회)

부적합 항목	발생빈도	부적합 항목	발생빈도
접착미스	10	파지	15
먼지불량	50	인쇄불량	35
얼룩	20	기타	5
잉크번짐	15		
계			150

(단, 소수 2자리까지만 계산하시오.)

풀이

부적합 항목	도수	누적도수	상대도수	누적상대도수
먼지불량	50	50	33.33	33.33
인쇄불량	35	85	23.33	56.67
얼룩	20	105	13.33	70.00
잉크번짐	15	120	10.00	80.00
파지	15	135	10.00	90.00
접착미스	10	145	6.67	96.67
기타	5	150	3.33	100.00
계	150			

[채점 및 답안 작성 포인트]

ⓐ 상대도수는 백분율을 의미합니다. 소수 두 자리까지 작성하라 했으므로 두 자리로 작성합니다. 표가 옳으면 4점, 그 외는 0점

ⓑ 막대그래프는 도수를, 꺾은선 그래프는 상대도수를 나타내는 것으로 그 두 가지가 모두 옳아야 합니다. 그리고 기타의 위치는 항상 맨 뒤에 나타나야 합니다. 그 3가지가 모두 옳은 경우만 점수를 얻을 수 있습니다. 그래프가 옳으면 4점, 그 외는 0점

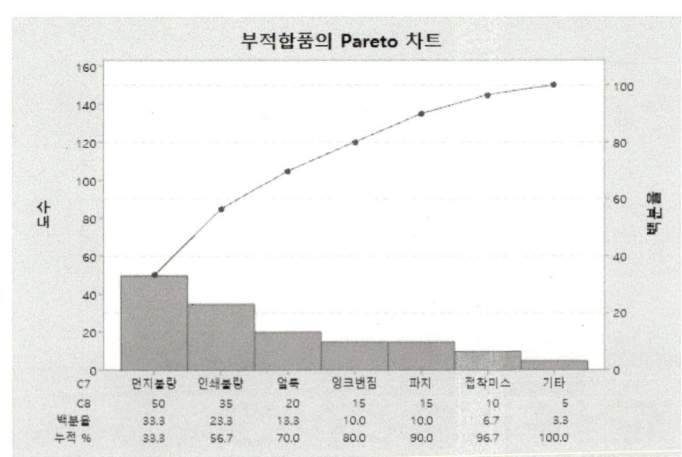

유/사/문/제 2

자동차 부품의 도금공정에서 최근 2개월간의 도금부적합을 조사하여 다음 표와 같은 결과를 얻었다. 이러한 부적합품은 재가공해서 사용하지만 그 때문에 재가공비가 발생한다. 부적합품수와 1개당 재가공비가 다음 표와 같을 때 부적합품의 재가공으로 인한 손실금액의 파레토그림을 그리시오.

(12년, 16년, 18년 1회)

부적합항목	부적합품수	1개당 재가공비(원)
크롬부적합	421	52
흠	262	750
바닥부적합	150	480
얼룩	93	480
벗겨짐	51	380
수세부적합	40	130
기타	65	평균 : 85

풀이

부적합항목	손실금액	누적손실금액	상대도수	누적상대도수
흠	196,500	196,500	53.815	53.815
바닥부적합	72,000	268,500	19.719	73.534
얼룩	44,640	313,140	12.226	85.760
크롬부적합	21,892	335,032	5.996	91.755
벗겨짐	19,380	354,412	5.308	97.063
수세부적합	5,200	359,612	1.424	98.487
기타	5,525	365,137	1.513	100.000
	365,137			

[채점 및 답안 작성 포인트]

ⓐ 이번에는 손실금액으로 파레토도를 그리는 문제입니다. 먼저 손실금액을 계산한 후 손실금액 표기 순으로 표를 작성합니다. 그리고 기타는 맨 아래에 둡니다. 표가 옳으면 4점, 그 외는 0점

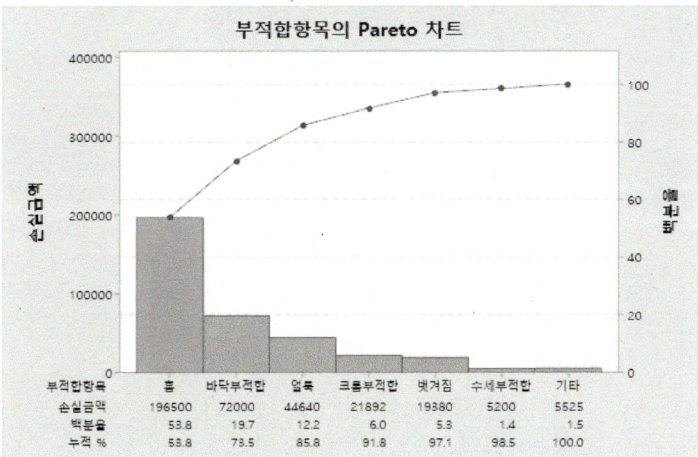

> 술술 풀어보는 키포인트

ⓑ 손실금액의 파레토도 좌측은 손실금액, 우측은 누적상대도수를 나타냅니다. 옳으면 4점, 그 외는 0점

양쌤의 품질경영산업기사 실기

부록 1

수험용 수치표

1. 수험용 수치표(Ⅰ)
   - ☐ 정규분포표(Ⅰ)
   - ☐ 정규분포표(Ⅱ)
   - ☐ t 분포표
   - ☐ r 분포표
   - ☐ χ^2 분포표
   - ☐ F 분포표
   - ☐ 범위를 사용하는 검정보조표
   - ☐ 관리도용 계수표
   - ☐ 직교다항식표

2. 수험용 수치표(Ⅱ)
   - ☐ KS Q ISO 2859-1 : 2014 부표 1 샘플문자를 구하는 표
   - ☐ 부표 2-A 보통 검사의 1회 샘플링검사 방식(주 샘플링 표)
   - ☐ 부표 2-B 까다로운 검사의 1회 샘플링검사 방식(주 샘플링 표)
   - ☐ 부표 2-C 수월한 검사의 1회 샘플링검사 방식(주 샘플링 표)
   - ☐ 부표 11-A 보통 검사의 1회 샘플링검사 방식(주 샘플링 보조표)
   - ☐ 부표 11-B 까다로운 검사의 1회 샘플링검사 방식(주 샘플링 보조표)
   - ☐ 부표 11-C 수월한 검사의 1회 샘플링검사 방식(주 샘플링 보조표)
   - ☐ KS Q ISO 2859-2:2014 절차 A
   - ☐ KS Q ISO 28591 계수 축차 샘플링검사
   - ☐ KS Q ISO 39511 계량 축차 샘플링검사
   - ☐ 감마함수표

3. 제공되지 않는 수치표
   - ☐ 최대프로세스표준편차 f를 구하는 표
   - ☐ KS Q 0001 : 2013 계수 규준형 1회 샘플링검사표
   - ☐ KS Q 0001 : 2013 계량 규준형 1회 샘플링검사표
   - ☐ P_0, P_1을 기초로 n, k를 구하는 표(σ 기지 : 부적합품률 보증)
   - ☐ KS Q 0001 : 2013[$P_0(\%)$, $P_1(\%)$를 기초로 하여 시료의 크기 n와 합격판정치를 계산하기 위한 계수 k를 구하는 표(σ 미지)]
   - ☐ (누적)푸아송분포
   - ☐ 이항분포표

1. 수험용 수치표(I)

□ 정규분포표(I)

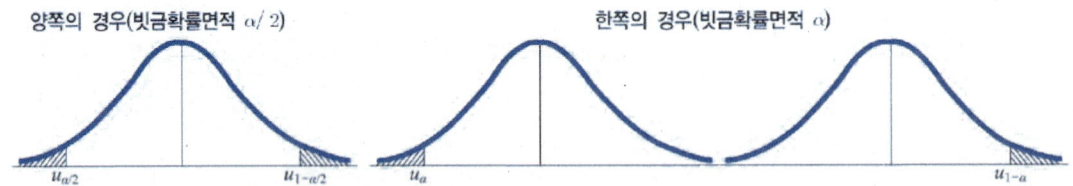

표준화 정규분포의 상측 빗금확률면적 α에 의한 상측 분위점 $u_{1-\alpha}$

α	0	1	2	3	4	5	6	7	8	9
0.00*	∞	3.090	2.878	2.748	2.652	2.576	2.512	2.457	2.409	2.366
0.0*	∞	2.326	2.054	1.881	1.751	1.645	1.555	1.476	1.405	1.341
0.1*	1.282	1.227	1.175	1.126	1.080	1.036	.994	.954	.915	.878
0.2*	.842	.806	.772	.739	.706	.674	.643	.613	.583	.553
0.3*	.524	.496	.468	.440	.412	.385	.358	.358	.305	.279
0.4*	.253	.228	.202	.176	.151	.126	.100	.100	.075	.025

□ 정규분포표(II)

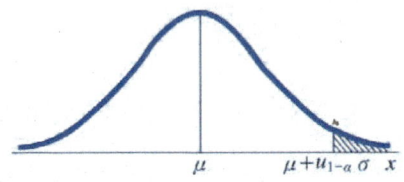

정규분포의 x가 $\mu+u_{1-\alpha}\sigma$ 이상의 값이 될 확률 α의 표(빗금확률면적은 α를 의미함)

u	0	1	2	3	4	5	6	7	8	9
0.0	.5000	.4960	.4920	.4880	.4840	.4801	.4761	.4721	.4681	.4641
0.1	.4602	.4562	.4522	.4483	.4443	.4404	.4364	.4325	.4286	.4247
0.2	.4207	.4168	.4129	.4090	.4052	.4013	.3974	.3936	.3897	.3859
0.3	.3821	.3783	.3745	.3707	.3669	.3632	.3594	.3557	.3520	.3483
0.4	.3446	.3409	.3372	.3336	.3300	.3264	.3228	.3192	.3156	.3121
0.5	.3085	.3050	.3015	.2981	.2946	.2912	.2877	.2843	.2810	.2776
0.6	.2743	.2709	.2676	.2643	.2611	.2578	.2546	.2514	.2483	.2451
0.7	.2420	.2389	.2358	.2327	.2297	.2266	.2236	.2206	.2177	.2148
0.8	.2119	.2090	.2061	.2033	.2005	.1977	.1949	.1922	.1894	.1867
0.9	.1841	.1814	.1788	.1762	.1736	.1711	.1685	.1660	.1635	.1611
1.0	.1587	.1562	.1539	.1515	.1492	.1469	.1446	.1423	.1401	.1379

u	0	1	2	3	4	5	6	7	8	9
1.1	.1357	.1335	.1314	.1292	.1271	.1251	.1230	.1210	.1190	.1170
1.2	.1151	.1131	.1112	.1093	.1075	.1056	.1038	.1020	.1003	.0985
1.3	.0968	.0951	.0934	.0918	.0901	.0885	.0869	.0853	.0838	.0823
1.4	.0808	.0793	.0778	.0764	.0749	.0735	.0721	.0708	.0694	.0681
1.5	.0668	.0655	.0643	.0630	.0618	.0606	.0594	.0582	.0571	.0559
1.6	.0548	.0537	.0526	.0516	.0505	.0495	.0485	.0475	.0465	.0455
1.7	.0446	.0436	.0427	.0418	.0409	.0401	.0392	.0384	.0375	.0367
1.8	.0359	.0351	.0344	.0336	.0329	.0322	.0314	.0307	.0301	.0294
1.9	.0287	.0281	.0274	.0268	.0262	.0256	.0250	.0244	.0239	.0233
2.0	.0228	.0222	.0217	.0212	.0207	.0202	.0197	.0192	.0188	.0183
2.1	.0179	.0174	.0170	.0166	.0162	.0158	.0154	.0150	.0146	.0143
2.2	.0139	.0136	.0132	.0129	.0125	.0122	.0119	.0116	.0113	.0110
2.3	.0107	.0104	.0102	.0099	.0096	.0094	.0091	.0089	.0087	.0084
2.4	.0082	.0080	.0078	.0075	.0073	.0071	.0069	.0068	.0066	.0064
2.5	.0062	.0060	.0059	.0057	.0055	.0054	.0052	.0051	.0049	.0048
2.6	$.0^24661$	$.0^24527$	$.0^24396$	$.0^24269$	$.0^24145$	$.0^24025$	$.0^23907$	$.0^23793$	$.0^23681$	$.0^23573$
2.7	$.0^23467$	$.0^23364$	$.0^23264$	$.0^23167$	$.0^23072$	$.0^22980$	$.0^22890$	$.0^22803$	$.0^22718$	$.0^22635$
2.8	$.0^22555$	$.0^22477$	$.0^22401$	$.0^22327$	$.0^22250$	$.0^22180$	$.0^22118$	$.0^22052$	$.0^21988$	$.0^21920$
2.9	$.0^21866$	$.0^21807$	$.0^21750$	$.0^21695$	$.0^21041$	$.0^21589$	$.0^21538$	$.0^21489$	$.0^21441$	$.0^21395$
3.0	$.0^21350$	$.0^21306$	$.0^21264$	$.0^21223$	$.0^21183$	$.0^21144$	$.0^21107$	$.0^21070$	$.0^21035$	$.0^21001$
3.1	$.0^39676$	$.0^39351$	$.0^39043$	$.0^38740$	$.0^38447$	$.0^38104$	$.0^37888$	$.0^37622$	$.0^37364$	$.0^37114$
3.2	$.0^36871$	$.0^36637$	$.0^36410$	$.0^36190$	$.0^35976$	$.0^35770$	$.0^35571$	$.0^35377$	$.0^35190$	$.0^35009$
3.3	$.0^34834$	$.0^34665$	$.0^34501$	$.0^34342$	$.0^34189$	$.0^34041$	$.0^33897$	$.0^33758$	$.0^33624$	$.0^33495$
3.4	$.0^33369$	$.0^33248$	$.0^33131$	$.0^33018$	$.0^32909$	$.0^32803$	$.0^32701$	$.0^32602$	$.0^32507$	$.0^32415$
3.5	$.0^32326$	$.0^32241$	$.0^32158$	$.0^32078$	$.0^32001$	$.0^31926$	$.0^31854$	$.0^31785$	$.0^31718$	$.0^31653$
3.6	$.0^31591$	$.0^31531$	$.0^31473$	$.0^31417$	$.0^31363$	$.0^31311$	$.0^31261$	$.0^31213$	$.0^31166$	$.0^31121$
3.7	$.0^31078$	$.0^31036$	$.0^49961$	$.0^49574$	$.0^49201$	$.0^48842$	$.0^48496$	$.0^48162$	$.0^47841$	$.0^47532$
3.8	$.0^47235$	$.0^46948$	$.0^46673$	$.0^46407$	$.0^46152$	$.0^45906$	$.0^45669$	$.0^45442$	$.0^45223$	$.0^45012$
3.9	$.0^44810$	$.0^44615$	$.0^44427$	$.0^44247$	$.0^44074$	$.0^43908$	$.0^43747$	$.0^43594$	$.0^43446$	$.0^43304$
4.0	$.0^43167$	$.0^43036$	$.0^42910$	$.0^42789$	$.0^42673$	$.0^42561$	$.0^42454$	$.0^42351$	$.0^42252$	$.0^42157$
4.1	$.0^42066$	$.0^41978$	$.0^41894$	$.0^41814$	$.0^41737$	$.0^41662$	$.0^41591$	$.0^41523$	$.0^41458$	$.0^41395$
4.2	$.0^41335$	$.0^41277$	$.0^41222$	$.0^41168$	$.0^41118$	$.0^41069$	$.0^41022$	$.0^59774$	$.0^59345$	$.0^58934$
4.3	$.0^58540$	$.0^58163$	$.0^57801$	$.0^57455$	$.0^57124$	$.0^56807$	$.0^56503$	$.0^56212$	$.0^55934$	$.0^55668$
4.4	$.0^55419$	$.0^55169$	$.0^54935$	$.0^54712$	$.0^54498$	$.0^54294$	$.0^54098$	$.0^53911$	$.0^53732$	$.0^53561$
4.5	$.0^53398$	$.0^53241$	$.0^53092$	$.0^52949$	$.0^52813$	$.0^52682$	$.0^52558$	$.0^52439$	$.0^52325$	$.0^52216$
5.0	$.0^62867$	$.0^62722$	$.0^62584$	$.0^52452$	$.0^62328$	$.0^62209$	$.0^62096$	$.0^61989$	$.0^61887$	$.0^61790$
5.5	$.0^71899$	$.0^71794$	$.0^71695$	$.0^71601$	$.0^71512$	$.0^71428$	$.0^71349$	$.0^71274$	$.0^71203$	$.0^71135$
6.0	$.0^99899$	$.0^99276$	$.0^98721$	$.0^98198$	$.0^97706$	$.0^97242$	$.0^96806$	$.0^96396$	$.0^96009$	$.0^95646$

t 분포표

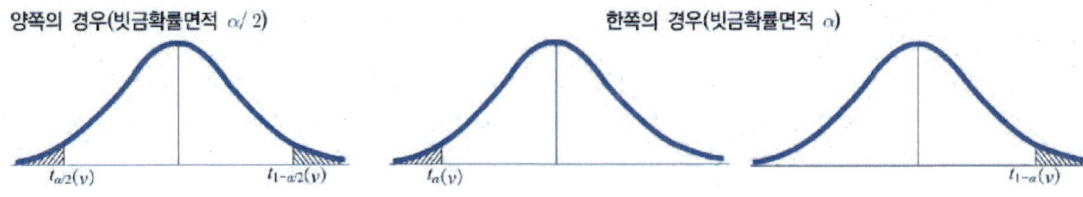

양쪽의 경우(빗금확률면적 $\alpha/2$)   한쪽의 경우(빗금확률면적 α)

t분포의 상측 분위점 $t_{1-\alpha}(\nu)$의 표

ν \ $1-\alpha$	0.75	0.80	0.85	0.90	0.95	0.975	0.99	0.995	0.9995
1	1.000	1.376	1.963	3.078	6.314	12.706	31.821	63.657	636.619
2	0.816	1.061	1.386	1.886	2.920	4.303	6.965	9.925	31.598
3	0.765	0.978	1.250	1.638	2.353	3.182	4.541	5.841	12.941
4	0.741	0.941	1.109	1.533	2.132	2.776	3.747	4.604	8.610
5	0.727	0.920	1.156	1.476	2.015	2.571	3.365	4.032	6.859
6	0.718	0.906	1.134	1.440	1.943	2.447	3.143	3.707	5.959
7	0.711	0.896	1.119	1.415	1.895	2.365	2.998	3.499	5.405
8	0.706	0.889	1.108	1.397	1.860	2.306	2.896	3.355	5.041
9	0.703	0.883	1.100	1.383	1.833	2.262	2.821	3.250	4.781
10	0.700	0.879	1.093	1.372	1.812	2.228	2.764	3.169	4.587
11	0.697	0.876	1.088	1.363	1.796	2.201	2.718	3.106	4.437
12	0.695	0.873	1.083	1.356	1.782	2.179	2.681	3.055	4.318
13	0.694	0.870	1.079	1.350	1.771	2.160	2.650	3.012	4.221
14	0.692	0.868	1.076	1.345	1.761	2.145	2.624	2.977	4.140
15	0.691	0.866	1.074	1.341	1.753	2.131	2.602	2.947	4.073
16	0.690	0.865	1.071	1.337	1.746	2.120	2.583	2.921	4.015
17	0.689	0.863	1.069	1.333	1.740	2.110	2.567	2.898	3.965
18	0.688	0.862	1.067	1.330	1.734	2.101	2.552	2.878	3.922
19	0.688	0.861	1.066	1.328	1.729	2.093	2.539	2.861	3.883
20	0.687	0.860	1.064	1.325	1.725	2.086	2.528	2.845	3.850
21	0.686	0.859	1.063	1.323	1.721	2.080	2.518	2.831	3.819
22	0.686	0.858	1.061	1.321	1.717	2.074	2.508	2.819	3.792
23	0.685	0.858	1.060	1.319	1.714	2.069	2.500	2.807	3.767
24	0.685	0.857	1.059	1.318	1.711	2.064	2.492	2.797	3.745
25	0.684	0.856	1.058	1.316	1.708	2.060	2.485	2.787	3.725
26	0.684	0.856	1.058	1.315	1.706	2.056	2.479	2.779	3.707
27	0.684	0.855	1.057	1.314	1.703	2.052	2.473	2.771	3.690
28	0.683	0.855	1.056	1.313	1.701	2.048	2.467	2.763	3.674
29	0.683	0.854	1.055	1.311	1.699	2.045	2.462	2.756	3.659
30	0.683	0.854	1.055	1.310	1.697	2.042	2.457	2.750	3.646
31~40	0.681	0.851	1.050	1.303	1.684	2.021	2.423	2.704	3.551
41~60	0.679	0.848	1.046	1.296	1.671	2.000	2.390	2.660	3.460
61~120	0.677	0.845	1.041	1.289	1.658	1.980	2.358	2.617	3.373
121 이상	0.674	0.842	1.036	1.282	1.645	1.960	2.326	2.576	3.291

r 분포표

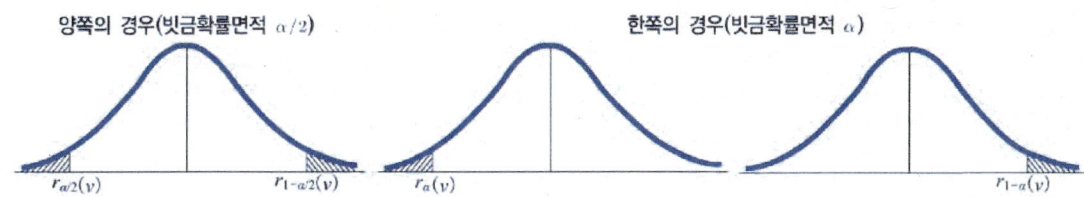

r분포의 상측 분위점 $t_{1-\alpha}(\nu)$의 표

ν \ $1-\alpha$	0.95	0.975	0.99	0.995
10	.4973	.5760	.6581	.7079
11	.4762	.5529	.6339	.6835
12	.4575	.5324	.6120	.6614
13	.4409	.5139	.5923	.6411
14	.4259	.4973	.5742	.6226
15	.4124	.4821	.5577	.6055
16	.4000	.4683	.5425	.5897
17	.3887	.4555	.5285	.5751
18	.3783	.4438	.5155	.5614
19	.3687	.4329	.5034	.5487
20	.3598	.4227	.4921	.5368
25	.3233	.3809	.4451	.4869
30	.2960	.3494	.4093	.4487
35	.2746	.3246	.3810	.4182
40	.2573	.3044	.3578	.3932
50	.2306	.2732	.3218	.3541
60	.2108	.2500	.2948	.3248
70	.1954	.2319	.2737	.3017
80	.1829	.2172	.2565	.2830
90	.1726	.2050	.2422	.2673
100	.1638	.1946	.2301	.2540
근사치	$\dfrac{1.645}{\sqrt{\nu+1}}$	$\dfrac{1.960}{\sqrt{\nu+1}}$	$\dfrac{2.326}{\sqrt{\nu+2}}$	$\dfrac{2.576}{\sqrt{\nu+3}}$

χ^2 분포표

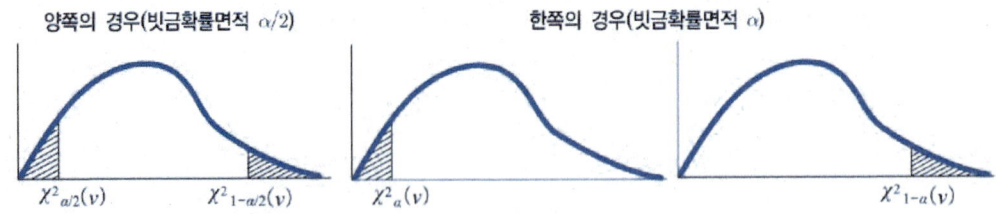

카이제곱 분포의 하측, 상측 분위점 $\chi^2_\alpha(\nu)$와 $\chi^2_{1-\alpha}(\nu)$의 표

ν	α인 경우						$1-\alpha$인 경우				
	0.005	0.01	0.025	0.05	0.10	0.50	0.90	0.95	0.975	0.99	0.995
1	0.0439	0.0316	0.0398	0.0239	0.0158	0.455	2.71	3.84	5.02	6.63	7.88
2	0.0100	0.0201	0.0506	0.103	0.211	1.386	4.61	5.99	7.38	9.21	10.60
3	0.0717	0.115	0.216	0.352	0.584	2.37	6.25	7.81	9.35	11.34	12.84
4	0.207	0.297	0.484	0.711	1.064	3.36	7.78	9.49	11.14	13.28	14.86
5	0.412	0.554	0.831	1.145	1.610	4.35	9.24	11.07	12.82	15.09	16.75
6	0.676	0.872	1.237	1.635	2.20	5.35	10.64	12.59	14.45	16.81	18.55
7	0.989	1.239	1.690	2.17	2.83	6.35	12.02	14.07	16.01	18.48	20.28
8	1.344	1.646	2.18	2.73	3.49	7.34	13.36	15.51	17.53	20.09	21.96
9	1.735	2.09	2.70	3.33	4.17	8.34	14.68	16.92	19.02	21.67	23.59
10	2.16	2.56	3.25	3.94	4.87	9.34	15.99	18.31	20.48	23.21	25.19
11	2.60	3.05	3.82	4.57	5.58	10.34	17.28	19.68	21.92	24.73	26.76
12	3.07	3.57	4.40	5.23	6.30	11.34	18.55	21.03	23.34	26.22	28.30
13	3.57	4.11	5.01	5.89	7.04	12.34	19.81	22.36	24.74	27.69	29.82
14	4.07	4.66	5.63	6.57	7.79	13.34	21.06	23.68	26.12	29.14	31.32
15	4.60	5.23	6.26	7.26	8.55	14.34	22.31	25.00	27.49	30.58	32.80
16	5.14	5.81	6.91	7.96	9.31	15.34	23.54	26.30	28.85	32.00	34.27
17	5.70	6.41	7.56	8.67	10.09	16.34	24.77	27.59	30.19	33.41	35.72
18	6.26	7.01	8.23	9.39	10.86	17.34	25.99	28.87	31.53	34.81	37.16
19	6.84	7.63	8.91	10.12	11.65	18.34	27.20	30.14	32.85	36.19	38.58
20	7.43	8.26	9.59	10.85	12.44	19.34	28.41	31.41	34.17	37.57	40.00
21	8.03	8.90	10.28	11.59	13.24	20.30	29.62	32.67	35.48	38.93	41.40
22	8.64	9.54	10.98	12.34	14.04	21.30	30.81	33.92	36.78	40.29	42.80
23	9.26	10.20	11.69	13.09	14.85	22.30	32.01	35.17	38.08	41.64	44.18
24	9.89	10.86	12.40	13.85	15.66	23.30	33.20	36.42	39.36	42.98	45.56
25	10.52	11.52	13.12	14.61	16.47	24.30	34.38	37.65	40.65	44.31	46.93
26	11.16	12.20	13.84	15.38	17.29	25.30	35.56	38.89	41.92	45.64	48.29
27	11.81	12.88	14.57	16.15	18.11	26.30	36.74	40.11	43.19	46.96	49.64
28	12.46	13.56	15.31	16.93	18.94	27.30	37.92	41.34	44.46	48.28	50.99
29	13.12	14.26	16.05	17.71	19.77	28.30	39.09	42.56	45.72	49.59	52.34
30	13.79	14.95	16.79	18.49	20.60	29.30	40.26	43.77	46.98	50.89	53.67
31~40	20.71	22.16	24.43	26.51	29.05	39.30	51.81	55.76	59.34	63.69	66.77
41~50	27.99	29.17	32.36	34.76	37.69	49.30	63.17	67.50	71.42	76.15	79.49
51~60	35.53	37.48	40.48	43.19	46.46	59.30	74.40	79.08	83.30	88.38	91.95
61~70	43.28	45.44	48.76	51.74	55.33	69.30	85.53	90.53	95.02	100.4	104.2
71~80	51.17	53.54	57.15	60.39	64.28	79.30	96.58	101.9	106.6	112.3	113.6
81~90	59.20	61.75	65.65	69.13	73.29	89.30	107.60	113.1	118.1	124.1	128.3
91~100	67.33	70.06	74.22	77.93	82.36	99.30	118.50	124.3	129.6	153.8	140.2

범위를 사용하는 검정보조표

기울임체는 ν를 고딕체는 c를 표시한다.

n \ k	1	2	3	4	5	6~10	11~15	16~20	21~25	26~30	$k > 5$
2	*1.0*	*1.9*	*2.8*	*3.7*	*4.6*	*9.0*	*13.4*	*17.8*	*22.2*	*26.5*	*0.876k+0.25*
	1.41	1.28	1.23	1.21	1.19	1.16	1.15	1.14	1.14	1.14	1.128+0.32/k
3	*2.0*	*3.8*	*5.7*	*7.5*	*9.3*	*18.4*	*27.5*	*36.6*	*45.6*	*57.4*	*1.815k+0.25*
	1.91	1.81	1.77	1.75	1.74	1.72	1.71	1.70	1.70	1.70	1.693+023/k
4	*2.9*	*5.7*	*8.4*	*11.2*	*13.9*	*27.6*	*41.3*	*55.0*	*68.7*	*82.4*	*2.738k+0.25*
	2.24	2.15	2.12	2.11	2.10	2.08	2.07	2.06	2.06	2.06	2.059+0.19/k
5	*3.8*	*7.5*	*11.1*	*14.7*	*18.4*	*36.5*	*54.6*	*72.7*	*90.8*	*108.9*	*3.623k+0.25*
	2.48	2.40	2.38	2.37	2.36	2.34	2.33	2.33	2.33	2.33	2.326+0.16/k
6	*4.7*	*9.2*	*13.6*	*18.1*	*22.6*	*44.9*	*67.2*	*89.6*	*111.9*	*134.2*	*4.466k+0.25*
	2.67	2.60	2.58	2.57	2.56	2.55	2.54	2.54	2.54	2.54	2.534+0.14/k
7	*5.5*	*10.8*	*16.0*	*21.3*	*26.6*	*52.9*	*79.3*	*105.6*	*131.9*	*158.3*	*5.267k+0.25*
	2.83	2.77	2.75	2.74	2.73	2.72	2.71	2.71	2.71	2.71	2.704+0.13/k
8	*6.3*	*12.3*	*18.3*	*24.4*	*30.4*	*60.6*	*90.7*	*120.9*	*151.0*	*181.2*	*6.031k+0.25*
	2.96	2.91	2.89	2.88	2.87	2.86	2.85	2.85	2.85	2.85	2.847+0.12/k
9	*7.0*	*13.8*	*20.5*	*27.3*	*34.0*	*67.8*	*101.6*	*135.3*	*169.2*	*203.0*	*6.759k+0.25*
	3.08	3.02	3.01	3.00	2.99	2.98	2.98	2.98	2.97	2.97	2.970+0.11/k
10	*7.7*	*15.1*	*22.6*	*30.1*	*37.5*	*74.8*	*112.0*	*149.3*	*186.6*	*223.8*	*7.453k+0.25*
	3.18	3.13	3.11	3.10	3.10	3.09	3.08	3.08	3.08	3.08	3.078+0.10/k

F 분포표

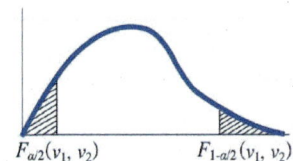
양쪽의 경우(빗금확률면적 $\alpha/2$)

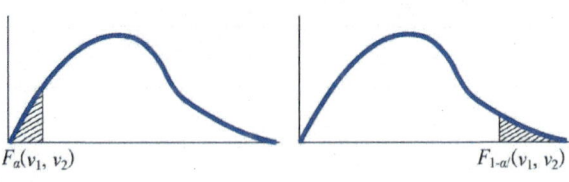
한쪽의 경우(빗금확률면적 α)

F 분포 상측 분위점 $F_{1-\alpha}(\nu_1, \nu_2)$의 표(단, $F_\alpha(\nu_1, \nu_2) = 1/F_{1-\alpha}(\nu_2, \nu_1)$이다.)

ν_2	$1-\alpha$	ν_1																		
		1	2	3	4	5	6	7	8	9	10	11	12	13~15	16~20	21~25	26~30	31~60	61~120	121 이상
1	0.90	39.9	49.5	53.6	55.8	57.2	58.2	58.9	59.4	59.9	60.2	60.5	60.7	61.2	61.7	62.0	62.3	62.8	63.1	63.3
	0.95	161	200	216	225	230	234	237	239	241	242	243	244	246	248	249	250	252	253	254
	0.975	648	800	864	900	922	937	948	957	963	969	973	977	985	993	998	1001	1010	1014	1018
	0.99	4052	5000	5403	5625	5764	5859	5928	5981	6022	6056	6083	6106	6157	6209	6240	6261	6313	6339	6366
2	0.90	8.53	9.00	9.16	9.24	9.29	9.33	9.35	9.37	9.38	9.39	9.40	9.41	9.42	9.44	9.45	9.46	9.47	9.48	9.49
	0.95	18.5	19.0	19.2	19.2	19.3	19.3	19.4	19.4	19.4	19.4	19.4	19.4	19.4	19.4	19.5	19.5	19.5	19.5	19.5
	0.975	38.5	39.0	39.2	39.3	39.3	39.3	39.4	39.4	39.4	39.4	39.4	39.4	39.4	39.5	39.5	39.5	39.5	39.5	39.5
	0.99	98.5	99.0	99.2	99.2	99.3	99.3	99.4	99.4	99.4	99.4	99.4	99.4	99.4	99.4	99.5	99.5	99.5	99.5	99.5
3	0.90	5.54	5.46	6.39	5.34	5.31	5.28	5.27	5.25	5.24	5.23	5.22	5.22	5.20	5.18	5.17	5.17	5.15	5.14	5.13
	0.95	10.1	9.55	9.28	9.12	9.01	8.94	8.89	8.85	8.81	8.79	8.76	8.74	8.70	8.66	8.63	8.62	8.57	8.55	8.53
	0.975	17.4	16.0	15.4	15.1	14.9	14.7	14.6	14.5	14.5	14.4	14.4	14.3	14.3	14.2	14.1	14.1	14.0	14.0	13.9
	0.99	34.1	30.8	29.5	28.7	28.2	27.9	27.7	27.5	27.3	27.2	27.1	27.1	26.9	26.7	26.6	26.5	26.3	26.2	26.1
4	0.90	4.54	4.32	4.19	4.11	4.05	4.01	3.98	3.95	3.94	3.92	3.91	3.90	3.87	3.84	3.83	3.82	3.79	3.78	3.76
	0.95	7.71	6.94	6.59	6.39	6.26	6.16	6.09	6.04	6.00	5.96	5.94	5.91	5.85	5.80	5.77	5.75	5.69	5.66	5.63
	0.975	12.2	10.7	9.98	9.60	9.36	9.20	9.07	8.98	8.90	8.84	8.79	8.75	8.66	8.56	8.50	8.46	8.36	8.31	8.26
	0.99	21.2	18.0	16.7	16.0	15.5	15.2	15.0	14.8	14.7	14.5	14.4	14.4	14.2	14.0	13.9	13.8	13.7	13.6	13.5
5	0.90	4.06	3.78	3.62	3.52	3.45	3.40	3.37	3.34	3.32	3.30	3.28	3.27	3.24	3.21	3.19	3.17	3.14	3.12	3.11
	0.95	6.61	5.79	5.41	5.19	5.05	4.95	4.88	4.82	4.77	4.74	4.70	4.68	4.62	4.56	4.52	4.50	4.43	4.40	4.37
	0.975	10.0	8.43	7.76	7.39	7.15	6.98	6.85	6.76	6.68	6.62	6.57	6.52	6.43	6.33	6.27	6.23	6.12	6.07	6.02
	0.99	16.3	13.3	12.1	11.4	11.0	10.7	10.5	10.3	10.2	10.1	9.96	9.89	9.72	9.55	9.45	9.38	9.20	9.11	9.02
6	0.90	3.78	3.46	3.29	3.18	3.11	3.05	3.01	2.98	2.96	2.94	2.92	2.90	2.87	2.84	2.81	2.80	2.76	2.74	2.72
	0.95	5.99	5.14	4.76	4.53	4.39	4.28	4.21	4.15	4.10	4.06	4.03	4.00	3.04	3.87	3.83	3.81	3.74	3.70	3.67
	0.975	8.81	7.26	6.60	6.23	5.99	5.82	5.70	5.60	5.52	5.46	5.41	5.27	5.27	5.17	5.11	5.07	4.96	4.90	4.85
	0.99	13.7	10.9	9.78	9.15	8.75	8.47	8.26	8.10	7.98	7.87	7.79	7.72	7.56	7.40	7.30	7.23	7.06	6.97	6.88
7	0.90	3.59	3.26	3.07	2.96	2.88	2.83	2.78	2.75	2.72	2.70	2.68	2.67	2.63	2.59	2.57	2.56	2.51	2.49	2.47
	0.95	5.59	4.74	4.35	4.12	3.97	3.87	3.79	3.73	3.68	3.64	3.60	3.57	3.51	3.44	3.40	3.38	3.30	3.27	3.23
	0.975	8.07	6.54	5.89	5.52	5.29	5.12	4.99	4.90	4.82	4.76	4.71	4.67	4.57	4.47	4.40	4.36	4.25	4.20	4.14
	0.99	12.2	9.55	8.45	7.85	7.46	7.19	6.99	6.84	6.72	6.62	6.54	6.47	6.31	6.16	6.06	5.99	5.82	5.74	5.65
8	0.90	3.46	3.11	2.92	2.81	2.73	2.67	2.62	2.59	2.56	2.54	2.52	2.50	2.46	2.42	2.40	2.38	2.34	2.32	2.29
	0.95	5.32	4.46	4.07	3.84	3.69	3.58	3.50	3.44	3.39	3.35	3.31	3.28	3.22	3.15	3.11	3.08	3.01	2.97	2.93
	0.975	7.57	6.06	5.42	5.05	4.82	4.65	4.53	4.43	4.36	4.30	4.25	4.20	4.10	4.00	3.94	3.89	3.78	3.73	3.67
	0.99	11.3	8.65	7.59	7.01	6.63	6.37	6.18	6.03	5.91	5.81	5.73	5.67	5.52	5.36	5.26	5.20	5.03	4.95	4.86
9	0.90	3.36	3.01	2.81	2.69	2.61	2.55	2.51	2.47	2.44	2.42	2.40	2.38	2.34	2.30	2.27	2.25	2.21	2.18	2.16
	0.95	5.12	4.26	3.86	3.63	3.48	3.37	3.29	3.23	3.18	3.14	3.10	3.07	3.01	2.94	2.89	2.86	2.79	2.75	2.71
	0.975	7.21	5.71	5.08	4.72	4.48	4.32	4.20	4.10	4.03	3.96	3.91	3.87	3.77	3.67	3.60	3.56	3.45	3.39	3.33
	0.99	10.6	8.02	6.99	6.42	6.06	5.80	5.61	5.47	5.35	5.26	5.18	5.11	4.96	4.81	4.71	4.65	4.48	4.40	4.31

ν_2	$1-\alpha$	ν_1																		
		1	2	3	4	5	6	7	8	9	10	11	12	13~15	16~20	21~25	26~30	31~60	61~120	121 이상
10	0.90	3.29	2.92	2.73	2.61	2.52	2.46	2.41	2.38	2.35	2.32	2.30	2.28	2.24	2.20	2.17	2.16	2.11	2.08	2.06
	0.95	4.96	4.10	3.71	3.48	3.33	3.22	3.14	3.07	3.02	2.98	2.94	2.91	2.84	2.77	2.73	2.70	2.62	2.58	2.54
	0.975	6.94	5.46	4.83	4.47	4.24	4.07	3.95	3.85	3.78	3.72	3.67	3.62	3.52	3.42	3.35	3.31	3.20	3.14	3.08
	0.99	10.0	7.56	6.55	5.99	5.64	5.39	5.20	5.06	4.94	4.85	4.77	4.71	4.56	4.41	4.31	4.25	4.08	4.00	3.91
11	0.90	3.23	2.86	2.66	2.54	2.45	2.39	2.34	2.30	2.27	2.25	2.23	2.21	2.17	2.12	2.10	2.08	2.03	1.99	1.97
	0.95	4.84	3.98	3.59	3.36	3.20	3.09	3.01	2.95	2.90	2.85	2.82	2.79	2.72	2.65	2.60	2.57	2.49	2.43	2.40
	0.975	6.72	5.26	4.63	4.28	4.04	3.88	3.76	3.66	3.59	3.53	3.48	3.43	3.33	3.23	3.16	3.12	3.00	2.94	2.88
	0.99	9.65	7.21	6.22	5.67	5.32	5.07	4.89	4.74	4.63	4.54	4.46	4.40	4.25	4.10	4.01	3.94	3.78	3.66	3.60
12	0.90	3.18	2.81	2.61	2.48	2.39	2.33	2.28	2.24	2.21	2.19	2.17	2.15	2.10	2.06	2.03	2.01	1.96	1.93	1.90
	0.95	4.75	3.89	3.49	3.26	3.11	3.00	2.91	2.85	2.80	2.75	2.72	2.69	2.62	2.54	2.50	2.47	2.38	2.34	2.30
	0.975	6.55	5.10	4.47	4.12	3.89	3.73	3.61	3.51	3.44	3.37	3.32	3.28	3.18	3.07	3.01	2.96	2.85	2.79	2.72
	0.99	9.33	6.93	5.95	5.41	5.06	4.82	4.64	4.50	4.39	4.30	4.22	4.16	4.01	3.86	3.76	3.70	3.54	3.45	3.36
13	0.90	3.14	2.76	2.56	2.43	2.35	2.28	2.23	2.20	2.16	2.14	2.12	2.05	2.10	2.01	1.98	1.96	1.90	1.86	1.85
	0.95	4.67	3.81	3.41	3.18	3.03	2.92	2.83	2.77	2.71	2.67	2.63	2.53	2.60	2.46	2.41	2.38	2.30	2.23	2.21
	0.975	6.41	4.97	4.35	4.00	3.77	3.60	3.48	3.39	3.31	3.25	3.20	3.05	3.15	2.95	2.88	2.84	2.72	2.66	2.60
	0.99	9.07	6.70	5.74	5.21	4.86	4.62	4.44	4.30	4.19	4.10	4.02	3.82	3.96	3.66	3.57	3.51	3.34	3.22	3.17
14	0.90	3.10	2.73	2.52	2.39	2.31	2.24	2.19	2.15	21.2	2.10	2.07	2.05	2.01	1.96	1.93	1.91	1.86	1.83	1.80
	0.95	4.60	3.74	3.34	3.11	2.96	2.85	2.76	2.70	2.65	2.60	2.57	2.53	2.46	2.39	2.34	2.31	2.22	2.18	2.13
	0.975	6.30	4.86	4.24	3.89	3.66	3.50	3.36	3.29	3.26	3.15	3.09	3.05	2.95	2.84	2.78	2.73	2.61	2.55	2.49
	0.99	8.86	6.51	5.56	5.04	4.69	4.46	4.28	4.14	4.03	3.94	3.86	3.38	3.66	3.51	3.41	3.35	3.18	3.09	3.00
15	0.90	3.07	2.70	2.49	2.36	2.27	2.21	2.16	2.12	2.09	2.06	2.04	2.02	1.97	1.92	1.89	1.87	1.82	1.79	1.76
	0.95	4.54	3.68	3.29	3.06	2.90	2.79	2.71	2.64	2.59	2.54	2.51	2.48	2.40	2.33	2.28	2.25	2.16	2.11	2.07
	0.975	6.20	4.77	4.15	3.80	3.58	3.41	3.29	3.20	3.12	3.06	3.01	2.96	2.86	2.76	2.69	2.64	2.52	2.46	2.40
	0.99	8.68	6.36	5.42	4.89	4.56	4.32	4.14	4.00	3.89	3.80	3.73	3.67	3.52	3.37	3.28	3.21	3.05	2.96	2.87
16~20	0.90	2.97	2.59	2.38	2.25	2.16	2.09	2.04	2.00	1.96	1.94	1.91	1.89	1.84	1.79	1.76	1.74	1.68	1.64	1.61
	0.95	4.35	3.49	3.10	2.87	2.71	2.60	2.51	2.45	2.39	2.35	2.31	2.28	2.20	2.12	2.07	2.04	1.95	1.90	1.84
	0.975	5.87	4.46	3.86	3.51	3.29	3.13	3.01	2.91	2.84	2.77	2.72	2.68	2.57	2.46	2.40	2.35	2.22	2.16	2.09
	0.99	8.10	5.85	4.94	4.43	4.10	3.87	3.70	3.56	3.46	3.37	3.29	3.23	3.09	2.94	2.84	2.78	2.61	2.52	2.42
21~25	0.90	2.92	2.53	2.32	2.18	2.09	2.02	1.97	1.93	1.89	1.87	1.84	1.82	1.77	1.72	1.68	1.66	1.59	1.56	1.52
	0.95	4.24	3.39	2.99	2.76	2.60	2.49	2.40	2.34	2.28	2.24	2.20	2.16	2.09	2.01	1.96	1.92	1.82	1.77	1.71
	0.975	5.69	4.29	3.69	3.35	3.13	2.97	2.85	2.75	2.68	2.61	2.56	2.51	2.41	2.30	2.23	2.18	2.05	1.98	1.91
	0.99	7.77	5.57	4.68	4.18	3.85	3.63	3.46	3.32	3.22	3.13	3.06	2.99	2.85	2.70	2.60	2.54	2.36	2.27	2.17
26~30	0.90	2.88	2.49	2.28	2.14	2.05	1.98	1.93	1.88	1.85	1.82	1.79	1.77	1.72	1.67	1.63	1.61	1.54	1.50	1.46
	0.95	4.17	3.32	2.92	2.69	2.53	2.42	2.33	2.27	2.21	2.16	2.13	2.09	2.01	1.93	1.88	1.84	1.74	1.68	1.62
	0.975	5.57	4.18	3.59	3.25	3.03	2.87	2.75	2.65	2.57	2.51	2.46	2.41	2.31	2.20	2.12	2.07	1.94	1.87	1.79
	0.99	7.56	5.39	4.51	4.02	3.70	3.47	3.30	3.17	3.07	2.98	2.91	2.84	2.70	2.55	2.45	2.39	2.21	2.11	2.01
31~60	0.90	2.79	2.39	2.18	2.04	1.95	1.87	1.82	1.77	1.74	1.71	1.68	1.66	1.60	1.54	1.50	1.48	1.40	1.35	1.29
	0.95	4.00	3.15	2.76	2.53	2.37	2.25	2.17	2.10	2.04	1.99	1.95	1.92	1.84	1.75	1.69	1.65	1.53	1.47	1.39
	0.975	5.29	3.93	3.34	3.01	2.79	2.63	2.51	2.41	2.33	2.27	2.22	2.17	2.06	1.94	1.87	1.82	1.67	1.58	1.48
	0.99	7.08	4.98	4.13	3.65	3.34	3.12	2.95	2.82	2.72	2.63	2.56	2.50	2.35	2.20	2.10	2.03	1.84	1.73	1.60
61~120	0.90	2.75	2.36	2.13	1.99	1.90	1.82	1.77	1.72	1.68	1.65	1.63	1.60	1.55	1.48	1.44	1.41	1.32	1.26	1.19
	0.95	3.92	3.07	2.68	2.45	2.29	2.18	2.09	2.02	1.96	1.91	1.87	1.83	1.75	1.66	1.60	1.55	1.43	1.35	1.25
	0.975	5.15	3.80	3.23	2.89	2.67	2.52	2.39	2.30	2.22	2.16	2.10	2.05	1.94	1.82	1.75	1.69	1.53	1.43	1.31
	0.99	7.08	4.98	4.13	3.65	3.34	3.12	2.95	2.82	2.72	2.47	2.40	2.34	2.19	2.03	1.93	1.86	1.66	1.53	1.38
121 이상	0.90	2.71	2.30	2.08	1.94	1.85	1.77	1.72	1.67	1.63	1.60	1.57	1.55	1.49	1.42	1.38	1.34	1.24	1.17	1.00
	0.95	3.84	3.00	2.60	2.37	2.21	2.10	2.01	1.94	1.88	1.83	1.79	1.79	1.67	1.57	1.52	1.46	1.32	1.22	1.00
	0.975	5.02	3.69	3.12	2.79	2.57	2.41	2.29	2.19	2.11	2.05	1.99	1.94	1.83	1.71	1.64	1.57	1.39	1.27	1.00
	0.99	6.63	4.61	3.78	3.32	3.02	2.80	2.64	2.51	2.41	2.32	2.25	2.18	2.04	1.88	1.79	1.70	1.47	1.32	1.00

관리도용 계수표

군의 크기	관리한계를 위한 계수													중심선을 위한 계수			
	A	A_2	A_3	A_4	H_2	B_3	B_4	B_5	B_6	D_1	D_2	D_3	D_4	c_4	d_2	d_3	m_3
2	2.121	1.880	2.659	1.880	2.695	–	3.267	–	2.606	–	3.686	–	3.267	0.798	1.128	0.853	1.000
3	1.732	1.023	1.954	1.187	1.826	–	2.568	–	2.276	–	4.358	–	2.575	0.886	1.693	0.888	1.160
4	1.500	0.729	1.628	0.796	1.522	–	2.266	–	2.088	–	4.698	–	2.282	0.921	2.059	0.880	1.092
5	1.342	0.577	1.427	0.691	1.363	–	2.089	–	1.964	–	4.918	–	2.114	0.940	2.326	0.864	1.198
6	1.225	0.483	1.287	0.549	1.263	0.030	1.970	0.029	1.874	–	5.078	–	2.004	0.952	2.534	0.848	1.135
7	1.134	0.419	1.182	0.509	1.194	0.118	1.882	0.113	1.806	0.204	5.204	0.076	1.924	0.959	2.707	0.833	1.214
8	1.061	0.373	1.099	0.432	1.143	0.185	1.815	0.179	1.751	0.388	5.306	0.136	1.864	0.965	2.847	0.820	1.160
9	1.000	0.337	1.032	0.412	1.104	0.239	1.761	0.232	1.707	0.547	5.393	0.184	1.816	0.969	2.970	0.808	1.223
10	0.949	0.308	0.975	0.363	1.072	0.284	1.716	0.276	1.669	0.687	5.469	0.223	1.777	0.973	3.078	0.797	1.176
11	0.905	0.285	0.927	0.350	·	0.321	1.679	0.313	1.637	0.811	5.535	0.256	1.744	0.975	3.173	0.787	1.228
12	0.866	0.266	0.886	0.315	·	0.354	1.646	0.346	1.610	0.922	5.594	0.284	1.717	0.978	3.258	0.778	1.188
13	0.832	0.249	0.850	0.307	·	0.382	1.618	0.374	1.585	1.025	5.647	0.308	1.693	0.979	3.336	0.770	1.232
14	0.802	0.235	0.817	0.280	·	0.406	1.594	0.399	1.563	1.118	5.696	0.329	1.672	0.981	3.407	0.763	1.196
15	0.775	0.223	0.789	0.275	·	0.428	1.572	0.421	1.544	1.203	5.741	0.348	1.653	0.982	3.472	0.756	1.235
16	0.750	0.212	0.763	0.254	·	0.448	1.552	0.440	1.526	1.282	5.782	0.364	1.637	0.983	3.532	0.750	1.203
17	0.782	0.203	0.739	0.251	·	0.466	1.534	0.458	1.511	1.356	5.820	0.379	1.622	0.985	3.588	0.744	1.237
18	0.707	0.194	0.718	0.234	·	0.482	1.518	0.475	1.496	1.424	5.856	0.392	1.609	0.985	3.640	0.739	1.208
19	0.688	0.187	0.698	0.232	·	0.497	1.503	0.490	1.483	1.487	5.891	0.404	1.596	0.986	3.689	0.733	1.239
20	0.671	0.180	0.680	0.218	·	0.510	1.490	0.504	1.470	1.549	5.921	0.414	1.585	0.987	3.735	0.729	1.212
21	0.655	0.173	0.663	0215	·	0.523	1.477	0.516	1.459	1.605	5.951	0.425	1.575	0.988	3.778	0.724	1.240
22	0.640	0.167	0.647	0.203	·	0.534	1.466	0.528	1.448	1.659	5.979	0.435	1.565	0.988	3.819	0.720	1.215
23	0.626	0.162	0.633	0.201	·	0.545	1.455	0.539	1.438	1.710	6.006	0.443	1.557	0.989	3.858	0.716	1.241
24	0.612	0.157	0.619	0.191	·	0.555	1.445	0.549	1.429	1.759	6.031	0.452	1.548	0.989	3.895	0.712	1.218
25	0.600	0.153	0.606	0.190	·	0.565	1.435	0.559	1.420	1.806	6.056	0.459	1.541	0.990	3.931	0.708	1.242

2. 수험용 수치표(Ⅱ)

□ 직교다항식표

수준수 계수	$k=2$ b_1	$k=3$ b_1	b_2	$k=4$ b_1	b_2	b_3	$k=5$ b_1	b_2	b_3	b_4
W_1	-1	-1	1	-3	1	-1	-2	2	-1	1
W_2	1	0	-2	-1	-1	3	-1	-1	2	-4
W_3		1	1	1	-1	-3	0	-2	0	6
W_4				3	1	1	1	-1	-2	-4
W_5							2	2	1	1
$\lambda^2 S$	2	2	6	20	4	20	10	14	10	70
λS	1	2	2	10	4	6	10	14	12	24
S	$1/2$	2	$2/3$	5	4	$9/5$	10	14	$72/5$	$283/35$
λ	2	1	3	2	1	$10/3$	1	1	$5/6$	$35/12$

수준수 계수	$k=6$ b_1	b_2	b_3	b_4	b_5	$k=7$ b_1	b_2	b_3	b_4	b_5
W_1	-5	5	-5	1	-1	-3	5	-1	3	-1
W_2	-3	-1	7	-3	5	-2	0	1	-7	4
W_3	-1	-4	-4	2	-10	-1	-3	1	1	-5
W_4	1	-4	-4	2	10	0	-4	0	6	0
W_5	3	-1	-7	-3	-5	1	-3	-1	1	5
W_6	5	5	5	1	1	2	0	-1	-7	-4
W_7						3	5	1	3	1
$\lambda^2 S$	70	84	180	28	252	28	84	6	154	84
λS	35	56	108	48	120	28	84	36	264	240
S	$35/2$	$112/3$	$324/5$	$576/7$	$400/7$	28	84	216	$3168/7$	$4800/7$
λ	2	$3/2$	$5/3$	$7/12$	$21/10$	1	1	$1/6$	$7/12$	$7/20$

☐ KS Q ISO 2859-1 : 2014 부표 1 샘플문자를 구하는 표

로트크기	특별검사수준				통상검사수준		
	S=1	S=2	S=3	S=4	I	II	III
16~25	A	A	B	B	B	C	D
26~50	A	B	B	C	C	D	E
51~90	B	B	C	C	C	E	F
91~150	B	B	C	D	D	F	G
151~280	B	C	D	E	E	G	H
281~500	B	C	D	E	F	H	J
501~1200	C	C	E	F	G	J	K
1201~3200	C	D	E	G	H	K	L
3201~10000	C	D	F	G	J	L	M
10001~35000	C	D	F	H	K	M	N
35001~150000	D	E	G	J	L	N	P
150001~500000	D	E	G	J	M	P	Q

☐ 부표 2-A 보통 검사의 1회 샘플링검사 방식 (주 샘플링 표)

샘플문자	샘플크기	AQL, 부적합품 퍼센트 및 100 아이템당 부적합수								
		0.25	0.4	0.65	1.0	1.5	2.5	4.0	6.5	10
		Ac Re	Ac Re	Ac Re	Ac Re	Ac Re	Ac Re	Ac Re	Ac Re	Ac Re
A	2	⇩	⇩	⇩	⇩	⇩	⇩	⇩	0 1	⇩
B	3	⇩	⇩	⇩	⇩	⇩	⇩	0 1	⇧	⇩
C	5	⇩	⇩	⇩	⇩	⇩	0 1	⇧	⇩	1 2
D	8	⇩	⇩	⇩	⇩	0 1	⇧	⇩	1 2	2 3
E	13	⇩	⇩	⇩	0 1	⇧	⇩	1 2	2 3	3 4
F	20	⇩	⇩	0 1	⇧	⇩	1 2	2 3	3 4	5 6
G	32	⇩	0 1	⇧	⇩	1 2	2 3	3 4	5 6	7 8
H	50	0 1	⇧	⇩	1 2	2 3	3 4	5 6	7 8	10 11
J	80	⇧	⇩	1 2	2 3	3 4	5 6	7 8	10 11	14 15
K	125	⇩	1 2	2 3	3 4	5 6	7 8	10 11	14 15	21 22
L	200	1 2	2 3	3 4	5 6	7 8	10 11	14 15	21 22	⇧
M	315	2 3	3 4	5 6	7 8	10 11	14 15	21 22	⇧	⇧
N	500	3 4	5 6	7 8	10 11	14 15	21 22	⇧	⇧	⇧

부표 2-B 까다로운 검사의 1회 샘플링검사 방식 (주 샘플링 표)

샘플 문자	샘플 크기	AQL, 부적합품 퍼센트 및 100 아이템당 부적합수								
		0.25	0.4	0.65	1.0	1.5	2.5	4.0	6.5	10
		Ac Re	Ac Re	Ac Re	Ac Re	Ac Re	Ac Re	Ac Re	Ac Re	Ac Re
A	2	⇩	⇩	⇩	⇩	⇩	⇩	⇩	⇩	0 1
B	3	⇩	⇩	⇩	⇩	⇩	⇩	⇩	0 1	⇩
C	5	⇩	⇩	⇩	⇩	⇩	⇩	0 1	⇩	⇩
D	8	⇩	⇩	⇩	⇩	⇩	0 1	⇩	⇩	1 2
E	13	⇩	⇩	⇩	⇩	0 1	⇩	⇩	1 2	2 3
F	20	⇩	⇩	⇩	0 1	⇩	⇩	1 2	2 3	3 4
G	32	⇩	⇩	0 1	⇩	⇩	1 2	2 3	3 4	5 6
H	50	⇩	0 1	⇩	⇩	1 2	2 3	3 4	5 6	8 9
J	80	0 1	⇩	⇩	1 2	2 3	3 4	5 6	8 9	12 13
K	125	⇩	⇩	1 2	2 3	3 4	5 6	8 9	12 13	18 19
L	200	⇩	1 2	2 3	3 4	5 6	8 9	12 13	18 19	⇧
M	315	1 2	2 3	3 4	5 6	8 9	12 13	18 19	⇧	⇧
N	500	2 3	3 4	5 6	8 9	12 13	18 19	⇧	⇧	⇧

부표 2-C 수월한 검사의 1회 샘플링검사 방식(주 샘플링 표)

샘플 문자	샘플 크기	AQL, 부적합품 퍼센트 및 100아이템당 부적합수								
		0.25	0.40	0.65	1.0	1.5	2.5	4.0	6.5	10
		Ac Re	Ac Re	Ac Re	Ac Re	Ac Re	Ac Re	Ac Re	Ac Re	Ac Re
A	2	⇩	⇩	⇩	⇩	⇩	⇩	⇩	0 1	⇩
B	2	⇩	⇩	⇩	⇩	⇩	⇩	0 1	⇧	⇩
C	2	⇩	⇩	⇩	⇩	⇩	0 1	⇧	⇩	⇩
D	3	⇩	⇩	⇩	⇩	0 1	⇧	⇩	⇩	1 2
E	5	⇩	⇩	⇩	0 1	⇧	⇩	⇩	1 2	2 3
F	8	⇩	⇩	0 1	⇧	⇩	⇩	1 2	2 3	3 4
G	13	⇩	0 1	⇧	⇩	⇩	1 2	2 3	3 4	4 5
H	20	0 1	⇧	⇩	⇩	1 2	2 3	3 4	4 5	6 7
J	32	⇧	⇩	⇩	1 2	2 3	3 4	4 5	6 7	8 9
K	50	⇩	⇩	1 2	2 3	3 4	4 5	6 7	8 9	10 11
L	80	⇩	1 2	2 3	3 4	4 5	6 7	8 9	10 11	⇧
M	125	1 2	2 3	3 4	4 5	6 7	8 9	10 11	⇧	⇧
N	200	2 3	3 4	4 5	6 7	8 9	10 11	⇧	⇧	⇧

□ 부표 11-A 보통 검사의 1회 샘플링검사 방식 (주 샘플링 보조표)

샘플 문자	샘플 크기	AQL, 부적합품 퍼센트 및 100 아이템당 부적합수								
		0.25	0.4	0.65	1.0	1.5	2.5	4.0	6.5	10
		Ac Re	Ac Re	Ac Re	Ac Re	Ac Re	Ac Re	Ac Re	Ac Re	Ac Re
A	2	⇩	⇩	⇩	⇩	⇩	⇩	⇩	0 1	1/3
B	3	⇩	⇩	⇩	⇩	⇩	⇩	0 1	1/3	1/2
C	5	⇩	⇩	⇩	⇩	⇩	0 1	1/3	1/2	1 2
D	8	⇩	⇩	⇩	⇩	0 1	1/3	1/2	1 2	2 3
E	13	⇩	⇩	⇩	0 1	1/3	1/2	1 2	2 3	3 4
F	20	⇩	⇩	0 1	1/3	1/2	1 2	2 3	3 4	5 6
G	32	⇩	0 1	1/3	1/2	1 2	2 3	3 4	5 6	7 8
H	50	0 1	1/3	1/2	1 2	2 3	3 4	5 6	7 8	10 11
J	80	1/3	1/2	1 2	2 3	3 4	5 6	7 8	10 11	14 15
K	125	1/2	1 2	2 3	3 4	5 6	7 8	10 11	14 15	21 22
L	200	1 2	2 3	3 4	5 6	7 8	10 11	14 15	21 22	⇧
M	315	2 3	3 4	5 6	7 8	10 11	14 15	21 22	⇧	⇧
N	500	3 4	5 6	7 8	10 11	14 15	21 22	⇧	⇧	⇧

□ 부표 11-B 까다로운 검사의 1회 샘플링검사 방식 (주 샘플링 보조표)

샘플 문자	샘플 크기	AQL, 부적합품 퍼센트 및 100 아이템당 부적합수								
		0.25	0.4	0.65	1.0	1.5	2.5	4.0	6.5	10
		Ac Re	Ac Re	Ac Re	Ac Re	Ac Re	Ac Re	Ac Re	Ac Re	Ac Re
A	2	⇩	⇩	⇩	⇩	⇩	⇩	⇩	⇩	0 1
B	3	⇩	⇩	⇩	⇩	⇩	⇩	⇩	0 1	1/3
C	5	⇩	⇩	⇩	⇩	⇩	⇩	0 1	1/3	1/2
D	8	⇩	⇩	⇩	⇩	⇩	0 1	1/3	1/2	1 2
E	13	⇩	⇩	⇩	⇩	0 1	1/3	1/2	1 2	2 3
F	20	⇩	⇩	⇩	0 1	1/3	1/2	1 2	2 3	3 4
G	32	⇩	⇩	0 1	1/3	1/2	1 2	2 3	3 4	5 6
H	50	⇩	0 1	1/3	1/2	1 2	2 3	3 4	5 6	8 9
J	80	0 1	1/3	1/2	1 2	2 3	3 4	5 6	8 9	12 13
K	125	1/3	1/2	1 2	2 3	3 4	5 6	8 9	12 13	18 19
L	200	1/2	1 2	2 3	3 4	5 6	8 9	12 13	18 19	⇧
M	315	1 2	2 3	3 4	5 6	8 9	12 13	18 19	⇧	⇧
N	500	2 3	3 4	5 6	8 9	12 13	18 19	⇧	⇧	⇧

□ 부표 11-C 수월한 검사의 1회 샘플링검사 방식 (주 샘플링 보조표)

샘플 문자	샘플 크기	AQL, 부적합품 퍼센트 및 100 아이템당 부적합수								
		0.25	0.4	0.65	1.0	1.5	2.5	4.0	6.5	10
		Ac Re	Ac Re	Ac Re	Ac Re	Ac Re	Ac Re	Ac Re	Ac Re	Ac Re
A	2	⇩	⇩	⇩	⇩	⇩	⇩	⇩	0 1	1/5
B	2	⇩	⇩	⇩	⇩	⇩	⇩	0 1	1/5	1/3
C	2	⇩	⇩	⇩	⇩	⇩	0 1	1/5	1/3	1/2
D	3	⇩	⇩	⇩	⇩	0 1	1/5	1/3	1/2	1 2
E	5	⇩	⇩	⇩	0 1	1/5	1/3	1/2	1 2	2 3
F	8	⇩	⇩	0 1	1/5	1/3	1/2	1 2	2 3	3 4
G	13	⇩	0 1	1/5	1/3	1/2	1 2	2 3	3 4	4 5
H	20	0 1	1/5	1/3	1/2	1 2	2 3	3 4	4 5	6 7
J	32	1/5	1/3	1/2	1 2	2 3	3 4	4 5	6 7	8 9
K	50	1/3	1/2	1 2	2 3	3 4	4 5	6 7	8 9	10 11
L	80	1/2	1 2	2 3	3 4	4 5	6 7	8 9	10 11	⇧
M	125	1 2	2 3	3 4	4 5	6 7	8 9	10 11	⇧	⇧
N	200	2 3	3 4	4 5	6 7	8 9	10 11	⇧	⇧	⇧

□ KS Q ISO 2859-2 : 2014

■ 부표 A 한계품질(LQ)을 지표로 하는 1회 샘플링검사 방식(절차 A)

로트 크기		한계품질(LQ) (부적합품 퍼센트)							
		0.80	1.25	2.0	3.15	5.0	8.0	12.5	20.0
16~25	n	*	*	*	*	*	17([1])	13	9
	Ac						0	0	0
26~50	n	*	*	*	*	28([1])	22	15	10
	Ac					0	0	0	0
51~90	n	*	*	50	44	34	24	16	10
	Ac			0	0	0	0	0	0
91~150	n	*	90	80	55	38	26	18	13
	Ac		0	0	0	0	0	0	0
151~280	n	170([1])	130	95	65	42	28	20	20
	Ac	0	0	0	0	0	0	0	1
281~500	n	220	155	105	80	50	32	32	20
	Ac	0	0	0	0	0	0	1	1
501~1200	n	255	170	125	125	80	50	32	32
	Ac	0	0	0	1	1	1	1	3
1201~3200	n	280	200	200	125	125	80	50	50
	Ac	0	0	1	1	3	3	3	5
3201~10000	n	315	315	200	200	200	125	80	80
	Ac	0	1	1	3	5	5	5	10
10001~35000	n	500	315	315	315	315	200	125	125
	Ac	1	1	3	5	10	10	10	18
35001~150000	n	500	500	500	500	500	315	200	125
	Ac	1	3	5	10	18	18	18	18
150001~500000	n	800	800	800	800	500	315	200	125
	Ac	3	5	10	18	18	18	18	18
500000 이상	n	1250	1250	1250	800	500	315	200	125
	Ac	5	10	18	18	18	18	18	18

□ KS Q ISO 28591

표1 계수 축차 샘플링검사 방식에 대한 파라미터(부적합품률 검사)

Q_{PR}	파라미터	Q_{CR} (소비자 위험 품질 수준)							
		2.00	2.50	3.15	4.00	5.00	6.30	8.00	10.0
0.25	h_A	1.074	0.968	0.878	0.801	0.739	0.684	0.635	0.594
	h_R	1.378	1.243	1.128	1.028	0.949	0.879	0.815	0.762
	g	0.00844	0.00981	0.0115	0.0136	0.0160	0.0190	0.0228	0.0271
0.315	h_A	1.207	1.075	0.966	0.873	0.800	0.736	0.679	0.632
	h_R	1.549	1.381	1.240	1.121	1.028	0.945	0.872	0.812
	g	0.00914	0.0106	0.0124	0.0146	0.0171	0.0202	0.0242	0.0287
0.40	h_A	1.385	1.214	1.076	0.962	0.875	0.799	0.732	0.678
	h_R	1.778	1.559	1.382	1.236	1.123	1.026	0.940	0.871
	g	0.00996	0.0115	0.0134	0.0157	0.0184	0.0217	0.0258	0.0305
0.50	h_A	1.606	1.381	1.205	1.064	0.958	0.868	0.790	0.727
	h_R	2.062	1.774	1.548	1.366	1.231	1.114	1.014	0.934
	g	0.0108	0.0125	0.0145	0.0169	0.0197	0.0232	0.0275	0.0324
0.63	h_A	1.926	1.611	1.377	1.196	1.064	0.953	0.860	0.786
	h_R	2.472	2.069	1.768	1.535	1.366	1.224	1.104	1.009
	g	0.0119	0.0136	0.0157	0.0183	0.0212	0.0249	0.0294	0.0346
0.80	h_A	2.425	1.946	1.614	1.371	1.200	1.062	0.947	0.858
	h_R	3.113	2.499	2.073	1.760	1.541	1.363	1.215	1.102
	g	0.0131	0.0149	0.0172	0.0200	0.0231	0.0269	0.0317	0.0371
1.00	h_A	3.201	2.417	1.925	1.589	1.364	1.188	1.046	0.939
	h_R	4.110	3.103	2.472	2.040	1.751	1.525	1.343	1.205
	g	0.0144	0.0164	0.0188	0.0217	0.0250	0.0290	0.0341	0.0397
1.25	h_A	4.713	3.189	2.386	1.890	1.580	1.348	1.168	1.036
	h_R	6.052	4.095	3.063	2.426	2.028	1.731	1.500	1.331
	g	0.0160	0.0180	0.0206	0.0237	0.0272	0.0314	0.0367	0.0427
1.60	h_A	9.908	4.943	3.247	2.392	1.917	1.586	1.343	1.171
	h_R	12.721	6.346	4.169	3.072	2.461	2.036	1.724	1.504
	g	0.0179	0.0202	0.0229	0.0262	0.0299	0.0345	0.0401	0.0464
2.00	h_A		9.863	4.830	3.154	2.376	1.888	1.553	1.329
	h_R		12.663	6.202	4.049	3.051	2.424	1.994	1.706
	g		0.0224	0.0253	0.0289	0.0328	0.0376	0.0436	0.0503
2.50	h_A			9.467	4.637	3.131	2.335	1.843	1.535
	h_R			12.155	5.953	4.019	3.127	2.998	2.367
	g			0.0281	0.0319	0.0361	0.0412	0.0475	0.0546
3.15	h_A				9.089	4.677	3.100	2.289	1.832
	h_R				11.669	6.005	3.980	2.939	2.353
	g				0.0356	0.0401	0.0455	0.0522	0.0597
4.00	h_A					9.637	4.705	3.060	2.295
	h_R					12.372	6.040	3.929	2.947
	g					0.0448	0.0507	0.0578	0.0658
5.00	h_A						9.193	4.484	3.013
	h_R						11.803	5.757	3.868
	g						0.0563	0.0639	0.0724

* 단 $\alpha = 0.05$, $\beta = 0.10$인 경우

KS Q ISO 39511

표4 계량 축차 샘플링검사 방식에 대한 파라미터(부적합품률 검사)

Q_{PR}	파라미터	Q_{CR} (소비자 위험 품질 수준)							
		2.00	2.50	3.15	4.00	5.00	6.30	8.00	10.0
0.40	h_A	3.763	3.253	2.839	2.498	2.235	2.006	1.805	1.643
	h_R	4.831	4.176	3.645	3.207	2.870	2.576	2.318	2.109
	g	2.353	2.306	2.256	2.201	2.148	2.091	2.029	1.967
	n_t	37	28	22	17	14	11	10	8
0.50	h_A	4.312	3.656	3.141	2.728	2.418	2.153	1.923	1.739
	h_R	5.536	4.693	4.033	3.503	3.105	2.764	2.469	2.233
	g	2.315	2.268	2.218	2.163	2.110	2.053	1.990	1.929
	n_t	49	35	26	20	16	13	11	10
0.63	h_A	5.103	4.209	3.542	3.025	2.649	2.333	2.066	1.855
	h_R	6.552	5.403	4.547	3.884	3.400	2.996	2.652	2.382
	g	2.274	2.227	2.177	2.123	2.070	2.012	1.950	1.888
	n_t	68	46	34	25	19	16	13	10
0.80	h_A	6.339	5.015	4.095	3.420	2.946	2.562	2.243	1.997
	h_R	8.138	6.438	5.258	4.391	3.783	3.289	2.879	2.564
	g	2.231	2.184	2.134	2.080	2.027	1.969	1.907	1.845
	n_t	103	65	44	31	23	19	14	11
1.00	h_A	8.259	6.145	4.819	3.911	3.303	2.827	2.444	2.155
	h_R	10.603	7.889	6.187	5.021	4.241	3.630	3.137	2.766
	g	2.190	2.143	2.093	2.039	1.986	1.928	1.866	1.804
	n_t	175	97	61	40	29	22	17	13
1.25	h_A	11.997	7.999	5.890	4.588	3.774	3.165	2.692	2.345
	h_R	15.402	10.270	7.562	5.890	4.845	4.063	3.456	3.011
	g	2.148	2.101	2.050	1.996	1.943	1.886	1.823	1.761
	n_t	367	164	89	55	38	26	20	16
1.60	h_A	24.832	12.206	7.893	5.718	4.507	3.665	3.045	2.609
	h_R	31.881	15.671	10.134	7.341	5.786	4.705	3.909	3.350
	g	2.099	2.052	2.002	1.948	1.895	1.837	1.775	1.713
	n_t	1564	379	160	85	53	35	25	19
2.00	h_A		24.006	11.572	7.429	5.506	4.299	3.471	2.915
	h_R		30.821	14.857	9.537	7.069	5.519	4.456	3.743
	g		2.007	1.956	1.902	1.849	1.792	1.729	1.668
	n_t		1462	341	142	79	49	32	23
2.50	h_A			22.341	10.757	7.144	5.237	4.057	3.318
	h_R			28.683	13.811	9.173	6.723	5.209	4.260
	g			1.910	1.855	1.802	1.745	1.683	1.621
	n_t			1267	295	131	71	43	29
3.15	h_A				20.747	10.503	6.840	4.957	3.897
	h_R				26.637	13.485	8.782	6.365	5.004
	g				1.805	1.752	1.695	1.632	1.570
	n_t				1093	281	121	64	40

* 단, $\alpha = 0.05$, $\beta = 0.10$인 경우

〈비고〉 Q_{PR} 및 Q_{CR} 부적합품률(%)로 표시함.

감마함수표

$$\Gamma(x) = \int_0^\infty t^{x-1} \cdot e^{-t} dt \, (x > 0)$$

x	$\Gamma(x)$	$10+\log_{10}\Gamma(x)$	x	$\Gamma(x)$	$10+\log_{10}\Gamma(x)$	x	$\Gamma(x)$	$10+\log_{10}\Gamma(x)$
1.00	1.00000	10.00000						
1.01	0.99433	9.99753	1.51	0.88659	9.94772	2.01	1.00427	0.00185
1.02	.98874	9.99513	1.52	.88704	9.94794	2.02	1.00862	.00373
1.03	.98355	9.99280	1.53	.88757	9.94820	2.03	1.01306	.00563
1.04	.97844	9.99053	1.54	.88818	9.94850	2.04	1.01758	.00757
1.05	.97350	9.98834	1.55	.88887	9.94884	2.05	1.02218	.00953
1.06	.96874	9.98621	1.56	.88964	9.94921	2.06	1.02687	.01151
1.07	.96415	9.98415	1.57	.89049	9.94963	2.07	1.03164	.01353
1.08	.95973	9.98215	1.58	.89142	9.95008	2.08	1.03650	.01557
1.09	.95546	9.98021	1.59	.89243	9.95057	2.09	1.04145	.01764
1.10	.95135	9.97834	1.60	.89352	9.95110	2.10	1.04649	.09173
1.11	.94740	9.97653	1.61	.89468	9.95167	2.11	1.05161	.02185
1.12	.94359	9.97478	1.62	.89592	9.95227	2.12	1.05682	.02400
1.13	.93993	9.97310	1.63	.89724	9.95291	2.13	1.06212	.02617
1.14	.93642	9.97147	1.64	.89864	9.95358	2.14	1.06751	.02837
1.15	.93304	9.96990	1.65	.90012	9.95430	2.15	1.07300	.03060
1.16	.92980	9.96839	1.66	.90167	9.95505	2.16	1.07857	.03285
1.17	.92670	9.96694	1.67	.90330	9.95583	2.17	1.08424	.03512
1.18	.92373	9.96554	1.68	.90500	9.95665	2.18	1.09000	.03743
1.19	.92089	9.96421	1.69	.90678	9.95750	2.19	1.09585	.03975
1.20	.91817	9.96292	1.70	.90864	9.95839	2.20	1.10180	.04210
1.21	.91558	9.96169	1.71	.91057	9.95931	2.21	1.10785	.04448
1.22	.91311	9.96052	1.72	.91258	9.96027	2.22	1.11399	.04688
1.23	.91075	9.95940	1.73	.91467	9.96126	2.23	1.12023	.04931
1.24	.90852	9.95834	1.74	.91683	9.96229	2.24	1.12657	.05176
1.25	.90640	9.95732	1.75	.91906	9.96335	2.25	1.13300	.05423
1.26	.90440	9.95636	1.76	.92137	9.96444	2.26	1.13954	.05673
1.27	.90250	9.95545	1.77	.92376	9.96556	2.27	1.14618	.05925
1.28	.90072	9.95459	1.78	.92623	9.96672	2.28	1.15292	.06180
1.29	.89904	9.95378	1.79	.92877	9.96791	2.29	1.15976	.06437
1.30	.89747	9.95302	1.80	.93138	9.96913	2.30	1.16671	.06696
1.31	.89600	9.95231	1.81	.93408	9.97038	2.31	1.17377	.06958
1.32	.89464	9.95165	1.82	.93685	9.97167	2.32	1.18093	.07222
1.33	.89338	9.95104	1.83	.93969	9.97298	2.33	1.18819	.07489
1.34	.89222	9.95047	1.84	.94261	9.97433	2.34	1.19557	.07757
1.35	.89115	9.94995	1.85	.94561	9.97571	2.35	1.20305	.08029
1.36	.89018	9.94948	1.86	.94869	9.97712	2.36	1.21065	.08302
1.37	.88931	9.94905	1.87	.95184	9.97856	2.37	1.21836	.08578
1.38	.88854	9.94868	1.88	.95507	9.98004	2.38	1.22618	.08855
1.39	.88785	9.94834	1.89	.95838	9.98154	2.39	1.23412	.09136
1.40	.88726	9.94805	1.90	.96177	9.98307	2.40	1.24217	.09418
1.41	.88676	9.94781	1.91	.96523	9.98463	2.41	1.25034	.09703
1.42	.88636	9.94761	1.92	.96877	9.98622	2.42	1.25863	.09990
1.43	.88604	9.94745	1.93	.97240	9.98784	2.43	1.26703	.10279
1.44	.88581	9.94734	1.94	.97610	9.98948	2.44	1.27555	.10570
1.45	.88566	9.94727	1.95	.97988	9.99117	2.45	1.28421	.10864
1.46	.88560	9.94724	1.96	.98374	9.99288	2.46	1.29298	.11159
1.47	.88563	9.94725	1.97	.98768	9.99462	2.47	1.30188	.11457
1.48	.88575	9.94731	1.98	.99171	9.99638	2.48	1.31091	.11757
1.49	.88595	9.94741	1.99	.99581	9.99818	2.49	1.32006	.12059
1.50	.88623	9.94754	2.00	1.00000	10.00000	2.50	1.32934	.12364

3. 제공되지 않는 수치표

■ 최대프로세스표준편차의 f값(양쪽 규격한계의 결합관리)

Q_{PR}(%)	0.1	0.125	0.160	0.20	0.25	0.315	0.4	0.5	0.63	0.8	1.0	1.25	1.60	2.0	2.5	3.15	4.0	5.0	6.3	8.0	10.0
f	0.143	0.146	0.149	0.152	0.155	0.158	0.161	0.165	0.169	0.174	0.178	0.183	0.189	0.194	0.201	0.208	0.216	0.225	0.235	0.246	0.259

비고 : 축차 샘플링의 최대프로세스표준편차, σ_{max}가 표준화된 값 f에 규격하한, U와 규격상한, L 간의 차이를 곱해 구해진다.

■ 최대프로세스표준편차의 f값(양쪽 규격한계의 분리관리)

Q_{PR},L \ Q_{PR},U	0.1	0.125	0.160	0.20	0.25	0.315	0.4	0.5	0.63	0.8	1.0	1.25	1.60	2.0	2.5	3.15	4.0	5.0	6.3	8.0	10.0
0.1	0.162	0.164	0.166	0.168	0.170	0.172	0.174	0.176	0.179	0.182	0.185	0.188	0.191	0.194	0.198	0.202	0.207	0.211	0.216	0.222	0.229
0.125	0.164	0.165	0.167	0.169	0.172	0.174	0.176	0.179	0.181	0.184	0.187	0.190	0.194	0.197	0.201	0.205	0.209	0.214	0.220	0.226	0.232
0.160	0.166	0.167	0.170	0.172	0.174	0.176	0.179	0.181	0.184	0.187	0.190	0.193	0.196	0.200	0.204	0.208	0.213	0.218	0.223	0.230	0.236
0.20	0.168	0.169	0.172	0.174	0.176	0.178	0.181	0.183	0.187	0.189	0.192	0.195	0.199	0.203	0.207	0.211	0.216	0.221	0.227	0.233	0.240
0.25	0.170	0.172	0.174	0.176	0.178	0.181	0.183	0.186	0.189	0.192	0.195	0.198	0.202	0.206	0.210	0.214	0.219	0.225	0.231	0.237	0.245
0.315	0.172	0.174	0.176	0.178	0.181	0.183	0.186	0.188	0.191	0.195	0.198	0.201	0.205	0.209	0.213	0.218	0.223	0.228	0.235	0.242	0.249
0.4	0.174	0.176	0.179	0.181	0.183	0.186	0.189	0.191	0.194	0.198	0.201	0.204	0.208	0.213	0.217	0.222	0.227	0.233	0.239	0.246	0.254
0.5	0.176	0.179	0.181	0.183	0.186	0.188	0.191	0.194	0.197	0.201	0.204	0.208	0.212	0.216	0.220	0.225	0.231	0.237	0.244	0.251	0.259
0.63	0.179	0.181	0.184	0.186	0.189	0.191	0.194	0.197	0.200	0.204	0.207	0.211	0.216	0.220	0.224	0.230	0.236	0.242	0.248	0.256	0.265
0.8	0.182	0.184	0.187	0.189	0.192	0.195	0.198	0.201	0.204	0.208	0.211	0.215	0.220	0.224	0.229	0.234	0.240	0.247	0.254	0.262	0.271
1.0	0.185	0.187	0.190	0.192	0.195	0.198	0.201	0.204	0.207	0.211	0.215	0.219	0.224	0.229	0.233	0.239	0.245	0.252	0.259	0.268	0.277
1.25	0.188	0.190	0.193	0.195	0.198	0.201	0.204	0.208	0.211	0.215	0.219	0.223	0.228	0.233	0.238	0.244	0.250	0.257	0.265	0.274	0.284
1.6	0.191	0.194	0.196	0.199	0.202	0.205	0.208	0.212	0.216	0.220	0.224	0.228	0.233	0.238	0.244	0.250	0.257	0.264	0.272	0.282	0.292
2.0	0.194	0.197	0.200	0.203	0.206	0.209	0.213	0.216	0.220	0.224	0.228	0.233	0.238	0.243	0.249	0.256	0.263	0.270	0.279	0.289	0.300
2.5	0.198	0.201	0.204	0.207	0.210	0.213	0.217	0.220	0.224	0.229	0.233	0.238	0.244	0.249	0.255	0.262	0.269	0.277	0.287	0.297	0.308
3.15	0.202	0.205	0.208	0.211	0.214	0.218	0.222	0.225	0.230	0.234	0.239	0.244	0.250	0.256	0.262	0.269	0.277	0.285	0.295	0.306	0.318
4.0	0.207	0.209	0.213	0.216	0.219	0.223	0.227	0.231	0.236	0.240	0.245	0.250	0.257	0.263	0.269	0.277	0.286	0.295	0.305	0.317	0.330
5.0	0.211	0.214	0.218	0.221	0.225	0.228	0.233	0.237	0.242	0.247	0.252	0.257	0.264	0.270	0.277	0.285	0.295	0.304	0.315	0.328	0.342
6.3	0.216	0.220	0.223	0.227	0.231	0.235	0.239	0.244	0.248	0.254	0.259	0.265	0.272	0.279	0.287	0.295	0.305	0.315	0.327	0.341	0.356
8.0	0.222	0.226	0.230	0.233	0.237	0.242	0.246	0.241	0.256	0.262	0.268	0.274	0.282	0.289	0.297	0.306	0.317	0.328	0.341	0.356	0.372
10.0	0.229	0.232	0.236	0.240	0.245	0.249	0.254	0.259	0.265	0.271	0.277	0.284	0.292	0.300	0.308	0.318	0.330	0.342	0.356	0.372	0.390

비고 : 축차 샘플링의 최대프로세스표준편차, σ_{max}가 표준화된 값 f에 규격하한, U와 규격상한, L 간의 차이를 곱해 구해진다.

KS Q 0001:2013 계수 규준형 1회 샘플링검사표

(α ≒ 0.05, β ≒ 0.10)

p_1(%) \ p_0(%)	0.71~0.90	0.91~1.12	1.13~1.40	1.41~1.80	1.81~2.24	2.25~2.80	2.81~3.55	3.56~4.50	4.51~5.60	5.61~7.10	7.11~9.00	9.01~11.2	11.3~14.0	14.1~18.0	18.1~22.4	22.5~28.0	28.1~35.5	p_0(%) \ p_1(%)
0.090~0.112	*	① 4 00 1	→	↓	↑	60 0	50 0	↓	→	→	→	→	→	→	→	→	28.1 35.5	0.090~0.112
0.113~0.140	*	→	300 1	↓	↑	↑	→	←	40 1	→	→	→	→	→	→	→	→	0.113~0.140
0.141~0.180	*	500 2	→	250 1	↓	→	→	↑	←	30 0	↓	→	→	→	→	→	→	0.141~0.180
0.181~0.224	*	*	400 2	200 1	→	↓	↓	→	↑	→	25 0	↓	→	→	→	→	→	0.181~0.224
0.225~0.280	*	*	500 3	300 2	150 1	120 1	→	↓	→	←	→	20 0	↓	→	→	↓	→	0.225~0.280
0.281~0.355	*	*	*	400 4	250 2	→	100 1	→	↑	↓	←	←	15 0	→	→	→	→	0.281~0.355
0.356~0.450	*	*	*	500 6	300 3	200 2	→	↓	→	→	→	↑	↑	15 0	↓	→	→	0.356~0.450
0.451~0.560	*	*	*	*	400 4	250 2	150 2	100 1	80 1	↓	→	↓	→	↑	10 0	7 0	←	0.451~0.560
0.561~0.710	*	*	*	*	500 6	300 4	200 3	120 2	→	60 1	→	←	←	→	↑	←	5 0	0.561~0.710
0.711~0.900	*	*	*	*	*	400 6	250 4	150 3	100 2	80 2	50 1	40 1	30 1	↓	→	→	→	0.711~0.900
0.901~1.12	*	*	*	*	*	*	300 6	200 4	120 3	100 3	60 2	50 2	↓	→	→	↓	→	0.901~1.12
1.13~1.40	*	*	*	*	*	*	500 10	250 6	150 4	100 3	80 3	60 3	40 2	25 1	20 1	→	←	1.13~1.40
1.41~1.80			*	*	*	*	*	300 10	200 6	150 6	100 4	70 4	50 3	30 2	↓	↓	↓	1.41~1.80
1.81~2.24					*	*	*	*	250 10	200 10	120 6	100 6	60 4	40 3	25 2	15 1	10 1	1.81~2.24
2.25~2.80						*	*	*	*	250 10	200 10	150 10	80 6	50 4	30 3	20 2	→	2.25~2.80
2.81~3.55								*	*	*	*	*	120 10	60 6	40 4	25 3	15 2	2.81~3.55
3.56~4.50									*	*	*	*	*	100 10	50 6	30 4	20 3	3.56~4.50
4.51~5.60										*	*	*	*	*	70 10	40 6	25 4	4.51~5.60
5.61~7.10											*	*	*	*	*	60 10	30 6	5.61~7.10
7.11~9.00												*	*	*	*	*	*	7.11~9.00
9.01~11.2													*	*	*	*	*	9.01~11.2
p_0(%) \ p_1(%)	0.71~0.90	0.91~1.12	1.13~1.40	1.41~1.80	1.81~2.24	2.25~2.80	2.81~3.55	3.56~4.50	4.51~5.60	5.61~7.10	7.11~9.00	9.01~11.2	11.3~14.0	14.1~18.0	18.1~22.4	22.5~28.0	28.1~35.5	p_1(%)

☐ KS Q 0001 샘플링검사 설계보조표

p_1/p_0	c	n
17 이상	0	$2.56/p_0 + 115/p_1$
16~7.9	1	$17.8/p_0 + 194/p_1$
7.8~5.6	2	$40.9/p_0 + 266/p_1$
5.5~4.4	3	$68.3/p_0 + 344/p_1$
4.3~3.6	4	$98.5/p_0 + 400/p_1$
3.5~2.8	6	$164/p_0 + 527/p_1$
2.7~2.3	10	$308/p_0 + 770/p_1$
2.2~2.0	15	$502/p_0 + 1065/p_1$
1.99~1.86	20	$704/p_0 + 1350/p_1$

☐ KS Q 0001:2013 계량 규준형 1회 샘플링검사표

■ 부표 1 m_0, m_1을 근거로 하여 n, G_0를 구하는 표

$(\alpha \fallingdotseq 0.05, \ \beta \fallingdotseq 0.10)$

$\dfrac{|m_1 - m_0|}{\sigma}$	n	G_0
2.069 이상	2	1.163
1.690~2.068	3	0.950
1.463~1.686	4	0.822
1.309~1.462	5	0.736
1.195~1.308	6	0.672
1.106~1.194	7	0.622
1.035~1.105	8	0.582
0.975~1.034	9	0.548
0.925~0.974	10	0.520
0.882~0.924	11	0.469
0.845~0.881	12	0.475
0.812~0.844	13	0.456
0.772~0.811	14	0.440
0.756~0.771	15	0.425
0.732~0.755	16	0.411
0.710~0.731	17	0.399
0.690~0.709	18	0.383
0.671~0.689	19	0.377
0.654~0.670	20	0.368
0.585~0.653	25	0.329
0.534~0.584	30	0.300
0.495~0.533	35	0.278
0.463~0.494	40	0.260
0.436~0.462	45	0.245
0.414~0.435	50	0.233

□ P_0, P_1을 기초로 n, k를 구하는 표(σ기지 : 부적합품률 보증)

좌측은 k, 우측은 n

($\alpha \fallingdotseq 0.05$, $\beta \fallingdotseq 0.10$)

p_0(%) 대표값	p_1(%) 대표값 범위	0.80 0.71~ 0.90	1.00 0.91~ 1.12	1.25 1.13~ 1.40	1.60 1.41~ 1.80	2.00 1.81~ 2.24	2.50 2.25~ 2.80	3.15 2.81~ 3.55	4.00 3.56~ 4.50	5.00 4.51~ 5.60	6.30 5.61~ 7.10	8.00 7.11~ 9.00	10.0 9.01~ 11.2
0.100	0.090~0.112	2.71 18	2.66 15	2.61 12	2.56 10	2.51 8	2.45 7	2.40 6	2.34 5	2.28 4	2.21 4	2.14 3	2.08 3
0.125	0.113~0.140	2.68 23	2.63 18	2.58 14	2.53 11	2.48 9	2.43 8	2.37 6	2.31 5	2.25 5	2.19 4	2.11 3	2.05 3
0.160	0.141~0.180	2.64 29	2.60 22	2.55 17	2.50 13	2.45 11	2.39 9	2.35 7	2.28 6	2.22 5	2.15 4	2.09 4	2.01 3
0.200	0.181~0.224	2.61 39	2.57 28	2.52 21	2.47 16	2.42 13	2.36 10	2.30 8	2.25 7	2.19 6	2.12 5	2.05 4	1.98 3
0.250	0.225~0.280	*	2.54 37	2.49 27	2.44 20	3.38 15	2.33 12	2.28 10	2.21 8	2.15 6	2.09 5	2.02 4	1.95 4
0.315	0.281~0.355	*	*	2.46 36	2.40 25	2.35 19	2.30 14	2.24 11	2.18 9	2.12 7	2.06 6	1.99 5	1.92 4
0.400	0.356~0.450	*	*	*	2.37 33	2.32 24	2.26 18	2.21 14	2.15 11	2.08 8	2.02 7	1.95 6	1.89 5
0.500	0.451~0.560	*	*	*	2.33 46	2.28 31	2.23 23	2.17 17	2.11 13	2.05 10	1.99 8	1.92 6	1.85 5
0.630	0.561~0.710	*	*	*	*	2.25 44	2.19 30	2.14 21	2.08 15	2.02 12	1.95 9	1.89 7	1.81 6
0.800	0.711~0.900		*	*	*	*	2.16 42	2.10 28	2.04 20	1.98 15	1.91 11	1.84 8	1.78 7
1.00	0.901~1.12			*	*	*	*	2.06 39	2.00 26	1.94 18	1.88 14	1.81 10	1.74 8
1.25	1.13~1.40				*	*	*	*	1.97 36	1.91 24	1.84 17	1.77 12	1.70 6
1.60	1.41~1.80					*	*	*	*	1.86 34	1.80 23	1.73 16	1.66 12
2.00	1.81~2.24						*	*	*	*	1.76 31	1.69 20	1.62 14
2.50	2.25~2.80						*	*	*	*	1.72 46	1.65 28	1.58 19
3.16	2.81~3.55							*	*	*	*	2.60 42	1.53 26
4.00	3.56~4.50								*	*	*	*	1.49 39
5.00	4.51~5.60									*	*	*	*
6.30	5.61~7.10										*	*	*
8.00	7.11~9.00											*	*
10.00	9.01~11.2												*

[주] 좌측은 k, 우측은 n

KS Q 0001 : 2013 [p_0(%), p_1(%)를 기초로 하여 시료의 크기 n과 합격판정치를 계산하기 위한 계산 k를 구하는 표(σ 미지)]

왼쪽아래의 숫자는 n, 오른쪽 숫자는 k

($\alpha = 0.05$, $\beta = 0.10$)

p_1(%) 대표값 p_0(%) 범위	0.80 0.71~0.90	1.00 0.91~1.12	1.25 1.13~1.40	1.60 1.41~1.80	2.00 1.81~2.24	2.50 2.25~2.80	3.15 2.81~3.55	4.00 3.56~4.50	5.00 4.51~5.60	6.30 5.61~7.10	8.00 7.11~9.00	10.0 9.01~11.20	12.50 11.30~14.00	16.00 14.10~18.00	20.00 18.10~22.40	25.00 22.50~28.00	31.50 28.10~35.50
0.100 0.090~0.112	2,71 87	2,67 68	2,62 54	2,57 42	2,52 34	2,47 28	2,42 23	2,36 19	2,31 16	2,24 13	2,19 11	2,11 9	2,07 8	1,95 6	1,87 5	1,87 5	1,77 4
0.125 0.113~0.140		2,64 80	2,59 62	2,54 48	2,49 38	2,44 31	2,39 25	2,32 20	2,28 17	2,21 14	2,16 12	2,10 10	2,02 8	1,97 7	1,90 6	1,82 5	1,72 4
0.160 0.141~0.180			2,60 98	2,50 56	2,46 44	2,40 35	2,35 28	2,30 23	2,23 18	2,18 15	2,10 12	2,04 10	2,00 9	1,91 7	1,85 6	1,77 5	1,67 4
0.200 0.181~0.224				2,53 90	2,47 66	2,37 40	2,32 31	2,26 25	2,20 20	2,14 16	2,08 13	2,02 11	1,95 9	1,86 7	1,80 6	1,72 5	1,63 4
0.250 0.225~0.280					2,39 59	2,34 46	2,28 35	2,23 28	2,17 22	2,12 18	2,04 14	1,99 12	1,93 10	1,86 8	1,75 6	1,67 5	1,53 4
0.315 0.281~0.355					2,36 71	2,31 54	2,25 41	2,19 31	2,14 25	2,07 19	2,00 15	1,94 12	1,88 10	1,80 8	1,75 7	1,62 5	1,53 4
0.400 0.356~0.450					2,32 89	2,27 65	2,22 48	2,16 36	2,10 28	2,04 22	1,98 17	1,92 14	1,85 11	1,78 9	1,69 7	1,64 6	1,47 4
0.500 0.451~0.560						2,23 80	2,18 57	2,12 42	2,07 32	2,00 24	1,94 19	1,88 15	1,81 12	1,72 9	1,64 7	1,58 6	1,51 5
0.630 0.561~0.710							2,14 71	2,08 50	2,03 37	1,97 28	2,90 21	1,83 16	1,77 13	1,69 10	1,62 8	1,52 6	1,45 5
0.800 0.711~0.900							2,10 92	2,05 62	1,99 44	1,92 32	2,86 24	1,79 18	1,72 14	1,66 11	1,56 8	1,51 7	1,39 5
1.000 0.901~1.120								2,01 79	1,95 54	1,89 38	1,83 28	1,76 21	1,69 16	1,62 12	1,53 9	1,45 7	1,33 5
1.250 1.130~1.400									1,91 69	1,85 47	1,78 32	1,72 24	1,65 18	1,57 13	1,50 10	1,39 7	1,33 6
1.600 1.410~1.800									1,87 95	1,80 60	1,74 40	1,67 28	1,60 20	1,35 15	1,45 11	1,35 8	1,26 6
2.000 1.810~2.240										1,76 81	1,69 50	1,63 34	1,56 24	1,48 17	1,40 12	1,32 9	1,19 6
2.500 2.250~2.800											1,65 67	1,59 43	1,52 29	1,43 19	1,36 14	1,27 10	1,17 7
3.150 2.810~3.550											1,61 96	1,54 57	1,47 36	1,39 23	1,31 16	1,22 11	1,13 8
4.000 3.560~4.500												1,49 83	1,42 48	1,34 29	1,25 19	1,17 13	1,08 9
5.000 4.510~5.600													1,37 69	1,29 38	1,20 23	1,11 15	1,02 10
6.300 5.610~7.100														1,23 53	1,15 30	1,07 19	0,97 12
8.000 7.110~9.000														1,18 87	1,10 44	1,00 24	0,89 14
10.000 9.010~11.200															1,04 68	0,95 34	0,84 18

[주] 좌측은 k, 우측은 n

□ (누적)푸아송분포

$$p_{(c)} = \frac{e^{-np}(np)^c}{c!} \quad ((\ )\text{안은 누적치})$$

c \ np	0.1	0.2	0.3	0.4	0.5
0	0.905 (0.905)	0.819 (0.819)	0.741 (0.741)	0.670 (0.670)	0.607 (0.607)
1	0.091 (0.996)	0.164 (0.983)	0.222 (0.963)	0.268 (0.938)	0.303 (0.910)
2	0.004 (1.000)	0.016 (0.999)	0.033 (0.996)	0.054 (0.992)	0.076 (0.986)
3		0.010 (1.000)	0.004 (1.000)	0.007 (0.999)	0.013 (0.999)
4				0.001 (1.000)	0.001 (1.000)

c \ np	0.6	0.7	0.8	0.9	1.0
0	0.549 (0.549)	0.497 (0.497)	0.449 (0.449)	0.406 (0.406)	0.368 (0.368)
1	0.329 (0.878)	0.349 (0.845)	0.359 (0.808)	0.366 (0.772)	0.368 (0.736)
2	0.099 (0.977)	0.122 (0.967)	0.144 (0.952)	0.166 (0.938)	0.184 (0.920)
3	0.020 (0.997)	0.028 (0.995)	0.039 (0.991)	0.049 (0.987)	0.061 (0.981)
4	0.003 (1.000)	0.005 (1.000)	0.008 (0.999)	0.011 (0.998)	0.016 (0.997)
5			0.001 (1.000)	0.002 (1.000)	0.003 (1.000)

c \ np	1.1	1.2	1.3	1.4	1.5
0	0.333 (0.333)	0.301 (0.301)	0.273 (0.273)	0.247 (0.247)	0.223 (0.223)
1	0.366 (0.699)	0.361 (0.662)	0.354 (0.627)	0.345 (0.592)	0.335 (0.558)
2	0.201 (0.900)	0.217 (0.879)	0.230 (0.857)	0.242 (0.834)	0.251 (0.809)
3	0.074 (0.974)	0.087 (0.966)	0.100 (0.957)	0.113 (0.947)	0.126 (0.935)
4	0.021 (0.995)	0.026 (0.992)	0.032 (0.989)	0.039 (0.986)	0.047 (0.982)
5	0.004 (0.999)	0.007 (0.999)	0.009 (0.998)	0.011 (0.997)	0.014 (0.996)
6	0.001 (1.000)	0.001 (1.000)	0.002 (1.000)	0.003 (1.000)	0.004 (1.000)

c \ np	1.6	1.7	1.8	1.9	2.0
0	0.202 (0.202)	0.183 (0.183)	0.165 (0.165)	0.150 (0.150)	0.135 (0.135)
1	0.323 (0.525)	0.311 (0.494)	0.298 (0.463)	0.284 (0.434)	0.271 (0.406)
2	0.258 (0.783)	0.264 (0.758)	0.268 (0.731)	0.270 (0.704)	0.271 (0.677)
3	0.138 (0.921)	0.149 (0.907)	0.161 (0.892)	0.171 (0.875)	0.180 (0.857)
4	0.055 (0.976)	0.064 (0.971)	0.072 (0.964)	0.081 (0.956)	0.090 (0.947)
5	0.018 (0.994)	0.022 (0.993)	0.026 (0.990)	0.031 (0.987)	0.036 (0.983)
6	0.005 (0.999)	0.006 (0.999)	0.008 (0.998)	0.010 (0.997)	0.012 (0.995)
7	0.001 (1.000)	0.001 (1.000)	0.002 (1.000)	0.003 (1.000)	0.004 (0.999)
8					0.001 (1.000)

c \ np	2.1	2.2	2.3	2.4	2.5
0	0.123 (0.123)	0.111 (0.111)	0.100 (0.100)	0.091 (0.091)	0.082 (0.082)
1	0.257 (0.380)	0.244 (0.355)	0.231 (0.331)	0.218 (0.309)	0.205 (0.287)
2	0.270 (0.650)	0.268 (0.623)	0.265 (0.596)	0.261 (0.570)	0.256 (0.543)
3	0.189 (0.839)	0.197 (0.820)	0.203 (0.799)	0.209 (0.779)	0.214 (0.757)
4	0.099 (0.938)	0.108 (0.928)	0.117 (0.916)	0.125 (0.904)	0.134 (0.891)
5	0.042 (0.980)	0.048 (0.976)	0.054 (0.970)	0.060 (0.964)	0.067 (0.958)
6	0.015 (0.995)	0.017 (0.993)	0.021 (0.991)	0.024 (0.988)	0.028 (0.986)
7	0.004 (0.999)	0.005 (0.998)	0.007 (0.998)	0.008 (0.996)	0.010 (0.996)
8	0.001 (1.000)	0.002 (1.000)	0.002 (1.000)	0.003 (0.999)	0.003 (0.999)
9				0.001 (1.000)	0.001 (1.000)

c \ np	2.6	2.7	2.8	2.9	3.0
0	0.074 (0.074)	0.067 (0.067)	0.061 (0.061)	0.055 (0.055)	0.050 (0.050)
1	0.193 (0.267)	0.182 (0.249)	0.170 (0.231)	0.160 (0.215)	0.149 (0.199)
2	0.251 (0.518)	0.245 (0.494)	0.238 (0.469)	0.231 (0.446)	0.224 (0.423)
3	0.218 (0.736)	0.221 (0.715)	0.223 (0.692)	0.224 (0.670)	0.224 (0.647)
4	0.141 (0.877)	0.149 (0.864)	0.156 (0.848)	0.162 (0.832)	0.168 (0.815)
5	0.074 (0.951)	0.080 (0.944)	0.087 (0.935)	0.094 (0.926)	0.101 (0.916)
6	0.032 (0.983)	0.036 (0.980)	0.041 (0.976)	0.045 (0.971)	0.050 (0.966)
7	0.012 (0.995)	0.014 (0.994)	0.016 (0.992)	0.019 (0.990)	0.022 (0.988)
8	0.004 (0.999)	0.005 (0.999)	0.006 (0.998)	0.007 (0.997)	0.008 (0.999)
9	0.001 (1.000)	0.001 (1.000)	0.002 (1.000)	0.002 (0.999)	0.003 (0.999)
10				0.001 (1.000)	0.001 (1.000)

c \ np	3.1	3.2	3.3	3.4	3.5
0	0.045 (0.045)	0.041 (0.041)	0.037 (0.037)	0.033 (0.033)	0.030 (0.030)
1	0.140 (0.185)	0.130 (0.171)	0.122 (0.159)	0.113 (0.146)	0.106 (0.136)
2	0.216 (0.401)	0.209 (0.380)	0.201 (0.360)	0.193 (0.339)	0.185 (0.321)
3	0.224 (0.625)	0.223 (0.603)	0.222 (0.582)	0.219 (0.558)	0.216 (0.537)
4	0.173 (0.798)	0.178 (0.781)	0.182 (0.764)	0.186 (0.744)	0.189 (0.726)
5	0.107 (0.905)	0.114 (0.895)	0.120 (0.884)	0.126 (0.870)	0.132 (0.858)
6	0.056 (0.061)	0.061 (0.956)	0.066 (0.950)	0.071 (0.941)	0.077 (0.935)
7	0.025 (0.986)	0.028 (0.984)	0.031 (0.981)	0.035 (0.976)	0.038 (0.973)
8	0.010 (0.996)	0.011 (0.995)	0.012 (0.993)	0.015 (0.991)	0.017 (0.990)
9	0.003 (0.999)	0.004 (0.999)	0.005 (0.998)	0.006 (0.997)	0.007 (0.997)
10	0.001 (1.000)	0.001 (1.000)	0.001 (1.000)	0.002 (0.999)	0.002 (0.999)
11				0.001 (1.000)	0.001 (1.000)

c \ np	3.6	3.7	3.8	3.9	4.0
0	0.027 (0.027)	0.025 (0.025)	0.022 (0.022)	0.020 (0.020)	0.018 (0.018)
1	0.098 (0.125)	0.091 (0.116)	0.085 (0.107)	0.079 (0.099)	0.073 (0.091)
2	0.177 (0.302)	0.169 (0.285)	0.161 (0.268)	0.154 (0.253)	0.147 (0.238)
3	0.213 (0.515)	0.209 (0.494)	0.205 (0.473)	0.200 (0.453)	0.195 (0.433)
4	0.019 (1.706)	0.193 (0.687)	0.194 (0.667)	0.195 (0.648)	0.195 (0.628)
5	0.138 (0.844)	0.143 (0.830)	0.148 (0.815)	0.152 (0.800)	0.157 (0.785)
6	0.083 (0.927)	0.088 (0.918)	0.094 (0.909)	0.099 (0.899)	0.104 (0.889)
7	0.042 (0.969)	0.047 (0.965)	0.051 (0.960)	0.055 (0.954)	0.060 (0.949)
8	0.019 (0.988)	0.022 (0.987)	0.024 (0.984)	0.027 (0.981)	0.030 (0.979)
9	0.008 (0.996)	0.009 (0.996)	0.010 (0.994)	0.012 (0.993)	0.013 (0.992)
10	0.003 (0.999)	0.003 (0.999)	0.004 (0.998)	0.004 (0.997)	0.005 (0.997)
11	0.001 (1.000)	0.001 (1.000)	0.001 (0.999)	0.002 (0.999)	0.002 (0.999)
12			0.001 (1.000)	0.001 (1.000)	0.001 (1.000)

c \ np	4.1	4.2	4.3	4.4	4.5
0	0.017 (0.017)	0.015 (0.015)	0.014 (0.014)	0.012 (0.012)	0.011 (0.011)
1	0.068 (0.085)	0.063 (0.078)	0.058 (0.072)	0.054 (0.066)	0.050 (0.061)
2	0.139 (0.224)	0.132 (0.210)	0.126 (0.198)	0.119 (0.185)	0.113 (0.174)
3	0.190 (0.414)	0.185 (0.395)	0.180 (0.378)	0.174 (0.359)	0.169 (0.343)
4	0.195 (0.609)	0.195 (0.590)	0.193 (0.571)	0.192 (0.551)	0.190 (0.533)
5	0.160 (0.769)	0.163 (0.753)	0.166 (0.737)	0.169 (0.720)	0.171 (0.704)
6	0.110 (0.879)	0.114 (0.867)	0.119 (0.856)	0.124 (0.844)	0.138 (0.832)
7	0.064 (0.943)	0.069 (0.936)	0.073 (0.929)	0.078 (0.922)	0.082 (0.914)
8	0.033 (0.976)	0.036 (0.972)	0.040 (0.969)	0.043 (0.965)	0.046 (0.960)
9	0.015 (0.991)	0.017 (0.989)	0.019 (0.988)	0.021 (0.986)	0.023 (0.983)
10	0.006 (0.997)	0.007 (0.996)	0.008 (0.996)	0.009 (0.995)	0.011 (0.994)
11	0.002 (0.999)	0.003 (0.999)	0.003 (0.999)	0.004 (0.999)	0.004 (0.998)
12	0.001 (1.000)	0.001 (1.000)	0.001 (1.000)	0.001 (1.000)	0.001 (0.999)
13					0.001 (1.000)

이항분포표

n	X	p								
		0.10	0.20	0.30	0.40	0.50	0.60	0.70	0.80	0.90
2	0	0.8100	0.6400	0.4900	0.3600	0.2500	0.1600	0.0900	0.0400	0.0100
	1	0.1800	0.3200	0.4200	0.4800	0.5000	0.4800	0.4200	0.3200	0.1800
	2	0.0100	0.0400	0.0900	0.1600	0.2500	0.3600	0.4900	0.6400	0.8100
3	0	0.7290	0.5120	0.3430	0.2160	0.1250	0.0640	0.0270	0.0080	0.0010
	1	0.2430	0.3840	0.4410	0.4320	0.3750	0.2880	0.1890	0.0960	0.0270
	2	0.0270	0.0960	0.1890	0.2880	0.3750	0.4320	0.4410	0.3840	0.2430
	3	0.0010	0.0080	0.0270	0.0640	0.1250	0.2160	0.3430	0.5120	0.7290
4	0	0.6561	0.4096	0.2401	0.1296	0.0625	0.0256	0.0081	0.0016	0.0001
	1	0.2916	0.4096	0.4116	0.3456	0.2500	0.1536	0.0756	0.0256	0.0036
	2	0.0486	0.1536	0.2646	0.3456	0.3750	0.3456	0.2646	0.1536	0.0486
	3	0.0036	0.0256	0.0756	0.1536	0.2500	0.3456	0.4116	0.4096	0.2916
	4	0.0001	0.0016	0.0081	0.0256	0.0625	0.1296	0.2401	0.4096	0.6561
5	0	0.5905	0.3277	0.1681	0.0778	0.0313	0.0102	0.0024	0.0003	
	1	0.3281	0.4096	0.3602	0.2592	0.1562	0.0768	0.0284	0.0064	0.0004
	2	0.0729	0.2048	0.3087	0.3456	0.3125	0.2304	0.1323	0.0512	0.0081
	3	0.0081	0.0512	0.1323	0.2304	0.3125	0.3456	0.3087	0.2048	0.0729
	4	0.0004	0.0064	0.0284	0.0768	0.1562	0.2592	0.3602	0.4096	0.3281
	5		0.0003	0.0024	0.0102	0.0313	0.0778	0.1681	0.3277	0.5905
6	0	0.5314	0.2621	0.1176	0.0467	0.0156	0.0041	0.0007	0.0001	
	1	0.3543	0.3932	0.3025	0.1866	0.0938	0.0369	0.0102	0.0015	0.0001
	2	0.0984	0.2458	0.3241	0.3110	0.2344	0.1382	0.0595	0.0154	0.0012
	3	0.0146	0.0819	0.1852	0.2765	0.3125	0.2765	0.1852	0.0819	0.0146
	4	0.0012	0.0514	0.0595	0.1382	0.2344	0.3110	0.3241	0.2458	0.0984
	5	0.0001	0.0015	0.0102	0.0369	0.0938	0.1866	0.3025	0.3932	0.3543
	6		0.0001	0.0007	0.0041	0.0156	0.0467	0.1176	0.2621	0.5314
7	0	0.4783	0.2097	0.0824	0.0280	0.0078	0.0019	0.0002		
	1	0.3720	0.3670	0.2471	0.1306	0.0547	0.0172	0.0036	0.0004	
	2	0.1240	0.2753	0.3177	0.2613	0.1641	0.0774	0.0250	0.0043	0.0002
	3	0.0230	0.1147	0.2269	0.2903	0.2734	0.1935	0.0972	0.0287	0.0026
	4	0.0026	0.0287	0.0972	0.1935	0.2734	0.2903	0.2269	0.1147	0.0230
	5	0.0002	0.0043	0.0250	0.0774	0.0641	0.2613	0.3177	0.2753	0.1240
	6		0.0004	0.0036	0.0172	0.0547	0.1306	0.2471	0.3670	0.3720
	7			0.0002	0.0016	0.0078	0.0280	0.0824	0.2097	0.4783
8	0	0.4305	0.1678	0.0576	0.0168	0.0039	0.0007	0.0001		
	1	0.3826	0.3355	0.1976	0.0896	0.0312	0.0079	0.0012	0.0001	
	2	0.1488	0.2936	0.2965	0.2090	0.1094	0.0413	0.0100	0.0011	
	3	0.0331	0.1468	0.2541	0.2787	0.2188	0.1239	0.0467	0.0092	0.0004
	4	0.0046	0.0459	0.1361	0.2322	0.2734	0.2322	0.1361	0.0549	0.0046
	5	0.0004	0.0092	0.0467	0.1239	0.2188	0.2787	0.2541	0.1468	0.0331
	6		0.0011	0.0100	0.0413	0.1094	0.2090	0.2965	0.2936	0.1488
	7		0.0001	0.0012	0.0079	0.0312	0.0896	0.1976	0.3355	0.3826
	8			0.0001	0.0007	0.0039	0.0168	0.0576	0.1678	0.4305

n	X	p								
		0.10	0.20	0.30	0.40	0.50	0.60	0.70	0.80	0.90
9	0	0.3874	0.1342	0.0404	0.0101	0.0020	0.0003			
	1	0.3874	0.3020	0.1556	0.0605	0.0176	0.0035	0.0004		
	2	0.1722	0.3020	0.2668	0.1612	0.0703	0.0212	0.0039	0.0003	
	3	0.0446	0.1762	0.2668	0.2508	0.1641	0.0743	0.0210	0.0028	0.0001
	4	0.0074	0.0661	0.1715	0.2508	0.2461	0.1672	0.0735	0.0165	0.0008
	5	0.0008	0.0165	0.0735	0.1672	0.2491	0.2508	0.1715	0.0661	0.0074
	6	0.0001	0.0028	0.0210	0.0743	0.1641	0.2508	0.2668	0.1762	0.0446
	7		0.0003	0.0039	0.0212	0.0703	0.1612	0.2668	0.3020	0.1722
	8			0.0004	0.0035	0.0176	0.0605	0.1556	0.3020	0.3874
	9				0.0003	0.0020	0.0101	0.0404	0.1342	0.3874
10	0	0.3487	0.1074	0.0282	0.0060	0.0010	0.0001			
	1	0.3874	0.2684	0.1211	0.0403	0.0098	0.0016	0.0001		
	2	0.1937	0.3020	0.2335	0.1209	0.0439	0.0106	0.0014	0.0001	
	3	0.0574	0.2013	0.2668	0.2150	0.1772	0.0425	0.0090	0.0008	
	4	0.0112	0.0881	0.2001	0.2508	0.2051	0.1115	0.0368	0.0055	0.0001
	5	0.0015	0.0264	0.1029	0.2007	0.2461	0.2007	0.1029	0.0264	0.0015
	6	0.0001	0.0055	0.0368	0.1115	0.2051	0.2508	0.2001	0.0881	0.0112
	7	0.0008	0.0090	0.0425	0.1172	0.2150	0.2668	0.2013	0.0574	0.0001
	8			0.0014	0.0106	0.0439	0.1209	0.2335	0.3020	0.1937
	9			0.0001	0.0016	0.0098	0.0403	0.1211	0.2684	0.3874
	10				0.0001	0.0010	0.0060	0.0282	0.1074	0.3487
11	0	0.3138	0.0859	0.0198	0.0036	0.0005				
	1	0.3835	0.2362	0.0932	0.0266	0.0054	0.0007			
	2	0.2131	0.2953	0.1998	0.0887	0.0269	0.0052	0.0005		
	3	0.0710	0.2215	0.2568	0.1774	0.0806	0.0234	0.0037	0.0002	
	4	0.0158	0.1107	0.2201	0.2365	0.1611	0.0701	0.0173	0.0017	
	5	0.0025	0.0388	0.1321	0.2207	0.2256	0.1471	0.0566	0.0097	0.0003
	6	0.0003	0.0097	0.0566	0.1471	0.2256	0.2207	0.1321	0.0388	0.0025
	7		0.0017	0.0173	0.0701	0.1611	0.2365	0.2201	0.1107	0.0158
	8		0.0002	0.0037	0.0234	0.0806	0.1774	0.2568	0.2215	0.0710
	9			0.0005	0.0052	0.0269	0.0887	0.1998	0.2953	0.2131
	10				0.0007	0.0054	0.0266	0.0932	0.2362	0.3835
	11					0.0005	0.0036	0.0198	0.0859	0.3138

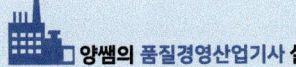

부록 2

기출복기문제

- 2018년 1회 복기문제
- 2018년 2회 복기문제
- 2018년 4회 복기문제
- 2019년 1회 복기문제
- 2019년 2회 복기문제
- 2019년 4회 복기문제
- 2020년 1회 복기문제
- 2020년 2회 복기문제
- 2020년 3회 복기문제
- 2020년 4회 복기문제
- 2020년 5회 복기문제
- 2021년 1회 복기문제
- 2021년 2회 복기문제
- 2021년 4회 복기문제
- 2022년 1회 복기문제
- 2022년 2회 복기문제
- 2022년 4회 복기문제
- 2023년 1회 복기문제
- 2023년 2회 복기문제
- 2023년 4회 복기문제
- 2024년 1회 복기문제
- 2024년 2회 복기문제
- 2024년 3회 복기문제

2018 품질경영산업기사 1회 기출복기문제

01

망대특성인 어떤 제품을 실험할 때 반응압력 A를 4수준, 반응시간 B를 3수준으로 하여 데이터를 구한 결과 다음 표를 얻었다. 물음에 답하시오.

배점: 12점

A\B	A_1	A_2	A_3	A_4	T_j
B_1	11.8	12.8	13.3	13.9	51.8
B_2	12.2	12.5	13.5	13.9	52.1
B_3	13.9	13.3	14.1	14.8	56.1
$T_i.$	37.9	38.6	40.9	42.6	160.0

가. 분산분석표를 작성하시오.

나. A_1 수준에서의 95% 신뢰구간을 추정하시오.

다. A_1 수준과 A_3 수준에서의 차이에 대한 95% 신뢰구간을 구하시오.

라. $A_3 B_3$ 조합에서의 95% 신뢰구간을 구하시오.

02

어떤 제품에 대한 로트의 크기에 따른 제조시간을 측정한 결과 다음과 같은 분산분석표의 일부가 작성되었다. 물음에 답하시오.

배점: 9점

	SS	df	MS	F_0	$F_{0.95}$
회귀	3500	1	3500		
잔차	1000	10	100		
T	4500	11			

가. $H_0 : \beta_1 = 0$, $H_1 : \beta_1 \neq 0$을 유의수준 5%로 검정하시오.

나. 회귀의 기여율을 구하시오.

다. 위 식에서 확률변수 X에 대한 Y의 상관계수를 구하시오.

03

제품 100개를 측정하여 히스토그램을 작성한 결과 $\bar{x} = 118.8$, $s = 4.3$을 구하였다. 만약 이 품질특성의 규격공차가 100~130일 경우 최소공정능력지수를 구하고 공정능력을 평가하시오.

배점: 4점

04

어느 QC 서클은 공정의 부적합품률을 줄이기 위해 부적합품을 항목별로 조사하여 다음과 같은 결과를 얻었다. 파레도도를 작성하시오.

부적합항목	부적합품수
재료	10
치수	35
거칠기	95
형상	56
기타	24

배점 5점

05

에나멜 동선의 도장공정을 관리하기 위하여 시료 1,000m당의 핀홀의 수를 측정하여 다음과 같은 자료를 얻었다.

1) 관리도의 중심선과 관리한계를 구하시오.

2) 관리도를 그리고 판정하시오.

부분군의 번호	1	2	3	4	5	6	7	8	9	10
부분군의 크기 n(1,000m)	1.0	1.0	1.0	1.3	1.3	1.0	1.0	1.3	1.3	1.3
부적합수	5	5	3	2	2	4	3	4	2	4

배점 8점

06

품질분임조활동에 효과적으로 활용되는 품질관리 7가지 도구를 열거하시오.

배점 7점

07

어떤 회로에 사용되는 부품의 소성수축률은 지금까지 장기간에 걸쳐서 관리상태에 있으며 그 표준편차는 0.10%이다. 원가절감을 위해 A 회사의 원료를 사용하는 것이 어떤가를 검토하고 있다. A 회사의 원료의 소성수축률을 시험하였더니 표와 같았다.

가. 이 데이터에 의해서 소성수축률의 산포가 지금까지의 값에 비해 달라졌는지 유의 수준 5%로 검정하시오.

나. 유의할 경우 모분산을 신뢰율 95%로 구간 추정하시오.

2.2	2.4	2.1	2.5	2.0	2.4
2.5	2.3	2.9	2.7	2.8	

배점 8점

08

부적합품률이 8%인 이산확률분포에서, N=50인 로트에서 랜덤하게 표본 5개를 샘플링하였을 때 그 표본 중에 부적합품이 1개 이상 나올 확률을 다음 분포를 적용하여 구하시오.

가. 초기하분포

나. 이항분포

다. 푸아송분포.

09

KS Q ISO 9000:2015 용어에 관한 설명이다. 해당되는 용어를 쓰시오.

가. 요구사항을 명시한 문서 ( )

나. 특정 대상에 대한 적용시점과 책임을 정한 절차 및 연관된 자원에 관한 시방서 ( )

다. 조직의 품질경영시스템에 대한 시방서 ( )

라. 품질 요구사항이 충족될 것이라는 신뢰를 제공하는 데 중점을 둔 품질경영의 일부 ( )

마. 최고경영자에 의해 공식적으로 표명된 품질관련 조직의 전반적인 의도 및 방향으로 품질에 관한 방침 ( )

10

강재의 인장강도는 큰 편이 바람직하다. 지금 평균치가 48kg/mm^2 이상의 로트는 합격시키고, 그것이 44kg/mm^2 이하의 로트는 불합격이 되도록 설계할 경우의 합격판정치를 구하시오. (단, 로트의 표준편차는 $\sigma = 5\text{kg/mm}^2$이며, $\alpha = 0.05$, $\beta = 0.10$이다.)

11

A사는 어떤 부품의 수입검사에 계수형 샘플링검사인 KS Q ISO 2859-1을 적용하고 있다. 이 부품의 적용조건은 AQL=1.0%, 통상검사수준 Ⅲ이며, 엄격도는 보통검사 형식 1회로 시작되었다. 주 샘플링표를 활용하여 다음 물음에 답하시오.

가. 표를 완성하시오.

로트	N	샘플문자	n	Ac	Re	부적합품수	합격여부	전환점수	후속 조치
1	400	J	80	2	3	0	합격	3	보통검사로 시작
2	250	( )	( )	( )	( )	2	( )	( )	( )
3	200	( )	( )	( )	( )	1	( )	( )	( )
4	1000	( )	( )	( )	( )	2	( )	( )	( )
5	600	( )	( )	( )	( )	4	( )	( )	( )

나. 6번째 로트의 엄격도를 결정하시오.

12
공정부적합품률 3%인 p관리도를 작성하려면 적절한 부분군의 크기는 얼마인가?

13
현장개선 활동에 효과적인 5행 활동에 대해 간략히 설명하시오.

14
어떤 공정의 인장강도는 75kg/mm^2 이상으로 규정되어 있다. KS Q 0001에 의하여 $n=5$, $k=2.00$의 계량규준형 1회 샘플링검사를 행한 결과 다음의 데이터를 얻었다. (단, 표준편차는 $\sigma=2\text{kg/mm}^2$임을 알고 있다.)

78, 80, 75.8, 79.0, 79.5

가. 합격판정기준을 구하시오.

나. 이 결과로부터 로트의 합격, 불합격을 판정하시오.

15
어떤 제품의 무게는 평균 100gr, 표준편차 3gr인 정규분포를 따른다. 며칠 후 11개의 표본을 추출하여 측정해보니 평균치 $\bar{x}=103$이었다. 산포가 안정상태라면, 공정평균이 달라졌다 할 수 있는지 유의수준 5%로 검정하시오.

2018년 품질경영산업기사 1회 기출복기문제 정답 및 해설

[채점 포인트 및 핵심체크]

1) 분산분석표를 작성할 때 소수 5자리 원칙을 지켜주세요. 특히 오차분산은 소수점인 경우가 많아 유효숫자가 적어 값의 편차가 커집니다. 이의 제기도 안되니 꼭 지켜주세요.

2) 오차분산은 분산분석표에서 계산만 되어도 괜찮습니다. 분산분석표가 옳으면 4점, 제곱합이 옳으면 2점, 그 외는 0

3) 분산분석표가 옳고 판정이 옳으면 1점, 그 외는 0점

4) A_1의 오차 반복수도 평균치의 반복수와 동일합니다. 옳으면 2점 그 외는 0점

5) 평균치 차의 문제입니다. 평균치 차이는 한결같이 '차두리' 기억하시죠? 옳으면 2점, 그 외는 0점

6) A, B 두 요인의 조합조건에서 평균치의 신뢰구간을 추정하는 문제입니다. 조합평균이므로 반복수가 유효반복수가 됩니다.

01

가. 분산분석표의 작성

① $CT = \dfrac{T^2}{lm} = \dfrac{160^2}{12} = 2133.33333$

② $SS_T = \Sigma\Sigma y_{ij}^2 - CT$
  $= 2141.68 - 2133.33333 = 8.34667$

③ $SS_A = \Sigma \dfrac{T_{i.}^2}{m} - CT$
  $= \dfrac{37.9^2 + 38.6^2 + 40.9^2 + 42.6^2}{4} - CT = 4.64667$

④ $SS_B = \Sigma \dfrac{T_{.j}^2}{l} - CT$
  $= \dfrac{51.8^2 + 52.1^2 + 56.1^2}{3} - CT = 2.88167$

요인	SS	df	MS	F_0	$F_{0.95}$
A	4.64667	3	1.54889	11.35633*	4.76
B	2.88167	2	1.44084	10.56412*	5.14
e	0.81833	6	0.13639		
T	8.34667	11			

판정: 요인 A, B는 유의하다.

나. $\hat{\mu}(A_1) = \bar{y}_{1.} \pm t_{0.975}(\nu_e)\sqrt{\dfrac{V_e}{m}}$
  $= \dfrac{37.9}{3} \pm 2.447 \times \sqrt{\dfrac{0.13639}{3}}$
  $= 12.63333 \pm 0.52175$

다. $\mu(A_1 - A_3) = \bar{y}_{1.} - \bar{y}_{3.} \pm t_{0.975}(6)\sqrt{\dfrac{2V_e}{m}}$
  $= (\dfrac{37.9}{3} - \dfrac{40.9}{3}) \pm 2.447\sqrt{\dfrac{2 \times 0.13639}{3}}$
  $= -1 \pm 0.73787$

라. ① 점 추정치: $\hat{\mu}(A_3 B_3)$
  $\hat{\mu}(A_3 B_1) = \mu + a_3 + b_3 = \bar{y}_{3.} + \bar{y}_{.3} - \bar{\bar{y}}$
  $= \dfrac{40.9}{3} + \dfrac{56.1}{4} - \dfrac{160}{12} = 14.325$

  $n_e = \dfrac{4 \times 3}{4 + 3 - 1} = 2$

② $\hat{\mu}(A_3B_3)$의 95% 신뢰구간추정

$$\hat{\mu}(A_3B_3) = 14.325 \pm t_{0.975}(6)\sqrt{\frac{V_e}{n_e}}$$

$$= 14.325 \pm 2.447 \times \sqrt{\frac{0.13639}{2}}$$

$$= 14.325 \pm 0.63901$$

02

가. $H_0 : \beta_1 = 0, \ H_1 : \beta_1 \neq 0$

	SS	df	MS	F_0	$F_{0.95}$
회귀	3500	1	3500	35*	4.96
잔차	1000	10	100		
T	4500	11			

판정 : 회귀는 유의하다.
그러므로 회귀계수 $\beta_1 \neq 0$으로 존재한다.

나. $r^2 = \dfrac{SS_R}{SS_T} = \dfrac{3500}{4500} = 0.77778$

다. $r = \pm\sqrt{r^2} = \pm 0.88192$

03

$$M = \frac{U+L}{2} = \frac{100+130}{2} = 115 < \bar{x} \text{ 이므로}$$

$$C_{pk} = C_{PkU} = \frac{130 - 118.8}{3 \times 4.3} = 0.86822$$

평가 : 최소공정능력은 3등급이다.

04

부적합항목	부적합품수	누적도수	누적백분율
거칠기	95	95	43.182
형상	56	151	68.636
치수	35	186	84.545
재료	10	196	89.091
기타	24	220	100
합계	220		

술술 풀이보는 키포인트

7) 신뢰구간은 t 분포로 계산됩니다. 옳으면 3점 그 외는 0점

1) 회귀계수(방향계수)의 검정은 분산분석표의 결과가 유의하면 귀무가설 기각 즉 존재한다($\beta_1 \neq 0$)가 됩니다. 옳으면 3점, 그 외는 0점

2) 결정계수는 회귀의 기여율이므로 회귀의 제곱합과 전체 제곱합의 비율입니다. 옳으면 3점, 그 외는 0점

3) 상관계수는 방향을 모르므로 반드시 ± 부호를 붙여야 합니다. 옳으면 3점, 그 외는 0점

1) 먼저 $\bar{x}$와 중심을 비교하여 치우친 방향을 체크합니다.

2) 최소공정능력지수를 구하고 평가합니다. 모두 옳으면 4점, 최소공정능력지수만 옳으면 3점, 그 외는 0점

1) 먼저 도수표를 만듭니다. 도수표의 양식은 지문에 주어지며, 그 표에 기입하시면 됩니다.

2) 파레토도를 그립니다. 반드시 기타는 맨 마지막에 와야 하며, 꺾은선 그래프는 누적확률이며 우측에 기입합니다. 좌측은 도수를 나타내며 막대그래프로 표현합니다. 도수는 표현하지 않아도 됩니다. 모두 옳으면 5점, 표만 옳으면 2점, 그 외는 0점

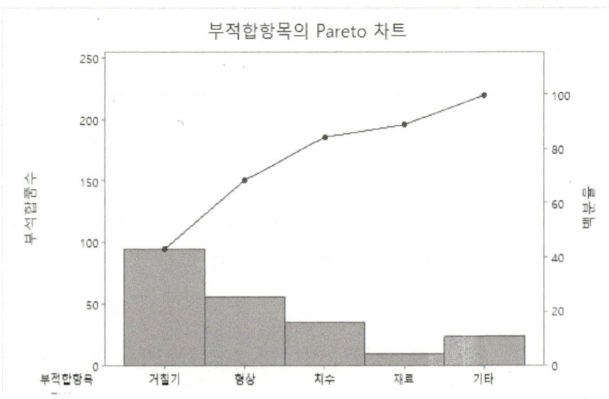

1) 결점수, 흠의 수, 사고건수 등은 푸아송분포를 따르며 부분군의 크기가 다르므로 u관리도를 작성합니다. 관리한계는 부분 군의 크기에 따라 다르게 계산되며, 실제 답란이 부분군별로 구분되어 출제됩니다. 모두 옳으면 4점, 그 외는 0점

2) 계수치 관리도는 L_{CL}이 음수가 발생하는 경우가 대부분입니다. '고려하지 않음'으로 표기합니다.

3) p나 u 관리도의 경우 타점을 위한 보조 표를 먼저 작성하여야 합니다. 하지만 별도의 공란이 주어져 있지 않으므로 지문의 표에 칸을 만들어 기록해 놓으면 근거로 인정되니 굳이 따로 그릴 필요는 없습니다. 점수 역시 따로 부여되지 않습니다.

4) 이 관리도는 관리상태입니다. 수험생이 가장 많이 틀리는 것은 타점을 c_i를 무의식중에 한다는 것입니다. u 관리도는 u_i를 타점한 관리도입니다. 모두 옳으면 4점, 관리도가 옳으면 3점, 그 외는 0점

05

가. ① 중심선

$$\Sigma c = 34, \quad \Sigma n = 11.5$$

$$C_L = \bar{u} = \frac{\Sigma c}{\Sigma n} = \frac{34}{11.5} = 2.95652$$

② 관리한계

ⓐ $n = 1.0$

$$U_{CL} = 2.95652 + 3\sqrt{\frac{2.95652}{1}} = 8.11488$$

ⓑ $n = 1.3$

$$U_{CL} = 2.95652 + 3\sqrt{\frac{2.95652}{1.3}} = 7.48070$$

$L_{CL} < 0$ 이므로 모두 고려하지 않는다.

나.

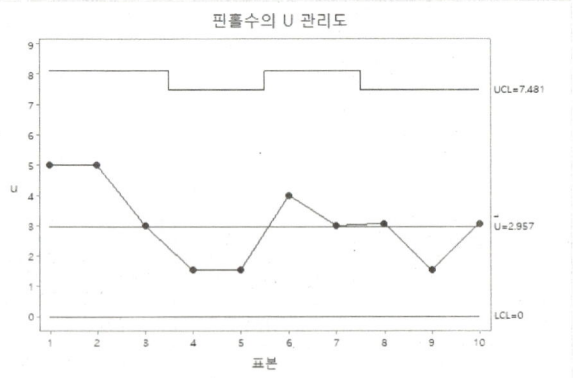

판정: 관리도는 관리상태이다.

06

① 특성요인도 ② 파레토그림
③ 체크시이트 ④ 히스토그램
⑤ 산점도   ⑥ 꺾은선 그래프(관리도)
⑦ 층별

07

가.

n	ν	$\bar{x}$	s^2
10	9	2.43636	0.28381^2

① $H_0 : \sigma^2 = 0.1^2$ $H_1 : \sigma^2 \neq 0.1^2$

② $\alpha = 5\%$

③ $\chi_0^2 = \dfrac{SS}{\sigma^2} = \dfrac{10 \times 0.28381^2}{0.1^2} = \dfrac{0.80545}{0.1^2} = 80.54545$

④ 기각역(R): $\chi_{0.025}^2(10) = 3.25$, $\chi_{0.975}^2(10) = 20.48$

⑤ 판정: H_0 기각

나. $\dfrac{SS}{\chi_{0.975}^2(10)} \leq \widehat{\sigma^2} \leq \dfrac{SS}{\chi_{0.025}^2(10)}$

$\dfrac{0.80545}{20.48} \leq \widehat{\sigma^2} \leq \dfrac{0.80545}{3.25}$

$0.03933 \leq \widehat{\sigma^2} \leq 0.24783$

08

① 초기하분포

$NP = 50 \times 0.08 = 4$, $N - NP = 50 - 4 = 46$

$\Pr(X \geq 1) = 1 - \Pr(X = 0)$

$\qquad = 1 - \dfrac{{}_4C_0 \times {}_{46}C_5}{{}_{50}C_5} = 0.35304$

② 이항분포

$\Pr(X \geq 1) = 1 - \Pr(X = 0)$

$\qquad = 1 - {}_5C_0 (0.08)^0 (0.92)^5 = 0.34092$

③ 푸아송분포

$m = nP = 5 \times 0.08 = 0.4$

$\Pr(X \geq 1) = 1 - \Pr(X = 0)$

$= 1 - e^{-0.4} = 0.32968$

09
가. 시방서   나. 품질계획서
다. 품질매뉴얼   라. 품질보증
마. 품질방침

10
① $n = (\dfrac{1.645 + 1.282}{m_0 - m_1})^2 \sigma^2$

$= (\dfrac{1.645 + 1.282}{48 - 44})^2 \times 5^2 = 13.38645 \Rightarrow 14$

② $\overline{X}_L = m_0 - G_0 \sigma$

$= 48 - \dfrac{1.645}{\sqrt{14}} \times 5 = 45.80178$

11
가.

로트	N	샘플문자	n	Ac	Re	부적합품수	합격여부	전환점수	후속 조치
1	400	J	80	2	3	0	합격	3	보통검사로 시작
2	250	H	50	1	2	2	불합격	0	보통검사 속행
3	200	H	50	1	2	1	합격	2	보통검사 속행
4	1000	K	125	3	4	2	합격	5	보통검사 속행
5	600	K	125	3	4	4	불합격	0*	까다로운 검사 전환

나. 6번째 로트: 까다로운 검사

12
$n = \dfrac{1}{p} \sim \dfrac{5}{p} = \dfrac{1}{0.03} \sim \dfrac{5}{0.03} = 33.33333 \sim 166.66667$

∴ 34 ~ 167개

13

① 정리 : 불필요한 것을 버리는 것
② 정돈 : 사용하기 좋게 하는 것
③ 청소 : 더러움을 없애는 것
④ 청결 : 청소상태를 유지하는 것
⑤ 생활화 : 규칙을 정하여 지키는 것

14

① 망대특성이므로
$$\overline{X}_L = L + k\sigma$$
$$= 75 + 2 \times 2 = 79$$

② $\bar{x} = \dfrac{\Sigma x}{n} = \dfrac{392.3}{5} = 78.46$ 일 때

$79 > \bar{x} \Rightarrow$ 로트 불합격

15

① $H_0 : \mu = 100 \quad H_1 : \mu \neq 100$

② $\alpha = 0.05$

③ $z_0 = \dfrac{\bar{x} - \mu_0}{\sigma/\sqrt{n}} = \dfrac{103 - 100}{3/\sqrt{11}} = 3.31662$

④ R: $\pm z_{0.95} = \pm 1.96$

⑤ H_0 기각

술술 풀이보는 키포인트

용어는 정확하여야 하지만, 설명은 키워드가 옳으면 됩니다. 각각 옳으면 1점, 그 외는 0점

1) 망대특성입니다. 이 경우 n과 k가 주어져 있으므로 이 값을 활용하여 합격판정치를 구합니다. 옳으면 3점, 그 외는 0점
2) 판정치가 옳고 답이 옳으면 2점, 그 외는 0점

1) '공정평균이 달라졌다'이고 모표준편차를 알고 있으므로 정규분포 양측검정입니다.
2) 모두 옳으면 6점, 검정통계량만 옳으면 3점, 그 외는 0점입니다.

2018 품질경영산업기사 2회 기출복기문제

01

망소특성을 갖는 2요인 모수모형 2요인실험에서 아래의 데이터를 얻었다.

배점 10점

A\B	A_1	A_2	A_3	A_4	T_j
B_1	11.8	12.8	13.3	13.9	51.8
B_2	12.2	12.5	13.5	13.9	52.1
B_3	13.9	13.3	14.1	14.8	56.1
$T_{i.}$	37.9	38.6	40.9	42.6	160.0

가. 분산분석표를 작성하시오.

나. 최적해를 구하고, 최적해에 대한 95% 신뢰구간을 구하시오.

02

다음 데이터에 대하여 답하시오.

배점 8점

x	7.6	8.1	7.5	8.8	8.5	9.5	7.7	9.4
y	7.4	7.6	7.2	8.2	7.8	9.4	7.5	9.2

가. X와 Y에 대한 공분산을 구하시오.

나. X에 대한 Y의 회귀방정식을 구하시오.

다. X에 대한 Y의 상관계수를 구하시오.

라. 기여율을 구하시오.

03

망소특성인 어떤 품질에 대한 최적해를 찾기 위해 반응시간(A) 반응온도(B) 성분 (C)의 3가지 인자를 택해 4×4 라틴방격 실험을 실시한 결과 다음과 같다. 물음에 답하시오.

배점 9점

k	$A(T_{i..})$	$B(T_{.j.})$	$C(T_{..k})$
1	193	176	204
2	179	190	180
3	217	218	216
4	203	208	192
	792	792	792

가. 분산분석표를 완성하시오.

요인	SS	df	MS	F_0	$F_{0.95}$
A	193				
B	262				
C	180				
e	54				
T	689				

나. 최적해를 구하시오.

다. 평균치의 95% 신뢰한계를 구하시오.

04

관리도에 대한 설명에 대해 옳으면 ○ 틀리면 × 하시오.

배점 6점

가. 관리한계를 벗어나면 공정에 이상이 발생한 것이다. (   )

나. 3σ법 $\bar{x}$관리도에서 제1종 오류(σ)는 0.27%이다. (   )

다. 관리한계의 폭을 좁게 잡으면 제1종 오류(σ)를 범할 확률이 높아진다. (   )

라. 공정이 안정상태가 아닌 것을 놓치지 않고, 옳게 발견해내는 확률을 제2종 오류(β)라 한다. (   )

마. 관리도의 관리한계는 자연공차인 $\pm 3\sigma$를 사용한다. (   )

바. 공정의 평균에 변화가 생겼을 때 $\bar{x}$관리도의 부분군의 크기(n)가 크면 이상상태를 발견하기 어려워진다. (   )

05

다음은 매시간 실시되는 최종제품에 대한 샘플링검사의 결과를 정리하여 얻은 데이터이다. 다음 자료를 활용하여 물음에 답하시오.

배점: 8점

시료군의 번호	1	2	3	4	5	6	7	8	9	10
검사개수	50	50	50	25	25	25	25	50	50	50
부적합품수	5	1	3	3	1	4	2	2	8	3

가. 적절한 관리도를 정한 후 관리한계를 구하시오.
  ○ 관리도:
  ○ 관리한계:

나. 관리도를 작성하고 판정하시오.

06

한국산업규격의 분류기호에서 다음 의미를 쓰시오.

○ Q(   )   ○ S(   )   ○ R(   )
○ I (   )   ○ T(   )

배점: 5점

07

Y사는 신제품의 평균무게에 대한 목표치를 $10gr$으로 하고 있다. 이를 확인하기 위해 10개의 표본을 측정한 결과 $\bar{x} = 10.3gr$, $s = 0.4gr$이었다. 다음 물음에 답하시오.

배점: 8점

가. 공정의 평균무게는 목표치와 같다고 할 수 있는지 유의수준 5%로 검정하시오.

나. 만약 유의하다면 평균무게에 대한 95% 신뢰구간을 구하시오.

08

다음은 카노의 품질요소에 관한 그림이다. (   )안에 알맞은 용어를 쓰시오.

배점: 6점

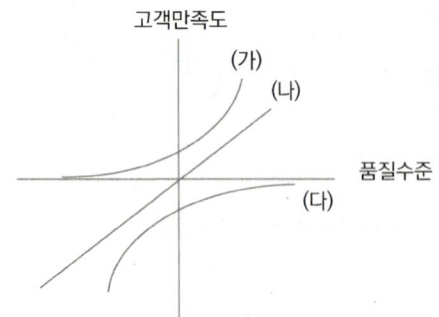

09

다음은 표준화 용어에 관한 설명이다. 해당 용어를 보기에서 찾아 쓰시오.

[보기] 가규격, 품질매뉴얼, 시방, 규격, 품질

배점: 5점

가. 재료, 부품, 공구, 설비 등에 관하여 요구하는 특정한 형상, 제조, 치수, 성분, 능력, 정밀도, 성능, 제조방법 및 시험방법을 규정한 것이다. (   )

나. 표준 중 주로 물건에 직접 또는 간접으로 관계되는 기술적 사항에 대하여 제정된 규정이다. (   )

다. 조직의 품질경영시스템에 대한 문서이다. (   )

라. 어떤 실체가 지니고 있는 명시적이고 묵시적인 요구를 만족시키는 능력에 관계되는 특성의 전체이다. (   )

마. 정식규격 적용에 앞서 시험적으로 제정하여 적용하는 임시 규격을 말한다. (   )

10

휴대용 저장장치를 만드는 A 사는 특정 자재의 수입검사에 계수규준형 1회 샘플링검사를 적용하기 위하여 공급자와 상호합의하에 $L(P_0)=0.95$, $L(P_1)=0.10$을 만족하는 $n=30, c=2$의 검사방식을 결정하였다. 이를 만족하는 P_0, P_1을 아래 표를 활용하여 구하시오.

배점: 6점

c	$np_{0.99}$	$np_{0.95}$	$np_{0.10}$	$np_{0.05}$
0	–	–	2.30	2.90
1	0.15	0.35	3.90	4.60
2	0.42	0.80	5.30	6.20
3	0.80	1.35	6.70	7.60
4	1.30	1.95	8.00	9.20

11

KS Q ISO 2859-1 전환규칙에 관한 내용이다. 각각의 경우에 대한 전환 조건을 쓰시오.

배점: 9점

가. 까다로운 검사에서 검사 중지

나. 검사 중지에서 까다로운 검사

다. 까다로운 검사에서 보통 검사

12

로트에서 5개의 표본을 샘플링하여 각 6회 측정하였다. 평균치의 오차분산을 구하시오.
(단, 샘플링오차 $\sigma_S = 0.05\%$, 측정오차 $\sigma_m = 0.03\%$ 이다.)

배점 5점

13

품질분임조활동에 효과적으로 활용되는 브레인스토밍법의 4원칙을 기술하시오.

배점 4점

14

강재의 인장 강도는 클수록 좋다. 강재의 평균치가 36kg/㎟ 이상인 로트는 통과시키고 33kg/㎟ 이하인 로트는 통과시키지 않는 판정기준을 정하려고 한다. 단 표준편차는 4kg/㎟으로 알고 있다. 다음 물음에 답하시오.

배점 6점

가. 아래의 표를 활용하여 계량규준형 1회 샘플링검사방식을 설계하시오.

$\|m_1 - m_0\|/\sigma$	n	G_0
0.772~0.811	14	0.440
0.756~0.771	15	0.425
0.732~0.755	16	0.411
0.710~0.731	17	0.399

나. 만약 이 판정기준에 의해 구한 평균값이 34.52일 경우, 로트의 합격여부를 판정하시오.

15

어떤 부품의 수명이 평균 80, 표준편차 5인 정규분포를 따를 때, 70시간 이하로 생산될 확률을 구하시오.

배점 5점

2018년 품질경영산업기사 2회 기출복기문제 정답 및 해설

01

가. 분산분석표의 작성

① $CT = \dfrac{T^2}{lm} = \dfrac{160^2}{12} = 2133.33333$

② $SS_T = \Sigma\Sigma y_{ij}^2 - CT$
$= 2141.68 - 2133.33333 = 8.34667$

③ $SS_A = \Sigma \dfrac{T_{i.}^2}{m} - CT$
$= \dfrac{37.9^2 + 38.6^2 + 40.9^2 + 42.6^2}{4} - CT = 4.64667$

④ $SS_B = \Sigma \dfrac{T_{.j}^2}{l} - CT$
$= \dfrac{51.8^2 + 52.1^2 + 56.1^2}{3} - CT = 2.88167$

요인	SS	df	MS	F_0	$F_{0.95}$
A	4.64667	3	1.54889	11.35633*	4.76
B	2.88167	2	1.44084	10.56412*	5.14
e	0.81833	6	0.13639		
T	8.34667	11			

판정: 요인 A, B는 유의하다.

나. 최적해의 추정

① 점 추정치: 망소특성이므로 최적해는 $\hat{\mu}(A_1B_1)$이다.

$\hat{\mu}(A_1B_1) = \mu + a_1 + b_1 = \overline{y}_{1.} + \overline{y}_{.1} - \overline{\overline{y}}$

$= \dfrac{37.9}{3} + \dfrac{51.8}{4} - \dfrac{160}{12} = 12.25$

$n_e = \dfrac{4 \times 3}{4 + 3 - 1} = 2$

② 최적 조건의 95% 구간추정

$\hat{\mu}(A_1B_1) = 12.25 \pm t_{0.975}(6)\sqrt{\dfrac{V_e}{n_e}}$

$= 12.25 \pm 2.447 \times \sqrt{\dfrac{0.13639}{2}}$

$= 12.25 \pm 0.63901$

[채점 포인트 및 핵심체크]

1) 분산분석표를 작성할 때 소수 5자리 원칙을 지켜주세요. 특히 오차분산은 소수점인 경우가 많아 유효숫자가 적어 값의 편차가 커 집니다. 이의 제기도 안되니 꼭 지켜주세요.

2) 오차분산은 분산분석표에서 계산만 되어도 괜찮습니다. 분산분석표가 옳으면 5점, 제곱합이 옳으면 3점, 그 외는 0

3) 분산분석표가 옳고 판정이 옳으면 1점, 그 외는 0점

4) 망소특성이고 반복이 없으므로 유의한 요인의 최소 수준이 답이 됩니다. 조합평균이 나옵니다. 이 경우 유효 반복수를 구해야 합니다.

5) 신뢰구간은 t분포로 계산됩니다. 옳으면 4점 그 외는 0점

술술 풀어보는 키포인트

1) 공분산은 계산기에서 바로 구할 수 없으므로 수식을 기록하고 답을 써야 합니다. 옳으면 2점, 그 외는 0점

2) 회귀식과 상관계수는 계산기에 있으므로 공식을 쓰고 바로 답을 쓰면 됩니다. 각각 옳으면 2점, 그 외는 0점

3) 회귀계수의 기여율은 결정계수입니다. 옳으면 2점, 그 외는 0점

1) 제곱합이 주어져 있으므로 바로 분산분석표만 완성하면 됩니다. 모두 옳으면 4점

2) 판정이 옳으면 1점, 그 외는 0점

3) 최적해이므로 답을 써야 합니다. 특히 조합평균이 3가지이므로 평균을 2번 빼 줘야 1이 되는거 주의하세요. 옳으면 2점, 그 외는 0점

4) 유효반복수는 양쌤법 아시죠? 옳으면 2점, 그 외는 0점

02

가. $S_{xy} = \Sigma x_i y_i - \dfrac{\Sigma x_i \Sigma y_i}{n}$

$= 543.79 - \dfrac{67.1 \times 64.3}{8} = 4.47375$

$V_{xy} = \dfrac{S_{xy}}{n-1} = \dfrac{4.47375}{7} = 0.63911$

나. ① $b = \dfrac{S_{xy}}{SS_x} = 1.01474$

② $a = \bar{y} - b \times \bar{x} = -0.47366$

③ $\hat{y} = a + bx = -0.47366 + 1.01474x$

다. $r = \dfrac{S_{xy}}{\sqrt{SS_x SS_y}} = 0.96463$

라. $r^2 = 0.96463^2 = 0.93051$

03

가.

요인	SS	df	MS	F_0	$F_{0.95}$
A	193	3	64.33333	7.14815*	4.76
B	262	3	87.33333	9.70370*	4.76
C	180	3	60	6.66667*	4.76
e	54	6	9		
T	689	15			

판정: 요인 A, B, C는 모두 유의하다.

나. 최적해

모두 유의하고 망소특성이므로

$\mu(A_2 B_1 C_2) = \mu + a_2 + b_1 + c_2$

$= \bar{y}_{2..} + \bar{y}_{.1.} + \bar{y}_{..2} - 2\bar{\bar{y}}$

$= \dfrac{179}{4} + \dfrac{176}{4} + \dfrac{180}{4} - 2 \times \dfrac{792}{16} = 34.75$

다. 95% 신뢰한계

$n_e = \dfrac{k^2}{k+k+k-2} = \dfrac{16}{10}$

$\mu(A_2 B_1 C_2) = 34.75 \pm t_{0.975}(6)\sqrt{\dfrac{V_e}{n_e}}$

$$= 34.75 \pm 2.447 \sqrt{\frac{9}{16/10}}$$

$$= 34.75 \pm 5.80357$$

04
가. ○ 나. ○ 다. ○ 라. × 마. ○ 바. ×

05
가. ① p 관리도

② 중심선: $\Sigma np = 32 \quad \Sigma n = 400$

$$C_L = \bar{p} = \frac{\Sigma np}{\Sigma n} = 0.08$$

③ 관리한계

ⓐ $n = 50$

$$U_{CL} = 0.08 + 3\sqrt{\frac{0.08 \times 0.92}{50}} = 0.19510$$

ⓑ $n = 25$

$$U_{CL} = 0.08 + 3\sqrt{\frac{0.08 \times 0.92}{25}} = 0.24278$$

$L_{CL} < 0$ 이므로 모두 고려하지 않는다.

나.

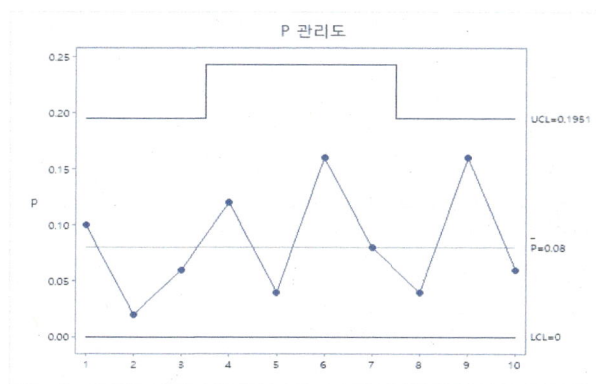

판정: 관리도는 관리상태이다.

06
○ Q: 품질경영   ○ S: 서비스   ○ R: 수송기계
○ I: 환경   ○ T: 물류

술술 풀어보는 키포인트

각각 옳으면 1점, 그 외는 0점

1) 부적합품수이고 부분군의 크기가 변하므로 p관리도를 작성합니다.
   옳으면 1점, 그 외는 0점

2) 계수치 관리도는 L_{CL} 이 음수가 발생하는 경우가 대부분입니다. '고려하지 않음'으로 표기합니다. L_{CL} 을 계산할 때는 부분 군이 가장 큰 것을 먼저 계산해서 음수가 나오면 나머지는 모두 음수이므로 간단히 '고려하지 않음'으로 쓰시면 됩니다. 관리한계가 모두 옳으면 2점, 그 외는 0점

관리도가 옳으면 4점, 그 외는 0점

관리도가 옳고 판정이 옳으면 1점, 그 외는 0점

항목당 옳으면 1점, 그 외는 0점

술술 풀어보는 키포인트

1) 모표준편차를 알 수 없으므로 t 검정이고, 같다고 할 수 없는지 이므로 양측검정입니다.

2) 모평균의 검정은 과정 및 답이 모두 옳으면 5점, 검정통계량만 옳으면 3점 그 외는 0점입니다.

3) t 검정도 양측검정의 신뢰한계는 신뢰구간이 됩니다. 옳으면 3점 그 외는 0점

이 외에도 무관심품질과 역품질이 있다. 각각 옳으면 2점, 그 외는 0점

한 가지당 옳으면 1점, 그 외는 0점

계수규준형 수표인데 수험용 표에는 없습니다. 그러므로 이 문제는 수치표를 지문에 포함시켜 출제하는 문제입니다. p0는 95%, p1은 10% 표를 적용하며 됩니다. 각각 옳으면 3점, 그 외는 0점

각각 옳으면 1점, 그 외는 0점

07

가. ① $H_0 : \mu = 10 \quad H_1 : \mu \neq 10$

② $\alpha = 0.05$

③ $t_0 = \dfrac{\overline{x} - \mu_0}{s/\sqrt{n}} = \dfrac{10.3 - 10}{0.4/\sqrt{10}} = 2.37171$

④ $R : \pm t_{0.975}(9) = \pm 2.262$

⑤ H_0 기각

나. $\hat{\mu} = \overline{x} \pm t_{1-\alpha/2}(\nu)\dfrac{s}{\sqrt{n}}$

$= 10.3 \pm 2.262 \times \dfrac{0.4}{\sqrt{10}} = 10.3 \pm 0.28612$

08

가. 매력품질(감동품질)

나. 일원품질(명시품질)

다. 기본품질(당연품질)

09

가. 시방 나. 규격 다. 품질매뉴얼 라. 품질

마. 가규격

10

① $np_0 = 30p_0 = 0.80$

☞ $p_0 = \dfrac{0.80}{30} = 0.02667 (2.667\%)$

② $np_1 = 30p_1 = 5.30$

☞ $p_1 = \dfrac{5.30}{30} = 0.17667 (17.667\%)$

11

가. 까다로운 검사에서 불합격 로트의 누계가 5개에 도달할 때

나. 공급자가 품질을 개선하였을 경우

다. 까다로운 검사에서 연속 5로트가 합격하는 경우

12

$$V(\overline{x}) = \frac{\sigma_s^2}{n} + \frac{\sigma_m^2}{nk}$$

$$= \frac{0.05^2}{5} + \frac{0.03^2}{5 \times 6} = 5.3 \times 10^{-4}$$

13

① 남의 의견을 비판하지 않는다. (비판엄금)
② 자유분방하게 도출한다. (자유분방)
③ 남의 아이디어에 편승한다. (연상)
④ 의견은 많을수록 좋다. (다다익선)

14

가. ① $\dfrac{|m_1 - m_0|}{\sigma} = \dfrac{|36 - 33|}{4} = 0.75$

② (수표에서) $n = 16$, $G_0 = 0.411$

③ $\overline{X}_L = m_0 - G_0 \sigma$
$= 36 - 0.411 \times 4 = 34.356$

나. $\overline{x} = 34.52 \geq \overline{X}_L = 34.356$ 이므로 lot를 합격시킨다.

15

$P\% = \Pr(X < 70) = \Pr\left(z < \dfrac{70 - 80}{5}\right)$

$= \Pr(z < -2.0) = 0.0228$

술술 풀어보는 키포인트

샘플링오차와 측정오차는 서로 독립이므로 분산의 가법성이 성립됩니다. 옳으면 5점 그 외는 0점

의미가 비슷하면 정답이므로 유튜브에서 학습한 대로 '다연이 비자 나왔다'로 외우면 됩니다. 한가지당 옳으면 1점, 그 외는 0점

1) 주어진 표는 KS Q 0001 계량규준형 수표로 부록에 주어져 있습니다. 옳으면 4점, 표본의 크기가 옳으면 2점, 그 외는 0점

2) '가' 옳고 '나'가 옳으면 2점, 그 외는 0점

옳으면 5점, 그 외는 0점

2018 품질경영산업기사 4회 기출복기문제

01

로트의 크기(x)에 따라 생산 소요시간(y)을 측정한 결과 다음의 자료를 얻었다. 다음 물음에 답하시오.

배점 6점

[자료] $\Sigma x = 300$, $\Sigma y = 700$, $n = 12$,
$\Sigma x^2 = 12000$, $\Sigma y^2 = 48000$, $\Sigma xy = 22500$

가. 공분산을 구하시오.

나. 결정계수를 구하시오.

02

다음은 반복없는 모수모형 2요인실험 결과표이다. 실험상의 문제로 결측치가 표와 같이 1개가 발생하였다. 다음 물음에 답하시오.

배점 8점

	A_1	A_2	A_3	A_4	$T_{\cdot j}$
B_1	11	14	12	9	46
B_2	11	12	y	7	$30+y$
B_3	10	9	13	10	42
B_4	7	10	12	13	42
$T_{i\cdot}$	39	45	$37+y$	39	$160+y$

가. 결측치($\hat{y}$)를 추정하시오.

나. 분산분석을 하시오.

03

A 사는 어떤 부품의 수입검사에 계수형 샘플링검사인 KS Q ISO 2859-1을 사용하고 있다. 현재의 적용조건은 AQL=1%, 검사수준 II로 1회 샘플링검사이며, 검사의 엄격도는 11번 현재 보통 검사를 수행 중이다. 각 로트 당 검사결과 부적합품수는 표와 같이 알려져 있다. 주 샘플링표를 활용하여 다음 물음에 답하시오

배점 8점

가. 답안지 표의 공란을 채우시오.

로트	N	샘플문자	n	Ac	Re	부적합품수	합격판정	전환점수	후속 조치
11	400	H	50	1	2	1	합격	21	보통검사 속행
12	500	( )	( )	( )	( )	0	( )	( )	( )
13	700	( )	( )	( )	( )	1	( )	( )	( )
14	500	( )	( )	( )	( )	1	( )	( )	( )
15	400	( )	( )	( )	( )	1	( )	( )	( )

나. 16번째 로트의 수월한 검사 전환의 가능성을 검토하시오.

04

SWOT 분석에서 각각의 의미를 쓰시오.

○ S (　　　)　　　○ W (　　　)
○ O (　　　)　　　○ T (　　　)

배점 4점

05

다음 데이터에 대해 $x - R_m$ 관리도 각각의 관리한계를 구하시오.

배점 6점

번호	측정치(X)	이동범위(Rm)	번호	측정치(X)	이동범위(Rm)
1	25	0.3	9	32.3	8.7
2	25.3		10	28.1	4.2
3	33.8	8.5	11	27.0	1.1
4	36.4	2.6	12	26.1	0.9
5	32.2	4.2	13	29.1	3.0
6	30.8	1.4	14	40.1	11.0
7	30.0	0.8	15	40.6	0.5
8	23.6	6.4	계	$\Sigma x = 460.4$	$\Sigma R_m = 53.6$

06

어느 대기업에 아침 식사를 하고 출근하는 직원이 40% 일 때, 300명의 직원을 임의 추출했을 때 아침식사를 한 인원이 100명에서 150명일 확률은?

배점 5점

07

Y 공장에서 가공한 어떤 부분품에 대한 지름의 모평균이 기준으로 설정된 값 6.2(mm)와 다른지를 검정하려고 한다. 로트로부터 10개의 표본을 랜덤하게 뽑아 측정한 결과 다음과 같은 데이터를 구하였다.

[Data] 6.3 6.6 6.5 6.8 6.8
       6.2 6.5 6.4 6.4 6.2

가. 모평균이 6.2가 아니라고 할 수 있는지 유의수준 5%로 검정하시오.

나. 모평균이 달라졌을 경우 95% 신뢰구간을 구하시오.

배점 8점

08

$L_{16}(2)^{15}$ 직교배열표에서 요인을 다음과 같이 배치하여 실험하였다. 다음 물음에 답하시오.

열번호	1	2	3	4	5	6	7	8	9	10	11	12	13	14	15
기본표시	a	b	a b	c	a c	b c	a b c	d	a d	b d	a b d	c d	a c d	b c d	a b c d
배치	A	B	C	D			E					F	G	H	

가. 요인 C와 H, 요인 E와 G의 교호작용은 몇 열에 배치되는가?

나. 만약 교호작용 $G \times H$가 존재한다면 어떠한 문제가 발생하는가?

배점 6점

09

KS Q ISO 9000:2015 용어에 관한 설명이다. 해당하는 용어를 보기에서 골라 쓰시오.

[보기] 품질방침, 품질경영, 품질관리, 품질기획, 품질보증, 품질개선

가. 품질에 관하여 조직을 지휘하고 관리하는 조정활동 (   )

나. 품질 요구사항을 충족하는데 중점을 둔 품질경영의 일부 (   )

다. 품질 요구사항이 충족될 것이라는 신뢰를 제공하는데 중점을 둔 품질경영의 일부 (   )

배점 6점

10

휴대용 저장장치를 만드는 A 사는 특정 자재의 수입검사에 계수 규준형 1회 샘플링검사를 적용하기 위하여 공급자와 상호합의하에 $L(P_0) = 0.95$, $L(P_1) = 0.10$을 만족하는 $n = 40, c = 1$의 검사

배점 6점

방식을 결정하였다. 이를 만족하는 P_0, P_1을 아래 표를 활용하여 구하시오.

c	$np_{0.99}$	$np_{0.95}$	$np_{0.10}$	$np_{0.05}$
0	–	–	2.30	2.90
1	0.15	0.35	3.90	4.60
2	0.42	0.80	5.30	6.20
3	0.80	1.35	6.70	7.60
4	1.30	1.95	8.00	9.20

11

다음은 샘플링에 사용되는 용어이다. 제시된 [예]와 같이 적으시오.

배점 4점

[예] QC : Quality Control (품질관리)

○ AQL : 　　　　　○ LQ :

○ Q_{PR} : 　　　　○ Q_{CR} :

12

강재의 인장 강도는 클수록 좋다. 이제 평균치가 45kg/mm^2이상인 로트는 통과시키고 그것이 41kg/mm^2이하인 로트는 통과시키지 않는 판정기준을 설계하고자 한다. 다음 물음에 답하시오. 단, $\sigma = 4\text{kg/mm}^2$임을 알고 있다.

배점 8점

가. 샘플링방식을 설계하시오.

나. 만약 로트의 샘플링검사 결과 평균치 $\overline{x} = 43.5\text{kg/mm}^2$일 때 로트의 합·부를 판정하시오.

13

TPM 활동의 기본조건이 되는 5행 활동 5가지를 쓰시오.

배점 5점

14

다음은 반응 공정의 수율 향상을 목적으로 촉매의 첨가량을 변화시키며 실험한 결과이다. 물음에 답하시오.

배점 9점

수준 반복	A_1	A_2	A_3	A_4
1	79.4	79.8	80.9	81.0
2	78.9	80.4	80.6	79.8
3	78.7	79.2	80.1	80.0
4	80.0	80.5	80.4	80.8

가. 분산분석표를 작성하시오. ($\alpha = 5\%$)

나. 오차분산의 95% 신뢰구간을 구하시오.

15

다음은 매일 생산하는 최종제품에 한 검사결과를 정리하여 얻은 데이터이다. p관리도를 작성하여 공정을 관리하려 한다. 물음에 답하시오.

배점 9점

k	1	2	3	4	5	6	7	8	9	10	합계
n	40	40	30	30	50	50	40	40	50	50	420
np	5	1	3	4	9	4	3	2	8	3	42

가. 중심선과 관리한계를 구하시오.

나. 관리도를 그리고 판정하시오.

2018년 품질경영산업기사 4회 기출복기문제 정답 및 해설

01

가. ① $S_{xy} = \Sigma x_i y_i - \dfrac{\Sigma x_i \Sigma y_i}{n}$

$= 22500 - \dfrac{300 \times 700}{12} = 5000$

② $V_{xy} = \dfrac{S_{xy}}{n-1} = \dfrac{5000}{11} = 454.54545$

나. ① $SS_x = \Sigma x_i^2 - \dfrac{(\Sigma x_i)^2}{n}$

$= 12000 - \dfrac{300^2}{12} = 4500$

② $SS_y = \Sigma y_i^2 - \dfrac{(\Sigma y_i)^2}{n}$

$= 48000 - \dfrac{700^2}{12} = 7166.66667$

③ $r^2 = \dfrac{S_{xy}^2}{SS_x SS_y} = \dfrac{5000^2}{4500 \times 7166.66667} = 0.77519$

02

가. $y = \dfrac{lT_{3\cdot}{'} + mT_{\cdot 2}{'} - T'}{(l-1)(m-1)}$

$= \dfrac{4 \times 37 + 4 \times 30 - 160}{(4-1)(4-1)} = 12$

나. ① $CT = \dfrac{T^2}{lm} = \dfrac{172^2}{4 \times 4} = 1849$

② $SS_T = \Sigma\Sigma y_{ij}^2 - CT$

$= 1912 - 1849 = 63$

③ $SS_A = \dfrac{\Sigma T_{i\cdot}^2}{m} - CT$

$= \dfrac{39^2 + 45^2 + 49^2 + 39^2}{4} - 1849 = 18$

④ $SS_B = \dfrac{\Sigma T_{\cdot j}^2}{l} - CT$

$= \dfrac{46^2 + 42^2 + 42^2 + 42^2}{4} - 1849 = 3$

술술 풀어보는 키포인트

[채점 포인트 및 핵심체크]

1) 공분산은 자주 출제하는 소문항으로 자유도가 n-1임에 유의하세요. 옳으면 3점, 그 외는 0점

2) 결정계수는 회귀의 기여율이라고도 하며, 상관계수의 제곱으로 구합니다. 물론 회귀제곱합을 총제곱합으로 나누어 구할 수 있습니다. 옳으면 3점, 그 외는 0점

1) 결측치 처리는 yate's의 방법을 적용합니다. 옳으면 3점, 그 외는 0점

2) 분산분석 시 자유도에 유의하여야 합니다. 결측치는 표본이 아니므로 오차항과 총자유도에서 제외됩니다. 옳으면 4점, 제곱합이 옳으면 2점, 그 외는 0점

키포인트

분산분석표가 옳고 판정이 옳으면 1점, 그 외는 0점

요인	SS	df	MS	F_0	$F_{0.95}$
A	18	3	6	1.14286	4.07
B	3	3	1	0.19048	4.07
e	42	8	5.25		
T	63	14			

판정: 유의한 요인이 없다.

03

1) 로트 번호 13 합격판정개수가 2 고 한 단계 엄격한 기준 1개로 합격이므로 3점을 가산합니다.
2) 샘플문자, n, Ac, 합격판정, 전환점수, 후속조치 열별로 모두 옳으면 1점, 그 외는 0점
3) 표가 옳고 적용엄격도가 옳으면 2점 그 외는 0점

가.

로트	N	샘플문자	n	Ac	Re	부적합품수	합격판정	전환점수	후속 조치
11	400	H	50	1	2	1	합격	21	보통검사 속행
12	500	H	50	1	2	0	합격	23	보통검사 속행
13	700	J	80	2	3	1	합격	26	보통검사 속행
14	500	H	50	1	2	1	합격	28	보통검사 속행
15	400	H	50	1	2	1	합격	30	보통검사 속행

나. 16번째 로트의 전환점수가 30점이므로 공정이 안정상태라면 수월한 검사로 전환할 수 있다.

04

한글 영어 무엇이든 옳으면 정답입니다. 각각 옳으면 1점, 그 외는 0점.

① S(Strengths): 강점　　② W(Weakness): 약점
③ O(Opportunities): 기회　　④ T(Threats): 위협

05

$\bar{x}$ 관리도는 R_m 관리도의 관리한계가 틀리기 쉬우므로 $\bar{x}-R$ 관리도 보다 출제빈도가 훨씬 높습니다. 관리한계 틀리지 않도록 꼼꼼히 준비해 두시기 바랍니다. 각 관리도별 중심선과 관리한계가 모두 옳으면 3점, 그 외는 0점

① x관리도

ⓐ 중심선: $C_L = \bar{x} = \dfrac{\Sigma x}{k} = \dfrac{460.4}{15} = 30.69333$

ⓑ 관리상한:
$U_{CL} = 30.69333 + 2.66 \times 3.82857 = 40.87733$

ⓒ 관리하한:
$L_{CL} = 30.69333 - 2.66 \times 3.82857 = 20.50933$

② R_m관리도

ⓐ 중심선: $C_L = \bar{R}_m = \dfrac{\Sigma R_m}{k-1} = \dfrac{53.6}{14} = 3.82857$

ⓑ 관리상한: $U_{CL} = 3.267 \times 3.82857 = 12.50794$

ⓒ 관리하한: 고려하지 않음

06

이항분포로 계산하기에는 범위가 100~150이 너무 넓으므로 정규근사로 풀면

① $E(x) = nP = 300 \times 0.4 = 120$
② $V(x) = nP(1-P) = 300 \times 0.4 \times 0.6 = 72$
③ $\Pr(100 \leq X \leq 130)$
$= \Pr(\dfrac{100-120}{\sqrt{72}} \leq z \leq \dfrac{150-120}{\sqrt{72}})$
$= 1 - \Pr(X < \dfrac{100-120}{\sqrt{72}}) - \Pr(X > \dfrac{150-120}{\sqrt{72}})$
$= 1 - \Pr(z < -2.35702) - \Pr(z > 3.53553)$
$= 1 - 0.0091 - 0.00020 = 0.9907$

술술 풀어보는 키포인트

이항분포의 정규근사에서 미만과 이하는 계산에 영향을 미치지 않습니다. 표준정규분포의 수표는 반올림하여 구하면 되므로 -2.35나 -2.36 모두 정답 처리됩니다. 수식 및 답이 옳으면 5점, 그 외는 0점

07

가.

n	ν	$\bar{x}$	s^2
10	9	6.47	0.21628^2

① $H_0 : \mu = 6.2 \quad H_1 : \mu \neq 6.2$
② $\alpha = 0.05$
③ $t_0 = \dfrac{\bar{x} - \mu_0}{s/\sqrt{n}} = \dfrac{6.47 - 6.2}{0.21628/\sqrt{10}} = 3.94773$
④ R: $\pm t_{0.975}(9) = \pm 2.262$
⑤ H_0 기각

나.

$\hat{\mu} = \bar{x} \pm t_{1-\alpha/2}(\nu)\dfrac{s}{\sqrt{n}}$

$= 6.47 \pm 2.262 \times \dfrac{0.21628}{\sqrt{10}} = 6.47 \pm 0.15471$

1) 먼저 테이블 데이터로 정리하는 것이 실수를 줄입니다. 모표준편차를 알 수 없으므로 t 검정이고, 변화 유·무 검정이므로 양측검정입니다. 과정 및 답이 모두 옳으면 5점, 검정통계량만 옳으면 3점 그 외는 0점입니다.

2) 양측검정에서 기각된 경우의 신뢰한계는 당연히 신뢰구간이 됩니다. 옳으면 3점 그 외는 0점

08

가. $C \times H = ab(abcd) = cd$ 12열
$E \times G = d(bcd) = bc$ 6열

나. $G \times H = bcd(abcd) = a$, 그러므로 1열에 주효과 A와 '교락'이 발생한다.

1) 교호작용은 성분기호의 곱으로 나타나는 열을 알 수 있습니다. 모두 옳으면 3점, 그 외는 0점
2) '나'는 교락이란 용어가 있어야 정답니다. 옳으면 3점, 그 외는 0점

09

가. 품질경영
나. 품질관리
다. 품질보증

10

① $np_0 = 40p_0 = 0.35$

☞ $p_0 = \dfrac{0.35}{40} = 0.00875\,(0.875\%)$

② $np_1 = 40p_1 = 3.90$

☞ $p_1 = \dfrac{3.90}{40} = 0.0975\,(9.75\%)$

11

① Acceptable Quality limit (합격품질한계)
② Limit Quality (한계품질)
③ Producer Risk Quality (생산자 위험 품질)
④ Customer Risk Quality (소비자 위험 품질)

12

가. ① $n = (\dfrac{1.645 + 1.282}{m_0 - m_1})^2 \sigma^2$

$\qquad = (\dfrac{1.645 + 1.282}{45 - 41})^2 \times 4^2 = 8.567359 \Rightarrow 9$

② $\overline{X}_L = m_0 - G_0 \sigma$

$\qquad = 45 - \dfrac{1.645}{\sqrt{9}} \times 4 = 42.80667$

나. $\overline{x} = 43.5 \geq \overline{X}_L$

이므로 lot를 합격시킨다.

13

① 정리 : 불필요한 것을 버리는 것
② 정돈 : 사용하기 좋게 하는 것
③ 청소 : 더러움을 없애는 것
④ 청결 : 청소상태를 유지하는 것
⑤ 생활화 : 규칙을 정하여 지키는 것

14

가. ① $CT = \dfrac{T^2}{lr} = \dfrac{1280.5^2}{16} = 102480.01563$

② $SS_T = \Sigma\Sigma y_{ij}^2 - CT$
$= 102487.37 - CT = 7.35438$

③ $SS_A = \dfrac{\Sigma T_{i\cdot}^2}{r} - CT$
$= \dfrac{317^2 + 319.9^2 + 322^2 + 321.6^2}{4} - CT$
$= 3.87688$

요인	SS	df	MS	F_0	$F_{0.95}$
A	3.87688	3	1.29229	4.45940*	3.49
e	3.47750	12	0.28979		
T	7.35438	15			

판정: 요인 A는 유의하다.

나. $\dfrac{SS_e}{\chi^2_{0.975}(12)} \leq \widehat{\sigma_e^2} \leq \dfrac{SS_e}{\chi^2_{0.025}(12)}$

$\dfrac{3.47750}{23.34} \leq \widehat{\sigma_e^2} \leq \dfrac{3.47750}{4.40}$

$0.14899 \leq \widehat{\sigma_e^2} \leq 0.79034$

15

가. ① 중심선: $\Sigma np = 42$, $\Sigma n = 420$

$C_L = \bar{p} = \dfrac{\Sigma np}{\Sigma n} = 0.1$

② 관리한계

ⓐ $n = 50$

$U_{CL} = 0.1 + 3\sqrt{\dfrac{0.1 \times 0.9}{50}} = 0.22728$

ⓑ $n = 40$

$U_{CL} = 0.1 + 3\sqrt{\dfrac{0.1 \times 0.9}{40}} = 0.24230$

ⓒ $n = 30$

술술 풀어보는 키포인트

1) 통상 CT와 SS_T는 주어지는 경우가 많습니다. 만약 값을 주면 주어진 값을 그대로 적용하여 계산하여야 합니다.

2) 통상 CT와 제곱합 SS_T, SS_A를 계산하고 나머지는 바로 분산분석표를 작성하면 됩니다. 즉 SS_e는 계산과정에 없어도 됩니다.

3) 분산분석표에 유의하면 '*' 표시를 하는데, 표시와 관계없이 분산분석표 밑에 답처럼 '요인 A가 유의하다'라고 표현하셔야 합니다.

4) 모두 옳으면 5점, 제곱합이 옳으면 3점, 그 외는 0점

5) 판정이 옳으면 1점, 그 외는 0점

6) 오차분산의 신뢰구간 추정은 χ^2 검정을 활용합니다. 옳으면 3점, 그 외는 0점

1) 관리한계를 작성할 때 부분군이 틀리므로 부분군별로 관리한계를 작성하여야 합니다.

2) 계수치 관리도는 L_{CL}이 음수가 발생하는 경우가 대부분입니다. '고려하지 않음'으로 표기합니다. L_{CL}을 계산할 때는 부분군이 가장 큰 것을 먼저 계산해서 음수가 나오면 나머지는 모두 음수이므로 간단히 '고려하지 않음'으로 쓰시면 됩니다. 중심선 및 관리한계가 모두 옳으면 4점 그 외는 0점

술술 풀어보는 키포인트

3) p나 u 관리도의 경우 타점을 위한 보조 표를 먼저 작성하여야 합니다. 하지만 별도의 공란이 주어져 있지 않으므로 문제 지문의 표 옆에 칸을 만들어 기록해 놓으면 됩니다. 채점할 때 계산된 근거만 있으면 되기 때문입니다. 관리도가 옳으면 4점, 그 외는 0점

4) 관리도가 옳고 판정이 옳으면 2점, 그 외는 0점

$$U_{CL} = 0.1 + 3\sqrt{\frac{0.1 \times 0.9}{30}} = 0.26432$$

$L_{CL} < 0$ 이므로 모두 고려하지 않는다.

나.

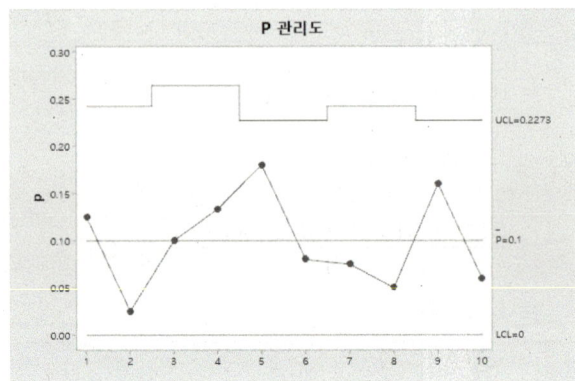

관리도는 관리상태이다.

2019 품질경영산업기사 1회 기출복기문제

01

다음은 검사요원의 기억력 x와 판단력 y를 조사한 표이다. 물음에 답하시오.

배점 10점

| x | 11 | 10 | 14 | 18 | 10 | 5 | 12 | 7 | 15 | 16 |
| y | 6 | 4 | 6 | 9 | 3 | 2 | 8 | 3 | 9 | 7 |

가. 곱의합을 구하시오.

나. 모상관계수가 존재하는지 분산분석표로 검정하시오($\alpha = 5\%$).

다. 회귀의 기여율을 구하시오.

02

다음 데이터는 Y 공장의 한 로트에서 랜덤하게 64개를 취하여 측정한 데이터를 도수표로 나타낸 것이다. 규격이 17 ~ 47일 때 물음에 답하시오.

배점 10점

계급	x_i	f_i	u_i	$f_i u_i$	$f_i u_i^2$
18.5 ~ 22.5	20.5	1			
22.5 ~ 26.5	24.5	8			
26.5 ~ 30.5	28.5	14			
30.5 ~ 34.5	32.5	21			
34.5 ~ 38.5	36.5	12			
38.5 ~ 42.5	40.5	6			
42.5 ~ 46.5	44.5	2			
합계		64			

가. 도수표를 활용하여 평균과 불편분산을 구하시오.

나. 상대분산을 구하시오.

03

A 사는 어떤 부품의 수입검사에 계수형 샘플링검사인 KS Q ISO 2859-1을 사용하고 있다. 현재의 적용조건은 AQL=1.5%, 검사수준 Ⅲ로 1회 샘플링검사이며, 검사의 엄격도는 80번 현재 수월한 검사를 수행 중이다. 각 로트 당 검사결과 부적합품수는 표와 같이 알려져 있다. 주 샘플링표를 활용하

배점 8점

여 답안지 표의 공란을 채우고 86번째 로트의 엄격도를 결정하시오.

로트	N	샘플문자	n	Ac	부적합품수	합격판정	전환점수	후속 조치
80	1000	K	50	3	3	합격	–	수월한 검사 속행
81	500	( )	( )	( )	3	( )	( )	( )
82	1000	( )	( )	( )	3	( )	( )	( )
83	500	( )	( )	( )	5	( )	( )	( )
84	1000	( )	( )	( )	2	( )	( )	( )
85	500	( )	( )	( )	3	( )	( )	( )

04
품질분임조 활동에 사용되는 품질관리 7가지 수법을 쓰시오.

배점 7점

05
어떤 인쇄소에서 부적합품에 관한 데이터를 수집한 결과는 다음과 같다. 파레토를 작성하기 위한 표를 완성하고 파레토도를 작도하시오.

배점 8점

부적합 항목	발생빈도	누적건수	상대도수	누적상대도수
오염	50			
인쇄불량	35			
잉크번짐	20			
파지	15			
누락	5			
계	125			

(단, 소수 2자리까지만 계산하시오.)

06
A 제품의 공정관리를 목적으로 표본의 크기 $n=4$인 표본을 택하여 $\bar{x}-R$ 관리도를 작성하고 데이터 시트를 만들어 본 결과 $\bar{\bar{x}}=99$, $\bar{R}=10$이었다. 규격이 100 ± 15일 때 최소공정능력지수를 구하시오.

배점 4점

07

어느 실험실에서 측정자 간의 차이가 있는지 확인하기 위해 측정 요원 중 4명을 랜덤샘플링하여 정해진 표본을 각 3회 반복 측정한 결과이다. 물음에 답하시오.

배점: 11점

반복 \ 수준	A_1	A_2	A_3	A_4
1	29.4	29.8	30.9	31.0
2	28.9	30.4	30.6	29.8
3	28.7	29.2	30.1	30.0
4	30.0	30.5	30.4	30.8

가. 데이터의 검정을 위한 가설을 세우시오.

나. 요인 A는 모수요인인가, 변량요인인가?.

다. 분산분석표를 작성하고 판정하시오.

 (단, 유의수준 $\alpha = 5\%$)

라. 측정자 간의 분산성분 $\hat{\sigma}_A^2$ 을 구하시오.

08

다음은 $L_8(2)^7$ 직교배열표에 요인 A, B, C, D를 배치하여 실험한 결과이다.

배점: 8점

요인	B		C		A	D		DATA
배치	1	2	3	4	5	6	7	
1	0	0	0	0	0	0	0	20
2	0	0	0	1	1	1	1	24
3	0	1	1	0	0	1	1	17
4	0	1	1	1	1	0	0	27
5	1	0	1	0	1	0	1	26
6	1	0	1	1	0	1	0	15
7	1	1	0	0	1	1	0	36
8	1	1	0	1	0	0	1	32
성분	a	b	a b	c	a c	b c	a b c	197

가. 5행 데이터의 실험조건과 반응치를 쓰시오.

나. 요인 A의 효과를 구하시오.

다. 요인 B의 제곱합을 구하시오.

라. 만약 $C \times D$의 교호작용이 존재한다면 몇 열에 나타나는가? 그리고 교호작용의 자유도는 얼마인가?

09
샘플링검사의 실시조건 5가지를 서술하시오.

배점 5점

10
검사단위의 품질표시방법 중 로트의 품질표시 방법 4가지를 쓰시오.

배점 4점

11
P 관리도에서 공정부적합품률이 3%라면 부분군에 적합한 표본수의 범위를 구하시오.

배점 4점

12
다음 검사의 분류에 관한 명칭을 [보기]에서 골라 쓰시오.

배점 4점

[보기] 무검사, 로트별 샘플링검사, 체크검사, 전수검사, 파괴검사, 비파괴검사, 구입검사, 공정검사, 완성검사, 출하검사, 순회검사, 정위치검사

가. 공정에 의한 분류에서 입고 시에 하는 검사. ( )

나. 검사 방법에 따른 분류에서 파괴검사에는 적용할 수 없는 검사 ( )

다. 성질에 의한 분류에서 검사 후에도 품질특성이 변하지 않는 검사 ( )

라. 장소에 따른 분류에서 돌아다니면서 하는 검사 ( )

13
다음은 Kirkpatrick이 주창한 품질코스트와 품질과의 관계를 나타내는 곡선이다. 괄호 안에 적합한 명칭을 쓰시오.

배점 4점

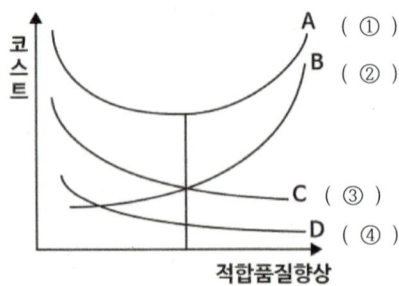

14

모수요인 A 5수준, 모수요인 B 3수준인 반복 없는 2요인실험을 행한 결과 두 요인은 모두 유의하였으며 $\overline{x}_{3.} = 8.6$, $\overline{x}_{.1} = 9.1$ 그리고 $\overline{\overline{x}} = 7.855$이고, 오차의 평균제곱은 0.268이었다.

배점 7점

가. 신뢰구간 추정을 위한 유효반복수를 구하시오.

나. $\hat{\mu}(A_3B_1)$을 신뢰수준 95%로 추정하시오.

15

어떠한 집단의 모부적합품률은 8%이다. 부적합품을 줄일 방안을 적용한 후 표본을 100개 랜덤으로 취하여 조사해 보았더니 부적합품수가 6개였다. 유의수준 5%로 모부적합품률이 개선되었다고 할 수 있는지 검정하시오.

배점 6점

2019년 품질경영산업기사 1회 기출복기문제 정답 및 해설

술술 풀어보는 키포인트

[채점 포인트 및 핵심체크]

1) 공분산은 상관계수에 두 확률변수의 표준편차를 곱하여 구할 수도 있습니다. 더 빠르죠 옳으면 3점, 그 외는 0점

01

가. ① 통계량으로 풀면

$$r = \frac{V_{xy}}{s_x s_y} \Rightarrow V_{xy} = r \times s_x \times s_y$$

$$V_{xy} = 0.88549 \times 4.04969 \times 2.58414 = 9.26667$$

$$S_{xy} = (n-1)V_{xy} = 9 \times 9.26667 = 83.4$$

② 수식으로 풀면

$$S_{xy} = \Sigma x_i y_i - \frac{\Sigma x_i \Sigma y_i}{n}$$

$$= 756 - \frac{118 \times 57}{10} = 83.4$$

2) 분산분석표는 상관계수와 회귀계수의 존재유무 검정을 동시에 수행합니다. 가설은 세우실 필요가 없으며, 회귀의 제곱합만 사전에 구하면 됩니다. 모두 옳으면 5점, 평균제곱 까지 옳으면 3점, 그 외는 0점

나. ① $H_0 : \rho = 0 \quad H_1 : \rho \neq 0$

② $SS_x = \Sigma x^2 - \frac{(\Sigma x_i)^2}{n} = 147.60$

$$SS_R = \frac{83.4^2}{147.6} = 47.12439$$

	SS	ν	MS	F_0	$F_{0.95}$
회귀	47.12439	1	47.12439	29.05416*	5.32
잔차	12.97561	8	1.62195		
T	60.1	9			

3) 분산분석표가 옳고 판정이 옳으면 1점 그 외는 0점

판정: 모상관계수는 유의수준 5%로 유의하다.

4) 결정계수는 상관계수의 제곱이나 회귀의 기여율 둘 중 하나로 풀면 됩니다. 옳으면 2점, 그 외는 0점

다. $r^2 = \frac{SS_R}{SS_T} = \frac{47.12439}{60.1} = 0.78410$

또는 $r^2 = (0.88549)^2 = 0.78409$

02

가.

1) 도수표의 중심 x_0는 도수가 가장 큰 값을 기준으로 합니다. 정답 역시 그 기준으로 작성되어 있습니다. 도수표가 모두 옳으면 3점 그 외는 0점

계급	x_i	f_i	u_i	$f_i u_i$	$f_i u_i^2$
18.5 ~ 22.5	20.5	1	-3	-3	9
22.5 ~ 26.5	24.5	8	-2	-16	32
26.5 ~ 30.5	28.5	14	-1	-14	14
30.5 ~ 34.5	32.5	21	0	0	0
34.5 ~ 38.5	36.5	12	1	12	12
38.5 ~ 42.5	40.5	6	2	12	24
42.5 ~ 46.5	44.5	2	3	6	18
합계		64		-3	109

나.

① $\bar{x} = x_0 + h\dfrac{\Sigma x_i f_i}{\Sigma f_i}$

$= 32.5 + 4 \times \dfrac{-3}{64} = 32.3125$

② $SS = h^2 \times \left(\Sigma f u^2 - \dfrac{(\Sigma f u)^2}{\Sigma f} \right)$

$= 4^2 \times (109 - \dfrac{(-3)^2}{64}) = 1741.75$

③ $V = \dfrac{SS}{\Sigma f_i - 1} = \dfrac{1741.75}{63} = 27.64683$

다. $[CV]^2 = (\dfrac{s}{\bar{x}})^2 \times 100\%$

$= \dfrac{27.64683}{32.3125^2} \times 100\% = 2.64792\%$

03

가.

로트	N	샘플문자	n	Ac	부적합품수	합격판정	전환점수	후속 조치
80	1000	K	50	3	3	합격	-	수월한 검사 속행
81	500	J	32	2	3	불합격	-	보통검사 복귀
82	1000	K	125	5	3	합격	3	보통검사 속행
83	500	J	80	3	5	불합격	0	보통검사 속행
84	1000	K	125	5	2	합격	3	보통검사 속행
85	500	J	80	3	3	합격	0	보통검사 속행

나. 86번째 로트 적용 엄격도: 보통 검사

04

① 특성요인도
② 파레토그림
③ 체크시이트
④ 히스토그램
⑤ 산점도
⑥ 꺾은선 그래프(관리도)
⑦ 층별

05

가.

부적합항목	발생빈도	누적건수	상대도수 (%)	누적상대도수 (%)
오염	50	50	40	40
인쇄불량	35	85	28	68
잉크번짐	20	105	16	84
파지	15	120	12	96
누락	5	125	4	100
계	125			

나.

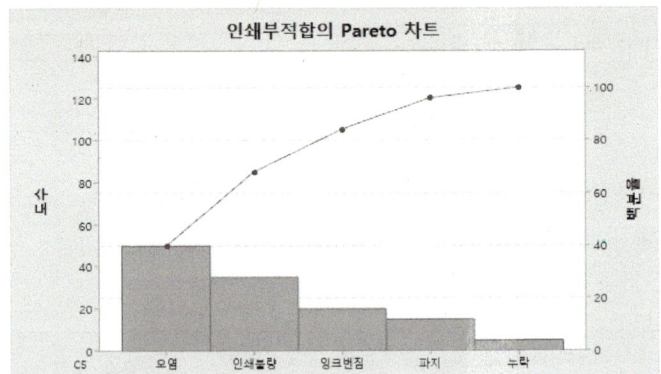

06

① $\sigma_w = \dfrac{\overline{R}}{d_2} = \dfrac{10}{2.059} = 4.85673$

② $M = 100 > \overline{x} = 99$ 이므로

$C_{pk} = C_{PkL} = \dfrac{99 - 85}{3 \times 4.85673} = 0.96087$

평가: 최소공정능력은 3등급이다.

07

가. $H_0 : \dfrac{\sigma_A^2}{\sigma_e^2} \leq 1 \quad H_1 : \dfrac{\sigma_A^2}{\sigma_e^2} > 1$

나. 변량요인

다. ① $CT = \dfrac{T^2}{lr} = \dfrac{480.5^2}{16} = 14430.02$

② $SS_T = \Sigma\Sigma x_{ij}^2 - CT$
$= 14437.37 - 14430.02 = 7.35438$

③ $SS_A = \dfrac{\Sigma T_{i.}^2}{r} - CT$

$= \dfrac{117^2 + 119.9^2 + 122^2 + 121.6^2}{4} - 14430.02$

$= 3.87688$

요인	SS	df	MS	F_0	$F_{0.95}$	$E(V)$
A	3.87688	3	1.29229	4.45940*	3.49	$\sigma_e^2 + 4\sigma_A^2$
e	3.47750	12	0.28979			σ_e^2
T	7.35438	15				

판정: 요인 A는 유의하다.

라. $\hat{\sigma}_A^2 = \dfrac{V_A - V_e}{r}$

$= \dfrac{1.29229 - 0.28979}{4} = 0.25063$

08

가. $A_1B_0C_0D_1 = 26$

나. $A = \dfrac{1}{4}(113 - 84) = 7.25$

다. $SS_B = \dfrac{1}{8}(112 - 85)^2 = 91.125$

라. $C \times D = c(abc) = ab$ 3열, 자유도는 1

09

① 품질기준을 명확히 할 것
② 제품이 로트로 처리될 수 있을 것
③ 표본을 랜덤으로 추출한다.
④ 합격된 로트에 어느 정도 부적합품이 허용될 수 있을 것
⑤ 계량 샘플링검사의 경우 로트의 검사단위에 대한 특성치의 분포를 개략적으로 알고 있을 것
  ☞ '정규분포를 따를 것'도 인정됩니다.

10

① 로트의 모평균(μ)
② 로트의 모표준편차(σ)
③ 로트의 모부적합품률(P)
④ 로트의 검사단위당 평균부적합수(m)

술술 풀어보는 키포인트

계수치 분포는 관리도를 작성할 때 평균부적합수나 부적합품수가 1~5개 사이에 오도록 표본 수를 정할 것을 권장하고 있습니다.

각각 옳으면 1점, 그 외는 0점

각각 옳으면 1점, 그 외는 0점

1) 유효반복수를 구하기 위해서는 평균치의 구조모형을 먼저 이해해야 합니다. 구조모형을 표현하면 양쌤법, 다구찌법 등으로 쉽게 구할 수 있습니다. 옳으면 3점, 그 외는 0점

2) 최적조건을 구하려면 오차분산의 자유도를 먼저 알고 있어야 합니다. 그리고 신뢰구간은 t 분포로 계산됩니다. 옳으면 4점 그 외는 0점

11

$$n = \frac{1}{p} \sim \frac{5}{p} = \frac{1}{0.03} \sim \frac{5}{0.03} = 33.33333 \sim 166.66667$$

$$\therefore 34 \sim 167개$$

12

가. 구입검사
나. 전수검사
다. 비파괴검사
라. 순회검사

13

① 총품질비용
② 예방비용
③ 실패비용
④ 평가비용

14

가. ① 점 추정치

$$\hat{\mu}(A_3 B_1) = \mu + a_3 + b_1$$
$$= \bar{x}_{3.} + \bar{x}_{.1} - \bar{\bar{x}}$$
$$= 8.6 + 9.1 - 7.855 = 9.845$$

② 유효반복수

$$n_e = \frac{lm}{l+m-1} = \frac{5 \times 3}{5+3-1} = 2.14286$$

나. 최적 조건의 95% 구간추정

① $\nu_e = (l-1)(m-1) = 4 \times 2 = 8$

② $\mu(A_3 B_1) = \hat{\mu}(A_3 B_1) \pm t_{0.975}(8) \sqrt{\dfrac{V_e}{n_e}}$

$$= 9.845 \pm 2.306 \times \sqrt{\dfrac{0.268}{2.14286}}$$

$$= 9.845 \pm 0.81551$$

15

① $H_0 : P \geq 0.08 \quad H_1 : P < 0.08$

② $\alpha = 5\%$

③ $z_0 = \dfrac{\hat{p}-P}{\sqrt{\dfrac{P(1-P)}{n}}} = \dfrac{0.06-0.08}{\sqrt{\dfrac{0.08 \times 0.92}{100}}} = -0.73721$

(단, $\hat{p} = \dfrac{x}{n} = \dfrac{6}{1300} = 0.06$)

④ $R : -z_{0.95} = -1.645$

⑤ 판정: H_0 채택

술술 풀어보는 키포인트

1) 부적합품률의 검정 시 모부적합품률은 가설 p_0를 활용합니다. 옳으면 6점, 검정통계량이 옳으면 3점, 그 외는 0점

2) 가설이 채택되면 신뢰구간의 추정은 의미가 없습니다.

2019 품질경영산업기사 2회 기출복기문제

01

어떤 화학반응에서 반응액 농도를 4수준(10%, 20%, 30%, 40%)로 하여 실험한 결과는 아래 표와 같다. 분산분석표를 작성하고 유의수준 5%로 평가하시오.

배점 6점

수준수 반복수	A_1	A_2	A_3	A_4
1	84.4	85.2	84.6	86.0
2	84.0	85.0	84.4	87.1
3	84.1	85.8	85.2	–
4	84.5	–	88.6	–

02

다음은 Y 공장에서 생산된 어느 기계 부품 100개를 랜덤으로 취하여 치수 편차를 측정한 후 히스토그램을 작성하였다. 다음 물음에 답하시오.

배점 8점

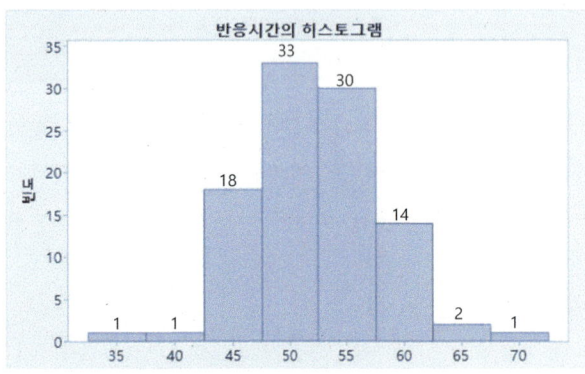

가. 평균과 표준편차를 구하시오.

나. 규격공차가 20~90인 경우 최소공정능력지수를 구하시오.

03

A사는 어떤 부품의 수입검사에 계수형 샘플링검사인 KS Q ISO 2859-1의 보조표인 분수샘플링검사를 적용하고 있다. 현재 이 회사의 적용조건은 AQL=1.0%, 통상검사수준 III 이며, 엄격도는 보통검사 형식 1회로 시작되었다. 다음 물음에 답하시오.

배점 8점

가. 표를 완성하시오.

로트 번호	N	샘플 문자	n	주어진 Ac	합격판정 점수 (검사 전)	적용 하는 Ac	부적 합품	합격 여부	합격판정 점수 (검사 후)	전환 점수
1	130	G	32	1/2	( )	( )	1	( )	( )	( )
2	150	( )	( )	( )	( )	( )	0	( )	( )	( )
3	300	( )	( )	( )	( )	( )	1	( )	( )	( )
4	40	( )	( )	( )	( )	( )	0	( )	( )	( )
5	80	( )	( )	( )	( )	( )	1	( )	( )	( )

나. 6번째 로트의 엄격도를 결정하시오.

04

다음 보기의 품질코스트의 세부내용을 P, A, F cost로 분류하시오.

배점 6점

① QC 사무코스트 ② 시험코스트
③ 설계변경코스트 ④ PM코스트
⑤ QC 교육코스트 ⑥ 현지서비스코스트

05

마우스의 도장공정을 관리하기 위해 핀홀수를 조사한 결과 다음과 같은 데이터 자료를 얻었다. 물음에 답하시오.

배점 10점

1) 다음 표의 공란을 채우시오. (소수 3자리까지 답하시오)

k	n	c	u	k	n	c	u
1	10	3		11	15	6	
2	10	5		12	15	8	
3	10	3		13	15	14	
4	10	6		14	15	9	
5	10	5		15	15	9	
6	15	8		16	12	4	
7	15	7		17	12	6	
8	15	12		18	12	8	
9	15	8		19	12	4	
10	15	10		20	12	8	
				합계	260	143	

n	10	12	15
중심선			
관리상한			
관리하한			

나. 관리도를 작성하고 관리상태를 판정하시오.

06

어떤 제품의 품질특성에 대한 상한 규격 21.2, 하한 규격 17.2인 공정에서 평균치 19.8, 표준편차 0.45인 경우 최소공정능력지수를 구하고 공정능력을 판정하시오.

배점 4점

07

서로 독립관계인 부품 A는 $N(2.5, 0.03^2)$, 부품 B는 $N(2.4, 0.02^2)$, 부품 C는 $N(2.4, 0.04^2)$인 정규분포를 따르며 모두 관리상태이다. 이 3개 부품이 직렬로 결합하는 경우 조립품의 평균과 표준편차는 약 얼마인가? 단, 조립시의 오차는 없는 경우이다.

배점 6점

08

다음은 L_8 직교배열표에 요인 A, B를 배치하여 실험한 결과이다.

배점 10점

인자	A		B					DATA
	1	2	3	4	5	6	7	
1	0	0	0	0	0	0	0	9
2	0	0	0	1	1	1	1	12
3	0	1	1	0	0	1	1	8
4	0	1	1	1	1	0	0	15
5	1	0	1	0	1	0	1	16
6	1	0	1	1	0	1	0	20
7	1	1	0	0	1	1	0	13
8	1	1	0	1	0	0	1	13
성분	a	b	a b	c	a c	b c	a b c	

가. 요인 A의 주효과를 구하시오.

나. 요인 B의 제곱합을 구하시오.

다. 교호작용 $A \times B$가 나타나는 열을 구하시오.

라. 교호작용이 존재하지 않을 경우 오차분산의 자유도를 구하시오.

09
공정능력은 정적 공정능력과 동적 공정능력으로 구분하여 설명될 수 있다. 이들의 차이를 설명하시오.

배점 6점

10
검사단위의 품질표시방법 중 표본의 품질표시방법을 5가지를 쓰시오.

배점 5점

11
한강에서 모래를 채취하여 운반하는 트럭이 적재한 모래의 무게가 $N \sim (10, 0.5^2)$을 따를 때, 모래의 검수를 위해 트럭 4대를 샘플링할 경우 4대의 평균 무게 $\bar{x}$가 95% 이상에 해당되는 평균중량을 구하시오.

배점 6점

12
KS Q ISO 9000:2015 용어에 관한 설명이다. 해당되는 용어를 쓰시오.

가. 고객요구사항의 불충족 (　　　)

나. 활동 또는 프로세스를 수행하기 위하여 규정된 방식 (　　　)

다. 부적합의 원인을 제거하고 재발을 방지하기 위한 조치 (　　　)

라. 동일한 기능으로 사용되는 대상에 대하여 상이한 요구사항으로 부여되는 범주 또는 순위 (　　　)

배점 8점

13
과거 제품의 결함 발생 건수는 단위 면적당 평균 3건이었다. 최근 공장을 이전하고 다시 측정해보니 동일 면적당 8건이 발생하였다. 다음 물음에 답하시오.

가. 최근의 결함 발생 건수가 더 많다고 할 수 있는지 유의수준 5%로 검정하시오.

나. 신뢰수준 95%로 신뢰한계를 추정하시오.

배점 7점

14
어떤 화학반응 실험에서 농도를 4 수준으로 반복수가 일정하지 않은 실험을 하여 표와 같은 데이터를 얻었다. 분산분석 결과 오차의 제곱합 $S_e = 2508.795$이다. A_1의 모평균의 신뢰구간을 위험률 1%로 구하시오.

배점 5점

요인	A_1	A_2	A_3	A_4
m_i	5	6	5	3
$\bar{x}_{i.}$	52.00	35.33	48.20	64.67

15

제품에 사용되는 유황의 색도는 낮을수록 좋다고 한다. 그래서 제조자와 합의하여 $m_0 = 0.3\%$, $m_1 = 0.4\%$로 하는 계량규준형 1회 샘플링검사를 적용하기로 하였다. 색도의 표준편차 $\sigma = 0.1\%$일 때 다음을 구하시오.

배점 5점

가. n

나. G_0

2019년 품질경영산업기사 2회 기출복기문제 정답 및 해설

술술 풀어보는 키포인트

[채점 포인트 및 핵심체크]

01

① $CT = \dfrac{T^2}{N} = \dfrac{1108.9^2}{13} = 94589.17$

② $SS_T = \Sigma\Sigma y_{ij}^2 - CT$
$= 94610.03 - 94589.17 = 20.86$

③ $SS_A = \Sigma \dfrac{T_{i.}^2}{r_i} - CT$
$= \dfrac{337^2}{4} + \dfrac{256^2}{3} + \dfrac{342.8^2}{4} + \dfrac{173.1^2}{2} - 94589.17$
$= 8.17833$

④ $SS_e = SS_T - SS_A = 12.68167$

요인	SS	df	MS	F_0	$F_{0.95}$
A	8.17833	3	2.72611	1.93468	3.86
e	12.68167	9	1.40907		
T	20.86	12			

판정: 요인 A는 유의하지 않다.

1) 반복이 다른 1요인실험의 경우 요인의 제곱합을 구할 때 주의하여야 합니다. 또한 요인의 자유도는 변함없이 $l-1$ 입니다.

2) 분산분석표가 모두 옳으면 5점, 제곱합이 모두 옳으면 3점, 그 외에는 0점

3) 분산분석표가 옳고 판정이 옳으면 1점 그 외는 0점

02

가.

계급	x_i	f_i	u_i	$f_i u_i$	$f_i u_i^2$
	35	1	-3	-3	9
	40	1	-2	-2	4
	45	18	-1	-18	18
	50	33	0	0	0
	55	30	1	30	30
	60	14	2	28	56
	65	2	3	6	18
	70	1	4	4	16
		100		45	151

① $\bar{x} = x_0 + h\dfrac{\Sigma x_i f_i}{\Sigma f_i} = 50 + 5 \times \dfrac{45}{100} = 52.25$

② $SS = h^2 \times \left(\Sigma fu^2 - \dfrac{(\Sigma fu)^2}{\Sigma f}\right)$
$= 5^2 \times (151 - \dfrac{45^2}{100}) = 3268.75$

1) 이 문제는 역으로 도수표를 만들어서 해를 구하는 것이 가장 효과적입니다. 계급구간은 당연히 구할 필요가 없습니다.

2) 만약 도수만 가지고 계산하고 싶다면 $\bar{x} = \Sigma f_i x_i / \Sigma f_i$로 풀면 됩니다. 같은 값이 나오죠

3) 근데 제곱합은 만만치 않겠네요

$SS = \Sigma f_i x_i^2 - \dfrac{(\Sigma f_i x_i)^2}{\Sigma f_i}$ 하하 이래서 도수표를 이용한거에요. 각각 옳으면 2점, 그 외는 0점

술술 풀어보는 키포인트

3) 평균범위와 평균을 비교하여 한쪽 치우침 방향을 확인하면 최소공정능력지수를 틀리지 않게 구할 수 있습니다. 작으니까 $C_{PK} = C_{PkL}$ 이 됩니다. 옳으면 4점, C_{PK}만 옳으면 3점, 그 외는 0점

③ $s = \sqrt{\dfrac{SS}{\Sigma f_i - 1}} = \sqrt{\dfrac{3268.75}{99}} = 5.74610$

나. $M = \dfrac{20+90}{2} = 55 > \bar{x}$ 이므로

$C_{PK} = C_{PkL}$

$= \dfrac{\bar{x} - L}{3\sigma_w} = \dfrac{52.25 - 20}{3 \times 5.74610} = 1.87083$

판정: 최소공정능력은 0등급이다.

03

가.

로트 번호	N	샘플 문자	n	주어 진 Ac	합격판정 점수 (검사 전)	적용 하는 Ac	부적 합품	합격 여부	합격판정 점수 (검사 후)	전환 점수
1	130	G	32	1/2	5	0	1	NG	0	0
2	150	G	32	1/2	5	0	0	G	5	2
3	300	J	80	2	12	2	1	G	0	5
4	40	E	13	0	0	0	0	G	0	7
5	80	F	20	1/3	3	0	1	NG	0*	0*

1) 로트 번호 3은 합격판정개수가 2이므로 한 단계 엄격한 기준 1개로 합격이므로 3점을 가산합니다.
2) 합격판정점수(검사 후)는 부적합품이 있으면 0 아니면 유지됩니다.
3) 5로트 이내에서 2로트 불합격이므로 마지막 점수는 *를 붙여 전환이 됨을 알 수 있도록 합니다. 주어진 Ac까지 모두 옳으면 2점, 나머지 열은 각각 열별로 모두 옳으면 1점, 그 외는 0점
4) 표가 옳고 적용엄격도가 옳으면 1점 그 외는 0점

나. 6번째 로트 적용 엄격도: 까다로운 검사

04

① 예방 코스트(P-cost)
  QC사무 코스트, QC교육 코스트
② 평가 코스트(A-cost)
  시험 코스트, PM 코스트
③ 실패 코스트(F-cost)
  설계변경 코스트, 현지서비스 코스트

PM 코스트와 설계변경코스트의 분류에 주의하세요. 8강 품질코스트를 참조하세요. 비용별 각각 모두 옳으면 2점 그 외는 0점

05

가.

k	n	c	u	k	n	c	u
1	10	3	0.3	11	15	6	0.4
2	10	5	0.5	12	15	8	0.533
3	10	3	0.3	13	15	14	0.933
4	10	6	0.6	14	15	9	0.6
5	10	5	0.5	15	15	9	0.6
6	15	8	0.533	16	12	4	0.333
7	15	7	0.467	17	12	6	0.5
8	15	12	0.8	18	12	8	0.667
9	15	8	0.533	19	12	4	0.333
10	15	10	0.667	20	12	8	0.667
				합 계	260	143	

1) 관리한계는 부분 군의 크기에 따라 다르게 계산되며, 실제 답란이 문제처럼 제시되어 출제됩니다.
2) p나 u 관리도의 경우 타점을 위한 보조 표를 먼저 작성하여야 합니다. 최근은 관리도 점수가 15점으로 확대됨으로써 값을 기록하는 문제로 출제되는 경향이 있습니다. 모두 옳으면 2점 그 외는 0점

① 중심선

$$C_L = \bar{u} = \frac{\Sigma c}{\Sigma n} = \frac{143}{260} = 0.55$$

② 관리한계

ⓐ $n = 10$ ☞ $0.55 \pm 3\sqrt{\dfrac{0.55}{10}}$

$U_{CL} = 0.55 + 0.70356 \Rightarrow 1.254$

ⓑ $n = 12$ ☞ $0.55 \pm 3\sqrt{\dfrac{0.55}{12}}$

$U_{CL} = 0.55 + 0.64226 \Rightarrow 1.192$

ⓒ $n = 15$ ☞ $0.55 \pm 3\sqrt{\dfrac{0.55}{15}}$

$U_{CL} = 0.55 + 0.57446 \Rightarrow 1.124$

L_{CL}은 모두 고려하지 않는다.

나.

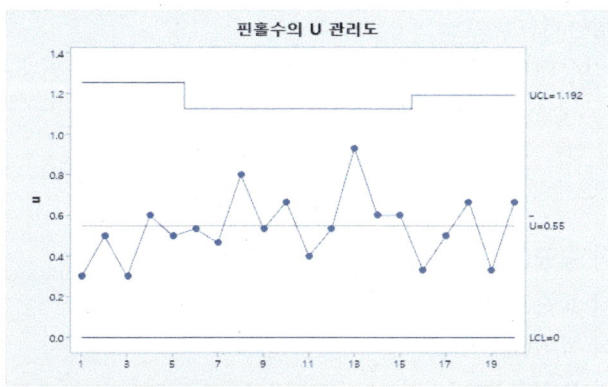

판정: 관리도는 관리상태이다.

06

$M = \dfrac{21.2 + 17.2}{2} = 19.2 < \bar{x} = 19.8$이므로

$C_{pk} = C_{PkU} = \dfrac{21.2 - 19.8}{3 \times 0.45} = 1.03704$

평가: 최소공정능력은 2등급이다.

07

① $E(x) = 2.5 + 2.4 + 2.4 = 7.3$

② $D(x) = \sqrt{0.03^2 + 0.02^2 + 0.04^2} = 0.05385$

술술 풀어보는 키포인트

3) 계수치 관리도는 L_{CL}이 음수가 발생하는 경우가 대부분입니다. '고려하지 않음'으로 표기합니다. 중심선이 옳으면 1점, 그 외는 0점

4) 관리한계가 부분군별로 각각 옳으면 1점 그 외는 0점

5) 관리도를 그릴 때 수험생이 가장 많이 틀리는 것은 타점을 c_i를 무의식 중에 한다는 것입니다. u 관리도는 u_i를 타점한 관리도입니다. 관리도가 옳으면 3점, 그 외는 0점

6) 관리도가 옳고 판정이 옳으면 1점, 그 외는 0점

모두 옳으면 4점, C_{PK}만 옳으면 3점, 그 외는 0점

분산의 계산은 서로 독립이므로 분산의 가법성이 성립됩니다. 각각 옳으면 3점, 그 외는 0점

술술 풀어보는 키포인트

1) 직교배열표의 효과나 제곱합의 계산은 매우 단순하게 되어 있습니다. 1의 합에서 0의 합을 빼면 됩니다. 공식을 확실히 익혀두시기 바랍니다. 각각 옳으면 3점, 그 외는 0점

2) 교호작용이 나오는 열을 찾는 문제 자주 출제됩니다. 오차항은 빈칸이 다 오차항이 됩니다. 각각 옳으면 2점, 그 외는 0점

이 분류는 과거의 분류방식 중 하나로 현재에는 Cp와 Cpk를 의미합니다. 용어를 묻는 경우가 많이 출제되며 이것처럼 설명형으로 나오면 잠재적 공정능력, 현실적 공정능력이란 단어가 들어가면 정답입니다. 옳으면 각각 3점 그 외는 0점

통계량 또는 용어로 명확히 설명되어야 합니다. 용어가 부정확하면 오답입니다. 각각 옳으면 1점, 그 외는 0점

이문제는 현재 수표에 맞게 수정한 문제입니다. 과거 수치표는 현재와 반대로 되어 있었는데 그 기준으로 출제된 문제이죠. ^^ 출제되면 안되는 문제죠?

08

가. $A = \frac{1}{4}(T_1 - T_0)$
  $= \frac{1}{4}(49 - 57) = -2.0$

나. $SS_B = \frac{1}{8}(T_1 - T_0)^2$
  $= \frac{1}{8}(56 - 50)^2 = 4.5$

다. $A \times B = b(ac) = abc$ ☞ 7열에 나타난다.

라. 자유도는 1, 3, 4, 6, 7열이 오차열이므로 $\nu_e = 5$

09

○ 정적공정능력(C_P)
  문제의 대상물이 갖는 잠재 능력으로 가동되지 않은 정지상태의 능력
○ 동적공정능력(C_{PK})
  실제 운전상태의 현실 능력으로 시간적 변동뿐만 아니라 원재료, 작업자 교체를 포함한 능력

10

① 표본의 평균($\bar{x}$)
② 표본의 표준편차(s)
③ 표본의 범위(R)
④ 표본의 부적합품수(nP)
⑤ 표본의 검사단위당 평균 부적합 수(m or c)

11

95% 이상일 확률 $p\% = 0.95 = \Pr(z > 1.645)$

95% 이상일 평균중량의 확률 $= \Pr\left(z > \dfrac{\bar{x} - 10}{0.5/\sqrt{4}}\right)$

그러므로 $1.645 = \dfrac{\bar{x} - 10}{0.5/\sqrt{4}}$

$\bar{x} = 10 + 1.645 \times \dfrac{0.5}{\sqrt{4}} = 10.41125$

즉 95% 이상에 해당되는 평균중량은 10.41125kg 이상이다.

12

가. 부적합   나. 절차

다. 시정조치   라. 등급

> 절차는 프로세스와 시스템과 연결하여 암기하시고, 등급은 형식과 구분하여 암기하세요. 각각 옳으면 2점, 그 외는 0점

13

가. ① $H_0 : m \leq 3$ $H_1 : m > 3$

② $\alpha = 0.05$

③ $z_o = \dfrac{x - m_0}{\sqrt{m_0}} = \dfrac{8-3}{\sqrt{3}} = 2.88675$

④ R: $z_{0.95} = 1.645$

⑤ H_0 기각

나. $\widehat{m_L} = x - z_{1-\alpha}\sqrt{x}$

$= 8 - 1.645 \times \sqrt{8} = 3.34724$

> 1) 모부적합수는 정규근사의 원리에 의해 검정합니다. 결점이 증가한 경우이므로 커진 경우입니다. 모두 옳으면 4점, 검정통계량만 옳으면 2점, 그 외는 0점

> 2) 신뢰한계는 기각역과 반대부호가 됩니다. 옳으면 3점 그 외는 0점

14

$V_e = \dfrac{SS_e}{N-l} = \dfrac{2508.795}{19-4} = 167.253$

$\hat{\mu}(A_1) = \bar{y}_{1.} \pm t_{0.995}(15)\sqrt{\dfrac{V_e}{r_1}}$

$= 52 \pm 2.947\sqrt{\dfrac{167.253}{5}}$

$= 52 \pm 17.04441$

> 문제가 쉬운 것 같지만 도처에 함정이네요. 1%도 그렇고 오차의 자유도도 그렇고 조심하세요. 옳으면 5점, 그 외는 0점

15

가. $n = \left(\dfrac{k_\alpha + k_\beta}{m_0 - m_1}\right)^2 \sigma^2$

$= \left(\dfrac{1.645 + 1.282}{0.3 - 0.4}\right)^2 \times 0.1^2 = 8.56733 \Rightarrow 9$

나. $G_0 = \dfrac{1.645}{\sqrt{n}} = \dfrac{1.645}{\sqrt{9}} = 0.54833$

> 1) 옳으면 3점, 그 외는 0점

> 2) 옳으면 2점, 그 외는 0점

2019 품질경영산업기사 4회 기출복기문제

01

로트의 크기에 따라 생산 소요시간을 측정한 결과 다음의 데이터를 얻었다. 다음 물음에 답하시오.

배점 6점

| 로트의 크기(x) | 2 | 3 | 4 | 5 | 8 | $\bar{x}=4.4$ |
| 생산 소요시간(y) | 5 | 7 | 8 | 10 | 15 | $\bar{y}=9$ |

가. 표본상관계수를 구하시오.

나. 공분산을 구하시오.

02

생산제품의 품질향상을 위해 제품생산조건을 최적화하기 위해 요인 A를 4수준 요인 B를 3수준으로 실험한 결과가 다음과 같다. 물음에 답하시오. 단, $SS_T = 6.22$, $CT = 114543.48$이다.

배점 13점

	A_1	A_2	A_3	A_4	합계
B_1	97.6	98.6	99.0	98.0	393.2
B_2	97.3	98.2	98.0	97.7	391.2
B_3	96.7	96.9	97.9	96.5	388.0
합계	291.6	293.7	294.9	292.2	1172.4

가. 분산분석표를 작성하시오.

나. 요인 A_3B_1에 대한 신뢰한계를 구하시오.

다. 요인 B의 기여율을 구하시오.

03

A 사는 어떤 부품의 수입검사에 계수값 샘플링 검사인 KS Q ISO 2859-1의 보조표인 분수샘플링 검사를 적용하고 있다. 현재의 적용조건은 AQL = 0.4%, 검사수준 II로 1회 샘플링검사를 하고 있으며 엄격도는 보통검사로 적용되어 있으며 각 로트 당 검사 결과 부적합품수는 표와 같이 알려져 있다. 답안지 표의 공란을 채우시오.

배점 7점

로트	N	샘플문자	n	Ac	부적합품 수	합격판정	전환점수	다음 로트에 대한 조치
80	1000	J	80	1/2	0	합격	2	보통검사 속행
81	1000	J	( )	( )	1	( )	( )	( )
82	1000	J	( )	( )	1	( )	( )	( )
83	1000	J	( )	( )	0	( )	( )	( )
84	1000	J	( )	( )	1	( )	( )	( )
85	1000	J	( )	( )	1	( )	( )	( )

04
품질코스트의 종류를 쓰고 간단히 설명하시오.

배점 6점

05
다음 데이터는 합리적인 군구분이 안될 때 어느 작업의 수율을 일별로 나타낸 것이다. 다음 물음에 답하시오.

배점 9점

일자	수율 X(%)	R_m
1	25.0	–
2	25.3	0.3
3	33.8	8.5
4	36.4	2.6
5	32.2	4.2
6	30.8	1.4
7	30.0	0.8
8	23.6	6.4
9	32.3	8.7
10	28.1	4.2
11	27.0	1.1
12	26.1	0.9
13	29.1	3.0
14	40.1	11.0
15	40.6	0.5

가. $X-R_m$ 관리도의 3시그마 관리한계를 구하시오.

나. 관리도를 작성하고 관리상태를 판정하시오.

06

공정능력지수의 등급별 범위를 작성하시오.

배점 5점

등급	판정기준	판정
0등급		매우 우수하다.
1등급		우수하다.
2등급		보통이다.
3등급		부족하다.
4등급		매우 부족하다.

07

$\bar{x} - R$ 관리도에서 $U_{CL} = 32.5965$, $L_{CL} = 27.4035$, $\bar{R} = 4.5$일 때의 부분군의 크기(n)를 구하시오.

배점 5점

08

어떤 공장실험에서 제품에 영향을 주는 요인이 여러 가지인 것 같아 그 중에서 A, B, C, $A \times B$를 조사하기 위하여 직교배열표를 이용하여 다음과 같이 실험을 하였다.

배점 6점

No \ 열	1	2	3	4	5	6	7	측정값
1	1	1	1	1	1	1	1	9
2	1	1	1	2	2	2	2	12
3	1	2	2	1	1	2	2	15
4	1	2	2	2	2	1	1	8
5	2	1	2	1	2	1	2	20
6	2	1	2	2	1	2	1	16
7	2	2	1	1	2	2	1	14
8	2	2	1	2	1	1	2	13
성분	a	b	a b	c	a c	b c	a b c	
요인 배치	B		A	C				

가. 주효과 A를 구하시오.

나. 주효과 A, B, C와 교호작용 $A \times B$가 모두 존재한다면 오차분산의 자유도는 얼마인가?

09
6시그마 실행 단계인 Define(정의) 단계에서 적용되는 SIPOC가 의미하는 용어를 쓰시오.
S ( ) I ( ) P ( ) O ( ) C ( )

10
실험을 계획하는 단계에서의 기본원리 5가지를 쓰시오

11
다음 확률을 각각 구하시오

가. 확률변수 x가 $n=30, p=0.1$인 이항분포를 따를 때, x가 2개 이상 나타날 확률

나. 확률변수 x가 평균 $m=3$인 푸아송분포를 따를 때, x가 2개 이상 나타날 확률

다. 확률변수 x가 $N \sim (10, 2^2)$일 때, x가 8 이상 나타날 확률

12
KS Q ISO 9000:2015 용어에 관한 설명이다. 해당되는 용어를 쓰시오.

가. 의미있는 데이터 ( )

나. 요구사항의 불충족 ( )

13
다음 물음에 답하시오.

가. 종래 납품되고 있던 기계부품의 치수 표준편차는 $0.05mm$이었다. 이번에 납품된 로트의 평균치를 신뢰율 95%, 정밀도 $0.03mm$로 알고자 한다면, 필요한 표본의 개수를 구하시오.

나. 최근 주요 부품사에서 제조설비를 변경하였다. 이 부품의 영향으로 공정의 모평균이 커졌는지에 대한 검정을 $\alpha = 5\%$, $\beta = 10\%$로 하려고 한다. 과거의 모평균 $\mu_0 = 25$에 대해 $\mu_1 = 30$으로 할 경우 이를 만족하는 표본의 크기 n을 구하시오. 단, 모분산 $\sigma = 3kg/mm^2$으로 유지되고 있다.

14

Y 제조공정의 가공공정의 부적합품률은 3%이다. 이 공정에서 생산된 가공품 중 양품만을 투입하여 조립할 경우 부적합품률은 4%일 경우, 가공공정에 투입한 원료를 기준으로 양품이 얻어질 확률을 구하시오.

배점 5점

15

어떤 조립식 책장을 납품하는 데 있어 로트 크기는 1000이다. 생산자와 소비자는 상호 1회 거래로 한정하기로 하고 한계품질한계를 3.15%로 하기로 결정하였다.

배점 7점

가. 샘플링검사 방식을 기술하시오.

나. 공정부적합품률이 1%일 때 로트의 합격확률을 푸아송분포로 구하시오.

2019년 품질경영산업기사 4회 기출복기문제 정답 및 해설

01

가. $r = \dfrac{S_{xy}}{\sqrt{SS_x SS_y}} = 0.99813$

나. ① $S_{xy} = \Sigma x_i y_i - \dfrac{\Sigma x_i \Sigma y_i}{n}$

$= 233 - \dfrac{22 \times 45}{5} = 35$

② $V_{xy} = \dfrac{35}{5-1} = 8.75$

02

가. 분산분석표의 작성

① $SS_A = \Sigma \dfrac{T_{i.}^2}{m} - CT = 2.22$

② $SS_B = \Sigma \dfrac{T_{.j}^2}{l} - CT = 3.44$

요인	SS	df	MS	F_0	$F_{0.95}$
A	2.22	3	0.74	7.92885*	4.76
B	3.44	2	1.72	18.42923*	5.14
e	0.56	6	0.09333		
T	6.22	11			

판정: 요인 A, B는 유의하다.

나. $\hat{\mu}(A_3 B_1)$의 추정

① $\hat{\mu}(A_3 B_1) = \bar{y}_{3.} + \bar{y}_{.1} - \bar{\bar{y}}$

$= \dfrac{294.9}{3} + \dfrac{393.2}{4} - \dfrac{1172.4}{12} = 98.9$

② 최적 조건의 95% 구간추정

$\hat{\mu}(A_3 B_1) = 98.9 \pm t_{0.975}(6) \sqrt{\dfrac{V_e}{n_e}}$

$= 98.9 \pm 2.447 \times \sqrt{\dfrac{0.09333}{2}}$

$= 98.9 \pm 0.52860$

[채점 포인트 및 핵심체크]

1) 공식으로 바로 답이 나와도 수식은 써야 합니다. 수식과 답이 모두 옳으면 3점, 그 외는 0점입니다.

2) 공분산은 계산기에서 바로 구할 수 없으므로 수식이 있어야 합니다. 자유도에 주의하세요. 옳으면 3점, 그 외는 0점

1) 반복 없는 2요인실험의 경우 전체의 제곱합 또는 CT 값이 제시되는 경우가 많으며 이 경우 그 값을 이용하여 계산하여야 합니다. 그리고, 오차분산의 제곱합은 계산하지 않아도 됩니다.

2) 모두 옳으면 5점, 제곱합이 모두 옳으면 3점, 그 외에는 0점

3) 분산분석표가 옳고 판정이 옳으면 1점 그 외는 0점

4) 유효반복수는 $n_e = \dfrac{4 \times 3}{4+3-1} = 2$
즉 $1/n_e = 1/3 + 1/4 - 1/12$ 유튜브 참조하세요.
옳으면 4점, 유효반복수가 옳으면 2점, 그 외는 0점

술술 풀어보는 키포인트

5) 순 제곱합과 기여율은 단골 출제문제입니다. 양쌤 공식으로 암기하세요. 옳으면 3점, 그 외는 0점

(단 $n_e = \dfrac{lm}{l+m-1} = 2$ 이다)

다. ① $SS_B' = 3.44 - 2 \times 0.09333 = 3.25334$

② $\rho_B = \dfrac{SS_B'}{SS_T} = \dfrac{3.25334}{6.22} = 0.52305$

03

1) 81번 로트는 앞 로트를 고려하면 1/2 이므로 합격 2점을 가산합니다.

2) 82번 로트는 앞 로트를 고려하면 1 이므로 불합격 0점으로 되돌아 갑니다. n, Ac 모두 옳으면 1점, 그 외는 0점, 합격판정, 전환점수, 다음 로트에 대한 조치 각각 열이 모두 옳으면 2점, 그 외는 0점

로트	N	샘플문자	n	Ac	d	합격판정	전환점수	다음 로트에 대한 조치
80	1000	J	80	1/2	0	합격	2	보통검사 속행
81	1000	J	80	1/2	1	합격	4	보통검사 속행
82	1000	J	80	1/2	1	불합격	0	보통검사 속행
83	1000	J	80	1/2	0	합격	2	보통검사 속행
84	1000	J	80	1/2	1	합격	4	보통검사 속행
85	1000	J	80	1/2	1	불합격	0*	까다로운 검사 전환

04

1) 예방비용은 교육비 등 불량을 방지하기 위한 비용

2) 평가는 검사인건비등 품질수준을 유지하기 위한 검사관련 비용

3) 실패는 불량발생으로 인한 손실비용 및 문제해결비용

이런 내용으로 간략히 설명해도 됩니다. 각각 옳으면 2점, 그 외는 0점

① 예방 코스트(P-cost)
처음부터 부적합품이 생기지 않도록 미연에 방지하기 위해 투입되는 비용

② 평가 코스트(A-cost)
요구되는 품질수준을 유지하기 위해 소요되는 비용으로 품질을 평가하기 위한 비용

③ 실패 코스트(F-cost)
소정의 품질을 유지하는 데 실패함으로 인한 손실비용 및 문제해결을 위해 투입된 비용

05

1) x 관리도는 R_m 관리도의 관리한계가 k-1로 나누어야 하므로 틀리기 쉬워서 출제빈도가 높습니다. 관리한계 틀리지 않도록 꼼꼼히 준비해 두시기 바랍니다.

2) x 관리도 및 R_m 관리도 각각 관리한계가 모두 옳으면 2점, 그 외는 0점

가. ① x 관리도

ⓐ 중심선: $C_L = \overline{x} = \dfrac{\Sigma x}{k} = \dfrac{460.4}{15} = 30.69333$

ⓑ 관리상한:
$U_{CL} = 30.69333 + 2.66 \times 3.82857 = 40.87733$

ⓒ 관리하한:
$L_{CL} = 30.69333 - 2.66 \times 3.82857 = 20.50933$

② R_m 관리도

ⓐ 중심선: $C_L = \overline{R}_m = \dfrac{\Sigma R_m}{k-1} = \dfrac{53.6}{14} = 3.82857$

ⓑ 관리상한: $U_{CL} = 3.267 \times 3.82857 = 12.50794$

ⓒ 관리하한: 고려하지 않음

나.

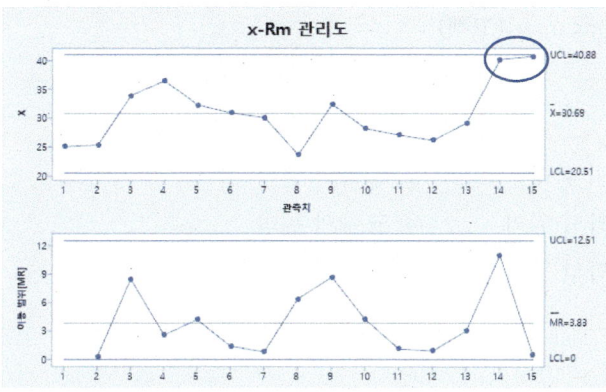

판정: 관리한계 근처에 연속 3점 중 2점이 나타나므로 관리도는 이상상태이다.

06

등급	판정기준	판정
0등급	$1.67 \leq C_P$	매우 우수하다.
1등급	$1.33 \leq C_P < 1.67$	우수하다.
2등급	$1.00 \leq C_P < 1.33$	보통이다.
3등급	$0.67 \leq C_P < 1.00$	부족하다.
4등급	$C_P < 0.67$	매우 부족하다.

07

$U_{CL} + L_{CL} = 32.5965 - 27.4035 = 5.193$

$U_{CL} - L_{CL} = 2A_2\overline{R} = 2 \times A_2 \times 4.5$

$A_2 = \dfrac{5.193}{2 \times 4.5} = 0.577$ 이므로

그러므로 수표에서 부분 군의 크기 $n = 5$이다.

08

가. $A = \dfrac{1}{4}(T_1 - T_0) = \dfrac{1}{4}(59 - 48) = 2.75$

나. 5, 6, 7열이 오차열이므로 $\nu_e = 3$

술술 풀어보는 키포인트

SIPOC는 6시그마 활동 시 Process mapping에 관한 사고방식입니다. 각각 옳으면 1점, 그 외는 0점

09
① S: supplier (외부공급자)
② I: input
③ P: process
④ O: output
⑤ C: consumer (고객)

실험계획의 5가지 원리입니다. 키 워드와 함께 용어를 익혀주세요. 각각 옳으면 1점, 그 외는 0점

10
① 랜덤의 원리 ② 반복의 원리
③ 블록화의 원리 ④ 교락의 원리
⑤ 직교화의 원리

1) 일반적으로 분포문제는 어떤 분포로 풀라고 하면 그 분포로 풀어야만 정답처리가 됩니다.

2) 계수치 분포에서 지문과 같이 크다를 구할 때는 1-작다로 구하여야 합니다. 각각 옳으면 3점, 그 외는 0점

11

가. $\Pr(X \geq 2) = 1 - \Pr(x \leq 1)$
$= 1 - (0.9)^{30} - {}_{30}C_1 (0.1)^1 (0.9)^{29}$
$= 1 - 0.04239 - 0.14130 = 0.81631$

나. $\Pr(X \geq 2) = 1 - \Pr(x \leq 1)$
$= 1 - e^{-3}(1+3) = 1 - 0.19915$
$= 1 - 0.19915 = 0.80085$

다. $\Pr(x \geq 8) = \Pr(z \geq \dfrac{8-10}{2})$
$= \Pr(z \geq -1.00)$
$= 1 - 0.1587 = 0.8413$

1) 정보는 데이터이고 기록은 증거입니다.
2) 부적합은 결함과 함께 익혀두세요. 각각 옳으면 2점, 그 외는 0점

12
가. 정보
나. 부적합

1) 평균치의 신뢰한계 정도는 폭을 의미합니다. 이 때 n은 무조건 올림 주의하세요. 옳으면 4점 그 외는 0점

13

가. $\pm \beta = \pm z_{1-\alpha/2} \dfrac{\sigma}{\sqrt{n}}$

$\pm \beta = \pm 0.03 = \pm 1.96 \times \dfrac{0.05}{\sqrt{n}}$

$$n = \left(\frac{0.05 \times 1.96}{0.03}\right)^2 = 10.67111 \rightarrow 11개$$

나. $n = (\dfrac{z_{1-\alpha} + z_{1-\beta}}{\mu_0 - \mu_1})^2 \sigma^2$

$= (\dfrac{1.645 + 1.282}{25 - 30})^2 \times 3^2 = 3.08424 \Rightarrow 4$

14

$P(A \cap B) = P(A) \times P(B) = 0.97 \times 0.96 = 0.9312$

15

가. KS Q ISO 2859-2 절차 A LQ 방식 수표에서, N=1000 LQ=3.15% 이므로 n=125, Ac=1인 검사방식이다.
즉, 125개를 검사해서 부적합품이 1개 이하이면 로트를 합격시킨다.

나. $m = np = 125 \times 0.01 = 1.25$

$L(p) = e^{-1.25}(1 + 1.25) = 0.64464$

---

2) 검·추정의 표본크기 결정은 대립가설이 '다르다'일 경우 $z_{1-\alpha/2}$를 적용하는 것을 제외하면 동일합니다. 유튜브 참조하세요. 옳으면 4점 그 외는 0점

후공정을 모두 양품을 투입하여 작업함으로 전공정과 후공정은 서로 독립작업이 되므로, 누적 양품률은 두 공정 양품률의 곱이 됩니다. 옳으면 5점, 그 외는 0점

1) LQ 검사방식의 절차 A에 관한 사항입니다. n과 Ac가 옳으면 3점, 그 외는 0점

2) 옳으면 4점, 그 외는 0점

2020 품질경영산업기사 1회 기출복기문제

01

원사를 만드는 제조공정에서 실의 인장강도는 50 ± 2.0이다. 품질관리 담당이 실의 인장강도를 확인하기 위해 원사 50개를 샘플링하여 도수분포를 만든 결과가 다음과 같이 나타났다. 도수분포표가 정규분포를 따른다고 할 때 다음 각 물음에 답하시오.

배점 8점

[데이터] $x_0 = 50$, $h = 0.5$, $\Sigma f_i = 50$, $\Sigma f_i u_i = 20$, $\Sigma f_i u_i^2 = 204$

가. 표본평균을 구하시오.

나. 표본표준편차를 구하시오.

다. 로트의 부적합품률의 추정치를 구하시오.

02

4종류의 반응온도에서 수율을 각각 3회 반복 측정하여 총 제곱합 $S_T = 550$, 반응온도에 의한 제곱합 $S_A = 415$를 얻었다. 다음 각 물음에 답하시오.

배점 6점

가. 오차의 제곱합을 구하시오.

나. 오차항의 분산의 추정치($\hat{\sigma}_e^2$)를 구하시오.

03

분임조 활동을 수행하는 기본적 도구인 신 QC 7가지 도구를 모두 쓰시오.

배점 7점

04

A 사는 어떤 부품의 수입검사에 계수값 샘플링 검사인 KS Q ISO 2859-1을 사용하고 있다. 적용조건은 AQL = 1.0%, 검사 수준 Ⅱ로 1회 샘플링 검사를 하고 있으며 처음 로트의 엄격도는 보통검사에서 시작하였다. 다음 물음에 답하시오.

배점 7점

가. 주 샘플링표를 활용하여 답안지의 표의 공란을 채우세요.

로트	N	샘플문자	n	Ac	부적합품수	합격여부	전환점수
1	300	H	50	1	1	합격	2
2	500	( )	( )	( )	2	( )	( )
3	500	( )	( )	( )	1	( )	( )
4	800	( )	( )	( )	1	( )	( )
5	1100	( )	( )	( )	2	( )	( )

나. 5 로트 검사 결과 다음 로트에 적용되는 엄격도는?

05

표에서 나타난 데이터는 어느 직물공장에서. 직물에 나타난 흠의 수를 조사한 결과이다. 아래의 물음에 답하시오.

배점 9점

로트번호		1	2	3	4	5	6	7	8	9	10	11	12	13	14	15	합계
(a)시료의 수(n)		10	10	15	15	20	20	20	20	20	10	10	10	15	15	15	225
흠의 수	얼룩의수(개소)	12	16	12	15	21	15	13	32	23	16	17	6	13	22	16	249
	구멍이난수(개소)	5	3	5	6	4	6	6	8	8	6	4	1	4	6	6	78
	실이튄곳의수(개소)	6	1	6	7	2	7	10	9	9	7	2	1	10	11	8	96
	색상이나쁜곳(개소)	10	1	8	10	2	9	8	12	11	11	2	2	9	12	12	119
	기 타	2	–	2	4	–	3	–	2	1	1	–	–	–	1	1	17
(b)합 계		35	21	33	42	29	40	37	63	52	41	25	10	36	52	43	559
(b) ÷ (a)		3.50	2.10	2.20	2.80	1.45	2.00	1.85	3.15	2.60	4.10	2.50	1.00	2.40	3.47	2.87	

가. 이 데이터로서 관리도를 작성하고자 할 때 부분군의 크기 $n = 10$인 경우 C_L, U_{CL}, L_{CL}을 구하고 관리한계를 벗어난 로트 번호가 있으면 지적하시오.

나. 상기 데이터에서 종류(유형)별로 분류해 놓은 흠의 통계를 이용하여 파레토도를 작성하시오.

06

계수규준형 1회 샘플링검사에서 $p_0 = 0.2\%$, $p_1 = 1.0\%$일 경우 샘플링검사표를 찾아 보았더니 '＊'가 나왔다. 샘플링검사 설계보조표를 이용하여 샘플링검사방식을 설계하시오.

배점 4점

07

$L_{16}(2^{15})$ 직교배열표에서 A, B, C, D, F 요인이 다음과 같이 배치되어 있다. 교호작용 $B \times D$, $D \times F$가 존재할 때 각각 열 번호 몇 번 열에 배치되어 나타나는지 쓰시오.

배점 4점

열번호	1	2	3	4	5	6	7	8	9	10	11	12	13	14	15
기본 표시	a	b	a b	c	a c	b c	a b c	d	a d	b d	a b d	c d	a c d	b c d	a b c d
배치	A	C		B				F				D			

08

다음은 계수형 샘플링검사 절차(KS Q ISO 2859)에서 사용되는 기호이다. 다음 각 기호의 의미를 예시와 같이 표기하시오.

배점 6점

> [예시] LQ : 한계품질

가. Ac

나. AQL

다. ASS

09

다음의 예시에서 ①, ②에 해당하는 숫자를 쓰시오.

배점 4점

> [예시] 6시그마 품질수준은 C_P = (①)에 해당된다. 이때의 최소공정능력지수 C_{PK} = (②)에 해당된다.

10

다음은 실험계획법의 기본원리에 관한 설명이다. ( )안에 알맞은 단어를 써 넣으시오.

배점 8점

가. 뽑혀진 요인 이외에 기타 요인들의 영향이 실험결과에 편기되게 미치는 것을 없애기 위한 방법이다. ( )의 원리

나. 실험의 각 수준에서의 조합에서 실험 결과의 신뢰를 높이기 위해 시료수를 늘리는 방법이며, 교호작용의 검출, 실험의 재현성 확보가 가능해진다. ( )의 원리

다. 실험 전체를 시간적, 공간적으로 분할하여 층별된 범위는 실험의 환경이 균일하게 되어 정도가 좋은 결과를 얻을 수 있게 된다. ( )의 원리

라. 구할 필요가 없는 2요인 이상의 교호작용을 블록에 포함시켜 검출할 필요가 없는 요인이 효과로 표현되지 않게 함으로써 실험의 효율을 높이는 방법이다. ( )의 원리

11

히스토그램을 작성하다 보면 다음 그림과 같은 모양이 나타날 수 있다. 원인이 무엇인지 각각에 대해 간략히 설명하시오.

배점 8점

가. 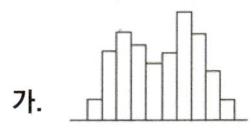 나.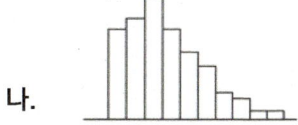

다. 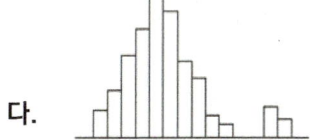 라.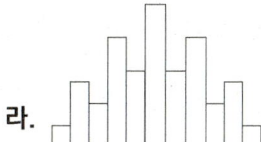

12

KS Q ISO 9000:2015 용어에 관한 설명이다. 해당하는 용어를 쓰시오.

배점 8점

가. 대상의 고유특성의 집합이 요구사항을 충족시키는 정도 (　　)

나. 요구사항을 명시한 문서 (　　)

다. 의도되거나 규정된 용도에 관련된 부적합 (　　)

라. 고객의 기대가 어느 정도까지 충족되었는지에 대한 고객의 인식 (　　)

13

A사는 과거에 생산해왔던 휴대용 저장장치를 개선하여 경량화된 새로운 제품을 출시하는 것이 목표이다. 이 회사의 연구원들은 이번에 개발한 새로운 주장이 맞는지 공정에서 제품 중 10개를 임의로 수거하여 중량을 측정한 결과가 다음과 같았다. 다음 각 물음에 답하시오. (단, 모분산은 $3^2 gr$으로 알려져 있다.)

배점 10점

[다음] 202, 197, 205, 190, 191, 196, 199, 194, 200, 195

가. 개선된 휴대용 저장장치의 모분산이 변했는지 유의수준 5%로 검정하시오.

나. 개선된 저장장치의 평균 무게가 200gr 보다 작다고 할 수 있는지 유의수준 5%로 검정하시오.

다. 이 새로운 제품의 평균 무게에 대한 신뢰상한을 유의수준 5%로 구하시오.

14

어떤 전기 부품의 저항치는 50Ω 이하로 규정되어 있다. KS Q 0001 계량 규준형 1회 샘플링 검사를 하였더니 $n=5$, $k=2.12$을 수표에서 얻었다. 그러므로 표본 5개를 샘플링하여 검사한 결과 $\overline{X}=44.0$으로 나타났다. 로트의 표준편차 $\sigma=2\Omega$일 때, 이 로트의 합부 판정은 어떻게 되는가?

배점 5점

15

$U_{CL}=43.4$, $L_{CL}=16.6$인 $\overline{x}-R$관리도(부분군의 크기 $n=5$)가 있다. 공정의 분포가 $N\sim(30,10^2)$을 따를 때 통계량 $\overline{x}$가 관리한계를 벗어날 확률을 구하시오.

배점 6점

2020년 품질경영산업기사 1회 기출복기문제 정답 및 해설

[채점 포인트 및 핵심체크]

01

가. $\bar{x} = x_0 + h \dfrac{\Sigma x_i f_i}{\Sigma f_i}$

$= 50 + 0.5 \times \dfrac{20}{50} = 50.2$

나. ① $SS = h^2 \times \left(\Sigma f u^2 - \dfrac{(\Sigma f u)^2}{\Sigma f} \right)$

$= 0.5^2 \times (204 - \dfrac{20^2}{50}) = 49$

② $s = \sqrt{\dfrac{SS}{\Sigma f_i - 1}} = \sqrt{\dfrac{49}{49}} = 1$

다. $P\% = \Pr(X > 52) + \Pr(X < 48)$

$= \Pr(z > \dfrac{52 - 50.2}{1}) + \Pr(z < \dfrac{48 - 50.2}{1})$

$= \Pr(z > 1.8) + \Pr(z < -2.2)$

$= 0.0359 + 0.0139 = 0.0498$

1) 수식과 답이 모두 옳으면 2점, 그 외는 0점입니다.

2) 표준편차의 경우 반드시 자유도로 나누어야 정답입니다. 그리고 이것이 틀리면 향후 풀이가 옳아도 모두 0점 처리되므로 꼭 옳은 답을 구하셔야 합니다. 옳으면 2점, 그 외는 0점

3) 규격을 벗어나는 확률이므로 부적합품률을 계산하는 문제입니다. 옳으면 4점, 그 외는 0점

02

가. $SS_e = SS_T - SS_A$

$= 550 - 415 = 135$

나. $\hat{\sigma}_e^2 = V_e = \dfrac{SS_e}{l(r-1)} = \dfrac{135}{8} = 16.875$

오차분산은 오차제곱합을 자유도로 나누어 구합니다. 옳으면 6점, 그 외는 0점

03

① 연관도
② 애로우다이어그램
③ 계통도
④ 친화도(KJ법)
⑤ PDPC법
⑥ 매트릭스도법
⑦ 매트릭스데이터해석법

신 QC 7가지 수법은 "연애계 친구 P는 매매하였다" 출제빈도가 높으니 반드시 외워두세요. 각각 옳으면 1점, 그 외는 0점

술술 풀어보는 키포인트

1) 4번 로트는 한 단계엄격한 기준으로 합격이므로 3점을 가산합니다.
2) 5번 로트는 합격이지만 한 단계 엄격한 기준으로 불합격이므로 전환점수는 0점입니다.
   각 열이 옳으면 1점, 그 외는 0점
3) 표가 모두 옳고 적용 엄격도가 옳으면 2점, 그 외는 0점

1) (b)÷(a)값이 u_i이므로 단위당 결점수 즉 u 관리도입니다.
2) 관리한계를 벗어난 점은 10번이 4.10으로 관리상한을 벗어났네요. 시험문제 중에는 관리도를 그리게 되어 있고 그러면 이상원인을 제거하고 기준값 작성하는 문제로 확대될 수 있습니다. 모두 옳으면 5점, 관리한계가 옳으면 3점, 그 외는 0점
3) 파레토도는 그래프가 옳아야 하며 막대그래프는 도수를, 꺾은선 그래프는 상대도수를 나타내는 것으로 그 두 가지가 모두 옳아야 합니다. 그리고 기타의 위치는 항상 맨 뒤에 나타나야 합니다. 그 3가지가 모두 옳은 경우만 점수를 얻을 수 있습니다. 표와 그래프 모두 옳으면 4점, 표만 옳으면 2점, 그 외는 0점

04

로트	N	샘플문자	n	Ac	부적합품수	합격여부	전환점수
1	300	H	50	1	1	합격	2
2	500	(H)	(50)	(1)	2	(불합격)	(0)
3	500	(H)	(50)	(1)	1	(합격)	(2)
4	800	(J)	(80)	(2)	1	(합격)	(5)
5	1100	(J)	(80)	(2)	2	(합격)	(0)

6번째 로트: 보통검사 속행

05

가. ① C_L ; $\bar{u} = \dfrac{\Sigma c}{\Sigma n} = \dfrac{559}{225} = 2.48444$

② 부분 군의 크기가 10인 부분 군의 판정

ⓐ $U_{CL} = \bar{u} + 3\sqrt{\dfrac{\bar{u}}{n}}$

$= 2.48444 + 3\sqrt{\dfrac{2.48444}{10}} = 3.97976$

ⓑ $L_{CL} = \bar{u} - 3\sqrt{\dfrac{\bar{u}}{n}}$

$= 2.48444 - 3\sqrt{\dfrac{2.48444}{10}} = 0.98912$

ⓒ 관리한계를 벗어난 로트 번호: 10번

나. 파레토도

흠 항목	흠의 수	누적수	누적%
얼룩의 수	249	249	44.54
색상이 나쁜 곳	119	368	65.83
실이 튄 곳의 수	96	464	83.01
구멍이 난 수	78	542	96.96
기타	17	559	100
계	559		

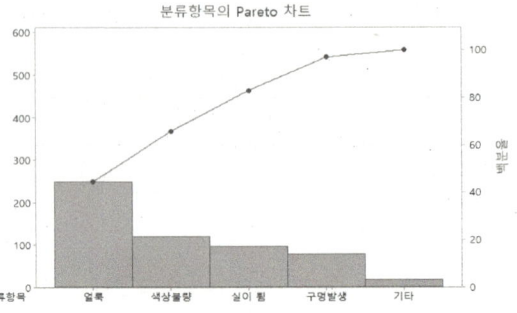

06

부록에 있는 KS Q 0001 샘플링 설계보조표를 이용하면

$\dfrac{P_1}{P_0} = \dfrac{1}{0.2} = 5$ 이므로 $c = 3$

$\dfrac{68.3}{p_0} + \dfrac{344}{p_1} = \dfrac{68.3}{0.2} + \dfrac{344}{1} = 685.5 \Rightarrow 686$

그러므로 $n = 686, c = 3$인 계수 1회 샘플링검사를 실시한다

07

가. $B \times D = c(cd) = d$ ☞ 8열

나. $D \times F = cd(bd) = bc$ ☞ 6열

08

가. 합격판정개수(Acceptance count)

나. 합격품질한계(Acceptance Quality Limit)

다. 평균샘플크기(Average Sample Size)

09

① 2.0 ② 1.5

10

가. 랜덤 나. 반복 다. 블록화 라. 교락

11

가. 쌍봉형: 이질적인 두 로트가 섞임

나. 절벽형: 경계치 아래 제품을 선별한 경우

다. 독도형: 이질적 재료가 로트에 혼입된 경우

라. 이빠짐형: 수치의 끝맺음에 버릇이 있는 경우

12

가. 품질

나. 시방서

다. 결함

라. 고객만족

술술 풀어보는 키포인트

1) 모분산의 검정이 기각되었으므로 평균치 검정은 t분포를 따르게 됩니다. 주의하세요. 모두 옳으면 3점 그 외는 0점

2) 평균이 작아졌다이므로 기각역은 음수가 됩니다. 과정 및 답이 모두 옳으면 4점, 검정통계량만 옳으면 2점 그 외는 0점

3) 신뢰한계는 기각역의 부호의 반대이므로 최대치를 추정하게 됩니다. 옳으면 3점 그 외는 0점

이 문제는 n과 k가 주어져 있는 부적합품률 보증방식입니다. 이 값으로 망소특성이므로 상측 합격판정기준을 만듭니다. 옳으면 5점, 합격판정식이 옳으면 3점, 그 외는 0점

1) 평균이 중심에서 변하지 않았으므로 벗어날 확률은 한쪽만 계산한 후 2배를 취하면 된다.

2) 실제 관리상태이므로 벗어날 확률은 1종오류가 됩니다. 옳으면 6점, 그 외는 0점

13

가. ① $H_0 : \sigma^2 = 3^2 \quad H_1 : \sigma^2 \neq 3^2$

② $\alpha = 5\%$

③ $\chi_o^2 = \dfrac{(n-1)s^2}{\sigma^2} = \dfrac{9 \times 4.72464^2}{3^2} = 22.32222$

④ $R : \chi_{0.025}^2(9) = 2.70 , \chi_{0.975}^2(9) = 19.02$

⑤ 판정 : H_0 기각

나. ① $H_0 : \mu \geq 200 \quad H_1 : \mu < 200$

② $\alpha = 5\%$

③ $t_0 = \dfrac{\overline{x} - \mu}{s/\sqrt{n}} = \dfrac{196.9 - 200}{4.72464/\sqrt{10}} = -2.07488$

④ $R : -t_{0.95}(9) = -1.833$

⑤ 판정 : H_0 기각

다. $\overline{x} + t_{1-\alpha}(9)\dfrac{s}{\sqrt{n}} = 196.9 + 1.833 \times \dfrac{4.72464}{\sqrt{10}}$

$= 199.63862$

14

① 망소특성이므로

$\overline{X}_U = U - k\sigma$

$= 50 - 2.12 \times 2 = 45.76$

② $\overline{x} = 44$일 때

$\overline{x} \leq 45.76 \Rightarrow$ 로트 합격

15

$1 - \beta = 2 \times \Pr(\overline{x} > U_{CL})$

$= 2 \times \Pr(z > \dfrac{U_{CL} - \mu'}{\sigma/\sqrt{n}})$

$= 2 \times \Pr(z > \dfrac{43.4 - 30}{10/\sqrt{5}})$

$= 2 \times \Pr(z > 2.99633)$

$= 2 \times \Pr(z > 3.0) = 0.27\%$

2020 품질경영산업기사 2회 기출복기문제

01

다음 데이터에 대하여 물음에 답하시오.

[Date] 5.4, 4.5, 8.0, 6.6, 7.3, 3.5, 5.5, 8.1

배점 6점

가. 평균제곱을 구하시오.

나. 변동계수를 구하시오.

02

2요인 모수모형인 2요인실험에서 아래의 데이터를 얻었다. 단 품질특성은 망대특성이다.

배점 10점

B \ A	A_1	A_2	A_3	A_4	$T_{\cdot j}$
B_1	4.1	5.1	4.4	4.3	17.9
B_2	4.6	5.4	5.2	5.0	20.2
B_3	4.9	5.9	5.8	5.7	22.3
$T_{i\cdot}$	13.6	16.4	15.4	15.0	60.4

(단, $SS_T = 3.96667$, $CT = 304.0133$이다.)

가. 분산분석표를 작성하시오.

요인	SS	df	MS	F_0	$F_{0.95}$
T					

나. 최적해에 대한 95% 신뢰구간을 구하시오.

03

분임조 활동을 수행하는 기본적 도구인 품질관리 7가지 도구를 쓰시오.

배점 7점

04

A 사는 어떤 부품의 수입검사에 계수형 샘플링검사인 KS Q ISO 2859-1을 사용하고 있다. 현재의 적용조건은 AQL=0.65, 검사수준 Ⅱ로 1회 샘플링검사이며, 검사의 엄격도는 보통검사로 시작하려 한다. 각 로트 당 입고량은 400개로 동일하며 검사 결과 부적합품수는 표와 같이 알려져 있다. 주 샘플링보조표를 활용하여 답안지 표의 공란을 채우시오.

배점 7점

로트	N	샘플문자	n	Ac	부적합품수	합격여부	전환점수	후속 조치
1	400	( )	( )	( )	1	( )	( )	( )
2	400	( )	( )	( )	0	( )	( )	( )
3	400	( )	( )	( )	0	( )	( )	( )
4	400	( )	( )	( )	1	( )	( )	( )
5	400	( )	( )	( )	1	( )	( )	( )

05

다음 자료는 부분 군의 크기 100에 대한 부적합품수를 나타낸 표이다. 물음에 답하시오.

배점 9점

부분군 번호	부적합품	부분군 번호	부적합품	부분군 번호	부적합품	부분군 번호	부적합품
1	4	6	5	11	2	16	3
2	2	7	0	12	3	17	3
3	4	8	4	13	6	18	2
4	3	9	1	14	4	19	2
5	7	10	15	15	1	20	7

가. 위 데이터에 적합한 관리도는 무엇인가?

나. 관리도의 중심선과 관리한계를 구하시오.

다. 부분군 10까지만 관리도를 작성하고 관리상태를 판정하시오.

06

두 $\bar{x}-R$ 관리도에서 아래의 식을 사용하여 평균치 차의 검정을 실시하기 위한 전제조건 5가지를 쓰시오.

$$|\bar{\bar{x}}_A - \bar{\bar{x}}_B| > A_2 \bar{R} \sqrt{\frac{1}{k_A} + \frac{1}{k_B}}$$

배점 5점

07

A(처리온도) 3수준, B(압력) 4수준으로 반복 2회의 랜덤 실험한 결과 A_2B_3가 최적 조건임을 확인하였다. 최적 조건의 95% 신뢰구간 추정하시오.
(단, $\mu(A_2B_3) = 80$, 교호작용은 기술적 검토로 Pooling 하였다.)

배점 6점

요인	SS	df	MS	F_0	$F_{0.95}$
A	90	2	45	4.5	3.49
B	108	3	36	3.6	3.10
e	180	18	10		
T	378	23			

08

$AQL = 0.65\%$, 샘플문자 F로 하여 보통검사를 하였을 경우 로트의 합격확률이 95%가 되기 위한 부적합품률을 구하시오.

배점 6점

09

다음은 샘플링검사 결과와 합격률을 나타낸 것이다. 푸아송분포를 이용하여 공정 부적합품률의 점추정치를 구하시오.

배점 6점

가. N=900인 공정에서 $n=30, Ac=0$인 검사 결과 로트 합격률은 95%이다.

나. N=900인 공정에서 $n=30, Ac=0$인 검사 결과 로트 합격률은 10%이다.

10

다음은 특정 지역에서 생산된 딸기에 포함된 당분의 함량을 측정한 결과를 도수표로 나타낸 것이다. 당분의 관리 규격은 10.5~11.5이다. 다음 물음에 답하시오.

배점 7점

계급	x_i	f_i	u_i	$f_i u_i$	$f_i u_i^2$
10.755 ~ 10.825	10.79	2	-3	-6	18
10.825 ~ 10.895	10.86	10	-2	-20	40
10.895 ~ 10.965	10.93	22	-1	-22	22
10.965 ~ 11.035	11.00	35	0	0	0
11.035 ~ 11.105	11.07	18	1	18	18
11.105 ~ 11.175	11.14	9	2	18	36
11.175 ~ 11.245	11.21	3	3	9	27
11.245 ~ 11.315	11.28	1	4	4	16
		100		1	177

가. 공정의 평균과 표준편차를 구하시오.

나. 공정능력지수를 구하고 공정능력을 평가하시오.

11
KS Q 0001 규격서의 서식과 KS Q ISO 9001에서는 다음과 같은 조동사 형태를 규정하고 있다. (예)와 같이 답하시오.

> [예] 요구사항: ~~ 하여야 한다.

가. 권고사항:

나. 허용:

다. 역량 및 가능성:

배점: 6점

12
KS Q ISO 9000:2015 용어에 관한 설명이다. 해당하는 용어를 쓰시오.

가. 조직과 고객 간에 어떠한 행위·거래·처리도 없이 생산될 수 있는 조직의 출력 (　　　)

나. 규정된 요구사항에 적합하지 않은 제품 또는 서비스를 사용하거나 불출하는 것에 대한 허가 (　　　)

다. 심사기준에 충족되는 정도를 결정하기 위하여 객관적인 증거를 수집하고 평가하기 위한 체계적이고 독립적이며 문서화된 프로세스 (　　　)

배점: 6점

13
어느 회사는 제품의 평균중량은 200gr 미만이라고 주장하고 있다. 사실인지 확인하기 위해 로트로부터 10개의 시료를 랜덤하게 샘플링하여 측정한 결과 다음 데이터를 얻었다.

> [데이터] 196, 198, 196, 191, 195, 191, 198, 193, 202, 195

가. 이 회사의 주장이 옳다고 할 수 있는지 위험율 5%로 검정하시오.

나. 검정결과 유의하다면 신뢰한계를 구하시오.

배점: 8점

14
계량규준형 1회 샘플링검사에서 강재의 인장강도는 클수록 좋다. 인장강도의 평균이 $35\,kg/mm^2$ 이상의 로트는 합격으로 하고, $32\,kg/mm^2$ 이하인 로트는 불합격으로 하는 검사방식을 설계하고자 한다. 단, $\sigma = 3\,kg/mm^2$이다. $\alpha = 0.05$, $\beta = 0.10$을 만족하는 샘플링방식을 KS Q 0001 계량규준형 수표를 활용하여 결정하시오.

배점: 5점

15
$n=5$인 $\bar{x} - R$ 관리도에서 $U_{CL} = 45$, $L_{CL} = 15$라고 한다. 현재 생산되는 제품이 40이 넘는 제품이 나올 확률을 구하시오.

배점: 6점

2020년 품질경영산업기사 2회 기출복기문제 정답 및 해설

01

가. $MS = s^2 = 1.66771^2 = 2.78125$

나. $CV = \dfrac{s}{\bar{x}} = \dfrac{1.66771}{6.1125} = 0.27284$

02

가. ① $SS_A = \dfrac{13.6^2 + 16.4^2 + 15.4^2 + 15^2}{3} - CT = 1.34667$

② $SS_B = \dfrac{17.9^2 + 20.2^2 + 22.3^2}{4} - CT = 2.42167$

요인	SS	df	MS	F_0	$F_{0.95}$
A	1.34667	3	0.44889	13.57804*	4.76
B	2.42167	2	1.21084	36.62553*	5.14
e	0.19833	6	0.03306		
T	3.96667	11			

판정: 요인 A, B는 유의하다.

나. 최적해의 추정

① 점 추정치: 망대특성이므로 최적해는 $\hat{\mu}(A_2B_3)$ 이다.

$$\hat{\mu}(A_2B_3) = \mu + a_2 + b_3 + a_2b_3$$
$$= \bar{y}_{2..} + \bar{y}_{.3.} - \bar{\bar{y}}$$
$$= \dfrac{16.4}{3} + \dfrac{22.3}{4} - \dfrac{60.4}{12} = 6.00833$$

② 최적 조건의 95% 구간추정

$$\hat{\mu}(A_2B_3) = 6.00833 \pm t_{0.975}(6)\sqrt{\dfrac{V_e}{n_e}}$$
$$= 6.00833 \pm 2.447 \times \sqrt{\dfrac{0.03306}{2}}$$
$$= 5.575 \pm 0.31461$$

(단, $n_e = \dfrac{lm}{l+m-1} = \dfrac{12}{4+3-1} = 2$ 이다.)

술술 풀어보는 키포인트

[채점 포인트 및 핵심체크]

평균제곱은 표본분산을 의미합니다. 계산기에 데이터를 입력하여 구합니다. 각각 옳으면 3점, 그 외는 0점

1) 분산분석표를 작성할 때 전체 제곱합 등은 제시된 값을 이용하여 계산합니다. 모두 옳으면 5점, 제곱합이 옳으면 3점, 그 외는 0점

2) 분산분석표가 옳고 판정이 옳으면 1점, 그 외는 0점

3) 망대특성이므로 최적해는 A2와 B3의 조합평균이 됩니다.

4) 신뢰구간을 계산할 경우 유효반복수를 구해야 합니다. 공식을 확실히 익혀두세요. 추정이 옳으면 4점, 틀리면 0점

술술 풀어보는 키포인트

03

① 특성요인도   ② 파레토그림
③ 체크시이트   ④ 히스토그램
⑤ 산점도   ⑥ 꺾은선 그래프(관리도)
⑦ 층별

04

로트	N	샘플 문자	n	Ac	부적합 품수	합격 여부	전환 점수	후속 조치
1	400	H	50	1/2	1	불합격	0	보통검사 속행
2	400	H	50	1/2	0	합격	2	보통검사 속행
3	400	H	50	1/2	0	합격	4	보통검사 속행
4	400	H	50	1/2	1	합격	6	보통검사 속행
5	400	H	50	1/2	1	불합격	0*	까다로운 검사 전환

05

가. np관리도

나. ① $C_L = \dfrac{\Sigma np}{k} = \dfrac{78}{20} = 3.9$

② $U_{CL} = n\bar{p} + 3 \times \sqrt{n\bar{p}(1-\bar{p})}$
$= 3.9 + 3 \times \sqrt{3.9 \times (1-0.039)} = 9.70785$

③ L_{CL}은 고려하지 않음

다. 관리도의 작성

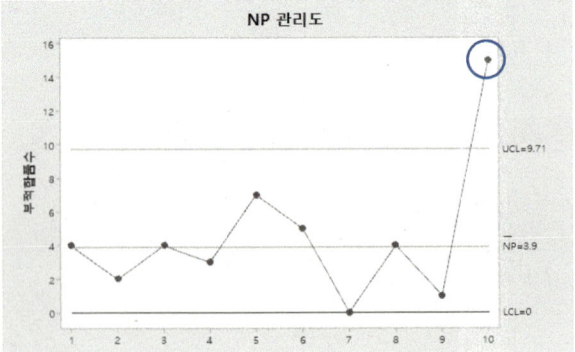

판정: 관리도는 이상상태이다.

품질관리 7가지 수법은 "특히 파산층을 체크하여 관리하시오." 출제빈도가 높으니 반드시 외워두세요. 각각 옳으면 1점, 그 외는 0점

1) 표본수가 동일한 분수 샘플링검사입니다. 합격판정개수는 모두 1/2로 동일합니다.

2) 연속 5로트 이내에서 2로트 불합격이므로 까다로운 검사 전환입니다. 후속조치 열이 모두 옳으면 2점, 그 외는 0점, 나머지 각 열이 옳으면 1점, 그 외는 0점

1) 관리도의 명칭이 옳으면 2점, 그 외는 0점
2) 중심선, 관리한계가 모두 옳으면 3점, 그 외는 0점

3) 관리도는 꺾은선과 관리한계 및 중심선을 반드시 그려야 합니다. 그래프는 작도이므로 정확하지 않고 대략 방향이 옳으면 됩니다. 옳으면 3점 그 외는 0점

4) 그래프가 옳고 판정이 옳으면 1점, 그 외는 0점

06

① 두 관리도는 정규분포를 따를 것
② 두 관리도는 관리상태일 것
③ 두 관리도의 $\overline{R}_A$와 $\overline{R}_B$는 유의차가 없을 것
④ 두 관리도의 부분 군의 크기는 동일할 것($n_A = n_B$)
⑤ 두 관리도의 부분 군의 수 k_A, k_B는 충분히 클 것

07

① 점 추정치 : $\hat{\mu}(A_2B_3) = \overline{y}_{2..} + \overline{y}_{.3.} - \overline{\overline{y}} = 80$

$$n_e = \frac{lmr}{l+m-1} = \frac{24}{3+4-1} = 4$$

② 신뢰구간 : $(\overline{y}_{2..} + \overline{y}_{.3.} - \overline{\overline{y}}) \pm t_{0.975}(\nu_e^*)\sqrt{\frac{V_e^*}{n_e}}$

$$= 80 \pm t_{0.975}(18)\sqrt{\frac{10}{4}}$$

$$= 80 \pm 2.101 \times \sqrt{\frac{10}{4}} = 80 \pm 3.32197$$

08

부표1 및 부표 2-A에서 $n = 20$, $Ac = 0$ 이다.

[풀이 1] 공식으로 풀면

$$L(P) = 100 - p\% \times n = 100 - p \times 20 = 95(\%)$$

$$p\% = \frac{100-95}{20} = 0.25(\%)$$

[풀이 2] 푸아송분포로 풀면

$$L(p) = 0.95 = e^{-20 \times p}$$

$$p = \frac{-\ln 0.95}{20} = 0.0025647 \Rightarrow 0.25647\%$$

09

가. $m = nP = 30P$

$$\Pr(X=0) = 0.95 = e^{-30P}$$

술술 풀이보는 키포인트

각 항목당 옳으면 1점, 그 외는 0점

'신뢰구간을 구하려면 유효반복수를 구해야 합니다. 유의한 요인은 A, B이고 교호작용은 풀링 되었으므로 유의하지 않습니다. 그러므로 구조식은 설명과 같습니다. 즉, $\hat{\mu} = \mu + a_i + b_j$가 됩니다. 옳으면 6점, 그 외는 0점

1) 수표는 2차 시험 시 제공되는 기본 제공 수표입니다. 필요한 경우 양쌤 카페에서 내려받으시기 바랍니다. 공식으로 구하는 경우가 정답으로 등재되어 있습니다. 옳으면 6점, 그 외는 0점
2) 푸아송분포로 풀이 2와 같이 푸셔도 됩니다.

1) 일반적으로 분포문제는 어떤 분포로 풀라고 하면 그 분포로 풀어야만 정답처리가 됩니다.

2) 검사 조건에 적합한 좋은로트와 나쁜로트를 찾는 문제입니다. 각각 옳으면 3점, 그 외는 0점	$p = \dfrac{-\ln 0.95}{30} = 0.00171 \Rightarrow 0.17098\%$ 나. $\Pr(X=0) = 0.10 = e^{-30P}$ $p = \dfrac{-\ln 0.10}{30} = 0.07675 \Rightarrow 7.67528\%$

10

1) 수식과 답이 모두 옳으면 평균, 표준편차 각 2점, 그 외는 0점

가. ① $\bar{x} = x_0 + h \dfrac{\Sigma x_i f_i}{\Sigma f_i}$

$= 11.00 + 0.07 \times \dfrac{1}{100} = 11.07$

② $SS = h^2 \times \left(\Sigma f u^2 - \dfrac{(\Sigma f u)^2}{\Sigma f} \right)$

$= 0.07^2 \times (177 - \dfrac{1^2}{100}) = 0.86725$

2) 표준편차의 경우 반드시 자유도로 나누어야 정답입니다.

③ $s = \sqrt{\dfrac{SS}{\Sigma f_i - 1}} = \sqrt{\dfrac{0.86725}{99}} = 0.09360$

3) 공정능력은 반드시 평가를 하여야 합니다. 모두 옳으면 3점 공정능력지수가 옳으면 2점, 그 외는 0점

나. $PCI(Cp) = \dfrac{U-L}{6\sigma_w} = \dfrac{11.5 - 10.5}{6 \times 0.09360} = 1.78063$

판정: 공정능력은 0등급이다.

11

가. ~~ 하는 것이 좋다.

나. ~~ 해도 된다.

다. ~~ 할 수 있다.

용어가 반드시 옳아야 합니다. 비슷한 용어는 무조건 오답입니다. 각각 옳으면 2점, 그 외는 0점

12

가. 제품

나. 특채

다. 심사

명칭이 반드시 옳아야 합니다. 각각 옳으면 2점, 그 외는 0점

13

1) 모평균의 검정은 과정 및 답이 모두 옳으면 5점, 검정통계량만 옳으면 3점 그 외는 0점입니다. 판정에 사족을 달지 마세요.

가. ① $H_0 : \mu \geq 200 \quad H_1 : \mu < 200$

② $\alpha = 5\%$

③ $t_0 = \dfrac{\bar{x} - \mu}{\sigma / \sqrt{n}} = \dfrac{195.5 - 200}{3.37474 / \sqrt{10}} = -4.21669$

④ $R: -t_{0.95}(9) = -1.833$

⑤ 판정: H_0 기각

나. $\bar{x} + t_{0.95}(9) \dfrac{s}{\sqrt{n}}$

$= 195.5 + 1.833 \times \dfrac{3.37474}{\sqrt{10}} = 197.45615$

14

KS Q 0001 계량규준형 수표(부록)에서

① $\dfrac{|m_1 - m_0|}{\sigma} = \dfrac{|32 - 35|}{3} = 1.00$

② (수표에서) $n = 9$, $G_0 = 0.548$

③ $\overline{X}_L = m_0 - G_0 \sigma$

$= 35 - 0.548 \times 3 = 33.356$

15

① $\bar{\bar{x}} = \dfrac{U_{CL} + L_{CL}}{2} = \dfrac{45 + 15}{2} = 30$

② $U_{CL} - L_{CL} = 30 = 6 \dfrac{\sigma}{\sqrt{n}} = 6 \dfrac{\sigma}{\sqrt{5}}$

$\sigma = \dfrac{30 \times \sqrt{5}}{6} = 11.18034$

③ $p\% = \Pr(x > 40)$

$= \Pr\left(z > \dfrac{40 - 30}{11.18034}\right)$

$= \Pr(z > 0.89443)$

$= \Pr(z > 0.89) = 0.1867$

술술 풀어보는 키포인트

2) 신뢰한계를 계산할 때는 기각역의 부호가 반대가 됩니다. 즉 최대값이 나타납니다. 옳으면 3점, 그 외는 0점

1) 수표에서 찾는 경우 수표가 지문에 제시됩니다. 수표는 부록 수치표에 포함되어 있습니다. 판정식이 옳으면 5점, 표본수가 옳으면 3점, 그 외는 0점
2) 산업기사도 지문에 수표가 없이 계산으로 구하라는 경우도 나옵니다. 공식도 외워두세요.

1) 이 문항은 먼저 합·차의 법칙으로 평균과 표준편차를 구합니다. 그리고 이를 바탕으로 공정의 부적합품률을 구하는 문제입니다.

2) 검출력과 부적합품률은 계산방법이 다르므로 잘 구분하여 익혀두세요. z값은 반올림하면 됩니다.
모두 옳으면 6점, 그 외는 0점

2020 품질경영산업기사 3회 기출복기문제

01
어떤 제품의 특성치 x, y의 상관계수를 $n=32$로 하여 조사한 결과 $r=0.674$을 얻었다. 상관계수가 존재한다고 할 수 있는지 t분포를 활용하여 유의수준 1%로 검정하시오.

배점 6점

02
다음은 어떤 망대특성에 대한 영향을 조사하기 위해 모수요인 A를 4수준으로 하여 반복 5회의 실험을 행한 결과에 대한 분산분석표의 일부이다. ( )안을 채우시오.

배점 5점

요인	SS	df	MS	F_0
A	60.0	( )	( )	18.2857
e	( )	( )	( )	
T	77.5	19		

03
분임조 활동시 분임토의 기법으로서 사용되고 있는 집단착상법(brain storming)의 4가지 원칙을 들으시오.

배점 4점

04
A사는 어떤 부품의 수입검사에 계수형 샘플링검사인 KS Q ISO 2859-1의 보조표인 분수 샘플링검사를 적용하고 있다. 현재 이 회사의 적용조건은 AQL=1.0%, 통상검사수준 II이며, 엄격도는 보통검사로 시작하였다. ( )안을 채우시오.

배점 8점

로트번호	N	샘플문자	n	주어진 Ac	합격판정점수 (검사 전)	적용하는 Ac	부적합품	합격여부	합격판정점수 (검사 후)	전환점수
1	200	G	32	1/2	5	0	1	불합격	5	0
2	600	( )	( )	( )	( )	( )	0	( )	( )	( )
3	250	( )	( )	( )	( )	( )	1	( )	( )	( )
4	80	( )	( )	( )	( )	( )	0	( )	( )	( )
5	120	( )	( )	( )	( )	( )	0	( )	( )	( )

2) 6번째 로트의 엄격도를 결정하시오.

05

오늘 생산한 전자레인지의 최종검사에서 10대를 랜덤하게 추출하여 각각에 대한 부적합수를 측정하였더니 다음과 같았다. 이 자료에 대해 관리도를 작성하여 공정을 해석하고자 한다.

배점 9점

부분군번호	1	2	3	4	5	6	7	8	9	10
부적합수	5	7	4	6	5	10	5	3	4	5

가. 적절한 관리도의 중심선과 관리한계를 구하시오.

나. 관리도를 작성하고 공정이 안정상태인지 판정하시오.

06

드론 부품의 도금공정에서 최근 2개월간의 도금부적합을 조사하여 다음 표와 같은 결과를 얻었다. 이러한 부적합품은 재가공해서 사용하지만 그 때문에 재가공비가 발생한다. 부적합품수와 1개당 재가공비가 다음 표와 같을 때 부적합품의 재가공으로 인한 손실금액의 파레토그림을 그리시오.

배점 9점

부적합항목	부적합품수	1개당 재가공비(원)
크롬부적합	420	50
흠	260	750
얼룩	150	480
벗겨짐	100	350
수세부적합	40	130
기타	65	평균 : 100

07

다음은 $L_8(2)^7$ 직교배열표에 요인 P, Q, R, S를 배치하여 실험한 결과이다. 물음에 답하시오.

배점 6점

요인배치	P	Q		R		S		DATA
	1	2	3	4	5	6	7	
1	0	0	0	0	0	0	0	9
2	0	0	0	1	1	1	1	12
3	0	1	1	0	0	1	1	8
4	0	1	1	1	1	0	0	15
5	1	0	1	0	1	0	1	16
6	1	0	1	1	0	1	0	20
7	1	1	0	0	1	1	0	13
8	1	1	0	1	0	0	1	13
성분	a	b	a b	c	a c	b c	a b c	106

가. 교호작용 $P \times Q$가 나타나는 열을 구하시오.

나. 교호작용 $R \times S$가 존재한다면 어떠한 문제가 발생하는지 쓰시오.

08

다음 ( )안에 알맞은 용어와 수치를 기입하시오.

"측정시스템에서 주로 활용되는 Gage R&R에서 첫 번째 R은 (①), 두 번째 R은 (②)을 의미한다. 이들 변동에 의해 구해진 %R&R 값이 (③) 이하이면 측정시스템이 양호하다는 뜻이며, (④) 이상이면 측정시스템이 나쁜 상태를 나타낸다."

배점 8점

09

다음의 확률을 각각 계산하시오.

가. 부적합품률이 6%, N=50인 공정에서 5개의 표본을 샘플링할 때 부적합품이 하나도 없을 확률을 초기하분포로 구하시오.

나. 부적합품률이 5%인 모집단에서 30개의 표본을 랜덤샘플링 했을 때 부적합품이 2개 이하일 확률을 이항분포로 구하시오.

다. 부적합품률이 1.2%인 크기 500인 모집단에서 n=20의 랜덤샘플링을 하였을 때 부적합품이 한 개 이하 포함되어 있을 확률을 푸아송분포로 구하시오.

배점 9점

10

로트의 크기 N, 표본의 크기 n, 합격판정개수 c, 공정부적합품률 p라 할 경우 OC곡선에 관한 다음 질문에 답하시오.

가. N, n을 일정하게 하고 c를 증가시키면 OC곡선의 기울기는 (   )된다.

나. N, c을 일정하게 하고 n를 증가시키면 OC곡선의 기울기는 (   )된다.

다. $n/N < 0.1$일 때, n, c을 일정하게 하고 N을 증가시키면 OC곡선의 기울기는 (   ).

배점 6점

11

작업표준이란 현장이 안전하게 효율적으로 생산하기 위한 도구로 이를 바탕으로 공정을 개선해 가는 것이 원칙이다. 이러한 작업표준을 작성할 때는 생산에 영향을 주는 4M을 중심으로 접근할 필요가 있다. 4M이란 무엇인가?

배점 4점

12

한 상자에 100개씩 들어 있는 부품이 50상자가 있다. 이 상자 간의 산포 $\sigma_b^2 = 0.08$, 상자 내의 산포 $\sigma_w^2 = 0.01$일 때 우선 1차 단위로 m상자를 랜덤하게 뽑고, 그 상자마다 2차 단위로 2개씩 랜덤샘플링 하였을 때, 모평균의 추정정밀도 $V(\overline{x}) = 0.05^2$이 되었다면 1차 단위 상자의 샘플링 개수 m을 구하시오. 단, 초기하계수는 무시하고 구하시오.

배점 6점

13

H 부품공장은 새로운 표준의 산포가 효과적인가 평가하기 위해 9개의 제품을 표본으로 샘플링하여 품질특성을 측정한 결과 $s^2 = 8.36111$를 얻었다.

가. 새 표준으로 인한 작업으로 개선된 모분산이 $\sigma_0^2 = 3.5$와 다르다고 할 수 있는지, 유의수준 5%로 검정하시오.

나. 검정결과 유의하다면 새로운 표준의 모분산의 신뢰구간을 유의수준 5%로 추정하시오.

배점 9점

14

100개의 엽서을 검사하였더니 140개의 부적합이 발견하였다. 엽서 1매당 부적합수에 대한 신뢰구간을 신뢰율 95%로 추정하시오.

배점 5점

15

A 철강 회사에서 제품공정의 작업순서에 따라 크기 $n = 4$인 표본을 택하여 $\overline{x} - R$ 관리도를 작성하고 데이터 시트를 만들어 본 결과 $\overline{\overline{x}} = 0.23$, $\overline{R} = 0.03$이었다.

가. 모표준편차를 추정하시오.

나. 규격이 0.22 ± 0.03일 때 최소공정능력지수를 구하고 평가하시오.

배점 6점

2020년 품질경영산업기사 3회 기출복기문제 정답 및 해설

술술 풀어보는 키포인트

[채점 포인트 및 핵심체크]

모상관계수의 t검정 공식을 자주 출제되므로 반드시 익혀두세요. 특히 공분산과 달리 자유도가 n-2 명심하시구요
모두 옳으면 6점, 검정 통계량이 옳으면 3점, 그 외는 0점

01

① $H_0 : \rho = 0 \quad H_1 : \rho \neq 0$

② $\alpha = 0.01$

③ $t_0 = \dfrac{r-0}{\sqrt{\dfrac{1-r^2}{n-2}}} = \dfrac{0.674}{\sqrt{\dfrac{1-0.674^2}{32-2}}} = 4.99728$

④ $R : \pm t_{0.995}(30) = \pm 2.750$

⑤ 판정: H_0 기각 (상관관계는 매우 유의하다.)

1요인실험에 빈칸을 채우는 문제입니다. 요인의 자유도는 4-1=3 이것만 아시면 쉬운 문제입니다.
각각 옳으면 1점, 그 외는 0점

02

요인	SS	df	MS	F_0
A	60.0	(3)	(20)	18.22323
e	(17.5)	(16)	(1.0975)	
T	77.5	19		

'다연이 비자' 아시죠? 내용이 유사하면 정답입니다.
각각 옳으면 1점, 그 외는 0점

03

① 남의 의견을 비판하지 않는다. (비판엄금)

② 자유분방하게 도출한다. (자유분방)

③ 남의 아이디어에 편승한다. (연상)

④ 의견은 많을수록 좋다. (다다익선)

---

1) 2번 로트는 합격판정개수 2이므로 정상적으로 한 단계 엄격한 기준으로 합격하여야 전환점수가 3점 가산됩니다.

2) 연속 5로트 이내에서 1로트 불합격이므로 보통검사 속행입니다.
주어진 Ac까지 옳으면 2점, 합격판정점수(전, 후), 적용 Ac, 판정, 전환점수 각각 열이 옳으면 1점, 그 외는 0점

3) 적용엄격도 옳으면 1점, 그 외는 0점

04

가.

로트번호	N	샘플문자	n	주어진 Ac	합격판정점수 (검사 전)	적용하는 Ac	부적합품	합격여부	합격판정점수 (검사 후)	전환점수
1	200	G	32	1/2	5	0	1	불합격	0	0
2	600	J	80	2	7	2	0	합격	7	3
3	250	G	32	1/2	12	1	1	합격	0	5
4	80	E	13	0	0	0	0	합격	0	7
5	120	F	20	1/3	3	0	0	합격	3	9

나. 적용하는 엄격도: 보통검사 실시

05

가. ① 중심선: $C_L = \bar{c} = \dfrac{\Sigma c}{k} = \dfrac{54}{10} = 5.4$

② 관리상한: $U_{CL} = 5.4 + 3\sqrt{5.4} = 12.37137$

③ 관리하한: $L_{CL} = \bar{c} - 3\sqrt{\bar{c}} < 0 \rightarrow$ 고려하지 않는다.

다. 관리도의 작성

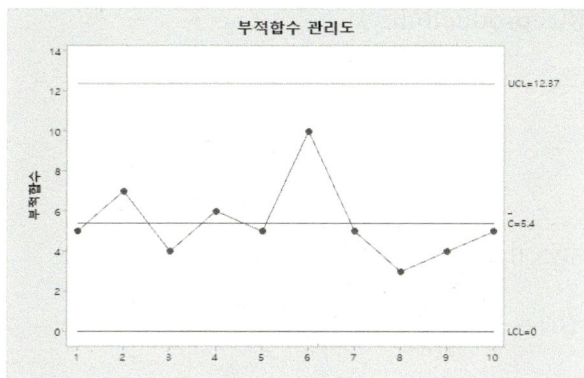

판정: 관리도는 관리상태이다.

06

부적합항목	손실금액	누적손실금액	상대도수	누적상대도수
흠	195,000	195,000	58.261	58.261
얼룩	72,000	267,000	21.512	79.773
벗겨짐	35,000	302,000	10.457	90.230
크롬부적합	21,000	323,000	6.274	96.504
수세부적합	5,200	328,200	1.554	98.058
기타	6,500	334,700	1.942	100
	334,700			

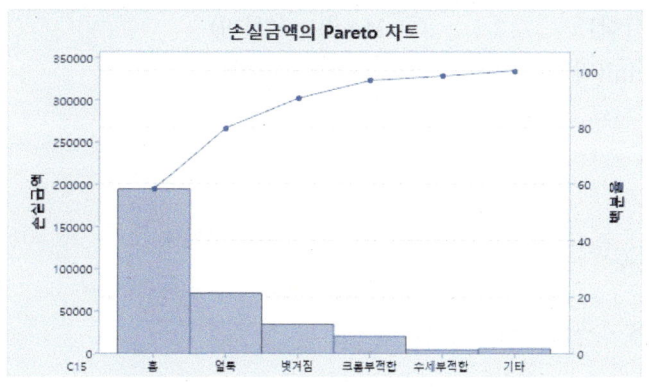

'나'항은 교락이 없으면 오답입니다.
각각 옳으면 3점, 그 외는 0점

반복성과 재현성은 순서가 바뀌어도 오답입니다. 군내변동이 반복성이므로 앞에 와야 합니다.
각각 옳으면 2점, 그 외는 0점

1) 일반적으로 분포문제는 어떤 분포로 풀라고 하면 그 분포로 풀어야만 정답처리가 됩니다.
2) 수식 답이 모두 옳으면 각각 3점, 그 외는 0점입니다.

'다'항의 경우 변화가 없다고 쓰면 오답입니다. 의미가 옳으면 2점, 그 외는 0점

명칭이 반드시 옳아야 합니다. 모두 옳으면 4점, 3가지 옳으면 3점, 그 외는 0점

2단계 샘플링입니다. 옳으면 6점, 그 외는 0점

07
가. $P \times Q = a \times b = ab \rightarrow 3$열

나. $R \times S = c \times bc = b$이므로 2열에 주효과 Q와 교락된다.

08
① 반복성(repeatability)
② 재현성(reproducibility)
③ 10
④ 30

09
가. $NP = 50 \times 0.06 = 3, \ N - NP = 50 - 3 = 47$

$$\Pr(X = 0) = \frac{{}_3C_0 \times {}_{47}C_5}{{}_{50}C_5} = 0.27602$$

나. $\Pr(X \leq 2)$
$= 0.95^{30} + {}_{30}C_1 (0.05)^1 (0.95)^{29} + {}_{30}C_2 (0.05)^2 (0.95)^{28}$
$= 0.21464 + 0.33890 + 0.25864 = 0.81218$

다. $m = nP = 20 \times 0.012 = 0.24$
$\Pr(X \leq 1) = e^{-0.24}(1 + 0.24) = 0.97542$

10
가. 완만하게 된다.
나. 급하게 된다.
다. 변화가 거의 없다.

11
① Man(사람)   ② Machine(설비)
③ Material(자재)   ④ Method(방법)

12
$$V(\overline{\overline{x}}) = \frac{1}{m}(\sigma_b^2 + \frac{\sigma_w^2}{n})$$

$m = (0.08 + \frac{1}{2} \times 0.01) \div 0.05^2 = 34$

13

가. ① $H_0 : \sigma^2 = 3.5 \quad H_1 : \sigma^2 \neq 3.5$

② $\alpha = 5\%$

③ $\chi_0^2 = \dfrac{SS}{\sigma^2} = \dfrac{8 \times 8.36111}{3.5} = 19.11111$

④ 기각역(R): $\chi_{0.025}^2(8) = 2.18, \quad \chi_{0.975}^2(8) = 17.53$

⑤ 판정: H_0 기각

나. $\dfrac{SS}{\chi_{0.975}^2(8)} \leq \hat{\sigma}^2 \leq \dfrac{SS}{\chi_{0.025}^2(8)}$

$\dfrac{8 \times 8.36111}{17.53} \leq \hat{\sigma}^2 \leq \dfrac{8 \times 8.36111}{2.18}$

$3.81568 \leq \hat{\sigma}^2 \leq 30.68297$

14

① $\hat{u} = \dfrac{x}{n} = \dfrac{140}{100} = 1.4$ 매/개

② $\hat{u} = u \pm 1.96 \sqrt{\dfrac{u}{n}}$

$= 1.4 \pm 1.96 \sqrt{\dfrac{1.4}{100}} = 1.5 \pm 0.23191$

15

가. $\hat{\sigma}_w = \dfrac{\overline{R}}{d_2} = \dfrac{0.03}{2.059} = 0.01457$

나. 공정평균은 상측으로 치우쳤으므로

$C_{PK} = C_{PKU} = \dfrac{U - \overline{x}}{3\sigma_w}$

$= \dfrac{0.25 - 0.23}{3 \times 0.01457} = 0.45756$

최소공정능력지수는 4등급이다.

술술 풀이보는 키포인트

1) 지문에 제곱이 있는 경우 없는 경우가 혼용되므로 지문을 잘 읽으세요. 모분산의 검정은 과정 및 답이 모두 옳으면 5점, 검정 통계량이 옳으면 3점, 그 외는 0점

2) 모분산이 기각되었으므로 신뢰구간을 구하게 됩니다. 기각역이 양측이므로 신뢰구간을 추정합니다. 옳으면 4점 그 외는 0점

액정 1매당이므로 단위당 부적합수를 구하여 신뢰한계를 구하여야 합니다. 옳으면 5점, 그 외는 0점

1) 군내변동의 계수 d_2는 수표에 주어져 있습니다. 옳으면 3점, 그 외는 0점

2) 최소공정능력지수는 치우침을 고려한 공정능력지수를 의미합니다. 공정평균이 상측으로 치우쳐있습니다. 모두 옳으면 3점 최소공정능력지수만 옳으면 2점, 그 외는 0점

2020 품질경영산업기사 4회 기출복기문제

01

다음은 어느 기업의 적성검사에서 합격한 신입사원 10명의 기억력 평가 점수 x와 판단력 평가점수 y를 조사한 표이다. 물음에 답하시오.

배점 8점

기억력 x	11	10	14	18	10	5	12	7	15	16
판단력 y	6	4	6	9	3	2	8	3	9	7

가. x와 y에 대한 공분산을 구하시오.

나. x에 대한 y의 회귀방정식을 구하시오.

다. 회귀선의 기여율을 구하시오.

02

다음은 어떤 망대특성에 대한 영향을 조사하기 위해 2개의 모수요인을 선정하여 반복없는 2요인 실험을 한 결과이다. 다음 물음에 답하시오.

배점 13점

	A_1	A_2	A_3	A_4	합계
B_1	26	36	40	30	132
B_2	23	32	30	27	112
B_3	17	19	29	15	80
합계	66	87	99	72	324

(단, $SS_T = 622$, $CT = 8748$이다.)

가. 제곱합 SS_A, SS_B 및 SS_e를 구하시오.

나. 기대평균제곱을 포함한 분산분석표를 작성하고 판정하시오.

요인	SS	df	MS	F_0	$F_{0.95}$	$E(V)$
T						

다. 유의수준 5%로 최적해의 신뢰구간을 추정하시오.

03

KS Q ISO 9001에서 정의하고 있는 품질경영 7원칙을 쓰시오.

배점 7점

04

Y 사는 어떤 부품의 수입검사에 계수형 샘플링검사인 KS Q ISO 2859-1을 사용하고 있다. 현재의 적용조건은 AQL=1.0%, 검사수준 II로 1회 샘플링검사이며, 검사의 엄격도는 11번 현재 보통검사를 수행 중이다. 각 로트 당 검사 결과 부적합품수는 표와 같이 알려져 있다. 주 샘플링표를 활용하여 답안지 표의 공란을 채우고, 16번째 로트의 엄격도를 쓰시오.

배점 8점

로트	N	샘플문자	n	Ac	부적합품수	합격여부	전환점수	후속 조치
11	300	H	50	1	1	합격	8	보통검사 속행
12	500	( )	( )	( )	2	( )	( )	( )
13	800	( )	( )	( )	2	( )	( )	( )
14	1200	( )	( )	( )	0	( )	( )	( )
15	300	( )	( )	( )	2	( )	( )	( )

16번째 로트의 엄격도:

05

다음의 데이터를 활용하여 관리도에 관한 각 물음에 답하시오. 단 이 제품의 규격은 22~36이다.

배점 15점

	x_1	x_2	x_3	x_4	$\overline{x}_i$	R_i
1	27.4	33.0	32.1	32.3	31.2	5.6
2	31.4	32.3	31.2	30.1	31.25	2.2
3	31.0	29.0	28.4	26.5	28.725	4.5
4	28.9	26.2	31.3	27.9	28.575	5.1
5	30.6	31.1	31.9	27.4	30.25	4.5
6	28.2	30.0	30.5	30.0	29.675	2.3
7	31.0	29.1	31.3	28.3	29.925	3.0
8	29.5	29.1	30.3	30.6	29.875	1.5
9	29.7	30.5	31.6	27.6	29.85	4.0
10	30.6	29.9	31.3	34.2	31.5	4.3
11	31.3	33.1	30.4	29.9	31.175	3.2
12	30.3	32.1	28.2	30.2	30.2	3.9
13	31.4	26.8	30.1	30.6	( )	( )
14	30.0	32.1	33.0	28.9	( )	( )
15	33.2	31.9	26.8	26.0	( )	( )
합계					452.4	60

가. $\bar{x}-R$ 관리도의 빈칸을 채워서 관리도를 완성하시오.

나. 위 자료에서 $\bar{x}-R$ 관리도를 작성하기 위한 관리한계를 구하시오.

다. $\bar{x}-R$ 관리도를 작성하고 관리상태를 판정하시오.

라. 공정능력지수(C_P)를 구하고 판정하시오.

06

다음은 Kirkpatrick이 주창한 품질코스트와 품질과의 관계를 나타내는 곡선이다. 괄호 안에 적합한 명칭을 쓰시오.

배점 6점

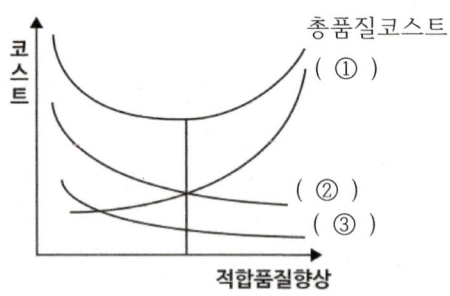

07

검사의 분류방법에서 검사가 행해지는 공정에 의한 분류방법 4가지를 쓰시오.

배점 4점

08

다음 물음에 답하시오.

가. 모수요인 A 4수준, 모수요인 B 3수준, 반복 2회의 2요인실험을 행한 결과 교호작용을 무시하지 않는 경우의 유효반복수를 구하시오.

나. 동일한 결과에서 교호작용이 유의하지 않을 경우 유효반복수를 구하시오.

배점 6점

09

4지 선다형 문제 20문항에 대해 랜덤으로 답을 쓸 경우 다음 물음에 답하시오. 단, 제시된 이항확률분포표를 활용하여 답하시오.

배점: 6점

누적이항분포표: $\Pr(X \leq c) = \sum_{x=0}^{c} {}_nC_x P^x (1-P)^{n-x}$

c	$p = 0.25$	c	$p = 0.25$	c	$p = 0.25$
0	0.0032	7	0.8981	14	1.0000
1	0.0243	8	0.9590	15	1.0000
2	0.0912	9	0.9861	16	1.0000
3	0.2251	10	0.9960	17	1.0000
4	0.4148	11	0.9990	18	1.0000
5	0.6171	12	0.9998	19	1.0000
6	0.7857	13	1.0000	20	1.0000

가. 정답이 하나도 없을 확률

나. 3개에서 5개 맞을 확률

다. 13개 이상 맞을 확률

10

상한규격 30에 대한 $p_o = 1\%$, $p_1 = 10\%$을 만족시키는 검사방식을 설계하기 위해 KS Q 0001 부적합품률 보증방식의 수표를 찾은 결과 $n = 8$, $k = 1.74$이었다. $n = 8$에 대한 측정치의 평균 $\bar{x} = 26$인 로트의 합격여부를 판정하시오. 단, $\sigma = 2$이고 관리상태이다.

배점: 5점

11

다음 데이터는 Y 공장의 한 로트에서 랜덤하게 64개를 취하여 측정한 데이터를 도수표로 나타낸 것이다. 규격이 55 ~ 85일 때 물음에 답하시오.

배점: 8점

가. 다음 도수표를 완성하시오.

계급	x_i	f_i	u_i	$f_i u_i$	$f_i u_i^2$
58.5 ~ 62.5	60.5	1			
62.5 ~ 66.5	64.5	8			
66.5 ~ 70.5	68.5	15			
70.5 ~ 74.5	72.5	23			
74.5 ~ 78.5	76.5	7			
78.5 ~ 82.5	80.5	5			
82.5 ~ 86.5	84.5	5			
합계		64			

나. 공정의 평균과 표준편차를 구하시오.

12

한 상자에 100개씩 들어 있는 50개의 상자가 있다. 이 로트에서 우선 5상자를 랜덤하게 뽑고, 그 상자마다 10개씩 랜덤샘플링 할 때의 샘플링방식의 명칭이 무엇인지 쓰시오.

배점
4점

13

어떠한 제품의 목표 길이는 13.5cm 이다. 가 표준을 설정하여 작업한 7개 제품의 측정결과는 data 와 같다. 다음 물음에 답하시오.

배점
10점

[data] 13.29, 13.46, 13.51, 13.39, 13.31, 13.44, 13.28

가. 과거 공정의 $\sigma = 0.22$cm 이다. 모분산은 변하지 않았다고 할 수 있는가? 위험률 $\alpha = 0.05$로 검정하시오.

나. 표준에 따른 평균치는 목표 길이에 적합하다고 할 수 있는지 $\alpha = 0.05$로 검정하시오.

다. 목표 길이에 적합하지 않았다면 측정된 길이의 95% 신뢰구간을 구하시오.

2020년 품질경영산업기사 4회 기출복기문제 정답 및 해설

01

가. ① $r = \dfrac{V_{xy}}{s_x s_y} \Rightarrow V_{xy} = r \times s_x \times s_y$

$V_{xy} = 0.88549 \times 4.04969 \times 2.58414 = 9.26667$

② 또는

$S_{xy} = \Sigma x_i y_i - \dfrac{\Sigma x_i \Sigma y_i}{n} = 756 - \dfrac{118 \times 57}{10} = 83.4$

$V_{xy} = \dfrac{83.4}{10-1} = 9.26667$

나. ① $b = \dfrac{S_{xy}}{SS_x} = \dfrac{V_{xy}}{s_x^2} = 0.56504$

② $a = \bar{y} - b\bar{x} = -0.96748$

③ $\hat{y} = -0.96748 + 0.56504x$

다. $r^2 = 0.88549^2 = 0.78410$

[채점 포인트 및 핵심체크]

1) 계산기에 데이터를 입력한 후 계산기 값을 활용하므로 공분산은 공식을 기입하고 계산기로 계산하여 그 값을 쓰시면 됩니다. 단 시험문제가 간혹 제곱합을 반드시 이용하라는 경우가 있는데 이 경우는 제곱합을 답안과 같이 정리하셔야 합니다.
공분산이 옳으면 2점 그 외는 0점

2) 회귀식은 계산기에서 바로 구할 수 있지만 반드시 공식을 쓰고 답을 써야 합니다.
옳으면 3점, 그 외는 0점

3) 회귀선의 기여율은 결정계수입니다. 옳으면 3점, 그 외는 0점

02

가. ① $SS_A = \dfrac{66^2 + 87^2 + 99^2 + 72^2}{3} - CT = 222$

② $SS_B = \dfrac{132^2 + 112^2 + 80^2}{4} - CT = 344$

③ $SS_e = 622 - 222 - 344 = 56$

나.

요인	SS	df	MS	F_0	$F_{0.95}$	$E(V)$
A	222	3	74	7.92885*	4.76	$\sigma_e^2 + 3\sigma_A^2$
B	344	2	172	18.42923*	5.14	$\sigma_e^2 + 4\sigma_B^2$
e	56	6	9.33333			σ_e^2
T	622	11				

판정: 요인 A, B는 유의하다.

다. 최적해의 추정

① 점 추정치: 망대특성으로 요인 A, B가 모두 유의하므로 최적해는 $\hat{\mu}(A_3 B_1)$이다.

$\hat{\mu}(A_3 B_1) = \bar{y}_{3 \cdot} + \bar{y}_{\cdot 1} - \bar{\bar{y}}$

키포인트

1) 문제에 제시된 조건 즉 전체 제곱합은 계산하지 않습니다.
모두 옳으면 3점, 그 외는 0점

2) 분산분석표 작성이 모두 옳으면 3점, 기대평균제곱이 옳으면 2점, 판정이 옳으면 1점이 배정됩니다. 기대평균제곱은 분산분석표가 틀려도 옳으면 2점입니다. 즉 채점이 별도입니다.

3) 판정은 분산분석표가 옳아야만 채점이 됩니다.

4) 수율은 망대특성이며 반복이 없으므로 각 요인의 수준에서 가장 평균치가 높은 수준을 선택합니다.

술술 풀어보는 키포인트

5) 유효반복수는 평균치의 계수들의 합의 역수입니다.
즉 $1/n_e = 1/3 + 1/4 - 1/12$ 유튜브 참조하세요.
옳으면 4점, 그 외는 0점

$$= \frac{99}{3} + \frac{132}{4} - \frac{324}{12} = 39$$

② 최적 조건의 95% 구간추정

$$\hat{\mu}(A_3B_1) = 39 \pm t_{0.975}(6)\sqrt{\frac{V_e}{n_e}}$$

$$= 39 \pm 2.447 \times \sqrt{\frac{9.33333}{2}}$$

$$= 39 \pm 5.28612$$

(단 $n_e = \dfrac{lm}{l+m-1} = 2$ 이다)

용어의 정의이므로 정확하게 기록되어야 합니다.
각각 옳으면 1점, 그 외는 0점

03

① 고객중시　② 리더십　③ 인원의 적극 참여
④ 프로세스 접근법　⑤ 개선　⑥ 증거기반 의사결정
⑦ 관계관리/관계경영

---

1) 11번 로트는 합격판정개수 2이므로 정상적으로 한 단계 엄격한 기준으로 합격하여야 전환점수가 3점 가산됩니다.

2) 연속 5로트 이내에서 2로트 불합격이므로 36번째 로트부터 까다로운 검사로 전환됩니다.

3) 각 열이 옳으면 각각 1점, 그 외는 0점

04

로트	N	샘플문자	n	Ac	부적합품수	합격여부	전환점수	후속 조치
11	300	H	50	1	1	합격	21	보통검사 속행
12	500	(H)	(50)	(1)	2	불합격	(0)	(보통검사 속행)
13	800	(J)	(80)	(2)	2	(합격)	(0)	(보통검사 속행)
14	1200	(J)	(80)	(2)	0	(합격)	(3)	(보통검사 속행)
15	300	(H)	(50)	(1)	2	불합격	(0*)	(까다로운 검사 전환)

16번째 로트의 엄격도: 까다로운 검사 전환

---

1) 모두 옳으면 2점, 그 외는 0점

2) 관리도의 관리한계는 각각 옳으면 2점씩 총 4점입니다.
지문에 식을 쓴 후 답란이 있습니다. 혹간 풀이 후 U_{CL}과 L_{CL}의 답안을 바꿔써서 틀리는 경우도 있습니다. 주의하세요.

05

가.

	x_1	x_2	x_3	x_4	$\overline{x}_i$	R_i
13	31.4	26.8	30.1	30.6	(29.725)	(4.6)
14	30.0	32.1	33.0	28.9	(31.000)	(4.1)
15	33.2	31.9	26.8	26.0	(29.475)	(7.2)

나. ① $\overline{x}$ 관리도

ⓐ $C_L = \dfrac{\Sigma \overline{x}_i}{k} = \dfrac{452.4}{15} = 30.16$

ⓑ $U_{CL} = 30.16 + 0.729 \times 4 = 33.076$

ⓒ $L_{CL} = 30.16 - 0.729 \times 4 = 27.244$

② R관리도

ⓐ $C_L = \dfrac{\Sigma R}{k} = \dfrac{60}{15} = 4$

ⓑ $U_{CL} = D_4 \overline{R} = 2.282 \times 4 = 9.128$

ⓒ 관리하한: 고려하지 않는다.

다. 관리도의 작성

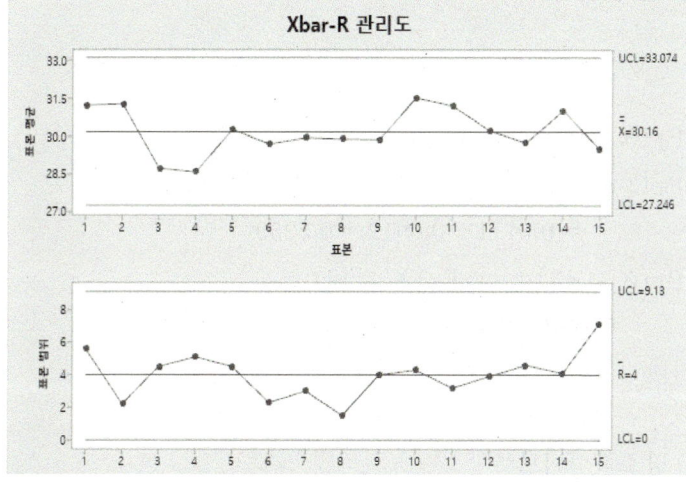

판정: 관리도는 관리상태이다.

라. ① $\sigma = \dfrac{\overline{R}}{d_2} = \dfrac{4}{2.059} = 1.94269$

② $C_P = \dfrac{36 - 22}{6 \times 1.94269} = 1.20108$

판정: 공정능력은 2등급이다.

06

① 예방비용 ② 실패비용 ③ 평가비용

07

① 수입검사(구입검사) ② 공정검사(중간검사)
③ 완성검사(최종검사) ④ 출하검사

08

가. 요인과 교호작용이 모두 유의하므로

$$\hat{\mu}(A_iB_j) = \mu + a_i + b_j + a_ib_j = \overline{y}_{ij\cdot}$$

$$n_e = \frac{lmr}{lm} = r = 2$$

나. 교호작용이 유의하지 않으므로

$$\hat{\mu}(A_iB_j) = \mu + a_i + b_j = \overline{y}_{i\cdot\cdot} + \overline{y}_{\cdot j\cdot} - \overline{\overline{y}}$$

$$n_e = \frac{lmr}{l+m-1} = \frac{4 \times 3 \times 2}{4+3-1} = 4$$

09

가. $\Pr(X=0) = 0.0032$

나. $\Pr(3 \leq X \leq 5) = \Pr(X \leq 5) - \Pr(X \leq 2)$
$\qquad = 0.6171 - 0.0912 = 0.5259$

다. $\Pr(X \geq 13) = 1 - \Pr(X \leq 12)$
$\qquad = 1 - 0.9998 - 0.0002$

10

① 망소특성이므로

$$\overline{X}_U = U - k\sigma$$
$$= 30 - 1.74 \times 2 = 26.52$$

② $\overline{x} = 26$ 일 때

$\overline{x} \leq 26.52 \Rightarrow$ 로트 합격

11

가.

계급	x_i	f_i	u_i	f_iu_i	$f_iu_i^2$
58.5 ~ 62.5	60.5	1	−3	−3	9
62.5 ~ 66.5	64.5	8	−2	−16	32
66.5 ~ 70.5	68.5	15	−1	−15	15
70.5 ~ 74.5	72.5	23	0	0	0
74.5 ~ 78.5	76.5	7	1	7	7
78.5 ~ 82.5	80.5	5	2	10	20
82.5 ~ 86.5	84.5	5	3	15	45
합계		64		−2	128

나. ① $\bar{x} = x_0 + h \dfrac{\Sigma x_i f_i}{\Sigma f_i} = 72.5 + 4 \times \dfrac{-2}{64} = 72.375$

② $SS = h^2 \times \left(\Sigma f u^2 - \dfrac{(\Sigma f u)^2}{\Sigma f} \right)$

$= 4^2 \times (128 - \dfrac{(-2)^2}{64}) = 2047$

③ $s = \sqrt{\dfrac{SS}{\Sigma f_i - 1}} = \sqrt{\dfrac{2047}{64-1}} = 5.70018$

12

2단계 샘플링 또는 two stage sampling

13

가. ① $H_0 : \sigma^2 = 0.22^2, \quad H_1 : \sigma^2 \neq 0.22^2$

② $\alpha = 5\%$

③ $\chi_o^2 = \dfrac{(n-1)s^2}{\sigma^2} = \dfrac{6 \times 0.09123^2}{0.22^2} = 1.03177$

④ $R : \chi_{0.025}^2(6) = 1.237, \ \chi_{0.975}^2(6) = 14.45$

⑤ 판정: H_0 기각, 즉 모분산은 위험률 5%로 변했다고 할 수 있다.

나. ① $H_0 : \mu = 13.5 \quad H_1 : \mu \neq 13.5$

② $\alpha = 5\%$

③ $t_0 = \dfrac{\bar{x} - \mu}{s/\sqrt{n}} = \dfrac{13.38286 - 13.5}{0.09123/\sqrt{7}} = -3.39716$

④ $R : \pm t_{0.975}(6) = \pm 2.447$

⑤ 판정: H_0 기각

다. $\bar{x} \pm t_{1-\alpha/2}(6) \dfrac{s}{\sqrt{n}} = 13.38286 \pm 2.447 \times \dfrac{0.09123}{\sqrt{7}}$

$= 13.38286 \pm 0.08438$

2020 품질경영산업기사 5회 기출복기문제

(실기 제456강)

01

다음은 어떤 공장의 로트의 크기 x와 생산소요시간 y를 조사한 표이다. 물음에 답하시오.

x	30	20	60	80	40	50	60	30	70	60
y	73	50	128	170	87	108	135	69	148	132

배점 8점

가. S_{xx}, S_{yy}, S_{xy}를 활용하여 상관계수를 구하시오.

나. 평균곱을 구하시오.

다. x에 대한 y의 회귀방정식을 구하시오.

02

Y 사는 생산되는 제품의 강도를 높이기 위해 요인으로 반응온도 (A)를 선택하고, 최적 조업조건을 설정하기 위해 다음과 같은 4수준을 택하여 실험하였다. 각 수준의 반복수 4회의 실험을 랜덤으로 실시한 결과 다음 데이터를 얻었다.

수준 반복	A_1	A_2	A_3	A_4
1	40	42	47	60
2	43	43	42	56
3	40	41	46	64

배점 8점

가. 제곱합 SS_A 및 SS_T를 구하시오.

나. 다음 분산분석표를 작성하고 판정하시오.

요인	SS	df	MS	F_0	$F_{0.95}$
T					

03

실험을 계획하는 단계에서 고려하는 실험계획의 5가지 기본원리를 쓰시오.

배점 5점

04

Y사는 어떤 부품의 수입검사에 계수형 샘플링검사인 KS Q ISO 2859-1을 사용하고 있다. 현재의 적용조건은 AQL=1.0%, 검사수준 II로 1회 샘플링검사이며, 검사의 엄격도는 11번 현재 보통검사를 수행 중이다. 각 로트 당 검사 결과 부적합품수는 표와 같이 알려져 있다. 주 샘플링표를 활용하여 답안지 표의 공란을 채우고, 16번째 로트의 엄격도를 쓰시오.

배점 8점

로트	N	샘플문자	n	Ac	부적합품수	합격여부	전환점수	후속 조치
11	400	H	50	1	1	합격	21	보통검사 속행
12	500	( )	( )	( )	0	( )	( )	( )
13	300	( )	( )	( )	2	( )	( )	( )
14	1000	( )	( )	( )	0	( )	( )	( )
15	800	( )	( )	( )	2	( )	( )	( )

16번째 로트의 엄격도:

05

다음의 데이터를 활용하여 관리도에 관한 각 물음에 답하시오.

배점 15점

	x_1	x_2	x_3	x_4	$\overline{x_i}$	R_i
1	62.5	65.0	66.6	60.3	63.60	6.3
2	63.6	64.7	66.6	61.1	64.00	5.5
3	62.4	65.0	66.4	60.6	63.60	5.8
4	65.9	67.4	64.8	62.9	65.25	4.5
5	58.8	70.4	70.4	74.0	68.40	15.2
6	63.2	65.1	62.3	64.4	63.75	2.8
7	63.4	65.1	60.1	62.2	62.70	5.0
8	62.3	65.1	66.8	60.6	63.70	6.2
9	63.8	65.7	67.4	61.9	64.70	5.5
10	63.7	65.3	62.6	61.2	63.20	4.1
11	62.8	65.1	66.9	60.8	63.90	6.1
12	62.7	64.7	67.1	60.7	63.80	6.4
13	63.1	64.9	57.7	60.5	61.55	7.2
14	62.8	64.9	67.5	61.2	64.10	6.3
15	64.0	65.2	63.1	61.5	63.45	3.7
합계					959.70	90.60

가. $\overline{x} - R$ 관리도를 작성하기 위한 예비관리도로 계수치 관리도가 활용된다. 활용가능한 계수치 관리도의 종류 4가지를 쓰시오.

나. 위 자료에서 $\bar{x}-R$ 관리도를 작성하기 위한 관리한계를 구하시오.

다. $\bar{x}-R$ 관리도를 작성하고 관리상태를 판정하시오. 단 부분군 1에서 10까지만 그래프에 타점하시오. 타점하지 않는 11번 이후는 우연변동으로 구성되어 있다.

라. 관리한계를 벗어나는 점을 제거하고 기준값이 주어진 관리도를 작성하려 한다. 기준값으로 활용할 평균과 표준편차를 구하시오.

06

기업이 취득하는 인증시스템에서 제품인증과 시스템인증에 해당하는 인증 명칭을 각각 2가지씩 쓰시오.

배점
6점

가. 제품인증: ①　　　　②

나. 시스템인증: ①　　　　②

07

다음은 6시그마 조직에 관한 설명이다. 해당되는 자격을 쓰시오.

배점
8점

번호	설명	자격등급
1	프로젝트 추진 리더, 6시그마활동의 핵심요원	
2	문제해결 프로젝트와 연관된 현장 오퍼레이터	
3	목표설정, 추진방법의 확정, 6시그마의 신념을 조직에 확산	
4	프로젝트 요원으로 활동에 참여, 현업 및 개선활동 병행	

08

다음은 $L_8(2)^7$ 직교배열표에 요인 A, B, C, D를 배치하여 실험한 결과이다. 물음에 답하시오.

배점
8점

요인	A	B		C			D	DATA
배치	1	2	3	4	5	6	7	
1	0	0	0	0	0	0	0	35
2	0	0	0	1	1	1	1	38
3	0	1	1	0	0	1	1	21
4	0	1	1	1	1	0	0	48
5	1	0	1	0	1	0	1	49
6	1	0	1	1	0	1	0	22
7	1	1	0	0	1	1	0	31
8	1	1	0	1	0	0	1	43
성분	a	b	a b	c	a c	b c	a b c	287

가. $C \times D$의 교호작용이 존재한다면 몇 열에 나타나는가?

나. 만약 요인 $A \times B$의 교호작용과 $C \times D$의 교호작용이 동시에 존재한다면 어떤 문제가 발생하는지 쓰시오.

다. 교호작용 $C \times D$의 제곱합을 구하시오.

09

부적합품률이 20%인 공정에서 4개의 표본을 샘플링 할 때 다음 물음에 답하시오.

가. 부적합품수에 대한 기대가 $E(X)$를 구하시오.

나. 부적합품수에 대한 평균제곱 $V(X)$를 구하시오.

배점 6점

10

드럼관에 든 고형 가성소다 중 Fe_2O_3는 낮을수록 좋다고 한다. 그래서 로트의 평균치가 0.004% 이하이면, 합격으로 하고, 0.005% 이상이면 불합격으로 하는 샘플링검사 방식을 설계하고자 한다. 로트의 표준편차 $\sigma = 0.0006\%$일 때 다음 물음에 답하시오.

가. $\alpha = 0.05$, $\beta = 0.10$을 만족하는 샘플링방식을 KS Q 0001 계량규준형 수표(부록)를 활용하여 표본의 크기 n과 합격판정계수 G_0를 구하시오.

나. $\alpha = 0.05$, $\beta = 0.10$을 만족하는 샘플링방식을 구하시오.

배점 6점

11

KS Q ISO 9000:2015 용어에 관한 설명이다. 해당하는 용어를 쓰시오.

가. 규정된 요구사항이 충족되었음을 객관적 증거의 제시를 통하여 확인하는 것 (   )

나. 의도된 결과를 만들어 내기 위해 입력을 사용하여 상호 관련되거나 상호 작용하는 활동의 집합 (   )

다. 품질 요구사항이 충족될 것이라는 신뢰를 확보하는 데 중점을 둔 품질경영의 일부 (   )

배점 6점

12

다음 공란에 들어갈 맞는 용어를 쓰시오.

"KS Q ISO 2859-1 AQL 지표형 계수값 샘플링 검사에서 주 샘플링표를 활용하기 위해서는 샘플링 형식, 엄격도, AQL과 함께 샘플문자를 활용한다. 샘플문자는 입고되는 (①)와 (②)을 활용하여 구할 수 있다.

배점 6점

13

어떤 회로에 사용되는 반도체의 소성수축률은 지금까지 관리상태로 유지되어 왔으며 모표준편차는 0.1%로 알려져 있다. 최근 원가절감을 목적으로 대체 원료를 투입하여 작업한 후 11개의 표본을 샘플링하여 측정한 결과 다음 데이터를 얻었다.

배점 10점

[data] 3.2, 3.4, 3.1, 3.5, 3.3, 3.9, 3.5, 3.7, 3.0, 3.8, 3.4

가. 소성수축률의 산포가 달라졌는지 유의수준 5%로 검정하시오.

나. 검정결과 유의하다면 모분산의 신뢰한계를 구하시오.

2020년 품질경영산업기사 5회 기출복기문제 정답 및 해설

01

가. ① $SS_x = 28400 - \dfrac{500^2}{10} = 3400$

② $SS_y = 134660 - \dfrac{1100^2}{10} = 13660$

③ $S_{xy} = 61800 - \dfrac{500 \times 1100}{10} = 6800$

④ $r = \dfrac{S_{xy}}{\sqrt{SS_x SS_y}} = \dfrac{6800}{\sqrt{3400 \times 13660}} = 0.99780$

나. $V_{xy} = \dfrac{S_{xy}}{n-1} = \dfrac{6800}{9} = 755.55556$

다. ① $b = \dfrac{S_{xy}}{SS_x} = \dfrac{6800}{3400} = 2.0$

② $a = \bar{y} - b\bar{x} = \dfrac{1100}{10} - 2 \times \dfrac{500}{10} = 10$

③ $\hat{y} = 10 + 2x$

02

가. ① $CT = \dfrac{T^2}{N} = \dfrac{564^2}{12} = 26508$

② $SS_T = \Sigma\Sigma y_{ij}^2 - CT$
$= 27264 - 26508 = 756$

③ $SS_A = \dfrac{\Sigma T_{i\cdot}^2}{r} - CT$
$= \dfrac{(123^2 + 126^2 + 135^2 + 180^2)}{3} - 26508$
$= 702$

요인	SS	df	MS	F_0	$F_{0.95}$
A	702	3	234	34.66667*	4.07
e	54	8	6.75		
T	756	11			

요인 A는 유의하다.

술술 풀어보는 키포인트

[채점 포인트 및 핵심체크]

1) 계산기에 데이터를 입력한 후 계산기 값을 활용하므로 상관계수는 공식 입력 후 값을 쓰시면 됩니다. 단 시험문제가 간혹 제곱합을 반드시 이용하라는 경우가 있는데 이 경우는 제곱합을 답안과 같이 정리하셔야 합니다.
상관계수가 옳으면 3점 그 외는 0점

2) 평균제곱은 공분산입니다.
옳으면 2점, 그 외는 0점

3) 이 경우도 공식이나 수식을 쓰고 답을 쓰셔야지 그냥 답만 쓰면 0점 처리 될 수 있으니 주의 바랍니다.
옳으면 3점, 그 외는 0점

1) CT를 먼저 구한 후 제곱합을 구합니다. 제곱합은 간단한 수식을 쓰면 됩니다.
제곱합이 모두 옳으면 3점, 그 외는 0점

2) 분산분석표와 판정이 모두 옳으면 5점, 분산분석표만 옳으면 3점, 그 외는 0점

실험계획의 5원칙은 용어가 정확히 옳아야 합니다.
각각 옳으면 1점, 그 외는 0점

03

① 랜덤의 원리　② 반복의 원리　③ 블록화의 원리
④ 교락의 원리　⑤ 직교화의 원리

04

로트	N	샘플문자	n	Ac	부적합품수	합격여부	전환점수	후속 조치
11	400	H	50	1	1	합격	21	보통검사 속행
12	500	(H)	(50)	(1)	0	(합격)	(23)	(보통검사 속행)
13	300	(H)	(50)	(1)	2	불합격	(0)	(보통검사 속행)
14	1000	(J)	(80)	(2)	0	(합격)	(3)	(보통검사 속행)
15	800	(J)	(80)	(2)	2	(합격)	(0)	(보통검사 속행)

16번째 로트의 엄격도: 보통검사 속행

1) 15번 로트는 합격판정개수 2이므로 정상적으로 한 단계 엄격한 기준으로 합격하여야 전환점수가 3점 가산됩니다.

2) 연속 5로트 이내에서 1로트 불합격이므로 16번째 로트도 보통검사를 속행합니다.

3) 각 열이 옳으면 각각 1점, 그 외는 0점

05

가. ① p 관리도　② np 관리도　③ c 관리도　④ u 관리도

나. ① $\bar{x}$ 관리도

ⓐ $C_L = \dfrac{\Sigma \bar{x}_i}{k} = \dfrac{959.70}{15} = 63.98$

ⓑ $U_{CL} = 63.98 + 0.729 \times 6.04 = 68.38316$

ⓒ $L_{CL} = 63.98 - 0.729 \times 6.04 = 59.57684$

② R 관리도

ⓐ $C_L = \dfrac{\Sigma R}{k} = \dfrac{90.60}{15} = 6.04$

ⓑ $U_{CL} = D_4 \bar{R} = 2.282 \times 6.04 = 13.78328$

ⓒ 관리하한: 고려하지 않는다.

다. 관리도의 작성

1) 모두 옳으면 2점, 그 외는 0점

2) 관리도의 관리한계는 가가 옳으면 2점씩 총 4점입니다.
지문에 식을 쓴 후 답안이 있습니다. 혹간 풀이 후 U_{CL}과 L_{CL}의 답안을 바꿔써서 틀리는 경우도 있습니다. 주의하세요.

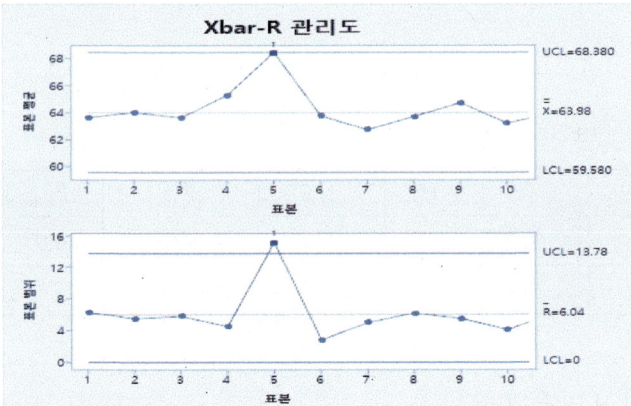

판정: 관리도는 이상상태이다.

3) 관리도는 꺾은선과 관리한계 및 중심선을 반드시 그려야 합니다. 그래프는 작도이므로 정확하지 않고 대략 방향이 옳으면 됩니다. 옳으면 4점 그 외는 0점

4) 그래프가 옳고 판정이 옳으면 1점, 그 외는 0점

라. ① $\bar{\bar{x}} = \dfrac{959.7 - 68.4}{15 - 1} = 63.66429$

② $\bar{R} = \dfrac{90.6 - 15.2}{15 - 1} = 5.38571$

③ $\hat{\sigma}_w = \dfrac{5.38571}{2.059} = 2.61569$

그러므로 $\mu_0 = 63.66428$, $\sigma_0 = 2.61569$

06

가. ① KS ② KC ③ GMP ④ Q ⑤ HACCP

나. ① ISO 9001 ② ISO 14001

07

① Black Belt(BB) ② White Belt(WB)
③ Champion ④ Grean Belt(GB)

08

가. $C \times D = c \times abc = ab \rightarrow$ 3열

나. $A \times B = a \times b = ab \rightarrow$ 3열

이므로 두 교호작용은 교락된다.

다. $SS_{C \times D} = \dfrac{1}{8}(140 - 147)^2 = 6.125$

09

가. $E(X) = nP = 4 \times 0.2 = 0.8$

나. $V(X) = nP(1-P) = 4 \times 0.2 \times 0.8 = 0.64$

10

가. KS Q 0001 계량규준형 수표에서

① $\dfrac{|m_1 - m_0|}{\sigma} = \dfrac{|0.005 - 0.004|}{0.0006} = 1.66667$

② (수표에서) $n = 4$, $G_0 = 0.822$

나. $\bar{X}_U = m_0 + G_0 \sigma$

$= 0.004 + 0.822 \times 0.0006 = 0.00449$

술술 풀어보는 키포인트

ISO 9001 용어에 관한 문제입니다. 프로세스와 검증은 출제빈도가 매우 높은 문제이므로 반드시 외워두시기 바랍니다. 각각 옳으면 2점, 그 외는 0점

이 문제는 실무시험에서 지급되는 2859-1 샘플문자를 구하는 표를 활용하는 방법을 의미한다. 각각 옳으면 3점, 그 외는 0점

1) 먼저 테이블 데이터를 작성하여 실수를 예방합니다. 달라졌는지의 문제이므로 양쪽검정입니다.

2) 기각역은 양쪽 모두 기재하셔야 합니다. 모두 옳으면 5점, 검정통계량이 옳으면 3점, 그 외에는 0점

3) 신뢰한계는 검정이 양쪽검정이므로 추정도 양쪽추정이 됩니다. 옳으면 5점 그 외는 0점

11
가. 검증
나. 프로세스
다. 품질보증

12
① 로트의 크기 ② 검사수준

13
가.

n	ν	$\bar{x}$	s^2
11	10	3.43636	0.28381^2

① $H_0 : \sigma^2 = 0.1^2 \quad H_1 : \sigma^2 \neq 0.1^2$

② $\alpha = 5\%$

③ $\chi_0^2 = \dfrac{SS}{\sigma^2} = \dfrac{10 \times 0.28381^2}{0.1^2} = \dfrac{0.80545}{0.1^2} = 80.54545$

④ 기각역(R): $\chi_{0.025}^2(10) = 3.25$, $\chi_{0.975}^2(10) = 20.48$

⑤ 판정: H_0 기각

나. $\dfrac{SS}{\chi_{0.975}^2(10)} \leq \widehat{\sigma^2} \leq \dfrac{SS}{\chi_{0.025}^2(10)}$

$\dfrac{0.80545}{20.48} \leq \widehat{\sigma^2} \leq \dfrac{0.80545}{3.25}$

$0.03933 \leq \widehat{\sigma^2} \leq 0.24783$

2021 품질경영산업기사 1회 기출복기문제

(실기 제453강)

01

어떤 파우치 포장 중량의 제품별 무게는 75gr 이상으로 규정되어 있다. 검사방식을 설계하기 위해 KS Q 0001 부적합품률 보증방식의 수표를 찾은 결과 $n=7, k=1.74$ 이었다. $n=7$에 대한 측정치가 다음과 같을 때 로트의 합격여부를 판정하시오. 단, $\sigma=1.2$gr이며, 관리상태이다.

배점 6점

[데이터] 75.5, 78.2, 77.5, 76.6, 77.1, 77.4, 76.9

02

Y 사는 생산되는 제품의 강도를 높이기 위해 요인으로 반응온도(A)를 선택하고, 최적 조업조건을 설정하기 위해 다음과 같은 3수준을 택하여 실험하였다. 각 수준의 반복수 4회의 실험을 랜덤으로 실시한 결과 다음 데이터를 얻었다.

배점 12점

반복 \ 수준	A_1	A_2	A_3
1	5.9	6	6.3
2	5.5	6.6	6.9
3	5.9	6.1	6.5
4	5.6	6.4	6.4

가. 다음 분산분석표를 작성하고 판정하시오.

요인	SS	df	MS	F_0	$F_{0.95}$
T					

나. 평균치의 최적수준을 결정하시오.

다. 평균치의 최적해를 위험률 5%로 추정하시오.

라. 수준 A_1과 A_3에 대한 차의 구간추정을 하시오.

03

다음은 서로 독립인 조립부품의 평균과 표준편차를 나타낸 표이다. 이 부품을 직렬로 연결하는 조립품의 평균과 표준편차를 각각 구하시오. 단 연결시의 오차는 없는 것으로 간주한다.

배점: 6점

부품	평균	표준편차
부품 A	2.5	0.03
부품 B	2.2	0.04
부품 C	2.1	0.02

04

A 사는 어떤 부품의 수입검사에 계수형 샘플링검사인 KS Q ISO 2859-1의 보조표인 분수 샘플링 검사를 적용하고 있다. 현재 이 회사의 적용조건은 AQL=1.0%, 통상검사수준 II이며, 엄격도는 31번째 로트부터 보통검사로 전환되었다. 공란을 채우시오.

배점: 9점

로트번호	N	샘플문자	n	주어진 Ac	합격판정점수(검사전)	적용하는 Ac	부적합품	합격여부	합격판정점수(검사후)	전환점수	적용 엄격도
31	200	( )	( )	( )	( )	( )	1	( )	( )	( )	( )
32	250	( )	( )	( )	( )	( )	0	( )	( )	( )	( )
33	600	( )	( )	( )	( )	( )	1	( )	( )	( )	( )
34	80	( )	( )	( )	( )	( )	0	( )	( )	( )	( )
35	120	( )	( )	( )	( )	( )	1	( )	( )	( )	( )

05

다음의 데이터를 활용하여 관리도에 관한 각 물음에 답하시오.

배점: 15점

	x_1	x_2	x_3	x_4	$\overline{x}_i$	R_i
1	62.5	65.0	66.6	60.3	63.60	6.3
2	63.6	64.7	66.6	61.1	64.00	5.5
3	62.4	65.0	66.4	60.6	63.60	5.8
4	65.9	67.4	64.8	62.9	65.25	4.5
5	58.8	70.4	70.4	74.0	68.40	15.2
6	63.2	65.1	62.3	64.4	63.75	2.8
7	63.4	65.1	60.1	62.2	62.70	5.0
8	62.3	65.1	66.8	60.6	63.70	6.2
9	63.8	65.7	67.4	61.9	64.70	5.5
10	63.7	65.3	62.6	61.2	63.20	4.1
11	62.8	65.1	66.9	60.8	63.90	6.1
12	62.7	64.7	67.1	60.7	63.80	6.4
13	63.1	64.9	57.7	60.5	61.55	7.2
14	62.8	64.9	67.5	61.2	64.10	6.3
15	64.0	65.2	63.1	61.5	63.45	3.7
합계					959.70	90.60

가. $\bar{x}-R$ 관리도를 작성하기 위한 예비관리도로 계수치 관리도가 활용된다. 활용가능한 계수치 관리도의 종류 4가지를 쓰시오.

나. 위 자료에서 $\bar{x}-R$ 관리도를 작성하기 위한 관리한계를 구하시오.

다. $\bar{x}-R$ 관리도를 작성하고 관리상태를 판정하시오. 단 부분군 1에서 10까지만 그래프에 타점하시오. 타점하지 않는 11번 이후는 우연변동으로 구성되어 있다.

라. 관리한계를 벗어나는 점을 제거하고 기준값이 주어진 관리도를 작성하려 한다. 기준값으로 활용할 평균과 표준편차를 구하시오.

06

국가별 표준분류기호를 보기와 같이 쓰시오.

[예] 대한민국 (KS)

① 캐나다 (   )   ② 미국 (   )   ③ 영국 (   )
④ 프랑스 (   )   ⑤ 독일 (   )   ⑥ 중국 (   )

배점 6점

07

다음 (   )안에 알맞은 말을 쓰시오.

회귀분석에서 전체의 제곱합(SS_y)에서 회귀에 의한 제곱합(SS_R)의 비율이 얼마인지를 의미하는 값 $\dfrac{SS_R}{SS_y}$를 (①)(이)라 하며, 이 값이 (②)에 가까워질수록 회귀직선의 기울기가 유의하다고 할 확률이 높아지게 된다.

배점 4점

08

다음 2요인실험에서 모수요인 A를 5수준, 요인 B를 4수준으로 하여 20회의 실험을 랜덤으로 실시하였다. 다음 분산분석표를 활용하여 요인 A와 오차 e의 기여율을 구하시오.

배점 6점

요인	SS	df	MS	F_0
A	30.4	4	7.6	3.26
B	18.9	3	6.3	3.49
e	18.0	12	1.5	
T	67.3	19		

09
부적합품률이 5%, N=40인 공정에서 5개의 표본을 샘플링 할 때 부적합품이 하나도 없을 확률에 대해 다음 물음에 답하시오.

가. 초기하분포로 구하시오.

나. 이항분포로 구하시오

다. 푸아송분포로 구하시오.

라. 각 분포의 정밀도가 가장 우수한 순서로 나열하고 그 이유를 쓰시오.

배점 9점

10
전수검사에 비해 샘플링검사가 유리한 경우를 4가지만 기술하시오.

배점 4점

11
QCC 활동에 효과적인 신 QC 7가지 도구를 쓰시오.

배점 7점

12
다음 조건에 대해 KS Q 0001 계수 규준형 1회 샘플링검사표와 샘플링검사 설계보조표(부록)를 적용하여 검사방식을 설계하시오.

가. $p_0 = 1\%$, $p_1 = 8\%$

나. $p_0 = 0.5\%$, $p_1 = 1.0\%$

배점 6점

13
Y사의 제품 1개당의 평균 길이는 종전 최소 100mm 이하였으며 표준편차(σ)는 5mm이었다고 한다. 원가절감을 위해 공정의 일부를 변경한 후 표본 n개를 취하여 평균 길이를 측정하였더니 $\bar{x} = 104$mm로 나타났다. 이 공정의 산포(정밀도)가 종전과 차이가 없었다는 조건하에서 다음 물음에 답하시오.

가. 평균 길이가 전보다 커지지 않았는데 이를 잘 못 판단하는 오류를 5%, 평균 길이가 100gr 이상인 것을 옳게 판단하는 능력을 90%로 검정하였다면, 위 검정에서의 표본수는 최소 몇 개인지 구하시오.

나. '가'항의 조건에서 공정의 일부를 변경시킨 후의 이 제품에 대한 길이의 평균이 종전보다 커졌다고 할 수 있는지 통계적으로 검정하시오.

다. '가'항의 조건에서 공정평균이 커졌다면 평균 길이의 하측 신뢰한계를 위험률 5%로 추정하시오.

배점 10점

2021년 품질경영산업기사 1회 기출복기문제 정답 및 해설

01

① 망대특성이므로

$$\overline{X}_L = L + k\sigma$$
$$= 75 + 1.74 \times 1.2 = 77.088$$

② $\overline{x} = \dfrac{539.2}{7} = 77.02857$ 일 때

$77.088 > \overline{x} \Rightarrow$ 로트 불합격

[채점 포인트 및 핵심체크]

1) 판정계수가 주어졌고 하한규격이 주어졌으므로 평균치의 하한이 구해집니다.

2) 소수 5자리 원칙을 지켜주세요. 옳으면 6점, 그 외는 0점

02

가. ① $CT = \dfrac{T^2}{N} = \dfrac{74.1^2}{12} = 457.5675$

② $SS_T = \Sigma\Sigma y_{ij}^2 - CT$
$= 459.47 - 457.5675 = 1.9025$

③ $SS_A = \dfrac{\Sigma T_{i.}^2}{r} - CT$

$= \dfrac{(22.9^2 + 25.1^2 + 26.1^2)}{4} - 457.5675$

$= 458.9075 - 457.5675 = 1.340$

요인	SS	df	MS	F_0	$F_{0.95}$
A	1.3400	2	0.67	10.72*	4.26
e	0.5625	9	0.0625		
T	1.9025	11			

요인 A는 유의하다.

나. 망대 특성이므로

$\hat{\mu}(A_3) = \mu + a_3 = \overline{y}_{3.} = \dfrac{26.1}{4} = 6.525$

다. $\hat{\mu}(A_3) = \overline{y}_{3.} \pm t_{0.975}(9)\sqrt{\dfrac{V_e}{r}}$

$= 6.525 \pm 2.262\sqrt{\dfrac{0.0625}{4}} = 6.525 \pm 0.28275$

라. $\mu(A_1 - A_3) = \overline{y}_{1.} - \overline{y}_{3.} \pm t_{0.975}(9)\sqrt{\dfrac{2V_e}{r}}$

1) CT를 먼저 구하고 순서대로 제곱합을 구합니다. 오차분산은 분산분석표에만 기입해도 됩니다.

2) 분산분석표의 작성과 판정이 옳으면 5점, 분산분석표가 옳으면 4점, 제곱합이 옳으면 2점, 그 외는 0점

3) 최적해는 망대특성이고 요인이 유의하므로 최적조건은 A_3입니다. 답이 옳으면 2점 그 외는 0점

4) 신뢰구간이 옳으면 2점 그 외는 0점.

5) 차의 문제는 차두리 기억하시죠? 분산이 분산의 가법성의 영향으로 2배가 됩니다. 옳으면 3점, 그 외는 0점

$$= (\frac{22.9}{4} - \frac{26.1}{4}) \pm 2.262\sqrt{\frac{2 \times 0.0625}{4}}$$

$$= -0.8 \pm 0.39987$$

기댓값은 일반 계산과 동일하지만, 분산은 분산의 가법성이 정의됩니다.
각각 옳으면 3점, 그 외는 0점

03

① $E(x) = 2.5 + 2.2 + 2.1 = 6.8$

② $D(x) = \sqrt{0.03^2 + 0.04^2 + 0.02^2} = 0.05385$

04

1) 33번 로트는 합격판정개수 2이므로 정상적으로 한 단계 엄격한 기준으로 합격하여야 전환점수가 3점 가산됩니다.

2) 연속 5로트 이내에서 2로트 불합격이므로 36번째 로트부터 까다로운 검사로 전환됩니다.

3) 각 열이 옳으면 각각 1점, 그 외는 0점

로트 번호	N	샘플 문자	n	주어진 Ac	합격판정 점수 (검사전)	적용 하는 Ac	부적합품	합격 여부	합격판정 점수 (검사후)	전환 점수	적용 엄격도
31	200	G	32	1/2	5	0	1	불합격	0	0	보통검사 속행
32	250	G	32	1/2	5	0	0	합격	5	2	보통검사 속행
33	600	J	80	2	12	2	1	합격	0	5	보통검사 속행
34	80	E	13	0	0	0	0	합격	0	7	보통검사 속행
35	120	F	20	1/3	3	0	1	불합격	0*	−	까다로운 검사 전환

05

가. ① p 관리도 ② np 관리도 ③ c 관리도 ④ u 관리도

나. ① $\bar{x}$관리도

ⓐ $C_L = \dfrac{\Sigma \bar{x_i}}{k} = \dfrac{959.70}{15} = 63.98$

ⓑ $U_{CL} = 63.98 + 0.729 \times 6.04 = 68.38316$

ⓒ $L_{CL} = 63.98 - 0.729 \times 6.04 = 59.57684$

② R관리도

ⓐ $C_L = \dfrac{\Sigma R}{k} = \dfrac{90.60}{15} = 6.04$

ⓑ $U_{CL} = D_4 \bar{R} = 2.282 \times 6.04 = 13.78328$

ⓒ 관리하한: 고려하지 않는다.

1) 모두 옳으면 2점, 그 외는 0점

2) 관리도의 관리한계는 각각 옳으면 2점씩 총 4점입니다.
지문에 식을 쓴 후 답란이 있습니다. 혹간 풀이 후 U_{CL}과 L_{CL}의 답안을 바꿔써서 틀리는 경우도 있습니다. 주의하세요.

다. 관리도의 작성

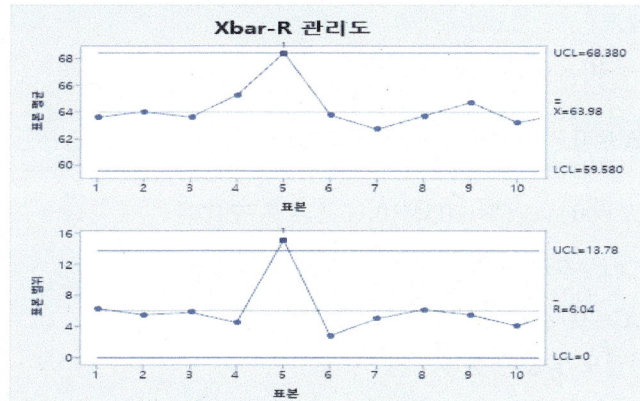

판정: 관리도는 이상상태이다.

라. ① $\overline{\overline{x}} = \dfrac{959.7 - 68.4}{15 - 1} = 63.66429$

② $\overline{R} = \dfrac{90.6 - 15.2}{15 - 1} = 5.38571$

③ $\hat{\sigma}_w = \dfrac{5.38571}{2.059} = 2.61569$

그러므로 $\mu_0 = 63.66428$, $\sigma_0 = 2.61569$

06

① CSA ② ANSI ③ BS
④ NF ⑤ DIN ⑥ GB

07

① 결정계수(또는 (회귀의) 기여율, r^2) ② 1

08

① $\rho_A = \dfrac{SS'_A}{SS_T} = \dfrac{30.4 - 4 \times 1.5}{67.3} = 0.36256$

② $\rho_e = \dfrac{SS'_e}{SS_T} = \dfrac{19 \times 1.5}{67.3} = 0.42348$

술술 풀어보는 키포인트

1) 각각 옳으면 2점 그 외는 0점

2) 모두 옳으면 3점, 순서만 옳으면 2점, 그 외는 0점

09

가. $NP = 40 \times 0.05 = 2,\ N - NP = 40 - 2 = 38$

$$\Pr(X=0) = \frac{{}_2C_0 \times {}_{38}C_5}{{}_{40}C_5} = 0.76282$$

나. $\Pr(X=0) = {}_5C_0 (0.05)^0 (0.95)^5 = 0.77378$

다. $m = nP = 5 \times 0.05 = 0.25$

$$\Pr(X=0) = e^{-0.25} = 0.77880$$

라. ○ 정밀도가 좋은 순

　　① 초기하분포 ② 이항분포 ③ 푸아송분포

○ 이유

분산의 기댓값이 초기하분포가 가장 작고 푸아송분포가 가장 크므로 정밀도는 초기하분포가 가장 우수하고 푸아송 분포가 가장 나쁘다.

10

1) 내용이 중복되거나 5번째 이후 작성한 것은 채점하지 않으므로 이 경우 4가지를 쓰되 중복되는 내용은 피해야 합니다.

2) 한가지당 옳으면 1점, 그 외는 0점

① 검사항목이나 검사품목이 매우 많아 전수검사가 곤란한 경우
② 다수, 다량의 것으로 어느 정도 부적합품의 혼입이 허용되는 경우
③ 생산자에게 품질향상을 위한 자극을 주고 싶을 경우
④ 검사비용을 줄이는 것이 효과적인 경우
⑤ 출고로트의 품질보증을 목적으로 하는 경우
⑥ 부족한 검사시간 내에서 검사의 신뢰성 높은 로트의 품질보증을 하고자 하는 경우(불충분한 전수검사에 비해 높은 신뢰성이 얻어질 때)

11

신 QC 7가지 도구는 자주 출제되는 문제입니다. 이건 틀리면 안되요 간혹 연관도와 계통도는 설명을 하라고 나오기도 합니다.
한가지당 옳으면 1점, 그 외는 0점

① 연관도　　② 애로우다이어그램
③ 계통도　　④ 친화도(KJ법)
⑤ PDPC법　⑥ 매트릭스도법
⑦ 매트릭스데이터해석법

12

가. 화살표를 따라가면 $n = 60, c = 2$로 설계된다.
즉 60개를 검사하여 부적합품이 2개 이하면 로트를 합격시키고 아니면 불합격시킨다.

나. *가 나오므로 보조표에서

$\dfrac{p_1}{p_0} = \dfrac{1}{0.5} = 2$ 이므로 $\dfrac{502}{p_0} + \dfrac{1065}{p_1} = \dfrac{502}{0.5} + \dfrac{1065}{1} = 2069$

그러므로 $n = 2069, c = 15$로 설계한다.

13

가. $n = (\dfrac{z_{1-\alpha} + z_{1-\beta}}{\mu_1 - \mu_0})^2 \times \sigma^2$

$= (\dfrac{1.645 + 1.282}{104 - 100})^2 \times 5^2 = 13.38645 \to 14$

나. ① $H_0 : \mu \leq 100gr \quad H_1 : \mu > 100gr$

② $\alpha = 5\%$

③ $z_0 = \dfrac{\bar{x} - \mu}{\sigma/\sqrt{n}} = \dfrac{104 - 100}{5/\sqrt{14}} = 2.99333$

④ $R : z_{0.95} = 1.645$

⑤ 판정: H_0 기각

다. $\bar{x} - z_{1-\alpha} \dfrac{\sigma}{\sqrt{n}} = 104 - 1.645 \times \dfrac{5}{\sqrt{14}}$

$\qquad = 101.80178$

2021 품질경영산업기사 2회 기출복기문제

(실기 제452강)

01

다음은 어떤 직물 가공에서 처리액의 농도 A를 5수준으로 반복 4회의 랜덤 실험을 수행하여 인장강도를 측정한 결과이다. 다음 물음에 답하시오.

배점 8점

가. 분산분석표를 완성하시오.

요인	SS	df	MS	F_0	$F_{0.95}$
A	35.0				
e					
T	55.0				

판정:

나. 수준 A_3의 모평균을 위험률 5%로 추정하시오. (단, $\overline{x_3} = 16.3$이다.)

02

M 화학공장은 제품의 수율에 영향을 미칠 것으로 생각되는 반응온도를 4수준, 원료를 3수준으로 하는 반복 없는 2요인실험을 한 결과 아래와 같은 데이터를 얻었다. 다음 물음에 답하시오.

배점 5점

가. 분산분석표를 완성하시오.

요인	SS	df	MS	F_0	$F_{0.95}$
A	2.22				
B	3.44				
e					
T	6.22				

나. 분산분석 결과를 판정하시오.

03

A사는 어떤 부품의 수입검사에 계수형 샘플링검사인 KS Q ISO 2859-1을 사용하고 있다. 현재의 적용조건은 AQL=1.0%, 보통검사수준 II로 1회 샘플링검사이며, 검사의 엄격도는 보통 검사로 시작하기로 하였다. 주 샘플링검사표를 활용하여 답안지 표의 공란을 채우시오.

배점 6점

로트	N	샘플문자	n	Ac	Re	부적합품수	합격여부	전환점수	후속 조치
1	1500	( )	( )	( )	( )	3	( )	( )	보통검사 속행
2	800	( )	( )	( )	( )	5	( )	( )	( )
3	2000	( )	( )	( )	( )	2	( )	( )	( )
4	1000	( )	( )	( )	( )	4	( )	( )	( )
5	1500	( )	( )	( )	( )	4	( )	( )	( )

04

다음의 데이터를 활용하여 관리도에 관한 각 물음에 답하시오.

배점 15점

No	부분군	부적합품수	No	부분군	부적합품수
1	200	2	11	300	4
2	200	1	12	300	6
3	200	4	13	150	1
4	200	3	14	150	2
5	200	3	15	150	1
6	200	2	16	150	3
7	300	2	17	150	0
8	300	5	18	200	2
9	300	7	19	200	3
10	300	5	20	200	4

가. 다음은 속성이 계수치인 관리도의 결정에 관한 그림이다. 번호에 적합한 관리도의 명칭을 쓰시오.

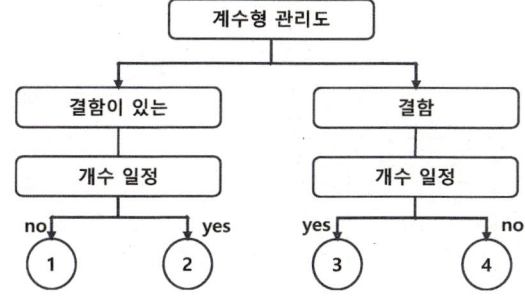

나. 관리도의 중심선과 관리한계를 구하시오.

○ 중심선:

○ 관리한계

n	U_{CL}	L_{CL}
150		
200		
300		

다. 관리도를 작성하고 판정하시오.

판정: _____

05

현장 개선 활동에 효과적인 3정 5행 활동에 대한 용어를 쓰시오.

○ 3정

○ 5행

배점: 8점

06

다음은 촉진제와 반응량의 관계를 조사한 데이터이다.

번호	1	2	3	4	5	6	7	8	9	10
촉진제	1	1	2	3	4	4	5	5	6	6
반응량	2.1	2.4	2.9	3.2	4	3.8	5.2	5.1	5.8	5.5

배점: 10점

가. 곱의합을 구하시오.

나. 결정계수를 구하시오.

다. 추정회귀방정식을 구하시오.

라. $x=7$에서의 기댓값 $E(y)$를 구하시오.

07

요인 A가 5수준, 요인 B가 4수준인 모수요인 2요인실험에서 $SS_T = 3.97, SS_A = 0.34$, $SS_B = 1.21$이다. 오차항의 순 제곱합 (SS_e')과 기여율을 구하시오.

배점 6점

08

어떤 제품 길이의 기준은 500mm이며, 길이가 기준에서 ±3mm 이내면 로트를 합격시키고, ±5mm 이상이면 로트를 통과시키지 않도록 하는 KS Q0001 평균치 보증방식을 설계하려고 한다. 단, 로트의 표준편차는 $3mm$로 알려져 있다.

배점 8점

가. $\alpha = 0.05$, $\beta = 0.10$을 만족하는 샘플링방식을 KS Q0001 계량규준형 수표를 활용하여 결정하시오(부록 수표 참조).

나. '가'를 만족하는 $\overline{X}_U$와 $\overline{X}_L$을 구하시오.

09

다음은 계수형 샘플링 검사(ISO 2859-1)의 엄격도 전환 절차에 관한 내용이다. 물음에 답하시오.

배점 6점

가. 까다로운 검사에서 검사 중지로 전환되는 조건

나. 검사 중지에서 까다로운 검사로 전환되는 조건

다. 까다로운 검사에서 보통검사로 복귀하는 조건

10

분임조 활동을 수행하는 기본적 도구인 품질관리 7가지 도구를 쓰시오.

배점 7점

11

다음 설명에 해당되는 용어를 보기에서 골라 ( )안에 번호를 써 넣으시오.

배점 6점

[보기] ① 시방 ② 절차 ③ 규격 ④ 가규격 ⑤ 품질매뉴얼 ⑥ 품질절차서

가. 표준 중에서 물품 또는 서비스에 직접·간접으로 관계되는 기술적 사항에 대하여 정한 결정·

나. 재료, 제품, 공구, 설비 등에 대하여 요구되는 특정 모양, 구조, 치수, 성분, 능력, 정도, 성능, 제조방법, 시험방법 등을 정한 것

다. 정식 규격 제정에 앞서서 시험적·준비적으로 적용하는 것을 목적으로 하는 임시규격

12

금속판의 표면 경도의 상한 규격치가 로크웰 경도 65 이하로 규정되었을 때 규격을 만족하지 못하는 제품이 1% 이하는 통과시키고, 5% 이상이면 통과시키지 않는 계량규준형 1회 샘플링검사 방식을 설계하시오. 단, $\sigma = 2$이다.

배점 6점

13

제조공정을 개선한 후 로트로부터 10개의 표본을 랜덤하게 샘플링하여 측정한 결과 다음 데이터를 얻었다.

배점 9점

[데이터] 28.54, 28.57, 28.52, 28.56, 28.51, 28.53, 28.56, 28.51, 28.58, 28.55

가. 개선 후 모평균이 개선 전의 모평균 28.52와 달라졌다고 할 수 있는지 유의수준 5%로 검정하시오.

나. 검정결과 유의하면, 신뢰율 95%로 모평균의 신뢰구간을 추정하시오.

2021년 품질경영산업기사 2회 기출복기문제 정답 및 해설

01
가.

요인	SS	df	MS	F_0	$F_{0.95}$
A	35.0	4	8.75	6.56251*	3.06
e	20.0	15	1.33333		
T	55.0	19			

판정: 요인 A는 유의하다.

나. $\hat{\mu}(A_3) = \bar{y}_{3.} \pm t_{0.975}(\nu_e)\sqrt{\dfrac{V_e}{r}}$

$= 16.3 \pm 2.131\sqrt{\dfrac{1.33333}{4}} = 16.3 \pm 1.23033$

02
가.

요인	SS	df	MS	F_0	$F_{0.95}$
A	2.22	3	0.74	7.92885*	4.76
B	3.44	2	1.72	18.42923*	5.14
e	0.56	6	0.09333		
T	6.22				

나. 판정: 요인 A, B는 유의하다.

03

로트	N	샘플문자	n	Ac	Re	d	합격여부	전환점수	후속 조치
1	1500	K	125	3	4	3	합격	0	보통검사 속행
2	800	J	80	2	3	5	불합격	0	보통검사 속행
3	2000	K	125	3	4	2	합격	3	보통검사 속행
4	1000	J	80	2	3	4	불합격	0*	까다로운 검사 전환
5	1500	K	125	2	3	4	불합격	–	까다로운 검사 속행

술술 풀어보는 키포인트
[채점 포인트 및 핵심체크]

1) 요인의 수준수가 5이므로 자유도는 4이고, 총 실험수 20에서 오차의 자유도는 15입니다.
   모두 옳으면 4점, 평균제곱이 옳으면 2점, 그 외는 0점

2) 수준의 반복수는 4입니다.
   모두 옳으면 4점, 그 외는 0점

1) 표가 모두 옳으면 4점, 평균제곱이 모두 옳으면 2점 그 외는 0점입니다.

2) 칸이 모두 옳고 판정이 옳으면 1점 그 외는 0점

1) 합격판정개수 2이상이면 한 단계엄격한 기준으로 합격해야 전환점수가 부여됩니다.
2) 전환이 확정되면 전환점수에는 *를 붙여야 하며, 까다로운 검사에는 전환점수를 쓰면 0점입니다.
3) 각 열당 모두 옳으면 1점 그 외는 0점입니다. (단 샘플문자는 제외)

술술 풀어보는 키포인트

1) 결함이 있는(부적합을 가진 제품)은 개수관리도, 결함(부적합)은 결점수 관리도를 의미합니다. 각각 옳으면 1점, 그 외는 0점

2) 중심선은 총부적합품수를 총검사량으로 나누어야 합니다.

3) 관리하한은 부분군이 가장 큰 3000 개에서 음수가 나오므로 모두 '고려하지 않음'이 됩니다.

4) C_L 옳으면 1점 그 외는 0점
   U_{CL} 모두 옳으면 2점 그 외는 0점
   L_{CL} 모두 옳으면 2점 그 외는 0점

5) 관리도는 꺾은선 그래프, 중심선, 관리한계가 명확해야 합니다. 간혹 '10번군까지만 그리시오'라는 경우가 있는데 이 경우 10번군까지만 있는 그대로 작성하시면 됩니다.
지문에 식을 쓴 후 답안이 있습니다. 혹간 풀이 후 U_{CL}과 L_{CL}의 답안을 바꿔서 틀리는 경우도 있습니다. 주의하세요.
판정까지 옳으면 6점, 관리도가 옳으면 5점, 그 외는 0점

1) 모두 옳으면 3점, 2가지 옳으면 2점, 그 외는 0점
2) 모두 옳으면 5점, 4가지 옳으면 4점, 3가지 옳으면 3점, 그 외는 0점

04

가. ① P 관리도 ② nP 관리도 ③ c 관리도 ④ u 관리도

나.

① 중심선: $\Sigma np = 60$ $\Sigma n = 4350$

$$C_L = \bar{p} = \frac{\Sigma np}{\Sigma n} = 0.01379$$

② 관리한계

ⓐ $n = 300$

$$U_{CL} = 0.01379 + 3\sqrt{\frac{0.01379 \times 0.98621}{300}} = 0.03399$$

ⓑ $n = 200$

$$U_{CL} = 0.01379 + 3\sqrt{\frac{0.01379 \times 0.98621}{200}} = 0.03853$$

ⓒ $n = 150$

$$U_{CL} = 0.01379 + 3\sqrt{\frac{0.01379 \times 0.98621}{150}} = 0.04236$$

$L_{CL} < 0$ 이므로 모두 고려하지 않는다.

다. 관리도의 작성

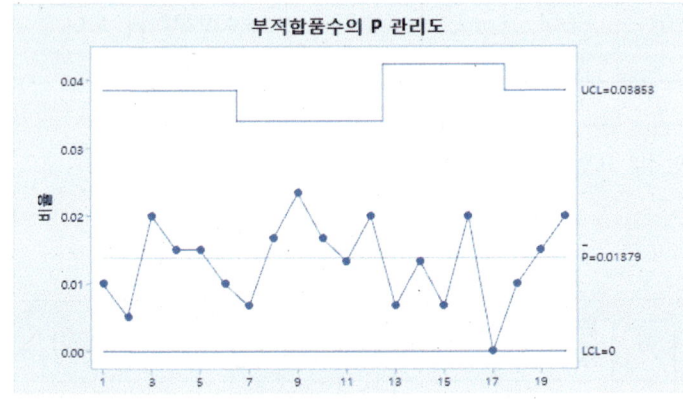

판정: 관리도는 관리상태이다.

05

① 3정: 정품, 정량, 정위치
② 5행: 정리, 정돈, 청소, 청결, 생활화(습관화)

06

가. $S_{xy} = 170.4 - \dfrac{37 \times 40}{10} = 22.4$

나. $r^2 = 0.98229^2 = 0.96489$

다. ① $b = \dfrac{S_{xy}}{SS_x} = 0.69782$

   ② $a = \bar{y} - b\bar{x} = 1.41807$

   ③ $\hat{y} = 1.41807 + 0.69782x$

라. $E(y) = 1.41807 + 0.69782 \times 7 = 6.30281$

> 1) 곱의합은 S_{xy}를 의미합니다. 옳으면 3점, 그 외는 0점
> 2) 결정계수는 상관계수의 제곱으로 구합니다. 옳으면 2점, 그 외는 0점
> 3) 추정회귀식은 공식에 답을 쓰시면 됩니다. 옳으면 3점, 그 외는 0점
> 4) 기댓값은 회귀식에 대입하여 구합니다. 옳으면 2점, 그 외는 0점

07

① 분산분석표

요인	SS	df	MS
A	0.34	4	
B	1.21	3	
e	2.42	12	0.20167
T	3.97	19	

② $SS'_e = \nu_T V_e = 19 \times 0.20167 = 3.83167$

③ $\rho_e = \dfrac{SS'_e}{SS_T} = \dfrac{3.83167}{3.97} = 0.96517$

> 1) 이 문제는 요인이 유의하지 않아 요인의 순제곱합이 음수가 나옵니다. 양쌤의 오차공식을 활용하셔야 실수없이 풀수 있습니다.
> 2) 오차의 기여율이 옳으면 6점, 순제곱합이 옳으면 4점, 그 외는 0점

08

가. KS Q 0001 계량규준형 수표에서

① $\dfrac{|m_1 - m_0|}{\sigma} = \dfrac{|505 - 503|}{3} = 0.66667$

② (수표에서) $n = 20$, $G_0 = 0.368$

나. ① $\overline{X}_U = m_0 + G_0 \sigma$
$= 503 + 0.368 \times 3 = 504.104$

② $\overline{X}_L = m_0 - G_0 \sigma$
$= 497 - 0.368 \times 3 = 495.896$

> 1) 수표는 KS Q 0001 계량규준형 1회 샘플링검사 표입니다. 어느 쪽이던 한쪽으로 계산하시면 됩니다. 옳으면 2점 그 외는 0점
> 2) 평균치의 상한은 503, 하한은 497 즉 양끝단값이 기준이 됩니다. 각각 옳으면 3점, 그 외는 0점

09
가. 까다로운 검사에서 불합격 로트의 누계가 5개에 도달할 때
나. 공급자가 품질을 개선하였음을 소관권한자가 인정하였을 때
다. 연속 5로트가 합격하는 경우

10
① 특성요인도   ② 파레토그림   ③ 체크시이트
④ 히스토그램   ⑤ 산점도   ⑥ 꺾은선 그래프(관리도)
⑦ 층별

11
가. ③ 규격   나. ① 시방   다. ④ 가규격

12
가. $n = \left(\dfrac{k_{0.05} + k_{0.1}}{k_{0.01} - k_{0.1}}\right)^2$

$= \left(\dfrac{1.645 + 1.282}{2.326 - 1.645}\right)^2 = 18.47359 \Rightarrow 19$

나. $k = \dfrac{k_{0.01}k_{0.1} + k_{0.05}k_{0.05}}{k_{0.05} + k_{0.1}}$

$= \dfrac{2.326 \times 1.282 + 1.645 \times 1.645}{1.645 + 1.282} = 1.94327$

다. $\overline{X}_U = U - k\sigma$

$= 65 - 1.94327 \times 2 = 61.11346$

13
가.

n	ν	$\overline{x}$	s^2
10	9	28.543	0.02497^2

① $H_0 : \mu = 28.52$ $H_1 : \mu \neq 28.52$

② $\alpha = 0.05$

③ $t_0 = \dfrac{\bar{x} - \mu_0}{s/\sqrt{n}} = \dfrac{28.543 - 28.52}{0.02497/\sqrt{10}} = 2.91279$

④ R: $\pm t_{0.975}(9) = \pm 2.262$

⑤ H_0 기각

나. $\hat{\mu} = \bar{x} \pm t_{1-\alpha/2}(\nu)\dfrac{s}{\sqrt{n}}$

$= 28.543 \pm 2.262 \times \dfrac{0.02497}{\sqrt{10}}$

$= 28.543 \pm 0.01786$

> **술술 풀이보는 키포인트**
>
> 3) 검정이 양측이므로 신뢰한계도 양측이 됩니다.
>   옳으면 3점, 그 외는 0점

2021 품질경영산업기사 4회 기출복기문제

(실기 제451강)

01

종래 A회사로부터 납품되고 있는 기계 부품 치수의 표준편차는 0.15cm이었다. 이번에 납품된 lot의 평균치를 신뢰도 95%, 정밀도 0.098cm로 추정하고자 한다. 조건에 적합한 표본의 개수를 구하시오.

배점 4점

02

M 화학공장은 제품의 수율에 영향을 미칠 것으로 생각되는 반응온도와 원료를 요인으로 하는 반복없는 2요인실험을 한 결과 아래와 같은 데이터를 얻었다. 다음 물음에 답하시오.

배점 12점

	A_1	A_2	A_3	A_4
B_1	7.6	8.6	9.0	8.0
B_2	7.3	8.2	8.0	7.7
B_3	6.7	6.9	7.9	6.5

가. 요인 A, B의 제곱합과 오차의 제곱합을 구하시오.

나. 분산분석표를 작성하시오.

요인	SS	df	MS	F_0	$F_{0.95}$
A					
B					
e					
T					

다. 분산분석표의 결과에서 최적해를 구하시오.

라. 최적해에 대한 95% 신뢰한계를 구하시오.

03

A사는 어떤 부품의 수입검사에 계수형 샘플링검사인 KS Q ISO 2859-1을 사용하고 있다. 현재의 적용조건은 AQL=1.0%, 보통검사수준 II로 1회 샘플링검사이며, 검사의 엄격도는 보통검사에서 시작하여 15번째 로트가 진행되었으며 다음 표는 그중 11번째부터 나타낸 것이다. 답안지 표의 공란을 채우고, 15번째 검사 결과로부터 16번째 로트에서 수월한 검사를 적용할 조건이 되는지 검토하시오.

배점 8점

로트	N	샘플문자	n	Ac	부적합품수	합격여부	전환점수	후속 조치
11	300	H	50	1	1	합격	21	보통검사 속행
12	500	( )	( )	( )	0	( )	( )	( )
13	300	( )	( )	( )	1	( )	( )	( )
14	800	( )	( )	( )	0	( )	( )	( )
15	1000	( )	( )	( )	1	( )	( )	( )

04

다음의 데이터를 활용하여 관리도에 관한 각 물음에 답하시오.

배점 15점

	x_1	x_2	x_3	x_4	$\overline{x}_i$	R_i
1	62.5	65.0	66.6	60.3	63.60	6.3
2	63.6	64.7	66.6	61.1	64.00	5.5
3	62.4	65.0	66.4	60.6	63.60	5.8
4	65.9	67.4	64.8	62.9	65.25	4.5
5	62.8	64.4	67.4	71.0	66.40	8.2
6	63.2	65.1	62.3	64.4	63.75	2.8
7	63.4	65.1	60.1	62.2	62.70	5.0
8	62.3	65.1	66.8	60.6	63.70	6.2
9	63.8	65.7	67.4	61.9	64.70	5.5
10	63.7	65.3	62.6	61.2	63.20	4.1
11	62.8	65.1	66.9	60.8	63.90	6.1
12	62.7	64.7	67.1	60.7	63.80	6.4
13	63.1	64.9	57.7	60.5	61.55	7.2
14	62.8	64.9	67.5	61.2	64.10	6.3
15	64.0	65.2	63.1	61.5	63.45	3.7
합계					957.70	83.6

가. 위 자료에서 $\overline{x} - R$ 관리도를 작성하기 위한 관리한계를 구하시오.

○ $\overline{x}$

○ R

나. $\bar{x}-R$ 관리도를 작성하고 관리상태를 판정하시오.

판정: _____

다. 규격이 60 ± 10일 때 공정능력지수를 구하고 판정하시오.

라. $\sigma_{\bar{x}} = 2.4359$일 경우 관리계수를 구하고, 공정상태를 판정하시오.

05

다음은 구두제작소에서 최근 2개월간의 발생한 부적합수를 조사한 것이다. 표를 완성한 후 파레토 그림을 그리시오.

배점: 6점

부적합항목	부적합수	누적부적합수	백분율%	누적백분률%
뒤틀림	98			
벌어짐	30			
에지불량	20			
스크라치	5			
기타	7			
합계	160			

06

다음은 원료의 투입량과 수율의 관계를 조사한 데이터이다.

배점: 8점

[자료] $\Sigma x = 319$, $\Sigma y = 1312.5$, $n = 25$, $\Sigma x^2 = 4441$, $\Sigma y^2 = 68918.25$, $\Sigma xy = 16807.5$

가. 공분산을 구하시오.

나. 상관계수를 구하시오.

다. 추정회귀방정식을 구하시오.
라. 회귀방정식의 기여율을 구하시오.

07

다음은 $L_4(2^3)$형 직교배열표에 A, B의 2 요인을 배치하여 실험한 결과이다.

가. 요인 A, B, e의 제곱합을 구하시오.

나. 분산분석표를 작성하고 유의수준 5%로 판정하시오.

실험 \ 열	1	2	3	데이터
1	0	0	0	9
2	0	1	1	12
3	1	0	1	2
4	1	1	0	15
배치		A	B	38

배점 7점

08

다음의 샘플링검사 조건에 대한 물음에 답하시오.

가. $N=50, p=6\%$인 로트에서 $n=5$개를 샘플링할 때 초기하분포를 이용하여 부적합품이 1개 이상 나타날 확률을 구하시오.

나. $N=1000, p=5\%$인 로트에 대해 $n=30$, $c=2$인 샘플링 검사를 할 때 이항분포를 이용하여 이 로트가 합격할 확률을 구하시오.

다. $N=1000, p=5\%$인 로트에 대해 $n=30$, $c=2$인 샘플링 검사를 할 때 푸아송분포를 이용하여 이 로트가 합격할 확률을 구하시오.

배점 9점

09

계수형 샘플링 검사(ISO 2859-1)의 엄격도 전환 절차에서 수월한 검사에서 보통검사로 복귀되는 전제조건 3가지를 쓰시오.

배점 5점

10

계수형 샘플링검사에서 OC 곡선은 로트의 무엇(x축)과 무엇(y축)의 관계를 보여주는 그래프이다. 이 그래프의 무엇(x축)과 무엇(y축)에 들어갈 항목이 무엇인지 쓰시오.

배점 6점

11

KS Q ISO 9000:2015 기본사항 및 용어에서 정의하고 있는 용어를 보기에서 골라 ( )안에 번호를 써 넣으시오.

[보기] ① 품질경영 ② 품질목표 ③ 품질방침 ④ 품질기획 ⑤ 품질관리 ⑥ 품질보증

가. 품질에 관한 경영

나. 품질 요구사항이 충족될 것이라는 신뢰를 확보하는 데 중점을 둔 품질경영의 일부

다. 품질 요구사항을 충족하는 데 중점을 둔 품질경영의 일부

12

확률변수 X의 확률분포가 아래 표와 같을 때 물음에 답하시오.

X	1	2	3	4	5
$P(X)$	0.3	0.1	0.4	0.1	0.1

가. 확률변수 X의 기대치 $E(X)$와 분산 $V(X)$를 구하시오.

나. $Y = 3X + 2$로 정의될 경우 Y의 기대치 $E(Y)$와 분산 $V(Y)$를 구하시오.

13

품질을 향상시키기 위해 제조공정을 개선한 후 로트로부터 10개의 표본을 랜덤하게 샘플링하여 측정한 결과 다음 데이터를 얻었다.

[데이터] 10, 12, 15, 15, 10, 14, 16, 13, 16, 11

가. 개선 후 모평균이 개선 전의 모평균 $11.8kg$과 달라졌다고 할 수 있는지 유의수준 5%로 검정하시오. 단 모분산 $\sigma^2 = 2.0^2$는 검정결과 달라지지 않았다.

나. 검정결과 유의하면, 신뢰율 95%로 모평균의 신뢰구간을 추정하시오.

2021년 품질경영산업기사 4회 기출복기문제 정답 및 해설

01

$$\pm \beta = \pm z_{1-\alpha/2} \frac{\sigma}{\sqrt{n}}$$

$$\pm 0.098 = \pm 1.96 \times \frac{0.15}{\sqrt{n}}$$

$$n = \left(\frac{0.15 \times 1.96}{0.098}\right)^2 = 9개$$

[채점 포인트 및 핵심체크]

1) 평균치의 95% 정밀도를 활용한 검사량을 결정하는 문제로 옳으면 4점 그 외는 0점

2) 만약 소수점으로 값이 나오면 무조건 올림으로 맺음합니다.

02

가. ○ $CT = \dfrac{T^2}{N} = \dfrac{92.4^2}{12} = 711.48$

○ $SS_T = \Sigma\Sigma y_{ij}^2 - CT = 717.7 - 711.48 = 6.22$

① $SS_A = \dfrac{21.6^2 + 23.7^2 + 24.9^2 + 22.2^2}{3} - CT = 2.22$

② $SS_B = \dfrac{33.2^2 + 31.2^2 + 28.0^2}{4} - CT = 3.44$

③ $SS_e = 6.22 - 2.22 - 3.44 = 0.56$

나.

요인	SS	df	MS	F_0	$F_{0.95}$
A	2.22	3	0.74	7.92885*	4.76
B	3.44	2	1.72	18.42923*	5.14
e	0.56	6	0.09333		
T	6.22				

판정: 요인 A, B는 유의하다.

다. 최적해의 추정: 수율이므로 망대특성이다.

요인 A, B가 모두 유의하므로 최적해는 $\hat{\mu}(A_3B_1)$이다.

$$\hat{\mu}(A_3B_1) = \bar{y}_{3.} + \bar{y}_{.1} - \bar{\bar{y}}$$

$$= \frac{24.9}{3} + \frac{33.2}{4} - \frac{92.4}{12} = 8.9$$

라. 최적조건의 95% 구간추정

$$\hat{\mu}(A_3B_1) = 8.9 \pm t_{0.975}(6)\sqrt{\frac{V_e}{n_e}}$$

$$= 8.9 \pm 2.447 \times \sqrt{\frac{0.09333}{2}}$$

1) 제곱합의 계산은 모두 옳으면 3점 그 외는 0점입니다.
항상 CT를 먼저 구하고 순서대로 제곱합을 구하면 됩니다.

2) 분산분석표의 작성과 판정이 옳으면 4점, 분산분석표가 옳으면 3점, 그 외는 0점

3) 최적해는 망대특성이고 급간변동이 모두 유의하므로 최적조건은 A_3와 B_1입니다. 답이 옳으면 2점 그 외는 0점

4) 신뢰구간이 모두 옳으면 3점 그 외는 0점. 조합평균은 유효반복수를 구하여 신뢰구간을 구합니다.

술술 풀어보는 키포인트

1) 11, 12, 13로트는 합격판정개수 1
이므로 합격시 2점을 가산합니다.

2) 14, 15로트는 합격판정개수 2이상
이므로 합격시 1단계 엄격한 규정이
1개 이하이므로 3점을 가산합니다.
각 열별 옳으면 1점 그 외는 0점

3) 후속조치 표가 모두 옳고 후속조치
가 옳으면 2점 그 외는 0점

1) 관리도의 관리한계는 각각 옳으면 2
점씩 총 4점입니다.
지문에 식을 쓴 후 답안이 있습니다.
혹간 풀이 후 U_{CL}과 L_{CL}의 답안을
바꿔써서 틀리는 경우도 있습니다.
주의하세요.

2) 관리도는 꺾은선과 관리한계 및 중
심선을 반드시 그려야 합니다. 그래
프는 작도이므로 정확하지 않고 대
략 방향이 옳으면 됩니다. 옳으면 4
점 그 외는 0점

3) 그래프가 옳고 판정이 옳으면 1점,
그 외는 0점

$$= 8.9 \pm 0.52852$$

(단 $n_e = \dfrac{lm}{l+m-1} = 2$이다)

03

로트	N	샘플 문자	n	Ac	부적합 품수	합격 여부	전환 점수	후속 조치
11	300	H	50	1	1	합격	21	(보통검사 속행)
12	500	(H)	(50)	(1)	0	(합격)	(23)	(보통검사 속행)
13	300	(H)	(50)	(1)	1	(합격)	(25)	(보통검사 속행)
14	800	(J)	(80)	(2)	0	(합격)	(28)	(보통검사 속행)
15	1000	(J)	(80)	(2)	1	(합격)	(31)	(수월한 검사 전환)

16번 로트: 수월한 검사로 전환이 가능하다.

04

가. ① $\bar{x}$관리도

ⓐ $C_L = \dfrac{\Sigma \bar{x}_i}{k} = \dfrac{957.70}{15} = 63.84667$

ⓑ $U_{CL} = 63.84667 + 0.729 \times 5.57333 = 67.90963$

ⓒ $L_{CL} = 63.84667 - 0.729 \times 5.57333 = 59.78371$

② R관리도

ⓐ $C_L = \dfrac{\Sigma R}{k} = \dfrac{83.60}{15} = 5.57333$

ⓑ $U_{CL} = D_4 \bar{R} = 2.282 \times 5.57333 = 12.71835$

ⓒ 관리하한: 고려하지 않는다.

나. 관리도의 작성

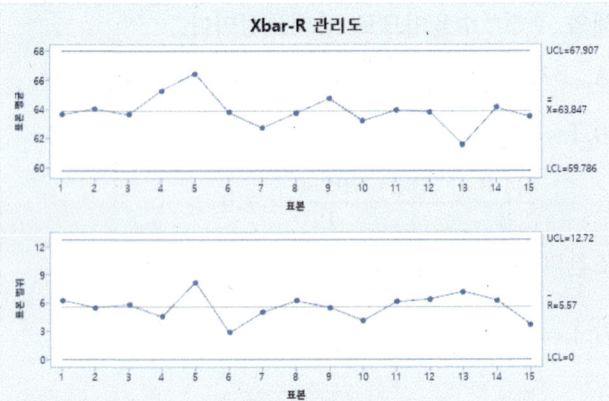

판정: 관리도는 관리상태이다.

다. ① $\hat{\sigma}_w = \dfrac{5.57333}{2.059} = 2.70681$

② $C_P = \dfrac{U-L}{6 \times \sigma_w} = \dfrac{70-50}{6 \times 2.70681} = 1.23146$

$1.00 \leq C_P < 1.33$ 공정능력은 2등급이다.

라. $C_f = \dfrac{\sigma_{\bar{x}}}{\sigma_w} = \dfrac{2.4359}{2.70681} = 0.89992$

$0.8 \leq C_f \leq 1.2$ 관리도는 대체로 관리상태이다.

05

부적합 항목	부적합수	누적 부적합수	백분율(%)	누적 백분율(%)
뒤틀림	98	98	61.250%	61.250%
벌어짐	30	128	18.750%	80.000%
에지불량	20	148	12.500%	92.500%
스크라치	5	153	3.125%	95.625%
기타	7	160	4.375%	100%
합계	160		100%	

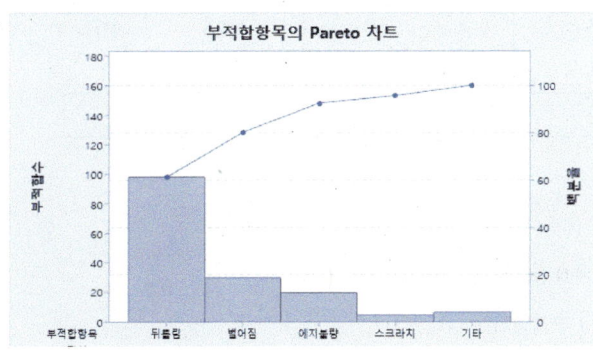

06

가. ① $S_{xy} = 16807.5 - \dfrac{319 \times 1312.5}{25} = 60$

② $V_{xy} = \dfrac{S_{xy}}{n-1} = \dfrac{60}{25-1} = 2.5$

나. ① $SS_x = 4441 - \dfrac{319^2}{25} = 370.56$

3) 옳으면 2점 그 외는 0점

4) 옳으면 2점 그 외는 0점

1) 모두 옳으면 3점, 그 외는 0점

2) 모두 옳으면 4점
그 외는 0점

1) 초기하분포는 먼저 로트 중 부적합품수를 구해야 합니다. 옳으면 3점 그 외는 0점

2) 이항분포로 풀어라 하였으므로 이항분포로만 풀어야 정답입니다. 옳으면 3점, 그 외는 0점

3) 옳으면 3점, 그 외는 0점

② $SS_y = 68918.25 - \dfrac{1312.5^2}{25} = 12$

③ $r = \dfrac{60}{\sqrt{370.56 \times 12}} = 0.89977$

다. ① $b = \dfrac{S_{xy}}{SS_x} = \dfrac{60}{370.56} = 0.16192$

② $a = \bar{y} - b\bar{x} = \dfrac{1312.5}{25} - 0.16192 \times \dfrac{319}{25} = 50.43391$

③ $\hat{y} = 50.43391 + 0.16192x$

라. $r^2 = 0.89977^2 = 0.80959$

07

가. ① $SS_A = \dfrac{1}{4}(T_1 - T_0)^2 = \dfrac{1}{4}(27 - 11)^2 = 64$

② $SS_B = \dfrac{1}{4}(T_1 - T_0)^2 = \dfrac{1}{4}(14 - 24)^2 = 25$

③ $SS_e = \dfrac{1}{4}(T_1 - T_0)^2 = \dfrac{1}{4}(17 - 21)^2 = 4$

나.

요인	SS	df	MS	F_0	$F_{0.95}$
A	64	1	64	16	161
B	25	1	25	6.25	161
e	4	1	4		
T	93	3			

08

가. $NP = 50 \times 0.06 = 3$

$\Pr(X \geq 1) = 1 - \Pr(X = 0)$

$= 1 - \dfrac{{}_3C_0 \times {}_{47}C_5}{{}_{50}C_5}$

$= 1 - 0.72398 = 0.27602$

나. $\Pr(X \leq 2) = \Pr(X = 0) + \Pr(X = 1) + \Pr(X = 2)$

$= 0.95^{30} + {}_{30}C_1 \times 0.05^1 0.95^{29} + {}_{30}C_2 \times 0.05^2 0.95^{28}$

$= 0.21464 + 0.33890 + 0.25864 = 0.81218$

다. $m = nP = 30 \times 0.05 = 1.5$

$\Pr(X \leq 2) = e^{-1.5}(1 + 1.5 + 1.5^2/2) = 0.80885$

09
① 1로트가 불합격
② 생산이 불규칙해지는 경우
③ 기타 조건에서 전환이 필요해지는 경우

10
① x축: 부적합품률(p)
② y축: 로트의 합격확률($L(p)$)

11
가. ① 나. ⑥ 다. ⑤

12
가. ① $E(X) = \Sigma XP(X)$
$\qquad = 1 \times 0.3 + \cdots\cdots + 5 \times 0.1 = 2.6$
② $E(X^2) = \Sigma X^2 P(X)$
$\qquad = 1^2 \times 0.3 + \cdots\cdots + 5^2 \times 0.1 = 8.4$
③ $V(X) = E(X^2) - [E(X)]^2 = 8.4 - 2.6^2 = 1.64$

나. ① $E(Y) = E(3X+2) = 3 \times 2.6 + 2 = 9.8$
② $V(y) = V(3X+2) = 9V(X) = 9 \times 1.64 = 14.76$

13
가.

n	ν	$\bar{x}$	s^2
10	9	13.2	2.34758^2

① $H_0 : \mu = 11.8 \qquad H_1 : \mu \neq 11.8$
② $\alpha = 0.05$
③ $z_0 = \dfrac{\bar{x} - \mu_0}{\sigma/\sqrt{n}} = \dfrac{13.2 - 11.8}{2.0/\sqrt{10}} = 2.21359$
④ R: $\pm z_{0.975} = \pm 1.96$
⑤ H_0 기각

나. $\hat{\mu} = \bar{x} \pm z_{1-\alpha/2}(\nu) \dfrac{\sigma}{\sqrt{n}}$
$\qquad = 13.2 \pm 1.96 \times \dfrac{2.0}{\sqrt{10}} = 13.2 \pm 1.23961$

술술 풀어보는 키포인트

규격에 정의된 종류를 쓰셔야 정답입니다. 가급적 정확하게 외워두세요.
모두 옳으면 5점, 2가지 옳으면 3점 그 외는 0점

각각 옳으면 3점, 그 외는 0점

각각 옳으면 2점 그 외는 0점

1) 기댓값의 공식으로 구합니다. 모두 옳으면 3점, 그 외는 0점

2) Y를 치환하여 X로 전환하면 쉽게 구할 수 있습니다. 모두 옳으면 3점, 그 외는 0점

검정은 먼저 통계량 테이블은 만드는 것이 실수를 줄일 수 있습니다.

다르다 이므로 양측검정
검정결과 모두 옳으면 5점
검정통계량이 옳으면 3점 그 외는 0점

검정이 양측이므로 신뢰한계도 양측이 됩니다.
옳으면 3점, 그 외는 0점

2022 품질경영산업기사 1회 기출복기문제

(실기 제454강 상·하편)

01

다음은 1배치에 있는 제품의 함유량을 1회 측정한 검사 결과이다. 이 데이터를 이용한 관리도에 대해 다음 물음에 답하시오.

배점 12점

k	X	Rm	k	X	Rm
1	19.1		9	10.8	1.3
2	16.2	2.9	10	18.4	7.6
3	20.4	4.2	11	11.8	6.6
4	12.9	7.5	12	10.5	1.3
5	15.1	2.2	13	19.3	8.8
6	16.6	1.5	14	11.4	7.9
7	18.0	1.4	15	16.5	5.1
8	12.1	5.9			

가) 위 데이터로 관리할 수 있는 관리도를 쓰시오.

나) 정확도를 감시하기 위한 관리도의 C_L, U_{CL}, L_{CL} 구하시오.

다) '나'항의 관리한계를 활용하여 관리도를 작성하고 판정하시오.

라) KS Q ISO 7870-2에 기술되어 있는 관리도의 이상상태 판정기준을 4가지만 쓰시오.

02

드럼통에 들어 있는 고체 가성소다에 함유된 산화철의 성분은 낮을수록 좋다. 로트의 평균치가 0.0045% 이하이면 합격으로 하고, 0.0055% 이상이면 불합격으로 하는 계수규준형 1회 샘플링방식 (표준편차 기지)을 설계하시오. 단 모표준편차는 0.0005%, $\alpha = 0.05$, $\beta = 0.10$으로 한다.

배점 6점

[부표 m_0, m_1을 기초로 하여 n, G_0를 구하는 표]

$\dfrac{|m_1 - m_0|}{\sigma}$	n	G_0
2.069 이상	2	1.183
1.690~2.068	3	0.950
1.463~1.686	4	0.822
1.309~1.462	5	0.736
1.195~1.308	6	0.672

03

계수샘플링검사 절차-제1부: 로트별 합격품질한계(AQL) 지표형 샘플링검사 방식(KS Q ISO 2859-1)에서 AQL=1.0%, 보통검사수준 II에 해당하는 1회 샘플링검사를 적용하고 있다. 입고되는 로트의 크기는 일정하지 않고 변하며 엄격도는 보통검사를 적용하고 분수샘플링검사를 적용하기로 상호간에 합의하였다. 첫 번째 로트의 크기가 180이며, 샘플에서 발견된 부적합품수가 0일 때 첫 번째 로트의 결과에 대해 다음 각 물음에 답하시오.

가) 첫 번째 로트에 대한 샘플문자 n, Ac 값을 쓰시오.

나) 첫 번째 로트에 대한 검사 후 합격판정점수를 쓰시오.

다) 첫 번째 로트에 대한 검사 후 전환점수를 쓰시오.

배점 8점

04

$N=100, n=10, c=2$의 샘플링 검사에서 $p=5\%$인 경우 로트가 합격하는 확률 $L(p)$를 구하시오. 단 푸아송분포를 이용한다.

배점 6점

05

자동차 부품을 조립 생산하는 Y 공장의 품질경영팀에서는 입하된 부품의 품질특성에 대해 성적서에 기재된 모분산이 다른지를 검정하려 한다. 입하된 부품에 첨부된 성적서에는 품질특성의 모분산은 0.02^2으로 기재되어 있다. 모분산이 다른지를 검정하기 위하여 입하된 로트로부터 시료 10개를 뽑아서 측정한 결과 다음의 데이터를 얻었다. 다음 물음에 답하시오. 단, 측정단위는 mm로 동일하다.

[data] 5.41 5.48 5.47 5.55 5.45 5.47 5.48 5.50 5.47 5.51

가) 성적서에 기록된 모분산이 다른지를 유의수준 5%로 검정하시오.

나) 로트의 모분산의 신뢰구간을 신뢰수준 95%로 추정하시오.

배점 9점

06

샘플링검사 실시를 위한 5가지 원칙(조건)을 쓰시오.

배점 5점

07

품질관리 활동에서는 관리활동이 매우 중요하다고 한다. 이 때의 관리사이클을 그림으로 그리고 각각의 활동을 설명하시오.

배점: 6점

● 그림   ● 설명

08

다음 도수분포표는 어느 생산공정에서 100개의 생산품에 대해 강도를 측정하여 작성한 결과이다. 다음 각 물음에 답하시오. 단, 공정은 안정상태이고 정규분포를 따른다.

배점: 10점

가) 도수분포표를 완성하시오.

번호	계급구간	x_i	f_i	u_i	$f_i u_i$	$f_i u_i^2$
1	27.5 ~ 29.5	28.5	9	-2		
2	29.5 ~ 31.5	30.5	30	-1		
3	31.5 ~ 33.5	32.5	37	0		
4	33.5 ~ 35.5	34.5	14	1		
5	35.5 ~ 37.5	36.5	10	2		
합계			100			

나) 도수분포표의 평균($\bar{x}$)과 표준편차(s)를 구하시오.

다) 변동계수의 값을 쓰시오.

09

다음 $L_8(2)^7$의 직교배열표를 참조하여 교호작용 효과 $A \times C$를 구하시오.

배점: 6점

번호	열번호							DATA
	1	2	3	4	5	6	7	
1	0	0	0	0	0	0	0	19
2	0	0	0	1	1	1	1	28
3	0	1	1	0	0	1	1	24
4	0	1	1	1	1	0	0	33
5	1	0	1	0	1	0	1	26
6	1	0	1	1	0	1	0	23
7	1	1	0	0	1	1	0	32
8	1	1	0	1	0	0	1	46
	A	B		C	$A \times C$			231

10

분임조 활동시 일반적으로 사용하는 7가지 품질관리 수법의 종류를 쓰시오.

배점 7점

11

다음은 어떤 금속의 가공에 있어 첨가물의 함량을 요인으로 하고 첨가량을 $A_1 = 3\%$, $A_2 = 4\%$, $A_3 = 5\%$, $A_4 = 6\%$로 하여 반복 3회의 실험을 랜덤하게 행한 후 제품의 강도를 측정한 것이다. 다음 각 물음에 답하시오. (단, 강도는 망대특성이고, $CT = 4370.08333$ 이다.)

배점 10점

수준 반복	A_1	A_2	A_3	A_4
1	14	16	23	19
2	13	19	24	29
3	12	16	27	17
합계	39	51	74	65

가) 요인의 검정을 위한 가설을 세우시오.

나) 유의수준 $\alpha = 5\%$로 분산분석표를 완성하시오.

요인	SS	df	MS	F_0	$F_{0.95}$
T					

라) 분산분석표의 결과와 품질특성을 활용하여 최적조건을 설정한 후 모평균의 95% 신뢰구간을 구하시오.

- 최적조건
- 최적해의 95% 신뢰구간

12

각각의 실험의 결과를 해석하려 할 때 결측치가 생기면 어떻게 추정하면 좋은지 다음 각각에 대해 쓰시오. 단, 구체적인 공식을 열거시킬 필요는 없다.

배점 6점

- 반복이 있는 1요인실험
- 반복이 없는 2요인실험
- 반복이 있는 2요인실험

13

품질경영시스템-기본사상과 용어(KS Q ISO 9000:2015)에서 규정하고 있는 다음 설명에 부합하는 용어를 쓰시오.

배점
6점

- (　　　　) 부적합의 원인을 제거하고 재발을 방지하기 위한 조치
- (　　　　) 규정된 요구사항에 적합하지 않은 제품 또는 서비스를 사용하거나 불출하는 것에 대한 허가

2022년 품질경영산업기사 1회 기출복기문제 정답 및 해설

01

가) $x - R_m$ 관리도

나) x 관리도

① 중심선: $C_L = \bar{x} = \dfrac{\Sigma x}{k} = \dfrac{229.1}{15} = 15.27333$

② 관리상한:
$$U_{CL} = 15.27333 + 2.66 \times 4.58571 = 27.47132$$

③ 관리하한:
$$L_{CL} = 15.27333 - 2.66 \times 4.58571 = 3.07534$$

☞ R_m 관리도

$$\bar{R_m} = \dfrac{\Sigma R_m}{k-1} = \dfrac{64.2}{14} = 4.58571$$

다)

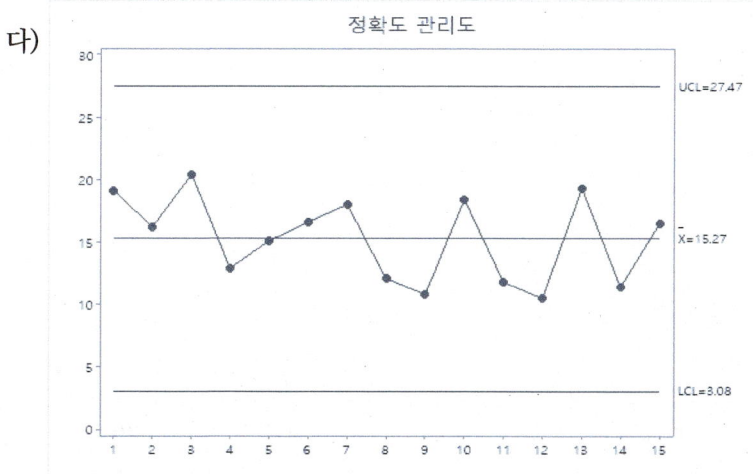

판정: <u>관리도는 관리상태이다.</u>

라) ① 1점이 영역 A를 벗어나고 있다(out of control).
② 9점이 중심선에 대하여 같은 쪽에 있다(런).
③ 6점이 증가 또는 감소하고 있다(경향).
④ 14점이 교대로 증감하고 있다(주기).
⑤ 연속하는 3점 중 2점이 A 영역 또는 그것을 넘는 영역에 있다.
⑥ 연속하는 5점 중 4점이 B 영역 또는 그것을 넘는 영역에 있다.

술술 풀어보는 키포인트

가) 옳으면 2점, 그 외는 0점.

나) 정확도 관리도란 중심위치를 관리하는 관리도이므로 x 관리도를 의미합니다. $x - R_m$ 관리도는 수치를 직접대입하는 방법으로 구해야 하므로 공식을 잘 외워두시고 관리한계 틀리지 않도록 꼼꼼히 준비해 두시기 바랍니다. 모두 옳으면 4점, 그 외는 0점.

다) 정확도 관리도를 그리하고 하였으므로 x 관리도만 작성하여야 합니다. 관리도가 옳으면 4점 그리고 판정도 옳으면 1점, 그 외는 0점

관리도의 채점 포인트는 먼저 중심선과 관리한계가 옳아야 합니다. 점선이나 실선은 구분하지 않지만, 선이 모두 있어야 하고 타점들은 꺾은선 그래프로 표현되어야 합니다. 타점들은 대략적으로 변동이 표현되어 있으면 정답으로 인정합니다.

라) 8대 항목 중 항목 1개 당 1점씩 부여되며 4개 이상을 쓰게 되면 그 부분부터는 채점하지 않습니다. 답안을 런, 경향으로 쓰면 오답입니다. 길이 9의 런, 길이 6의 경향, 길이 14의 주기 이렇게 답을 쓰면 정답으로 인정됩니다.

⑦ 연속하는 15점이 영역 C에 존재한다.
⑧ 연속하는 8점이 상하 관계없이 영역 C를 넘는 영역에 있다.

02

① $\dfrac{|m_1 - m_0|}{\sigma} = \dfrac{|0.0055 - 0.0045|}{0.0005} = 2.0$

② $n = 3, \ G_0 = 0.950$

③ $\overline{X}_U = m_0 + G_0\sigma = 0.0045 + 0.950 \times 0.0005 = 0.00498$

즉, 3개를 샘플링하여 $\overline{x} \leq \overline{X}_U$이면 lot를 합격시킨다.

03

가) 샘플문자: $G, \ n = 32, \ Ac = 1/2$
나) 5
다) 2

04

$m = nP = 10 \times 0.05 = 0.5$

$\Pr(X \leq 2) = e^{-0.5}(1 + 0.5 + \dfrac{0.5^2}{2}) = 0.98561$

05

가)

n	ν	$\overline{x}$	s^2
10	9	5.479	0.03695^2

① $H_0 : \sigma^2 = 0.02^2 \quad H_1 : \sigma^2 \neq 0.02^2$

② $\alpha = 5\%$

③ $\chi_0^2 = \dfrac{SS}{\sigma^2} = \dfrac{9 \times 0.03695^2}{0.02^2} = 30.725$

④ 기각역(R): $\chi_{0.025}^2(9) = 2.70, \ \chi_{0.975}^2(9) = 19.02$

⑤ 판정: H_0 기각

나) $\dfrac{SS}{\chi_{0.975}^2(9)} \leq \widehat{\sigma^2} \leq \dfrac{SS}{\chi_{0.025}^2(9)}$

$$\frac{9 \times 0.03695^2}{19.02} \leq \widehat{\sigma^2} \leq \frac{9 \times 0.03695^2}{2.70}$$

$$0.00065 \leq \widehat{\sigma^2} \leq 0.00455$$

06

① 품질기준을 명확히 할 것
② 제품이 로트로 처리될 수 있을 것
③ 표본을 랜덤으로 추출한다.
④ 합격된 로트에 어느 정도 부적합품이 허용될 수 있을 것
⑤ 계량 샘플링검사의 경우 로트의 검사단위에 대한 특성치의 분포를 개략적으로 알고 있을 것

07

• 관리사이클

• 설명
① 품질의 설계(표준설정: Plan)
② 공정의 관리(훈련, 실시: Do)
③ 품질의 보증(Check)
④ 품질의 조사&개선(Action)

08

가)

번호	계급구간	x_i	f_i	u_i	$f_i u_i$	$f_i u_i^2$
1	27.5~29.5	28.5	9	-2	-18	36
2	29.5~31.5	30.5	30	-1	-30	30
3	31.5~33.5	32.5	37	0	0	0
4	33.5~35.5	34.5	14	1	14	14
5	35.5~37.5	36.5	10	2	20	40
합계			100		-14	120

나. 평균과 표준편차 각 옳으면 2점 그 외는 0점

나) ① $\bar{x} = x_0 + h \dfrac{\Sigma x_i f_i}{\Sigma f_i} = 32.5 + 2 \times \dfrac{-14}{100} = 32.22$

② $SS = h^2 \times \left(\Sigma f u^2 - \dfrac{(\Sigma f u)^2}{\Sigma f} \right)$
$= 2^2 \times (120 - \dfrac{(-14)^2}{100}) = 472.16$

③ $s = \sqrt{\dfrac{SS}{\Sigma f_i - 1}} = \sqrt{\dfrac{472.16}{100-1}} = 2.18387$

다) 옳으면 3점 그 외는 0점

다) $CV = \dfrac{s}{\bar{x}} = \dfrac{2.18387}{32.22} = 0.06778$

09

가) 직교배열표에서 효과는 해당 열의 1의 합에서 0의 합을 빼는 방법으로 구합니다. 옳으면 6점 그 외는 0점

$A \times C = \dfrac{1}{4}(28 + 33 + 26 + 32 - 19 - 24 - 23 - 46)$
$= \dfrac{1}{4}(119 - 112) = 1.75$

10

각각 옳으면 1점, 그 외는 0점

① 특성요인도　　② 파레토그림
③ 체크시이트　　④ 히스토그램
⑤ 산점도　　　　⑥ 꺾은선 그래프(관리도)
⑦ 층별

11

가) 분산분석표의 가설은 요인의 수준차이가 존재하는 가를 보는 것이므로 $a_i = 0$ 또는 $\sigma_A^2 = 0$으로 귀무가설을 세우고 대립가설은 양측가설로 세운다.

가) $H_0 : a_i = 0 \quad H_1 : a_i \neq 0$

나) CT는 값이 주어졌으므로 주어진 값을 그대로 적용하여 계산합니다. 제곱합 SS_T, SS_A를 계산하고 나머지는 바로 분산분석표를 작성하면 됩니다. 즉 SS_e는 계산과정에 없어도 됩니다.

나) ① $SS_T = \Sigma\Sigma y_{ij}^2 - CT$
$= 4707 - 4370.08333$
$= 336.91667$

② $SS_A = \dfrac{\Sigma T_{i.}^2}{r} - CT$
$= \dfrac{(39^2 + 51^2 + 74^2 + 65^2)}{3} - CT$
$= 4607.66667 - 4370.08333$
$= 237.58334$

요인	SS	df	MS	F_0	$F_{0.95}$
A	237.58334	3	79.19445	6.37807*	4.07
e	99.33333	8	12.41667		
T	336.91667	11			

요인 A는 유의하다.

다) • 최적조건

$$\hat{\mu}(A_3) = \mu + a_3 = \bar{y}_{3\cdot} = \frac{74}{3} = 24.66667$$

• 최적해의 95% 신뢰구간

$$\hat{\mu}(A_3) = \bar{y}_{i\cdot} \pm t_{0.975}(\nu_e)\sqrt{\frac{V_e}{r}}$$

$$= 24.66667 \pm 2.306\sqrt{\frac{12.41667}{3}}$$

$$= 24.66667 \pm 4.69139$$

12

가) 반복이 일정하지 않은 1요인실험으로 분산분석을 실시한다.
나) Yate's의 방법으로 결측치를 추정하여 분산분석을 실시한다.
다) 결측치가 발생한 급의 평균값으로 결측치를 추정하여 분산분석을 실시한다.

13

가) 시정조치
나) 특채

2022 품질경영산업기사 2회 기출복기문제

(실기 제455강)

01

규격의 번호와 내용의 연계성이 맞도록 연결하시오.

ISO 9000	정의
KS Q ISO 9000(2015)	① 품질경영시스템-요구사항
KS Q ISO 9001(2015)	② 품질경영시스템-교육훈련지침
KS Q ISO 9004(2010)	③ 품질경영시스템-성과개선지침
KS Q ISO 10015(2001)	④ 품질경영시스템-기본사항 및 용어

배점 5점

02

품질 Cost를 구성하는 비용 3가지의 명칭을 쓰시오.

배점 6점

03

기존의 공정부적합품률이 12%로 너무 높아 공정을 개선하고 150개를 검사하였더니 5개가 부적합품으로 나타났다.

가) 부적합품률이 개선되었다고 할 수 있는가를 위험률 5%로 검정하시오.

나) 검정결과 유의한 경우 신뢰상한을 추정하시오.

배점 9점

04

KS Q ISO 9000:2015 용어에 관한 설명이다. 해당되는 용어를 쓰시오.

가) 요구사항을 명시한 문서 (   )

나) 특정 대상에 대한 적용시점과 책임을 정한 절차 및 연관된 자원에 관한 시방서 (   )

다) 조직의 품질경영시스템에 대한 시방서 (   )

라) 품질 요구사항이 충족될 것이라는 신뢰를 제공하는 데 중점을 둔 품질경영의 일부 (   )

마) 최고경영자에 의해 공식적으로 표명된 품질관련 조직의 전반적인 의도 및 방향으로 품질에 관한 방침 (   )

배점 5점

05

A사는 어떤 부품의 수입검사에 계수형 샘플링검사인 KS Q ISO 2859-1을 사용하고 있다. 현재의 적용조건은 AQL=1.5%, 검사수준 II로 1회 샘플링검사이며, 검사의 엄격도는 80번 현재 수월한 검사를 수행 중이다. 각 로트 당 검사 결과 부적합품수는 표와 같이 알려져 있다. 주 샘플링표를 활용하여 답안지 표의 공란을 채우시오.

배점 8점

로트	N	샘플문자	n	Ac	Re	부적합 품수	합격 여부	전환 점수	후속 조치
80	4000	L	80	4	5	4	합격	–	수월한 검사 속행
81	3000	( )	( )	( )	( )	3	( )	( )	( )
82	4000	( )	( )	( )	( )	5	( )	( )	( )
83	3000	( )	( )	( )	( )	4	( )	( )	( )
84	4000	( )	( )	( )	( )	2	( )	( )	( )

06

한 상자에 리벳이 100개씩 들어 있는 50개의 상자가 있다. 이 로트에서 상자 간 산포 $\sigma_b = 0.5$ 상자 내의 산포 $\sigma_w = 0.8$일 때 우선 5상자를 랜덤하게 뽑고, 그 상자마다 4개씩 랜덤샘플링 할 때 모평균의 추정정밀도 $V(\bar{x})$를 구하시오. 단, 초기하계수와 측정오차는 무시하고 구하시오.

배점 6점

07

회수율의 평균이 98% 이하인 로트는 될 수 있는 한 합격시키고 싶으나, 평균치 94% 이상인 로트는 될 수 있는 한 불합격시키고 싶다. 과거의 데이터로부터 판단하여 볼 때 품질특성치는 정규분포를 따르고 표준편차는 6.2%이다. $\alpha = 0.05$, $\beta = 0.10$을 만족시키는 샘플링검사개수를 구하시오.

배점 5점

08

Y 사는 생산되는 제품의 강도를 높이기 위해 요인으로 반응온도(A)를 선택하고, 최적 조업조건을 설정하기 위해 다음과 같은 4수준을 택하여 실험하였다. 각 수준의 반복수 4회의 실험을 랜덤으로 실시한 결과 다음 데이터를 얻었다.

배점 12점

반복\수준	A_1	A_2	A_3	A_4
1	40	42	47	60
2	43	43	42	56
3	40	41	46	64

가) 위 실험계획에 해당되는 구조모형에 대한 구조식 y_{ij}를 쓰시오.

나) 분산분석표를 작성하고 판정하시오.

요인	SS	df	MS	F_0	$F_{0.95}$
T					

다) 분석결과 A_1과 A_4에 대한 최소유의차(LSD) 검정을 하시오.

라) 최소유의차 검정의 의미를 설명하시오.

09

다음 도수분포표는 어느 생산 공정에서 100개의 생산품에 대해 강도를 측정하여 작성한 결과이다. 다음 각 물음에 답하시오. 단, 공정은 안정상태이고 정규분포를 따른다.(규격공차: 32±5)

배점 10점

가) 도수분포표를 완성하시오.

번호	계급구간	x_i	f_i	u_i	$f_i u_i$	$f_i u_i^2$
1	25.5 ~ 27.5	26.5	1	−3	−3	9
2	27.5 ~ 29.5	28.5	8	−2	−16	32
3	29.5 ~ 31.5	30.5	30	−1		
4	31.5 ~ 33.5	32.5	37	0		
5	33.5 ~ 35.5	34.5	14	1		
7	35.5 ~ 37.5	36.5	9	2		
7	37.5 ~ 39.5	38.5	1	3		
합계			100			

나) 도수분포표의 평균($\bar{x}$)과 표준편차(s)를 구하시오.

다) 이 공정의 부적합품률을 구하시오.

10

다음은 $L_8(2)^7$ 직교배열표에 요인 A, B, C를 배치하여 실험한 결과이다.

배점 6점

요인배치				C	A		B	DATA
	1	2	3	4	5	6	7	
1	0	0	0	0	0	0	0	20
2	0	0	0	1	1	1	1	24
3	0	1	1	0	0	1	1	17
4	0	1	1	1	1	0	0	27
5	1	0	1	0	1	0	1	26
6	1	0	1	1	0	1	0	15
7	1	1	0	0	1	1	0	36
8	1	1	0	1	0	0	1	32
성분	a	b	a b	c	a c	b c	a b c	197

가) 만약 $A \times B$의 교호작용이 존재한다면 몇 열에 나타나는가?

나) 요인 B의 제곱합을 구하시오.

11

규격이 40.5 ± 2.0인 공정에서 $n = 100$개의 데이터를 추출하여 히스토그램을 작성한 결과 정규분포로 나타났으며, $\bar{x} = 40.873$ 및 $s = 0.584$를 구하였다. 공정능력지수를 구하고 평가하시오.

배점 5점

12

다음은 구두제작소에서 최근 2개월간의 발생한 부적합수를 조사한 것이다. 표를 완성한 후 파레토 그림을 그리시오.

배점: 8점

부적합항목	부적합수	누적부적합수	백분율%	누적백분률%
뒤틀림	98			
벌어짐	30			
에지불량	20			
스크라치	5			
기타	7			
합계	160			

13

어느 공정의 중요 품질특성치의 규격은 100 ± 4이고, 이 품질특성에 대해 $n=6$인 $\bar{x} - s$ 관리도로 공정을 모니터링 하고 있다. 최근 생산부서에서 측정된 데이터는 다음과 같다. 다음 물음에 답하시오.

배점: 15점

k	x_1	x_2	x_3	x_4	x_5	x_6	$\bar{x}_i$	s_i
1	102.1	101.8	98.2	102.1	101.8	104.5	101.75	2.021
2	101.4	101.9	102.1	99.9	103.6	101.2	101.68	1.216
3	102.8	102.7	102.9	103.3	102.6	101.1	102.57	0.758
4	104.3	102.7	103.4	103.5	99.8	102.7	102.73	1.555
5	102.3	103	104.5	101.7	100.8	101.0	102.22	1.385
6	102.6	102.7	102.4	101.8	100.9	101.4	101.97	0.723
7	103.0	102.8	102.2	101.5	102.2	100.8	102.08	0.821
8	102.0	103.1	102.9	101.3	101.9	101.5	102.12	0.733
9	102.2	99.2	102.2	101.8	100.9	102.4	101.45	1.226
10	104.5	103.5	103.5	102.0	102.4	102.9	103.13	0.896
11	102.8	102.4	102.5	101.5	100.5	102.2	101.98	0.847
12	103.0	102.1	101.6	102.4	102.4	101.9	102.23	0.484
13	101.8	101.4	99.7	101.6	101.2	102.8		
14	101.2	104.2	102.4	102.9	102.9	102.3		
15	101.4	99.5	102.0	101.8	101.6	102.8		
합계							1531.393	15.636

가) 위의 표에서 미 기입된 13~15군 사이의 ( )안에 들어갈 $\bar{x}$와 s값을 구하여 아래표의 빈 칸을 채우시오.

부분군의 번호	$\bar{x}$	s
13		
14		
15		

나) $\bar{x}-s$ 관리도의 관리한계를 구하시오.

관리도	U_{CL}	L_{CL}
$\bar{x}$		
s		

다) '나'항의 관리한계를 활용하여 관리도를 작성하고 판정하시오.

라) 공정을 조금 수정하여 공정평균을 100으로 하고 $n=5$인 $\bar{x}-R$ 관리도로 공정을 관리하고자 한다. 기준값이 정해진 $\bar{x}-R$ 관리도의 중심선(C_L)을 구하시오.

2022년 품질경영산업기사 2회 기출복기문제 정답 및 해설

술술 풀어보는 키포인트

9000은 용어 9001은 규격(요구사항) 9004는 지침서 그리고 10015는 훈련에 관한 사항입니다.
모두 옳으면 5점, 그 외는 0점

01

KS Q ISO 9000(2015) — ④ 품질경영시스템-기본사항 및 용어
KS Q ISO 9001(2015) — ① 품질경영시스템-요구사항
KS Q ISO 9004(2010) — ③ 품질경영시스템-성과개선지침
KS Q ISO 10015(2001) — ② 품질경영시스템-교육훈련지침

품질비용은 예방 평가 실패비용으로 구성됩니다. 항목당 옳으면 2점 그 외는 0점

02

- 예방비용
- 평가비용
- 실패비용

가) 부적합품률을 개선하는 것이므로 대안가설을 p<0.12로 설정합니다.
작아졌다는 검정하는 것이므로 기각역은 당연히 -1,645가 됩니다.
옳으면 5점, 검정통계량만 옳으면 3점, 그 외는 0점

03

가) ① $H_0 : P \geq 0.12 \quad H_1 : P < 0.12$

② $\alpha = 5\%$

③ $z_0 = \dfrac{\hat{p} - P}{\sqrt{\dfrac{P(1-P)}{n}}} = \dfrac{0.03333 - 0.12}{\sqrt{\dfrac{0.12 \times 0.88}{150}}} = -3.26763$

(단, $\hat{p} = \dfrac{x}{n} = \dfrac{5}{150} = 0.03333$)

④ $R : -z_{0.95} = -1.645$

⑤ 판정: H_0 기각

나) 추정은 귀무가설이 기각되었으므로 통계량인 p=0.03333을 적용합니다. 옳으면 3점, 그 외는 0점

나) $\hat{p}_L = p + z_{1-\alpha} \sqrt{\dfrac{p(1-p)}{n}}$

$= 0.03333 + 1.645 \times \sqrt{\dfrac{0.03333 \times (1-0.03333)}{150}}$

$= 0.05744$

품질경영시스템의 용어에 관한 사항입니다. 항목당 옳으면 1점 그 외는 0점

04

가) 시방서   나) 품질계획서
다) 품질매뉴얼   라) 품질보증
마) 품질방침

05

로트	N	샘플문자	n	Ac	Re	부적합품	합격여부	전환점수	후속 조치 (검사 후)
80	4000	L	80	4	5	4	합격	–	수월한 검사 속행
81	3000	K	50	3	5	3	합격	–	수월한 검사 속행
82	4000	L	80	4	5	5	불합격	–	보통검사 복귀
83	3000	K	125	5	6	4	합격	0	보통검사 속행
84	4000	L	200	7	8	2	합격	3	보통검사 속행

06

$$V(\overline{x}) = \frac{\sigma_b^2}{m} + \frac{\sigma_w^2}{m\overline{n}} = \frac{1}{5} \times 0.5^2 + \frac{1}{5 \times 4} \times 0.8^2 = 0.082$$

07

$$n = \left(\frac{k_\alpha + k_\beta}{m_0 - m_1}\right)^2 \sigma^2 = \left(\frac{1.645 + 1.282}{98 - 94}\right)^2 \times 6.2^2 = 20.58301 \Rightarrow 21$$

08

가) $y_{ij} = \mu + a_i + e_{ij}$

나) ① $CT = \dfrac{T^2}{N} = \dfrac{564^2}{12} = 26508$

② $SS_T = \Sigma\Sigma y_{ij}^2 - CT = 27264 - 26508 = 756$

③ $SS_A = \dfrac{\Sigma T_{i\cdot}^2}{r} - CT$

$= \dfrac{(123^2 + 126^2 + 135^2 + 180^2)}{3} - 26508 = 702$

요인	SS	df	MS	F_0	$F_{0.95}$
A	702	3	234	34.66667*	4.07
e	54	8	6.75		
T	756	11			

판정: 요인 A는 유의하다.

술술 풀어보는 키포인트

다) 최소유의차 검정은 차두리 기억하시죠? 옳으면 3점 그 외는 0점

라) LSD검정은 평균치 차이와 폭의 크기를 비교해서 어느쪽이 더 우월한지를 비교하는 방법입니다.
옳으면 2점, 그 외는 0점

가) 먼저 도수표를 채웁니다. $f_i u_i$는 도수와 평균치환값 u의 곱입니다. 그리고 $f_i u_i^2$는 도수와 u_i^2의 곱으로 구합니다.
옳으면 2점 그 외는 0점

나) 평균과 표준편차 각각 옳으면 2점 그 외는 0점

다) 관리상태의 도수표에서 구한 평균과 표준편차는 모수와 동일한 개념으로 적용됩니다. 부적합품률이므로 상한과 하한 모두 구하여야 합니다.
옳으면 4점 그 외는 0점

다) ① $\mu(A_1 - A_4) = |\bar{y}_{1.} - \bar{y}_{4.}| = \left|\dfrac{123}{3} - \dfrac{180}{3}\right| = 19$

② $LSD = t_{0.975}(8)\sqrt{\dfrac{2V_e}{r}}$

$= 2.306 \times \sqrt{\dfrac{2 \times 6.75}{3}} = 4.89176$

③ LSD 검정결과 유의수준 5%로 유의하다. 또는 평균치 차이가 있다.

라) LSD 검정은 평균치 차이와 신뢰한계를 비교하여 평균치간 차이가 유의한지를 검정하는 방법이다.

09

가)

번호	계급구간	x_i	f_i	u_i	$f_i u_i$	$f_i u_i^2$
1	25.5 ~ 27.5	26.5	1	-3	-3	9
2	27.5 ~ 29.5	28.5	8	-2	-16	32
3	29.5 ~ 31.5	30.5	30	-1	-30	30
4	31.5 ~ 33.5	32.5	37	0	0	0
5	33.5 ~ 35.5	34.5	14	1	14	14
6	35.5 ~ 37.5	36.5	9	2	18	36
7	37.5 ~ 39.5	38.5	1	3	3	9
합계			100		-14	130

나) ① $\bar{x} = x_0 + h\dfrac{\Sigma x_i f_i}{\Sigma f_i} = 32.5 + 2 \times \dfrac{-14}{100} = 32.22$

② $SS = h^2 \times \left(\Sigma fu^2 - \dfrac{(\Sigma fu)^2}{\Sigma f}\right)$

$= 2^2 \times \left(130 - \dfrac{(-14)^2}{100}\right) = 512.16$

③ $s = \sqrt{\dfrac{SS}{\Sigma f_i - 1}} = \sqrt{\dfrac{512.16}{100 - 1}} = 2.27450$

다) $P\% = \Pr(X > 37) + \Pr(X < 27)$

$= \Pr\left(z > \dfrac{37 - 32.22}{2.27450}\right) + \Pr\left(z < \dfrac{27 - 32.22}{2.27450}\right)$

$= \Pr(z > 2.10156) + \Pr(z < -2.29501)$

$\fallingdotseq \Pr(z > 2.10) + \Pr(z < -2.30)$

$= 0.0179 + 0.0107 = 0.0286$

10

가) $A \times B = ac(abc) = b \rightarrow$ 2열

나) $SS_B = \dfrac{1}{8}(99-98)^2 = 0.125$

11

$C_P = \dfrac{4}{6 \times 0.584} = 1.14155$

평가: 공정능력은 2등급이다.

12

부적합항목	부적합수	누적부적합수	백분율%	누적백분율%
뒤틀림	98	98	61.250%	61.250%
벌어짐	30	128	18.750%	80.000%
에지불량	20	148	12.500%	92.500%
스크라치	5	153	3.125%	95.625%
기타	7	160	4.375%	100%
합계	160		100%	

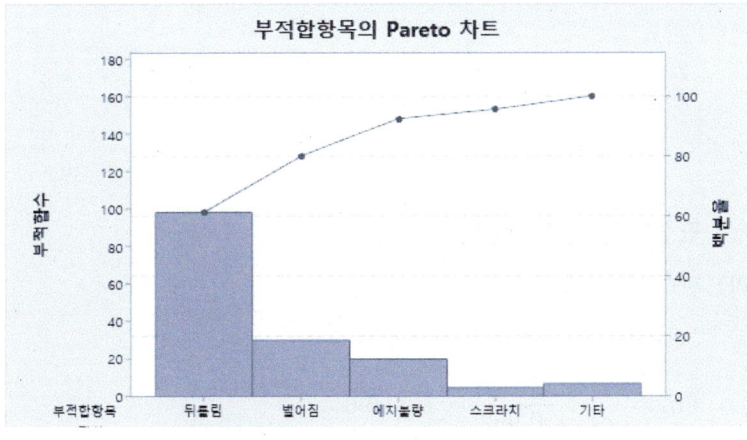

부적합항목의 Pareto 차트

13

가)

부분군의 번호	$\bar{x}$	s
13	101.41667	1.009
14	102.65000	0.981
15	101.41667	0.981

나) ① $\bar{x}$ 관리도

- $C_L = \bar{\bar{x}} = \dfrac{\Sigma \bar{x}}{k} = \dfrac{1531.393}{15} = 102.09287$
- $U_{CL} = \bar{\bar{x}} + A_3 \bar{s}$
  $= 102.09287 + 1.287 \times 1.0424 = 103.43444$
- $L_{CL} = \bar{\bar{x}} - A_3 \bar{s}$
  $= 102.09287 - 1.287 \times 1.0424 = 100.75130$

② s 관리도

- $C_L = \bar{s} = \dfrac{\Sigma s}{k} = \dfrac{15.636}{15} = 1.0424$
- $U_{CL} = B_4 \bar{s} = 1.970 \times 1.0424 = 2.05353$
- $L_{CL} = B_3 \bar{s} = 0.030 \times 1.0424 = 0.03127$

다)

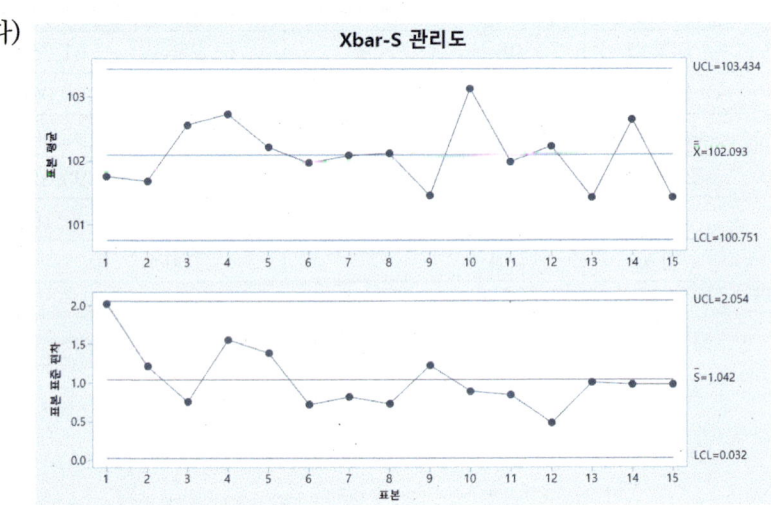

판정: 관리도는 관리상태이다.

라) 관리도의 중심선

- $x_0(\mu_0) = 100$
- $\sigma_0 = \dfrac{\bar{s}}{c_4} = \dfrac{1.0424}{0.952} = 1.09496$

  $R_0 = d_2 \sigma_0 = 2.326 \times 1.09496 = 2.54688$

2022 품질경영산업기사 4회 기출복기문제

(실기 제457강)

01

전수검사에 비해 샘플링검사가 유리한 경우를 4가지만 기술하시오.

배점 4점

02

계량 샘플링검사와 계수 샘플링검사의 차이를 고려하여 [보기]에서 옳은 단어를 선택하여 빈칸을 채우시오.

배점 6점

항목	계량 샘플링검사	계수 샘플링검사
① 검사소요시간		
② 계량기의 사용상의 난이도		
③ 검사의 기록		
④ 검사 표본의 크기		
⑤ 검사원의 숙련도		
⑥ 검사기록의 이용도		

[보기] ① 길다, 짧다 ② 쉽다, 어렵다 ③ 간단하다, 복잡하다 ④ 많다, 적다
       ⑤ 요구한다, 요구하지 않는다 ⑥ 높다, 낮다

03

우리나라 표준화 관련 기관에 관한 설명이다. 해당하는 기관명을 기술하시오.

배점 6점

가) 산업표준화 정책수립, 산업표준화 법령의 운용, 표준 관련 국제협력을 담당하는 정부 부처
   (   )

나) 한국산업표준의 제정/개정/폐지에 관한 한국산업표준 표시 인증 심사기준을 조사·심의하는
   회의기구 (   )

다) 산업규격의 제·개정 및 국제표준화 관련 기구와 교류 및 협력하며, 국가 측정표준의 확립 및 보급을 목적으로
   하는 정부 기관 (   )

04

한 외주업체의 로트의 모부적합수는 100mm당 120건이었는데 최근의 부적합수는 140건으로 나타났다.

가) 모부적합수가 증가되었다고 할 수 있는지 유의수준 5%로 검정하시오.

나) 검정결과 유의하다면 신뢰한계를 추정하시오.

배점 7점

05

검사의 분류에서 검사가 행해지는 장소에 의한 분류방법 2가지를 쓰시오.

배점 4점

06

다음은 $L_8(2)^7$ 직교배열표에 요인 A, B, C, D를 배치하여 실험한 결과이다.

배점 12점

요인배치	A	B	C		D			DATA
	1	2	3	4	5	6	7	
1	0	0	0	0	0	0	0	9
2	0	0	0	1	1	1	1	12
3	0	1	1	0	0	1	1	8
4	0	1	1	1	1	0	0	15
5	1	0	1	0	1	0	1	16
6	1	0	1	1	0	1	0	20
7	1	1	0	0	1	1	0	13
8	1	1	0	1	0	0	1	13
성분	a	b	a b	c	a c	b c	a b c	106

가) 교호작용 $A \times B$가 나타나는 열을 구하시오.

나) 교호작용 $A \times B$의 효과를 구하시오.

다) 요인 A, B, C, D, 교호작용 $A \times B$, 오차 e 및 T(전체)의 제곱합을 구하시오.

07

M 화학 공장은 제품의 수율에 영향을 미칠 것으로 생각되는 반응온도와 원료를 요인으로 하는 반복 없는 2요인실험을 한 결과 아래와 같은 데이터를 얻었다. 다음 물음에 답하시오.

배점: 13점

	A_1	A_2	A_3	A_4	합계
B_1	97.6	98.6	99.0	98.0	393.2
B_2	97.3	98.2	98.0	97.7	391.2
B_3	96.7	96.9	97.9	96.5	388.0
합계	261.6	293.7	294.9	292.2	1172.4

(단, $SS_T = 6.22$, $CT = 114543.48$이다.)

가) 분산분석표를 작성하시오.

요인	SS	df	MS	F_0	$F_{0.95}$
A					
B					
e					
T					

판정: _____

나) 유의수준 5%로 $\hat{\mu}(B_1)$의 신뢰구간을 구하시오.

다) 유의수준 5%로 $\hat{\mu}(A_1 - A_3)$의 신뢰구간을 구하시오.

라) 유의수준 5%로 $\hat{\mu}(A_3B_1)$의 신뢰구간을 구하시오.

08

품질 Cost의 구성비용 3가지를 설명하시오.

배점: 6점

09

어떤 금속판의 기본치수는 50mm이며 두께의 평균치수가 기본치수에서 ±0.2mm 이내면 로트를 합격시키고, ±0.4mm 이상이면 로트를 통과시키지 않도록 하는 KS Q0001 평균치 보증방식을 설계하려고 한다. 단, 로트의 표준편차는 $0.2mm$, $n = 9$, $G_0 = 0.548$이다. $\alpha = 0.05$, $\beta = 0.10$을 만족하는 샘플링방식을 구하시오.

배점: 6점

10

A사는 어떤 부품의 수입검사에 계수형 샘플링검사인 KS Q ISO 2859–1의 보조표인 분수 샘플링 검사를 적용하고 있다. 현재 이 회사의 적용조건은 AQL=1.0%, 통상검사수준 Ⅲ이며, 엄격도는 31번째 로트부터 까다로운 검사로 전환되었다.

배점 8점

가) 답안지 표의 샘플문자, n, 당초의 Ac, 합격판정점수(검사 전, 후), 적용 가능 Ac, 합격 여부 등을 기재하시오.

로트번호	N	샘플문자	n	주어진 Ac	합격판정 점수 (검사 전)	적용하는 Ac	부적합품	합격 여부	합격판정 점수 (검사 후)
31	200	H	50	1/2	5	0	0	합격	5
32	250	( )	( )	( )	( )	( )	1	( )	( )
33	400	( )	( )	( )	( )	( )	1	( )	( )
34	80	( )	( )	( )	( )	( )	0	( )	( )
35	120	( )	( )	( )	( )	( )	0	( )	( )

나) 36번째 로트의 엄격도를 결정하시오.

11

다음은 Y 공장에서 생산된 어느 기계 부품 100개를 랜덤으로 취하여 치수 편차를 측정한 후 도수표와 히스토그램을 작성하였다. 이들을 활용하여 평균, 표준편차, 상대분산을 구하시오.

배점 6점

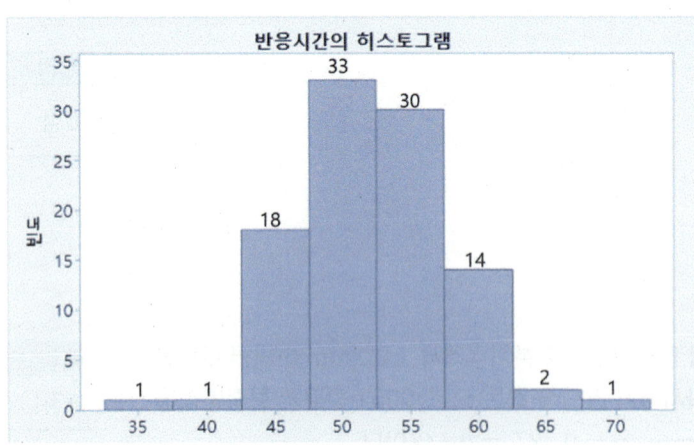

계급	x_i	f_i	u_i	$f_i u_i$	$f_i u_i^2$
32.5~37.5	35	1	−3		
37.5~42.5	40	1	−2		
42.5~47.5	45	18	−1		
47.5~52.5	50	33	0		
52.5~57.5	55	30	1		
57.5~62.5	60	14	2		
62.5~67.5	65	2	3		
67.5~72.5	70	1	4		
		100			

12

다음의 데이터를 활용하여 관리도에 관한 각 물음에 답하시오.

배점: 15점

	x_1	x_2	x_3	x_4	$\overline{x}_i$	R_i	R_{mi}
1	62.5	65.0	66.6	60.3	63.6	6.3	
2	65.6	66.7	68.6	63.1	66.0	5.5	2.4
3	61.4	64.0	65.4	59.6	62.6	5.8	3.4
4	65.9	67.4	64.8	62.9	65.25	4.5	2.65
5	62.8	64.4	67.4	71.0	66.4	8.2	1.15
6	63.2	65.1	62.3	64.4	63.75	2.8	2.65
7	62.4	64.1	59.1	61.2	61.7	5	2.05
8	62.3	65.1	66.8	60.6	63.7	6.2	2
9	64.8	66.7	68.4	62.9	65.7	5.5	2
10	62.7	64.3	61.6	60.2	62.2	4.1	3.5
11	63.8	66.1	67.9	61.8	64.9	6.1	2.7
12	62.7	64.7	67.1	60.7	63.8	6.4	1.1
13	63.1	64.9	57.7	60.5	61.55	7.2	2.25
14	62.8	64.9	67.5	61.2	64.1	6.3	2.55
15	63.0	64.2	62.1	60.5	62.45	3.7	1.65
합계					957.70	83.6	32.05

가) 위 자료를 활용하는 관리도의 명칭을 쓰시오

나) '가'에 해당하는 관리도 중 정확도를 관리하기 위한 관리한계를 구하시오.

다) '나'항의 관리한계를 활용하여 관리도를 작성하고 관리상태를 판정하시오.

라) $\sigma_{\overline{x}}$, σ_b, σ_w를 구하시오.

13
품질경영 7원칙을 쓰시오.

2022년 품질경영산업기사 4회 기출복기문제 정답 및 해설

01
① 검사항목이나 검사품목이 매우 많아 전수검사가 곤란한 경우
② 다수, 다량의 것으로 어느 정도 부적합품의 혼입이 허용되는 경우
③ 생산자에게 품질향상을 위한 자극을 주고 싶을 경우
④ 검사비용을 줄이는 것이 효과적인 경우
⑤ 출고로트의 품질보증을 목적으로 하는 경우
⑥ 부족한 검사시간 내에서 검사의 신뢰성 높은 로트의 품질보증을 하고자 하는 경우(불충분한 전수검사에 비해 높은 신뢰성이 얻어질 때)

술술 풀어보는 키포인트

이러한 문제는 키워드가 옳으면 정답처리 되지만 동일한 내용은 하나만 정답처리 됩니다.
한가지당 옳으면 1점, 그 외는 0점.

02
① 길다, 짧다.
② 어렵다, 쉽다
③ 복잡하다, 간단하다
④ 적다, 많다
⑤ 필요로 한다, 필요로 하지 않는다
⑥ 높다, 낮다

보기에 순서대로 2개씩 각 항목별 답안이 주어져 있습니다. 그러므로 번호대로 2중 옳은 것을 입력하되 쉽다 계수치 가성비가 좋다 계량치의 관점으로 답을 연결하면 됩니다.
세부문항당 옳으면 1점, 그 외는 0점

03
가) 산업통상자원부
나) 산업표준심의회의
다) 국가기술표준원

산업표준화법에 명시되어 있는 정부 부처 및 투자기관의 명칭을 기술하는 문제입니다. 명칭이 옳아야 정답이 됩니다.
문항당 옳으면 2점, 그 외는 0점

04
가) ① $H_0 : m \leq 120 \quad H_1 : m > 120$
② $\alpha = 0.05$
③ $z_o = \dfrac{x - m_0}{\sqrt{m_0}} = \dfrac{140 - 120}{\sqrt{120}} = 1.82574$
④ R: $z_{0.95} = 1.645$
⑤ H_0 기각

가) 부적합수의 증가를 확인하는 것이므로 m>120으로 대안가설을 수립합니다. 기각역은 크다이므로 1.645가 됩니다. 모두 옳으면 4점, 검정통계량이 옳으면 2점, 그 외는 0점

나) $m_U = x - z_{1-\alpha}\sqrt{x}$
$= 140 - 1.645 \times \sqrt{140} = 120.53610$

05

• 정위치검사   • 순회검사

06

가) $A \times B = a \times b = ab \rightarrow 3$열

나) $A \times B = \dfrac{1}{4}(T_1 - T_0) = \dfrac{1}{4}(59 - 47) = 3.0$

다) ① $SS_T = \Sigma y^2 - CT = 1508 - \dfrac{106^2}{8} = 103.5$

라) ① $SS_A = \dfrac{1}{8}(-9-12-8-15+16+20+13+13)^2 = 40.5$

② $SS_B = \dfrac{1}{8}(-9-12+8+15-16-20+13+13)^2 = 8$

③ $SS_C = \dfrac{1}{8}(-9+12-8+15-16+20-13+13)^2 = 24.5$

④ $SS_D = \dfrac{1}{8}(-9+12+8-15+16-20-13+13)^2 = 8$

⑤ $SS_{A \times B} = \dfrac{1}{8}(-9-12+8+15+16+20-13-13)^2$
$= 18$

⑥ $SS_e = SS_T - SS_A - SS_B - SS_C - SS_D - SS_{A \times C} = 4.5$

07

가) 분산분석표의 작성

① $SS_A = \Sigma \dfrac{T_{i.}^2}{m} - CT = 2.22$

② $SS_B = \Sigma \dfrac{T_{.j}^2}{l} - CT = 3.44$

요인	SS	df	MS	F_0	$F_{0.95}$
A	2.22	3	0.74	7.92885*	4.76
B	3.44	2	1.72	18.42923*	5.14
e	0.56	6	0.09333		
T	6.22	11			

판정: 요인 A, B는 유의하다.

나) $\mu(B_1) = \overline{y}_{.1} \pm t_{0.975}(6)\sqrt{\dfrac{V_e}{l}}$

$= \dfrac{393.2}{4} \pm 2.447\sqrt{\dfrac{0.09333}{4}}$

$= 98.3 \pm 0.37378$

다) $\mu(A_1 - A_3) = \overline{y}_{1.} - \overline{y}_{3.} \pm t_{0.975}(6)\sqrt{\dfrac{2V_e}{m}}$

$= (\dfrac{261.6}{3} - \dfrac{294.9}{3}) \pm 2.447\sqrt{\dfrac{2 \times 0.09333}{3}}$

$= -11.1 \pm 0.61038$

라) ① $\hat{\mu}(A_3B_1) = \overline{y}_{3.} + \overline{y}_{.1} - \overline{\overline{y}}$

$= \dfrac{294.9}{3} + \dfrac{393.2}{4} - \dfrac{1172.4}{12} = 98.9$

② $n_e = \dfrac{N}{l+m-1} = \dfrac{12}{4+3-1} = 2$

③ 최적 조건의 95% 구간추정

$\mu(A_3B_1) = \hat{\mu}(A_3B_1) \pm t_{0.975}(6)\sqrt{\dfrac{V_e}{n_e}}$

$= 98.9 \pm 2.447 \times \sqrt{\dfrac{0.09333}{2}}$

$= 98.9 \pm 0.52860$

08

① 예방 코스트(P-cost)
처음부터 부적합품이 생기지 않도록 미연에 방지하기 위해 투입되는 비용

② 평가 코스트(A-cost)
요구되는 품질수준을 유지하기 위해 소요되는 비용으로 품질을 평가하기 위한 비용

③ 실패 코스트(F-cost)
소정의 품질을 유지하는 데 실패함으로 인한 손실비용 및 문제해결을 위해 투입된 비용

09

① $\overline{X}_U = m_0 + G_0\sigma = 50.2 + 0.548 \times 0.2 = 50.3096$

② $\overline{X}_L = m_0 - G_0\sigma = 49.8 - 0.548 \times 0.2 = 49.6904$

술술 풀어보는 키포인트

나) 오차분산은 등분산이 성립하므로 V_e를 적용합니다. 옳으면 3점, 그 외는 0점

다) 차의 추정은 차두리 기억하시죠? 옳으면 3점, 그 외는 0점

라) 조합평균을 적용할 경우 유효반복수를 구하여야 합니다.
유효반복수는 유튜브 학습을 통해 양쌤의 법칙 익혀두세요.
옳으면 3점, 그 외에는 0점

품질비용을 설명하는 문제는 먼저 용어는 옳아야 하며 설명은 예방은 미연방지 평가는 품질수준 유지 실패는 불량발생으로 인한 손실 정도가 포함되어 설명되면 됩니다.
항목당 옳으면 2점, 그 외는 0점

품질특성이 망목특성이고 평균치 보증입니다. 공식설계법을 유튜브를 통해 익혀두셨죠?
모두 옳으면 6점, 한가지 옳으면 3점, 그 외는 0점

술술 풀어보는 키포인트

가) 35번에서 연속 5로트가 합격하였으므로 검사 후 합격판정점수는 의미가 없어집니다. 그러므로 점수에 *를 붙여 엄격도가 조정됨을 의미해주는 것이 좋습니다. 0* 또는 '-'도 옳지만 그냥 3*로 표기해 주세요.
각 열당 옳으면 1점 그 외는 0점

나) '가'가 모두 옳고 '나'가 옳으면 1점, 그 외는 0점

가) 먼저 도수표를 채웁니다. $f_i u_i$는 도수와 평균치환값 u의 곱입니다. 그리고 $f_i u_i^2$는 도수와 u_i^2의 곱으로 구합니다.

도수표에서 통계량을 구할 때는 평균과 제곱합을 먼저 구하는 것이 실수를 줄일 수 있습니다.

상대분산은 변동계수의 제곱입니다. 평균 표준편차 상대분산 각각 옳으면 2점 그 외는 0점입니다.

10

가) 표 작성

로트 번호	N	샘플 문자	n	주어진 Ac	합격판정 점수 (검사 전)	적용 하는 Ac	부적 합품	합격 여부	합격판정 점수 (검사 후)
31	200	H	50	1/2	5	0	0	합격	5
32	250	H	50	1/2	10	1	1	합격	0
33	400	J	80	1	7	1	1	합격	0
34	80	F	20	0	0	0	0	합격	0
35	120	G	32	1/3	3	0	0	합격	3*

나) 적용하는 엄격도: 보통검사로 복귀

11

계급구간	x_i	f_i	u_i	$f_i u_i$	$f_i u_i^2$
32.5~37.5	35	1	-3	-3	9
37.5~42.5	40	1	-2	-2	4
42.5~47.5	45	18	-1	-18	18
47.5~52.5	50	33	0	0	0
52.5~57.5	55	30	1	30	30
57.5~62.5	60	14	2	28	56
62.5~67.5	65	2	3	6	18
67.5~72.5	70	1	4	4	16
		100		45	151

① $\bar{x} = x_0 + h\dfrac{\Sigma x_i f_i}{\Sigma f_i} = 50 + 5 \times \dfrac{45}{100} = 52.25$

② $SS = h^2 \times \left(\Sigma fu^2 - \dfrac{(\Sigma fu)^2}{\Sigma f}\right)$

$= 5^2 \times (151 - \dfrac{45^2}{100}) = 3268.75$

③ $s = \sqrt{\dfrac{SS}{\Sigma f_i - 1}} = \sqrt{\dfrac{3268.75}{99}} = 5.74610$

④ $(CV)^2 \times 100\% = (\dfrac{5.74610}{52.25})^2 \times 100\% = 1.20941\%$

12

가) $\bar{x} - R$ 관리도

나) ① $\bar{R} = \dfrac{\Sigma R}{k} = \dfrac{83.60}{15} = 5.57333$

② $C_L = \dfrac{\Sigma \bar{x}_i}{k} = \dfrac{957.70}{15} = 63.84667$

③ $U_{CL} = 63.84667 + 0.729 \times 5.57333 = 67.90963$

④ $L_{CL} = 63.84667 - 0.729 \times 5.57333 = 59.78371$

다)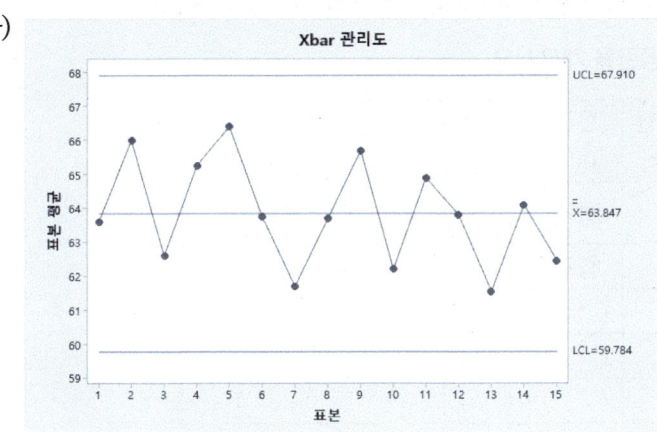

판정: 관리도는 관리상태이다.

라) ① $\sigma_w = \dfrac{5.57333}{2.059} = 2.70681$

② $\sigma_{\bar{x}} = \dfrac{(32.05/14)}{1.128} = 2.02951$

③ $\sigma_b = \sqrt{2.02951^2 - \dfrac{2.70681^2}{4}} = 1.51235$

13

① 고객중시
② 리더십
③ 인원의 적극참여
④ 프로세스접근법
⑤ 증거기반의사결정
⑥ 개선
⑦ 관계관리/관계경영

술술 풀어보는 키포인트

가) 옳으면 2점 그 외는 0점

나) 정확도를 관리하는 관리도의 관리한계는 $\bar{x}$ 관리도의 관리한계를 구하라는 문제입니다.
옳으면 2점 그 외는 0점

다) 관리도의 작성은 관리한계와 중심선이 옳아야 하며 타점은 개략적으로 옳으면 됩니다. 문제가 $\bar{x}$ 관리도를 그리라 하였으므로 R관리도는 채점대상이 아닙니다. 옳으면 4점 판정까지 옳으면 5점 그 외는 0점

라) 이 문제는 표준편차를 구하는 것인지 분산을 구하는 것인지를 확실히 하여 실수하지 말아야 합니다.
항목당 각각 옳으면 2점, 그 외는 0점

품질경영7원칙은 자주출제되는 문제입니다. 항목당 각각 옳으면 1점, 그 외는 0점

2023 품질경영산업기사 1회 기출복기문제

(실기 제458강)

01

A사는 어떤 부품의 수입검사에 계수형 샘플링검사인 KS Q ISO 2859-1을 사용하고 있다. 현재의 적용조건은 AQL=0.40%, 검사수준 Ⅲ로 1회 샘플링검사이며, 검사의 엄격도는 보통검사로 시작하려 한다. 각 로트 당 입고량은 400개로 동일하며 검사 결과 부적합품수는 표와 같이 알려져 있다.

배점 10점

가) 주 샘플링보조표를 활용하여 답안지 표의 공란을 채우시오.

로트	N	샘플문자	n	Ac	부적합품수	합격여부	전환점수	후속 조치
1	400	J	80	1/2	0	합격	2	보통검사 속행
2	400	J	80	1/2	1	합격	4	보통검사 속행
3	400	( )	( )	( )	1	( )	( )	( )
4	400	( )	( )	( )	0	( )	( )	( )
5	400	( )	( )	( )	0	( )	( )	( )
6	400	( )	( )	( )	1	( )	( )	( )
7	400	( )	( )	( )	1	( )	( )	( )

나) 8번째 로트의 적용엄격도:

02

다음 보기의 품질코스트의 세부내용을 P, A, F로 분류하시오.

배점 6점

① QC 사무코스트   ② 시험코스트
③ 설계변경코스트   ④ PM코스트
⑤ QC 교육코스트   ⑥ 현지서비스코스트

03

작업방법을 개선한 후 로트로부터 10개의 시료를 랜덤하게 샘플링하여 측정한 결과 다음 데이터를 얻었다.

데이터] 193 200 199 192 198 194 201 196 205 193

가. 모평균이 $\mu = 200g$ 보다 작다고 할 수 있는지, 위험률 5%로 검정하시오.

나. 검정결과 유의하다면 신뢰한계를 구하시오.

배점 7점

04

$15kg$들이 화학약품이 60상자가 입하되었다. 약품의 순도를 조사하려고 우선 5상자를 랜덤샘플링하고 각각의 상자에서 6인크리멘트씩 각각 랜덤샘플링 하였다(단, 1인크리멘트는 $15g$이다). 그리고 각각의 상자에서 취한 인크리멘트를 혼합 축분하고, 축분된 표본을 2회 반복 측정하였다. 이 경우 순도에 대한 모평균의 추정정밀도를 구하시오. (단, $\sigma_b = 0.3\%$, $\sigma_w = 0.5\%$, $\sigma_R = 0.2\%$, $\sigma_m = 0.15\%$ 임을 알고 있다).

배점 6점

05

다음 (   )안에 적당한 것을 쓰시오.

'계수형 샘플링 검사(KS Q ISO 2859-1)에서 일반검사수준은 Ⅰ, Ⅱ, Ⅲ의 3가지가 있으며, 통상적으로는 검사수준(①)을 적용한다. 만약 표본의 수를 적게 하고 싶으면 검사수준(②)을 적용하고, 검사의 정밀도를 향상하고자 한다면 검사수준(③)을 적용한다.'

배점 6점

06

TPM 현장개선활동에 효과적인 5행 활동 5가지를 쓰시오.

배점 5점

07

공정능력지수(C_P)의 등급별 판정기준을 쓰시오.

등급	판정기준
0	
1	
2	
3	
4	

배점: 5점

08

서로 독립인 부품 A는 $N(0.425, 0.02^2)$, 부품 B는 $N(0.750, 0.03^2)$, 부품 C는 $N(0.250, 0.01^2)$ 인 정규분포를 따른다. 이 3개 부품이 직렬로 결합되는 경우 조립품의 평균과 표준편차를 구하시오. 단, 조립시의 오차는 없는 경우이다.

배점: 6점

09

다음은 단순회귀에 관한 분산분석표이다.

가. 유의수준 5%로 분산분석표를 작성하시오.

요인	SS	df	MS	F_0	$F_{0.95}$
회 귀	18.9	1			
잔 차	8.1	3			
계	27.0	4			

나. 결정계수 r^2을 구하시오.

다. 상관계수를 구하시오.

배점: 10점

10

$n = 50$인 자료를 분석한 결과 $S_{xx} = 3041.1$, $S_{yy} = 4017.3$, $S_{xy} = 7064.1$ 일 때, 다음 물음에 답하시오.

배점 8점

가. 시료 상관계수를 구하시오.

나. 모상관계수(ρ)가 존재하는지 검정하시오. 단, 유의수준은 5%이다.

11

다음은 3×3 라틴방격의 분산분석을 실시한 일부자료이다.

배점 9점

가. 분산분석표를 완성하고 유의수준 5%로 판정하시오.

요인	SS	df	MS	F_0	$F_{0.95}$
A	16.88	2			
B	20.24	2			
C	27.22	2			
e	0.66	2			
T	65				

나. $\mu(A_1 B_2 C_3)$ 수준에서의 유효반복수와 최적해를 구하시오.

단 $\bar{x}_{1..} = 65.3$ $\bar{x}_{2..} = 72.2$ $\bar{x}_{3..} = 68.5$ $\bar{\bar{x}} = 68.3$

12

평균치가 $0.0045g$ 이하인 로트는 될 수 있는 한 합격시키고 싶으나, 평균치가 $0.0055g$ 이상인 로트는 될 수 있는 한 불합격시키고 싶다. 과거의 데이터로부터 판단하여 볼 때 품질 특성치는 정규분포를 따르고, 표준편차는 $0.0005g$으로 알려져 있다.

배점 7점

가. 주어진 수표를 활용하여 $\alpha = 0.05$, $\beta = 0.10$을 만족시키는 샘플링 검사방식을 구하시오.

$\dfrac{\|m_1 - m_0\|}{\sigma}$	n	G_0
2.069 이상	2	1.163
1.690~2.068	3	0.950
1.463~1.686	4	0.822
1.309~1.462	5	0.736

나. 주어진 조건으로 검사한 결과 다음과 같이 측정치를 구하였다. 로트의 합격여부를 판정하시오.

측정치] X_1=0.0050 X_2=0.0045 X_3=0.0049

13

다음의 데이터를 활용하여 관리도에 관한 각 물음에 답하시오.

배점 15점

	x_1	x_2	x_3	x_4	$\bar{x}_i$	R_i
1	1.25	2.30	2.30	1.15	1.75	1.15
2	1.80	2.15	2.30	1.55	1.95	0.75
3	1.20	2.30	2.20	1.30	1.75	1.1
4	2.95	3.50	1.40	2.45	2.575	2.1
5	3.40	4.00	3.30	4.10	3.7	0.8
6	1.60	2.50	1.00	2.20	1.825	1.5
7	1.70	2.35	0.95	2.10	1.775	1.4
8	1.15	2.35	2.40	1.30	1.8	1.25
9	1.90	2.65	2.70	1.95	2.3	0.8
10	1.85	2.45	0.30	1.60	1.55	2.15
11	1.40	2.35	2.45	1.40	1.9	1.05
12	1.35	2.15	2.55	1.35	1.85	1.2
13	1.55	2.25	0.15	1.25		
14	1.40	2.25	2.75	1.60		
15	2.00	2.40	0.55	1.75		
합계						

가. 관리도의 빈칸을 채우시오.

나. 관리도의 관리한계를 구하시오

다. 정확도를 표현하는 관리도를 작성하시오

라. 이상치를 제거하고 관리한계를 다시 구하시오.

2023년 품질경영산업기사 1회 기출복기문제 정답 및 해설

01

가.

로트	N	샘플문자	n	Ac	부적합품수	합격여부	전환점수	후속 조치
1	400	J	80	1/2	0	합격	2	보통검사 속행
2	400	J	80	1/2	1	합격	4	보통검사 속행
3	400	J	80	1/2	1	불합격	0	보통검사 속행
4	400	J	80	1/2	0	합격	2	보통검사 속행
5	400	J	80	1/2	0	합격	4	보통검사 속행
6	400	J	80	1/2	1	합격	6	보통검사 속행
7	400	J	80	1/2	1	불합격	0*	까다로운 검사 전환

나. 적용엄격도: 까다로운 검사

02

○ 예방비용: QC 사무코스트, QC 교육코스트
○ 평가비용: 시험코스트, PM코스트
○ 실패비용: 설계변경코스트, 현지서비스 코스트

03

가.

n	ν	$\overline{x}$	s^2
10	9	197.1	4.22812^2

① $H_0 : \mu \geq 200$ $H_1 : \mu < 200$

② $\alpha = 5\%$

③ $t_0 = \dfrac{\overline{x} - \mu}{s/\sqrt{n}} = \dfrac{197.1 - 200}{4.22812/\sqrt{10}} = -2.16891$

④ $R: -t_{0.95}(9) = -1.833$

⑤ 판정: H_0 기각

나. $\hat{\mu}_U = \overline{x} + t_{0.95}(9)\dfrac{s}{\sqrt{n}}$

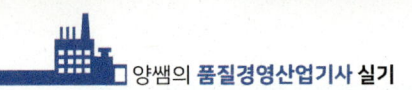

술술 풀어보는 키포인트

$$= 197.1 + 1.833 \times \frac{4.22812}{\sqrt{10}} = 199.5509$$

04

모평균의 추정정밀도는 $V(\bar{x})$를 구하라는 의미입니다.
옳으면 6점, 틀리면 0점

$$V(\bar{x}) = \sigma_{\bar{x}}^2 = \frac{\sigma_b^2}{m} + \frac{\sigma_w^2}{mn} + \sigma_R^2 + \frac{\sigma_m^2}{k}$$

$$= \frac{0.3^2}{5} + \frac{0.5^2}{5 \times 6} + 0.2^2 + \frac{0.15^2}{2} = 0.07925$$

05

각각 옳으면 2점, 틀리면 0점

① II ② I ③ III

06

생활화는 규칙지키기 등도 옳습니다.
각각 옳으면 1점, 그 외는 0점

① 정리 ② 정돈 ③ 청소 ④ 청결 ⑤ 생활화(습관화)

07

등급별 판정기준이 각각 옳으면 1점, 그 외는 0점

등급	판정기준
0	$1.67 \leq C_P$
1	$1.33 \leq C_P < 1.67$
2	$1.00 \leq C_P < 1.33$
3	$0.67 \leq C_P < 1.00$
4	$C_P < 0.67$

08

분산의 가법성이 적용됩니다. 평균 표준편차 각각 옳으면 3점, 그 외는 0점

① $E(x) = 0.425 + 0.750 + 0.250 = 1.425$

② $D(x) = \sqrt{0.02^2 + 0.03^2 + 0.01^2} = 0.00374$

09

가. 분산분석표

요인	SS	df	MS	F_0	$F_{0.95}$
회귀	18.9	1	18.9	7.0	10.1
잔차	8.1	3	2.7		
계	27	4			

• 판정: 회귀관계는 유의수준 5%로 유의하지 않다.

나. $r^2 = \dfrac{SS_R}{SS_T} = \dfrac{18.9}{27} = 0.7$

다. $r = \pm 0.83666$

10

가. $r = \dfrac{S_{xy}}{\sqrt{SS_x SS_y}} = \dfrac{4017.3}{\sqrt{3041.1 \times 7064.1}} = 0.86674$

나. ① $H_0 : \rho = 0 \quad H_1 : \rho \neq 0$

② $\alpha = 0.05$

③ $t_0 = \dfrac{r - 0}{\sqrt{\dfrac{1-r^2}{n-2}}} = \dfrac{0.86674}{\sqrt{\dfrac{1-0.86674^2}{50-2}}} = 12.03975$

④ $R : \pm t_{0.975}(48) = \pm 2.000$

⑤ 판정: H_0 기각 (상관관계는 유의하다.)

• 풀이2] r검정

① $H_0 : \rho = 0 \qquad H_1 : \rho \neq 0$

② $\alpha = 5\%$

③ $r_0 = \dfrac{S_{xy}}{\sqrt{S_{xx} S_{yy}}} = 0.86674$

④ $R : \pm r_{0.975}(48) < \pm r_{0.975}(40) = \pm 0.3044$

⑤ $r_0 > 0.3044 > r_{0.975}(48)$

H_0 기각 (즉, 상관관계가 존재한다.)

술술 풀어보는 키포인트

가. 분산분석표를 작성한 후 판정을 하여야 합니다. 옳으면 5점, 그 외는 0점

나. 옳으면 3점, 그 외는 0점
다. 옳으면 2점, 그 외는 0점

가. 옳으면 2점, 그 외는 0점

나. 모상관계수의 유무검정은 t검정 또는 r검정으로 수행할 수 있습니다. 오차의 자유도가 n-2 임을 유의하세요.
모두 옳으면 6점, 검정통계량이 옳으면 3점, 그 외는 0점

수험표에는 r 표가 주어져 있습니다. 그러므로 t 검정으로 구하라는 단서가 없다면 자유도가 10이상 일 때, r 검정으로 구할 수 있습니다. 이 경우 자유도는 t 검정과 동일합니다.

11

가.

요인	SS	df	MS	F_0	$F_{0.95}$
A	16.88	2	8.44	25.57576*	19.0
B	20.24	2	10.12	30.66667*	19.0
C	27.22	2	13.61	41.24242*	19.0
e	0.66	2	0.33		
T	65				

요인 A, B, C는 유의하다.

나.

① 점추정치

$$\mu(A_1B_2C_3) = \mu + a_1 + b_2 + c_3 = \bar{y}_{1..} + \bar{y}_{.2.} + \bar{y}_{..3} - 2\bar{\bar{y}}$$

$\quad\quad\quad\quad =65.3+72.2+68.5-2\times 68.3=69.4$

② 유효반복수

$$n_e = \frac{9}{3+3+3-2} = \frac{9}{7}$$

③ 점추정치의 95% 신뢰구간

$$69.4 \pm t_{0.975}(2) \times \sqrt{\frac{0.33}{(9/7)}}$$

$=16.5 \pm 4.303 \times \sqrt{\frac{0.33}{(9/7)}} = 69.4 \pm 2.18$

12

가. n=3, G0=0.950

$\bar{X}_U = m_0 + G_0\sigma = 0.0045 + 0.950 \times 0.0005 = 0.00498$

나. $\bar{x} = \dfrac{0.005 + 0.0045 + 0.0049}{3} = 0.0048 \leq \bar{X}_U$

그러므로 로트는 합격이다.

13
가.

	x_1	x_2	x_3	x_4	$\bar{x}_i$	R_i
1	1.25	2.30	2.30	1.15	1.75	1.15
2	1.80	2.15	2.30	1.55	1.95	0.75
3	1.20	2.30	2.20	1.30	1.75	1.1
4	2.95	3.50	1.40	2.45	2.575	2.1
5	3.40	4.00	3.30	4.10	3.7	0.8
6	1.60	2.50	1.00	2.20	1.825	1.5
7	1.70	2.35	0.95	2.10	1.775	1.4
8	1.15	2.35	2.40	1.30	1.8	1.25
9	1.90	2.65	2.70	1.95	2.3	0.8
10	1.85	2.45	0.30	1.60	1.55	2.15
11	1.40	2.35	2.45	1.40	1.9	1.05
12	1.35	2.15	2.55	1.35	1.85	1.2
13	1.55	2.25	0.15	1.25	1.3	2.1
14	1.40	2.25	2.75	1.60	2	1.35
15	2.00	2.40	0.55	1.75	1.675	1.85
합계					29.7	20.55

나. 관리한계

$$\bar{\bar{x}} = \frac{29.7}{15} = 1.98 \quad \bar{R} = \frac{20.55}{15} = 1.37$$

① $\bar{x}$ 관리도

$U_{CL} = 1.98 + 0.729 \times 1.37 = 2.97873$

$L_{CL} = 1.98 - 0.729 \times 1.37 = 0.98127$

② R 관리도

$U_{CL} = D_4 \bar{R} = 2.282 \times 1.37 = 3.12634$

관리하한: 고려하지 않는다.

다.

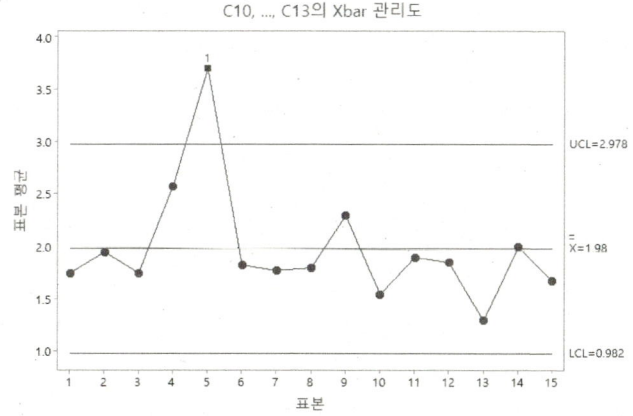

> **술술 풀어보는 키포인트**

라. 5번급이 $\overline{X}_5 = 3.7$로 이상치입니다. 이상치가 발견되면 $\overline{x}-R$ 관리도는 모두 동시에 급이 제거됩니다. 관리한계가 모두 옳으면 4점, 그 외는 0점

• 판정: 관리도는 이상상태이다.

라. 기준값

① $\overline{\overline{x}} = \dfrac{29.7 - 3.7}{15 - 1} = 1.85714$

② $\overline{R} = \dfrac{20.55 - 0.8}{15 - 1} = 1.41071$

관리한계

① $\overline{x}$ 관리도

$U_{CL} = 1.85714 + 0.729 \times 1.41071 = 2.88555$

$L_{CL} = 1.85714 - 0.729 \times 1.41071 = 0.82873$

② R 관리도

$U_{CL} = D_4 \overline{R} = 2.282 \times 1.41071 = 3.21924$

관리하한: 고려하지 않는다.

2023 품질경영산업기사 2회 기출복기문제

(실기 제459강)

01

다음 한국산업표준(KS) 분류기호에 대한 각각의 명칭을 쓰시오.

① B ( )   ② S ( )   ③ I ( )
④ T ( )   ⑤ Q ( )   ⑥ X ( )

배점 6점

02

6시그마 추진절차인 DMAIC의 5가지 절차를 쓰시오.

배점 5점

03

어떤 인쇄소에서 부적합품에 관한 데이터를 수집한 결과는 다음과 같다.

부적합 항목	발생빈도	부적합 항목	발생빈도
접착미스	10	파지	15
먼지불량	50	인쇄불량	35
얼룩	20	기타	5
잉크번짐	15		
계			150

가. 파레토를 작성하기 위한 표를 완성하시오. (단, 소수 2자리까지만 구하시오.)

나. 파레토도를 작도하시오.

배점 8점

04

KPI는 Q·C·D를 의미한다. 다음 물음에 답하시오.

가. Q·C·D의 용어를 쓰시오.

나. 품질경영에서 Q·C·D를 KPI로 활용하는 이유를 쓰시오.

배점: 6점

05

M 화학 공장은 제품의 수율에 영향을 미칠 것으로 생각되는 반응온도와 원료를 요인으로 하는 반복 없는 2요인실험을 한 결과 아래와 같은 데이터를 얻었다. 다음 물음에 답하시오.

배점: 10점

	A_1	A_2	A_3	A_4	합계
B_1	97.6	98.6	99.0	98.0	393.2
B_2	97.3	98.2	98.0	97.7	391.2
B_3	96.7	96.9	97.9	96.5	388.0
합계	291.6	293.7	294.9	292.2	1172.4

(단, $SS_T = 6.22$, $CT = 114543.48$이다.)

가. 분산분석표를 작성하시오.

나. 유의수준 5%로 최적해를 추정하시오.

다. 요인 B의 기여율을 구하시오.

06

다음은 $L_8(2)^7$ 직교배열표에 요인 A, B, C, D를 배치하여 실험한 결과이다.

배점 10점

요인배치	A 1	B 2	C 3	4	5	6	D 7	DATA
1	0	0	0	0	0	0	0	20
2	0	0	0	1	1	1	1	24
3	0	1	1	0	0	1	1	17
4	0	1	1	1	1	0	0	27
5	1	0	1	0	1	0	1	26
6	1	0	1	1	0	1	0	15
7	1	1	0	0	1	1	0	36
8	1	1	0	1	0	0	1	32
성분	a	b	a b	c	a c	b c	a b c	197

가. 요인 A의 효과를 구하시오.

나. 요인 B의 제곱합을 구하시오.

다. 만약 $A \times C$의 교호작용이 존재한다면, 몇 열에 나타나는가?

라. $A \times C$의 교호작용이 존재하는 경우 오차의 자유도를 구하시오.

07

다음은 검사요원의 기억력 x와 판단력 y를 조사한 표이다. 물음에 답하시오.

배점 6점

x	11	10	14	18	10	5	12	7	15	16
y	6	4	6	9	3	2	8	3	9	7

가. 공분산을 구하시오.

나. 기억력 x에 대한 y의 상관계수를 구하시오.

08

종래의 한 로트의 모부적합수 m = 16이었다. 작업방법을 개선한 후는 표본의 부적합수 c = 8이 나왔다.

가. 모부적합수가 개선되었다고 할 수 있는지 유의수준 5%로 검정하시오.

나. 검정결과 유의하다면 신뢰한계를 추정하시오.

09

로트의 품질표시 방법 4가지를 쓰시오.

10

어느 조립식책장을 납품하는 데 있어 10개씩 나사를 패킹하여 첨부하여야 한다. 이때 나사의 수는 정확히 팩당 10개이어야 하지만 약간의 부적합품을 인정하기로 하되 나사의 개수가 부족한 팩이 1% 이하여야 한다. 생산계획은 5000세트이고 로트크기는 1250으로 하기로 하였다. 공급자와 소비자는 상호 협의에 의해 1회 거래로 한정하고 한계품질 수준을 3.15%로 하기로 합의하였다.

가. 이를 만족시킬 수 있는 샘플링 절차는 무엇인가?

나. 샘플링 방식을 기술하고 설계하라

다. '나'에서 1%인 로트의 합격확률은 어떻게 되는가?

11

Y사는 어떤 부품의 수입검사에 계수형 샘플링검사인 KS Q ISO 2859-1을 사용하고 있다. 현재의 적용조건은 AQL=1.0%, 검사수준 II로 1회 샘플링검사이며, 검사의 엄격도는 11번 현재 보통검사를 수행 중이다. 각 로트 당 검사 결과 부적합품수는 표와 같이 알려져 있다.

배점 8점

가. 주 샘플링표를 활용하여 답안지 표의 공란을 채우시오.

로트	N	샘플문자	n	Ac	부적합품수	합격여부	전환점수	후속 조치
11	400	H	50	1	1	합격	21	보통검사 속행
12	500	( )	( )	( )	0	( )	( )	( )
13	400	( )	( )	( )	1	( )	( )	( )
14	1000	( )	( )	( )	0	( )	( )	( )
15	800	( )	( )	( )	1	( )	( )	( )

나. 16번째 로트에 수월한 검사를 적용할 수 있는지 검토하시오.

12

전자레인지의 최종검사에서 20대를 랜덤 하게 추출하여 각각에 대한 부적합수를 측정하였더니 다음과 같았다.

배점 15점

부분군번호	1	2	3	4	5	6	7	8	9	10
부적합수	4	5	3	3	4	8	4	2	3	3
부분군번호	11	12	13	14	15	16	17	18	19	20
부적합수	6	4	1	6	4	2	4	4	3	7

가. 해당되는 관리도의 중심선과 관리한계를 구하시오.

나. 관리도를 작성하고 판정하시오.

다. 슈하트 관리도의 관리계수를 활용하여 다음 빈칸에 공식을 쓰시오.

관리도	C_L	U_{CL}	L_{CL}
$\bar{x}$			
R			
s			

13

금속판의 표면경도의 상한 규격치가 65로 규정되었을 때, $P_0 = 0.5\%$, $P_1 = 4\%$를 만족시키는 검사방식을 설계하기 위해 KS Q 0001 부적합품률 보증방식을 수표로 찾은 결과 $n = 13$, $k = 2.11$이다. 이 조건으로 샘플링한 로트의 평균 $\bar{x} = 60$일 경우 로트의 합격여부를 판정하시오. 단, $\sigma = 3$이다.

배점: 6점

2023년 품질경영산업기사 2회 기출복기문제 정답 및 해설

01
① 기계   ② 서비스   ③ 환경   ④ 물류
⑤ 품질경영   ⑥ 정보

술술 풀어보는 키포인트

각각 옳으면 1점, 그 외는 0점

02
① 정의(Define)
② 측정(Measure)
③ 분석(Analyze)
④ 개선(Improve)
⑤ 관리(Control)

순서대로 답이 옳아야 합니다. 모두 옳으면 만점, 4가지 옳으면 4점, 3가지 옳으면 3점, 그 외는 0점

03

가. 도수표

부적합 항목	도수	누적도수	상대도수	누적상대도수
먼지불량	50	50	33.33	33.33
인쇄불량	35	85	23.33	56.67
얼룩	20	105	13.33	70.00
잉크번짐	15	120	10.00	80.00
파지	15	135	10.00	90.00
접착미스	10	145	6.67	96.67
기타	5	150	3.33	100.00
계	150			

가. 파레토는 도수(막대그래프)와 누적상대도수(꺾은선 그래프) 그려야 하므로 표는 도수가 큰수로 작성되어야 하며 누적상대도수가 95%가 넘어가면 나머지는 모두 묶어서 기타로 표현합니다. 옳으면 4점, 그 외는 0점

나. 파레토도

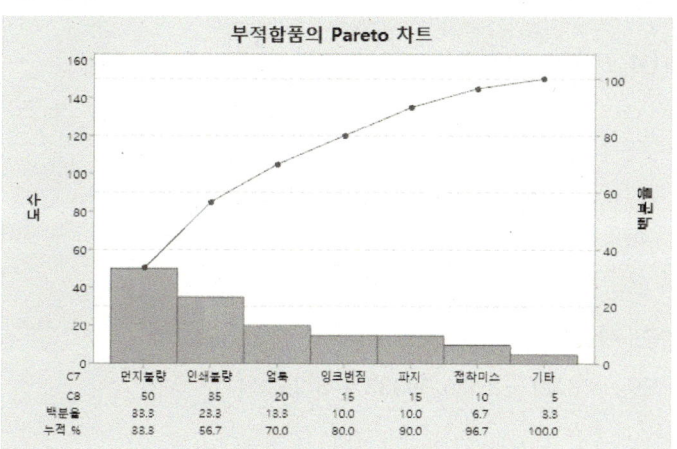

나. 파레토도는 왼쪽은 도수(막대그래프), 오른쪽은 누적상대도수(꺾은선그래프)로 작성합니다. 기타는 맨 끝에 둡니다. 옳으면 4점, 그 외는 0점

04

가. Q: 품질, C: 원가, D(납기, 속도)

나. Q·C·D는 고객 요구사항이므로 당연히 경영목표(KPI)가 된다.

05

가. 분산분석표의 작성

① $SS_A = \Sigma \dfrac{T_{i\cdot}^2}{m} - CT = 2.22$

② $SS_B = \Sigma \dfrac{T_{\cdot j}^2}{l} - CT = 3.44$

요인	SS	df	MS	F_0	$F_{0.95}$	$E(V)$
A	2.22	3	0.74	7.92885*	4.76	$\sigma_e^2 + 3\sigma_A^2$
B	3.44	2	1.72	18.42923*	5.14	$\sigma_e^2 + 4\sigma_B^2$
e	0.56	6	0.09333			σ_e^2
T	6.22	11				

• 판정: 요인 A, B는 유의하다.

나. 최적해의 추정

① 점 추정치: 수율이므로 망대특성이다. 요인 A, B가 모두 유의하므로 최적해는 $\hat{\mu}(A_3 B_1)$이다.

$\hat{\mu}(A_3 B_1) = \bar{y}_{3\cdot} + \bar{y}_{\cdot 1} - \bar{\bar{y}}$

$= \dfrac{294.9}{3} + \dfrac{393.2}{4} - \dfrac{1172.4}{12} = 98.9$

② 최적 조건의 95% 구간추정

$\mu(A_3 B_1) = \hat{\mu}(A_3 B_1) \pm t_{0.975}(6) \sqrt{\dfrac{V_e}{n_e}}$

$= 98.9 \pm 2.447 \times \sqrt{\dfrac{0.09333}{2}}$

$= 98.9 \pm 0.52860$

(단 $n_e = \dfrac{lm}{l+m-1} = 2$ 이다)

다. ① 순 제곱합

$SS'_B = 3.44 - 2 \times 0.09333 = 3.25334$

② 기여율

$$\rho_B = \frac{SS'_B}{SS_T} = \frac{3.25334}{6.22} = 0.52305$$

06

가. $A = \frac{1}{4}(109 - 88) = 5.25$

나. $SS_B = \frac{1}{8}(112 - 85)^2 = 91.125$

다. 교호작용은 5열에 나타난다.

라. 빈 열은 3열과 6열이므로 오차의 자유도는 2이다.

07

가. ① $S_{xy} = \Sigma x_i y_i - \frac{\Sigma x_i \Sigma y_i}{n}$

$= 756 - \frac{118 \times 57}{10} = 83.4$,

② $V_{xy} = \frac{S_{xy}}{n-1} = \frac{83.4}{9} = 9.26667$

나. $r = \frac{S_{xy}}{\sqrt{SS_x SS_y}} = 0.88549$

08

가. ① $H_0 : m \geq 16 \quad H_1 : m < 16$

② $\alpha = 0.05$

③ $z_o = \frac{x - m_0}{\sqrt{m_0}} = \frac{8 - 16}{\sqrt{16}} = -2.0$

④ R: $-z_{0.95} = -1.645$

⑤ H_0 기각

나. $m_U = x + z_{1-\alpha}\sqrt{x}$

$= 8 + 1.645 \times \sqrt{8} = 12.65276$

술술 풀어보는 키포인트

가, 나. 효과와 제곱합은 $T_1 - T_0$를 활용하여 구합니다. 각각 옳으면 3점, 그 외는 0점

다. $A \times C = ac$

다, 라. 각각 옳으면 2점, 그 외는 0점

가. 공분산은 계산기에서 바로 구할 수 없으므로 계산을 하여 구합니다. 옳으면 3점, 그 외는 0점

나. 상관계수는 바로 답이 나오므로 공식만 쓰고 답을 쓰면 됩니다. 옳으면 3점, 그 외는 0점

가. 모부적합수를 통계량으로 하고 좋아졌다고 할 수 있는지 이므로 대안가설은 작아졌다가 됩니다. 검정 옳으면 5점, 검정통계량이 옳으면 3점, 그 외는 0점

나. 작아졌다이므로 상측신뢰한계를 구합니다. 옳으면 3점, 그 외는 0점

술술 풀어보는 키포인트

로트는 부적합품수처럼 표본의 크기에 따라 변하는 값은 사용하지 않습니다. 철저하게 모수만 적용합니다.
각각 옳으면 1점, 그 외는 0점

가. 생산자와 소비자 상호 1회거래의 한정이므로 고립방식이 됩니다. 옳으면 2점, 그 외는 0점

나. KS Q ISO 2859-2 표를 활용합니다. 옳으면 3점, 그 외는 0점

다. P가 1% 이므로 푸아송근사를 활용합니다. 옳으면 3점, 그 외는 0점

가. 형식 1회, 보통검사에서 주샘플링검사이므로 2-A표를 활용하여 판정합니다. 다만 Ac가 1인 경우는 합격 시 전환점수 2점 가산, Ac가 2인 경우는 한 단계 엄격한 기준으로 합격 시 3점을 가산하는 점을 주의하여야 합니다. 샘플문자, n, Ac가 모두 옳으면 2점, 합격여부, 전환점수가 모두 옳으면 2점, 후속조치가 모두 옳으면 2점 그 외는 0점입니다.

나. '가'가 모두 옳고 적용엄격도가 옳으면 2점, 그 외는 0점

가. 부적합수이고 부분군의 크기가 동일하므로 c 관리도입니다. 중심선과 관리한계가 모두 옳으면 4점, 중심선만 옳으면 2점, 그 외는 0점

09
① 로트의 모평균(μ)
② 로트의 모표준편차(σ)
③ 로트의 모부적합품률(P)
④ 로트의 검사단위당 평균부적합수(m)

10
가. 상호 1회 거래이므로 고립로트이다.
   'KS Q ISO 2859-2 절차 A LQ 방식의 샘플링 검사'

나. N=1250 LQ=3.15%이므로 절차 A에서 n=125, Ac=1인 검사방식이다.
   즉, 125개를 검사해서 부적합품이 1개 이하이면 로트를 합격시킨다.

다. $m = np = 125 \times 0.01 = 1.25$
   $L(p) = e^{-1.25}(1 + 1.25) = 0.64464$

11
가.

로트	N	샘플문자	n	Ac	부적합품수	합격여부	전환점수	후속 조치 (검사 후)
11	400	H	50	1	1	합격	21	보통검사 속행
12	500	H	50	1	0	합격	23	보통검사 속행
13	400	H	50	1	1	합격	25	보통검사 속행
14	1000	J	80	2	0	합격	28	보통검사 속행
15	800	J	80	2	1	합격	31	수월한검사 전환

나. 16번째 로트부터 수월한검사로 전환할 수 있다.

12
가. ① 중심선: $C_L = \bar{c} = \dfrac{\Sigma c}{k} = \dfrac{80}{20} = 4$

② 관리상한: $U_{CL} = \bar{c} + 3\sqrt{\bar{c}} = 10$

③ 관리하한: $L_{CL} = \bar{c} - 3\sqrt{\bar{c}} < 0 \rightarrow$ 고려하지 않는다.

나.

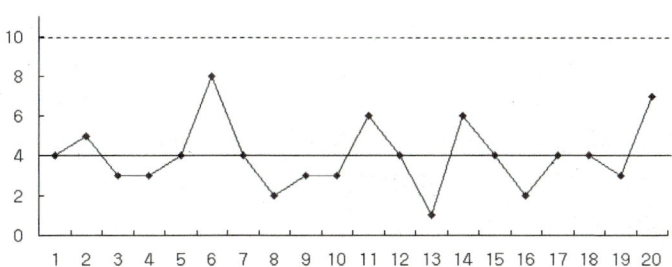

• 판정: 관리도는 관리상태이다.

다.

관리도	C_L	U_{CL}	L_{CL}
$\bar{x}$	$\bar{\bar{x}}$	$\bar{\bar{x}} + A_2\bar{R}$	$\bar{\bar{x}} - A_2\bar{R}$
R	$\bar{R}$	$D_4\bar{R}$	$D_3\bar{R}$
s	$\bar{s}$	$B_4\bar{s}$	$B_3\bar{s}$

13

$\bar{X}_U = U - k\sigma = 65 - 2.11 \times 3 = 58.67$

그러므로 로트는 불합격이다.

2023 품질경영산업기사 4회 기출복기문제

(실기 제460강)

01

Y사는 어떤 부품의 수입검사에 계수형 샘플링검사인 KS Q ISO 2859-1을 사용하고 있다. 현재의 적용조건은 AQL=1.0%, 검사수준 Ⅱ로 1회 샘플링검사이며, 검사의 엄격도는 보통검사로 시작하였다. 각 로트 당 검사 결과 부적합품수는 표와 같이 알려져 있다.

배점 7점

가. 답안지 표에 적절한 단어 또는 숫자를 채워서 표를 완성하시오.

로트	N	샘플문자	n	Ac	부적합품수	합격여부	전환점수
1	300	H	50	1	1	합격	2
2	500	H	50	( )	2	( )	( )
3	500	H	50	( )	1	( )	( )
4	800	J	80	( )	1	( )	( )
5	1000	J	80	( )	1	( )	( )

나. 다음 로트에서 적용할 엄격도를 쓰시오.

02

다음은 KS 인증을 위한 공장관리심사항목에 관한 세부사항을 설명한 것이다. 해당되는 질문에 대한 심사항목의 명칭을 쓰시오.

배점 6점

가. ( )의 관리

표준에서 정한 주요시험, 검사설비를 보유하고, 설비의 정밀도 및 정확도의 유지를 위해 계량 및 계량에 의한 법률 규정에 의한 교정검사 대상이 되는 측정기를 교정검사를 실시하되, 회사실정에 맞는 시험설비 관리규정을 정하고 이에 따라 실시하여야 한다.

나. ( )의 관리

해당 제품을 생산하기에 적합한 제조설비를 보유하고 설비의 성능을 유지하기 위한 점검·보수·윤활관리의 관리규정을 구체적으로 정하여 이에 따라 실시하고 있어야 한다. 또한 지정된 설비관리자가 설비관리 규정에 의하여 관리할 수 있어야 한다.

03

Y 공장에서 가공한 어떤 부분품에 대한 지름의 모평균이 기준으로 설정된 값 7.95(mm)와 다른지를 검정하려고 한다. 로트로부터 10개의 표본을 랜덤하게 뽑아 측정한 결과 다음과 같은 데이터를 구하였다.

데이터] 7.93 7.95 7.94 7.92 7.91 7.95 7.92 7.93 7.81 7.95

가. 모표준편차는 $\sigma=0.03$(mm)로 변화가 없었다면, 유의수준 5%로 지름의 변화 유·무를 검정하시오.

나. 검정결과 유의하다면 모평균의 95% 신뢰구간을 구하시오. 단, 검정결과 유의하지 않으면 답란에 '추정의 의미가 없음'이라고 쓰시오.

배점 10점

04

어떤 제품의 품질특성에 대한 하한규격은 1.5이다. 이 제품에 대해 1.5보다 작은 것이 0.5%이하면 로트는 통과시키고, 3% 이상이 되면 로트를 통과시키지 않는 계량규준형 샘플링검사를 설계하기로 하였다. 상호간에 합의된 p_0, p_1을 활용하여 계량규준형 1회 샘플링검사 방식을 수치표에서 찾은 결과 n=17, k=2.17이었다. $\sigma = 0.1$일 때 합격판정기준을 설계하시오.

배점 5점

05

다음은 로트별 합격품질한계(AQL) 지표형 검사방식(KS Q ISO 2859-1)에 관한 내용이다. ( )안에 적당한 용어를 쓰시오.

'1회 샘플링검사, 2회 샘플링검사, 다회 샘플링검사에서 어느 형식을 결정하거나 관계없이 (①), (②), (③)(가)이 같으면 OC 곡선이 실제로 거의 동일하게 되기 때문에 합격확률에는 큰 차이가 없다.'

배점 6점

06

A사는 품질개선을 위한 6시그마 기법에서 경쟁력 차별화를 목표로 process mapping을 위한 SIPOC 다이어그램을 사용하고 있다. 여기서 의미하는 SIPOC가 각각 무엇을 의미하는지 쓰시오.

배점 6점

07

축의 길이를 주요 특성으로 하는 기계 가공 공정에서, $n = 4$, $k = 25$인 $\bar{x} - R$ 관리도를 활용하여, 히스토그램을 작성한 결과 $\bar{\bar{x}} = 4.508mm$, $s = 0.0121mm$로 나타났다. 단, 공정은 정규분포를 따르고, 안정상태이다. 축의 길이 규격이 $4.5 \pm 0.03mm$인 경우 최소공정능력지수를 구하시오.

배점 6점

08

원사를 만드는 제조공정에서 실의 인장강도는 5.0 ± 2.0이다. 품질관리 담당이 실의 인장강도를 확인하기 위해 원사 50개를 샘플링하여 도수분포를 만든 결과가 다음과 같이 나타났다. 도수분포표가 정규분포를 따른다고 할 때 다음 각 물음에 답하시오.

배점 10점

[데이터] $x_0 = 5.0$, $h = 0.5$, $\Sigma f_i = 50$, $\Sigma f_i u_i = 20$, $\Sigma f_i u_i^2 = 204$

가. 표본평균을 구하시오.

나. 표본표준편차를 구하시오.

다. 로트의 부적합품률의 추정치를 구하시오.

09

Y 사는 생산되는 제품의 강도를 높이기 위해 요인으로 반응온도(A)를 선택하는 1요인 실험을 한 결과 다음과 같은 분산분석표의 일부 데이터를 얻었다. A_2수준에서의 데이터 평균치($\bar{x_2}$)가 12.50이라면, A_2수준에서의 모평균 $\mu(A_2)$의 95% 신뢰구간을 구하시오.

배점 6점

요인	SS	df
A	15	3
e	6	
T	21	15

10

어떤 화학공정에서 제품강도에 영향을 미칠 것으로 생각되는 반응시간(3수준)과 반응압력(4수준)으로 선정하여 반복 2회의 2요인 실험을 한 결과 다음 데이터를 얻었다.

배점 9점

반응시간 \ 반응압력	B_1	B_2	B_3	B_4
A_1	305	335	366	372
	302	337	364	374
A_2	322	350	326	330
	325	348	324	330
A_3	320	342	338	348
	322	344	336	348

가. 분산분석을 실시하시오. (단, $CT = 2739152.667$, $SS_T = 8279.333$이고, 각각의 제곱합은 소수 셋째자리로 맺음하시오.)

나. 특성치가 망대특성인 경우 최적조합을 찾아 쓰시오

다. 최적조합에 대한 95% 신뢰한계를 구하시오.

11

모수요인 A, B, C를 대상으로 4×4인 라틴방격 실험하여 다음과 같은 분산분석표와 데이터를 얻었다. 분산분석표를 참조하여 다음 물음에 답하시오. 단, $\bar{x}_{2..} = 4.325$, $\bar{x}_{.1.} = 4.45$, $\bar{x}_{..2} = 4.5$, $\bar{\bar{x}} = 4.3813$이다.

배점 7점

요인	SS	df	MS	F_0	$F_{0.95}$
A	0.1569	3	0.0523	87.17*	4.76
B	0.0369	3	0.0123	20.50*	4.76
C	1.2269	3	0.4090	681.67*	4.76
e	0.0038	6	0.0006		
T	1.4245	15			

가. 수준조합 $A_2B_1C_2$에 대한 유효반복수(n_e)를 구하시오.

나. 모평균 $\mu(A_2B_1C_2)$의 95% 신뢰한계를 추정하시오.

12

제품에 사용되는 철재의 인장강도는 클수록 좋다고 한다. 그래서 제조자와 합의하여 평균치가 47 kgf/mm^2 이상인 경우 통과시키고 44 kgf/mm^2 이하면 통과시키지 않는 계량규준형 1회 샘플링 검사(KS Q 0001)를 적용하기로 하였다. 공정의 표준편차 $\sigma = 5\,kgf/mm^2$ 일 때 다음 물음에 답하시오.

배점: 7점

가. 부록에 주어진 KS Q 0001 계량규준형 수표 부표1을 활용하여 평균치의 합격판정치를 구하시오.

나. 만약 '가'의 경우에 대해 n개의 시료를 측정한 결과 $\overline{x} = 46.20\,kgf/mm^2$ 가 되었다면, 이 로트에 대한 판정을 하시오.

13

다음 데이터를 활용하여 관리도에 대한 각 물음에 답하시오.

배점: 15점

k	X	Rm	k	X	Rm
1	2.07		11	2.24	0.16
2	2.21	0.14	12	2.35	0.11
3	2.16	0.05	13	2.24	0.11
4	2.36	0.2	14	2.17	0.07
5	2.23	0.13	15	2.18	0.01
6	2.20	0.03	16	2.15	0.03
7	2.32	0.12	17	2.24	0.09
8	2.37	0.05	18	2.18	0.06
9	2.15	0.22	19	2.25	0.07
10	2.08	0.07	20	2.38	0.13
			합계	44.53	1.85

가. 다음 보기의 관리도는 슈하트 관리도(KS Q ISO 7970-2)에서 소개된 관리도들을 나타낸 것이다. 각각을 계수형 관리도와 계량형 관리도로 구분하여 기호를 쓰시오.

ⓐ P관리도　　ⓑ $\overline{x} - R$관리도　ⓒ $\tilde{x} - R$관리도　ⓓ u관리도
ⓔ $\overline{x} - s$관리도　ⓕ np관리도　　ⓖ c 관리도　　　ⓗ $x - R_m$관리도

○ 계량형 관리도

○ 계수형 관리도

나. x 관리도의 C_L, U_{CL}, L_{CL} 구하시오.

다. R_m 관리도의 C_L, U_{CL}, L_{CL} 구하시오.

라. $x - R_m$ 관리도를 작성하고, 관리도의 관리상태를 판정하시오.

2023년 품질경영산업기사 4회 기출복기문제 정답 및 해설

술술 풀어보는 키포인트

가. 주샘플링검사표에서 전환점수는 Ac=1은 합격 시 +2, Ac=2는 한단계엄격한 조건으로 합격시 +3을 가산합니다. Ac, 합격여부, 전환점수가 각각 모두 옳으면 2점 그 외는 0점입니다.

01

가.

로트	N	샘플문자	n	Ac	부적합품수	합격여부	전환점수
1	300	H	50	1	1	합격	2
2	500	H	50	1	2	불합격	0
3	500	H	50	1	1	합격	2
4	800	J	80	2	1	합격	5
5	1000	J	80	2	1	합격	8

나. 표가 옳고 적용엄격도가 옳으면 1점, 그 외는 0점

나. 보통검사를 속행한다.

02

공장심사항목 6가지에 관한 세부설명입니다.
각 항목당 옳으면 3점, 그 외는 0점

가. 시험·검사설비의 관리
나. 공정·제조설비관리

03

가. 먼저 테이블 데이터를 만든 후 수행하세요. 모표준편차를 알고 있다고 하였으므로 정규검정입니다. 달라졌다이므로 대안가설은 다르다가 됩니다. 검정이 모두 옳으면 6점, 검정통계량이 옳으면 3점, 그 외는 0점

가.

n	ν	$\bar{x}$	s^2
10	9	7.921	0.04149^2

① $H_0 : \mu = 7.95$ $H_1 : \mu \neq 7.95$

② $\alpha = 0.05$

③ $z_0 = \dfrac{\bar{x} - \mu_0}{\sigma/\sqrt{n}} = \dfrac{7.921 - 7.95}{0.03/\sqrt{10}} = -3.05687$

④ $R: \pm z_{0.975} = \pm 1.96$

⑤ H_0 기각

나. 다르다이므로 양측신뢰한계를 구합니다. 옳으면 4점, 그 외는 0점

나. $\hat{\mu} = \bar{x} \pm z_{1-\alpha/2} \dfrac{\sigma}{\sqrt{n}}$

$= 7.921 \pm 1.96 \times \dfrac{0.03}{\sqrt{10}} = 7.921 \pm 0.01859$

04

하한규격이 있는 망대특성이므로
$\overline{X}_L = L + k\sigma = 1.5 + 2.17 \times 0.1 = 1.717$

05

① 샘플문자(표본문자)
② AQL
③ 적용하는 엄격도

06

① S: supplier(외부 공급자)
② I: input(투입)
③ P: process(공정)
④ O: output(산출:제품)
⑤ C: consumer(고객)

07

$C_{pk} = C_{PU} = \dfrac{4.53 - 4.508}{3 \times 0.0121} = 0.60606$

평가: 최소공정능력은 4등급으로 매우 나쁘다.

08

가. $\overline{x} = x_0 + h\dfrac{\Sigma x_i f_i}{\Sigma f_i} = 5.0 + 0.5 \times \dfrac{20}{50} = 5.2$

나. ① $SS = h^2 \times \left(\Sigma f u^2 - \dfrac{(\Sigma f u)^2}{\Sigma f}\right)$

$= 0.5^2 \times (204 - \dfrac{20^2}{50}) = 49$

② $s = \sqrt{\dfrac{SS}{\Sigma f_i - 1}} = \sqrt{\dfrac{49}{49}} = 1$

다. $P\% = \Pr(X > 7.0) + \Pr(X < 3.0)$

$= \Pr(z > \dfrac{7 - 5.2}{1}) + \Pr(z < \dfrac{3 - 5.2}{1})$

술술 풀어보는 키포인트

망대특성이므로 하한합격판정치를 구합니다. 옳으면 5점, 틀리면 0점

각각 옳으면 2점, 틀리면 0점

명칭은 영문, 한글 모두 관계없습니다.
각각 옳으면 1점, 그 외는 0점

치우침을 고려한 공정능력지수는 평균치를 보고 판단합니다. 평균치가 상한으로 치우쳤으므로 Cpu가 됩니다. 옳으면 만점, 공정능력만 옳으면 4점, 그 외는 0점

가. 옳으면 2점, 틀리면 0점

나. 표본표준편차는 먼저 제곱합을 구한 후 표준편차를 구하는 것이 실수를 줄일 수 있습니다. 옳으면 2점, 틀리면 0점

다. 규격을 벗어나면 불량률이 됩니다. 확률은 정규분포표 2에서 구합니다. 옳으면 6점, 그 외는 0점

$$= \Pr(z > 1.8) + \Pr(z < -2.2)$$
$$= 0.0359 + 0.0139 = 0.0498$$

09

①

요인	SS	df	MS	F_0	$F_{0.95}$
A	15	3	5	10*	3.49
e	6	12	0.5		
T	21	15			

요인 A는 유의하다.

② $\hat{\mu}(A_3) = \bar{y}_{i.} \pm t_{0.975}(\nu_e)\sqrt{\dfrac{V_e}{r}}$

$= 12.5 \pm 2.179\sqrt{\dfrac{0.5}{4}} = 12.5 \pm 0.77039$

> ① 분산분석표는 완성할 필요는 없지만 MS 까지는 구해야 평균치의 신뢰구간 추정이 가능합니다.
>
> ② 총실험수가 16이고, 수준수가 4이므로 반복수 r=4입니다. 옳으면 6점, 그 외는 0점

10

가. $A \times B$ 2원표(2요인표)의 작성

	B_1	B_2	B_3	B_4	계
A_1	607	672	730	746	2755
A_2	647	698	650	660	2655
A_3	642	686	674	696	2698
계	1896	2056	2054	2102	8108

① $SS_A = \dfrac{\Sigma T_{i..}^2}{mr} - CT$

$= \dfrac{2755^2 + 2655^2 + 2698^2}{8} - 2739152.667$

$= 629.083$

② $SS_B = \dfrac{\Sigma T_{.j.}^2}{lr} - CT$

$= \dfrac{1896^2 + \cdots + 2102^2}{6} - 2739152.667$

$= 4059.333$

③ $SS_{AB} = \dfrac{\Sigma\Sigma T_{ij.}^2}{r} - CT$

$= \dfrac{607^2 + \cdots + 696^2}{2} - 2739152.667$

$= 8254.333$

> 가. 분산분석표를 작성하기 위해서는 2원표를 작성해야 합니다. 이 문제는 너무 심하게 출제되었네요. 산업기사용으로 보기 어려운 문제입니다. 그리고 너무 오래 걸리네요 매우 유감입니다.
>
> 급간제곱합 SSAB는 각각의 급의 제곱을 구해 반복수 2로 나눈값에서 CT를 뺀 값입니다.

④ $SS_{A \times B} = SS_{AB} - SS_A - SS_B$
$= 8254.333 - 629.083 - 4059.333$
$= 3565.917$

⑤ $SS_e = SS_T - SS_{AB}$
$= 8279.333 - 8254.333 = 25$

요인	SS	df	MS	F_0	$F_{0.95}$
A	629.083	2	314.5415	150.98016*	3.89
B	4059.333	3	1353.111	649.49432*	3.49
A×B	3565.917	6	594.3195	285.27382*	3.00
e	25	12	2.08333		
T	8279.333	23			

• 판정: 요인 A, B 교호작용 $A \times B$는 유의하다.

나. 최적해가 망대특성이고 교호작용이 유의하므로 최적조건은
$\mu(A_1B_4) = \mu + a_1 + b_4 + a_1b_4 = \overline{y}_{14 \cdot}$ 이다.

다. ① $\hat{\mu}(A_1B_4) = \overline{y}_{14 \cdot} = \dfrac{746}{2} = 373$

② $\overline{y}_{ij \cdot} \pm t_{0.975}(12)\sqrt{\dfrac{V_e}{r}} = 373 \pm 2.179\sqrt{\dfrac{2.08333}{2}}$
$= 373 \pm 2.22393$

11

가. ① $\hat{\mu}(A_2B_1C_2) = \mu + a_2 + b_1 + c_2$
$= \overline{y}_{2 \cdot \cdot} + \overline{y}_{\cdot 1 \cdot} + \overline{y}_{\cdot \cdot 2} - 3\overline{\overline{y}}$

② $n_e = \dfrac{k^2}{k+k+k-2} = \dfrac{16}{10} = 1.6$

나. $\hat{\mu}(A_2B_1C_2) = \overline{y}_{2 \cdot \cdot} + \overline{y}_{\cdot 1 \cdot} + \overline{y}_{\cdot \cdot 2} - 3\overline{\overline{y}}$
$= 4.325 + 4.45 + 4.5 - 2 \times 4.3813 = 4.5124$

$\hat{\mu}(A_2B_1C_2) = 4.5124 \pm t_{0.975}(6)\sqrt{\dfrac{V_e}{n_e}}$
$= 4.5124 \pm 2.447\sqrt{\dfrac{0.0006}{1.6}}$
$= 4.5124 \pm 0.04739$

12

가. KS Q0001 계량규준형 수표에서

① $\dfrac{|m_1 - m_0|}{\sigma} = \dfrac{|44 - 47|}{5} = 0.6$

② (수표에서) $n = 25$, $G_0 = 0.329$

③ $\overline{X}_L = m_0 - G_0 \sigma$
    $= 47 - 0.329 \times 5 = 45.355$

나. $\overline{x} = 46.2 > \overline{X}_L = 45.355$ 이므로 lot를 합격시킨다.

13

가. ① 계량형 관리도: ⓑ, ⓒ, ⓔ, ⓗ
    ② 계수형 관리도: ⓐ, ⓓ, ⓕ, ⓖ

나. x관리도

① $C_L = \overline{x} = \dfrac{\Sigma x}{k} = \dfrac{44.53}{20} = 2.2265$

② $U_{CL} = 2.2265 + 2.66 \times 0.09737 = 2.48550$

③ $L_{CL} = 2.2265 - 2.66 \times 0.09737 = 1.96750$

다. R_m 관리도

① $C_L = \overline{R}_m = \dfrac{\Sigma R_m}{k-1} = \dfrac{1.85}{19} = 0.09737$

② $U_{CL} = 3.267 \times 0.09737 = 0.31811$

③ 관리하한(L_{CL}): 고려하지 않음

라.

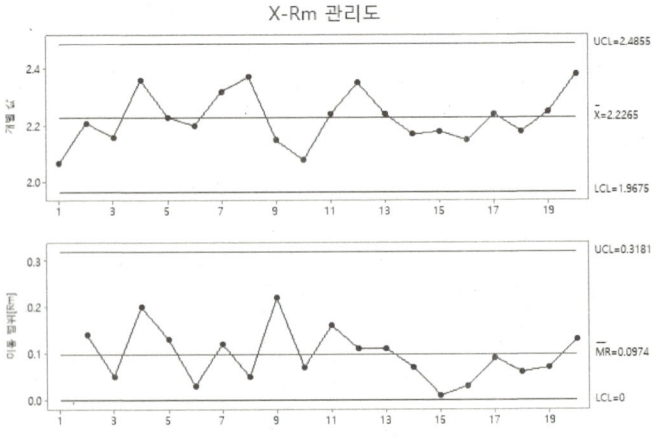

- 판정: 관리도는 관리상태이다.

2024 품질경영산업기사 1회 기출복기문제

(실기 제461강)

01

에나멜 동선의 도장공정을 관리하기 위하여 시료 1,000m당의 핀홀의 수를 측정하여 다음과 같은 자료를 얻었다.

배점 15점

시료군의 번호	1	2	3	4	5	6	7	8	9	10
시료의 크기 $n(1,000m)$	1.0	1.0	1.0	1.0	1.0	1.3	1.3	1.3	1.3	1.3
부적합수	5	5	3	3	5	2	5	3	2	1

가. 위 데이터를 관리하기 위한 관리도의 명칭을 쓰시오.

나. 부분군의 크기별로 관리도의 중심선과 관리한계를 구하시오.

부분군의 크기(n)	U_{CL}	L_{CL}
1.0		
1.3		

다. 관리도를 그리고 판정하시오.

판정:

라. KS Q ISO 7870-2에 기술되어 있는 관리도의 이상상태 판정기준을 4가지만 쓰시오.

02

한 상자에 100개씩 들어 있는 부품이 50상자가 있다. 이 상자 간의 산포 $\sigma_b^2 = 0.08$, 상자 내의 산포 $\sigma_w^2 = 0.01$일 때 우선 1차 단위로 m상자를 랜덤하게 뽑고, 그 상자마다 2차 단위로 2개씩 랜덤샘플링 하였을 때, 모평균의 추정정밀도 $V(\overline{x}) = 0.05^2$이 되었다면 1차 단위 상자의 샘플링 개수 m을 구하시오. 단, 초기하계수는 무시하고 구하시오.

배점 8점

03

KS Q ISO 9001:2015에 제시된 품질경영 7원칙을 쓰시오.

배점 7점

04

다음은 Y 공장에서 생산된 어느 기계 부품 100개를 랜덤으로 취하여 치수 편차를 측정한 후 도수표의 일부를 작성하였다. 단, 치수편차의 규격공차는 45 ± 15mm로 알려져 있다.

배점 10점

계급	x_i	상대도수	u_i	$f_i u_i$	$f_i u_i^2$
32.5~37.5	35	1	-3	-3	9
37.5~42.5	40	1	-2	-2	4
42.5~47.5	45	18	-1	-18	18
47.5~52.5	50	33	0	0	0
52.5~57.5	55	30	1	30	30
57.5~62.5	60	14	2	28	56
62.5~67.5	65	2	3	6	18
67.5~72.5	70	1	4	4	16
		100		45	151

가. 도수표를 활용하여 평균과 표준편차를 구하시오.

나. 규격공차를 포함한 히스토그램을 그리시오.

다. 공정이 안정상태일 때, 공정능력지수를 구하시오.

05

로트의 크기 N, 표본의 크기 n, 합격판정개수 c, 공정부적합품률 p라 고 할 경우 OC곡선에 관한 다음 질문에 답하시오.

배점 6점

가. N, n을 일정하게 하고 c를 증가시키면, 제1종 오류는 감소하고, 제2종 오류는 증가하며 OC곡선의 기울기는 (   ) 된다.

나. N, c을 일정하게 하고 n를 증가시키면 제1종 오류는 증가하고, 제2종 오류는 감소하며, OC곡선의 기울기는 (   ) 된다.

다. $n/N < 0.1$일 때, n, c을 일정하게 하고 N을 증가시키면 OC곡선은 변화가 (   ).

06

다음 데이터를 활용하여 주어진 통계량을 각각 구하시오.

배점 4점

[DATA]   3, 4, 4, 4, 5, 6

① $\bar{x}$ (표본평균)

② $\tilde{x}$ (중앙값)

③ s (표본 표준편차)

④ R (범위)

07

어느 실험실에서 측정자 간의 차이가 있는지 확인하기 위해 측정 요원 중 4명을 랜덤샘플링하여 정해진 표본을 각 4회 반복 측정한 결과이다. 물음에 답하시오.

배점 10점

수준 반복	A_1	A_2	A_3	A_4
1	59.4	59.8	60.9	61.0
2	58.9	60.4	60.6	59.8
3	58.7	59.2	60.1	60.0
4	60.0	60.5	60.4	60.8

가. 데이터의 구조식을 적으시오.

나. 분산분석표를 작성하고 판정하시오.(단, 유의수준 $\alpha = 5\%$)

요인	SS	df	MS	F_0	$F_{0.95}$	$E(V)$
A						
e						
T						

다. 측정자 간의 산포를 점추정 하시오.

(단, $CT = 57660.02$, $SS_T = 7.35438$ 이다.)

08

다음 물음에 답하시오.

배점 6점

가. 모수요인 A 4수준, 모수요인 B 3수준, 반복 2회의 2요인실험을 행한 결과 교호작용을 무시하지 않는 경우의 유효반복수를 구하시오.

나. 동일한 결과에서 교호작용이 유의하지 않을 경우 유효반복수를 구하시오.

09

제품에 첨가되는 불순물 함량은 낮을수록 좋다고 한다. 그래서 제조자와 합의하여 $m_0 = 0.004$, $m_1 = 0.005$, **표준편차** $\sigma = 0.0006$일 때, $\alpha = 0.05$, $\beta = 0.10$을 만족하는 샘플링 방식을 주어진 수치표를 활용하여 설계하시오.

배점 6점

$\dfrac{|m_1 - m_0|}{\sigma}$	n	G_0
2.069 이상	2	1.163
1.690~2.068	3	0.950
1.463~1.686	4	0.822
1.309~1.462	5	0.736

10

A사는 어떤 부품의 수입검사에 계수형 샘플링검사인 KS Q ISO 2859-1의 보조표인 분수 샘플링 검사를 적용하고 있다. 현재 이 회사의 적용조건은 AQL=1.0%, 통상검사수준 Ⅲ이며, 엄격도는 31번째 로트부터 까다로운 검사로 전환되었다.

배점 8점

가. 답안지 표의 샘플문자, n, 당초의 Ac, 합격판정점수(검사 전, 후), 적용 가능 Ac, 합격 여부 등을 기재하시오.

로트 번호	N	샘플 문자	n	주어진 Ac	합격판정 점수 (검사 전)	적용 하는 Ac	부적 합품	합격 여부	합격판정 점수 (검사 후)	전환 점수
31	200	H	50	1/2	5	0	0	합격	5	-
32	250	( )	( )	( )	( )	( )	1	( )	( )	( )
33	400	( )	( )	( )	( )	( )	1	( )	( )	( )
34	80	( )	( )	( )	( )	( )	0	( )	( )	( )
35	120	( )	( )	( )	( )	( )	0	( )	( )	( )

나. 36번째 로트의 엄격도를 결정하시오.

11

$L_{16}(2)^{15}$ 직교배열표에서 요인을 다음과 같이 배치하여 실험하였다. 다음 물음에 답하시오.

배점: 6점

열번호	1	2	3	4	5	6	7	8	9	10	11	12	13	14	15
기본 표시	a	b	a b	c	a c	b c	a b c	d	a d	b d	a b d	c d	a c d	b c d	a b c d
배치	B	A	C	D				E			F				

가. 요인 A와 요인 D의 교호작용은 몇 열에 배치되는가?

나. 요인 C와 요인 F의 교호작용은 몇 열에 배치되는가?

12

다음 데이터는 H 부품의 치수를 조사하기 위해 9개의 표본을 랜덤샘플링하여 측정한 결과이다.

배점: 8점

Data]
5.48, 5.47, 5.50, 5.51, 5.50, 5.51, 5.50, 5.51, 5.52 (mm)

가. 모표준편차를 알지 못하는 경우, 공정의 모평균을 신뢰구간을 유의수준 5%로 추정하시오.

나. 과거의 자료로 공정치수의 모표준편차가 0.02mm임을 알고 있을 때, 신뢰율 95%로 모분산의 신뢰구간을 추정하시오.

13

다음은 검사요원의 기억력 x와 판단력 y를 조사한 표이다. 물음에 답하시오.

x	11	10	14	18	10	5	12	7	15	16
y	6	4	6	9	3	2	8	3	9	7

배점: 8점

가. 공분산(평균곱)을 구하시오.

나. 시료 상관계수를 구하시오.

다. 최소자승법에 의한 회귀식을 구하시오.

라. $x_0 = 8$에서의 기댓값을 구하시오.

풀이

$\bar{x} = 11.8, \quad \bar{y} = 5.7$

$S_{xx} = 1540 - \dfrac{118^2}{10} = 147.6$

$S_{yy} = 385 - \dfrac{57^2}{10} = 60.1$

$S_{xy} = 756 - \dfrac{118 \times 57}{10} = 83.4$

가. 공분산: $V_{xy} = \dfrac{S_{xy}}{n-1} = \dfrac{83.4}{9} \approx 9.2667$

나. 시료 상관계수: $r = \dfrac{S_{xy}}{\sqrt{S_{xx} \cdot S_{yy}}} = \dfrac{83.4}{\sqrt{147.6 \times 60.1}} \approx 0.8855$

다. 회귀식:

$\hat{\beta}_1 = \dfrac{S_{xy}}{S_{xx}} = \dfrac{83.4}{147.6} \approx 0.5650$

$\hat{\beta}_0 = \bar{y} - \hat{\beta}_1 \bar{x} = 5.7 - 0.5650 \times 11.8 \approx -0.9671$

$\hat{y} = -0.9671 + 0.5650\,x$

라. $x_0 = 8$일 때: $\hat{y} = -0.9671 + 0.5650 \times 8 \approx 3.5533$

2024년 품질경영산업기사 1회 기출복기문제 정답 및 해설

술술 풀어보는 키포인트

가. 부적합수는 푸아송분포를 따르며, 부분군의 크기가 다르므로 u 관리도로 공정을 관리합니다. 옳으면 2점, 그 외는 0점

나. u관리도는 관리한계를 부분군별로 작성하도록 되어 있습니다. 먼저 LCL을 계산하여 값이 존재하는지 확인 후 UCL을 구합니다. 모두 옳으면 4점 그 외는 0점

다. 관리도 작성전 각 부분군별로 ui를 구하여 반드시 u를 타점하도록 합니다.
관리도의 작성시 중심선, 관리한계, 그리고 타점 후 꺾은선 그래프로 작성합니다.
관리도와 판정이 모두 옳으면 5점, 관리도만 옳으면 4점, 그 외는 0점

라. 8대 규칙 중 4가지만 선택하여 작성하시면 됩니다. 이 경우 5개 이상 기록하면 4개 이후는 채점하지 않습니다. 4개만 작성하세요. 개당 옳으면 1점, 틀리면 0점

01

가. u 관리도

나. $C_L = \bar{u} = \dfrac{\Sigma c}{\Sigma n} = \dfrac{34}{11.5} = 2.95652$

$U_{CL}/L_{CL} = 2.95652 \pm 3 \times \sqrt{\dfrac{2.95652}{n_i}}$

부분군의 크기(n)	U_{CL}	L_{CL}
1.0	8.11488	고려하지 않음
1.3	7.48070	고려하지 않음

다.

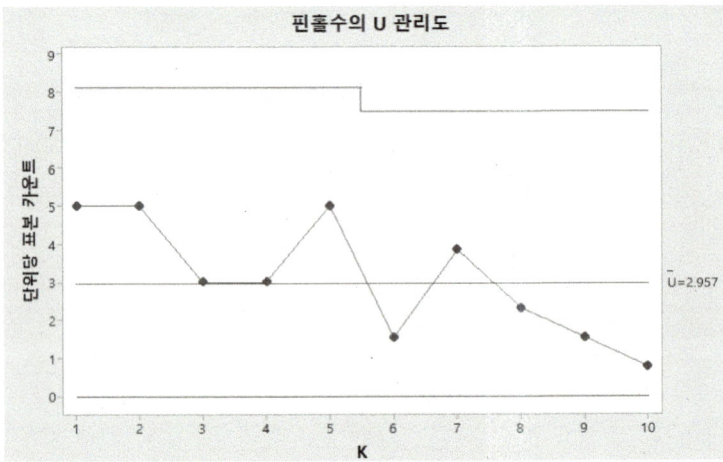

판정: 관리도는 관리상태이다.

라.
① 1점이 영역 A를 벗어나고 있다(out of control).
② 9점이 중심선에 대하여 같은 쪽에 있다(런).
③ 6점이 증가 또는 감소하고 있다(경향).
④ 14점이 교대로 증감하고 있다(주기).
⑤ 연속하는 3점 중 2점이 A 영역 또는 그것을 넘는 영역에 있다 (한쪽방향).
⑥ 연속하는 5점 중 4점이 B 영역 또는 그것을 넘는 영역에 있다 (한쪽방향).
⑦ 연속하는 15점이 영역 C에 존재한다.
⑧ 연속하는 8점이 상하 관계없이 영역 C를 넘는 영역에 있다.

02

$$V(\overline{x}) = 0.05 = \frac{\sigma_b^2}{m} + \frac{\sigma_w^2}{m\overline{n}} = \frac{0.08}{m} + \frac{0.01}{m \times 2}$$

$$m = (0.08 + \frac{1}{2} \times 0.01) \div 0.05^2 = 34$$

03

① 고객중시
② 리더십
③ 인원의 적극참여
④ 프로세스접근법
⑤ 개선
⑥ 증거기반 의사결정
⑦ 관계관리/관계경영

04

가. ① $\overline{x} = x_0 + h\frac{\Sigma x_i f_i}{\Sigma f_i} = 50 + 5 \times \frac{45}{100} = 52.25$

② $SS = h^2 \times \left(\Sigma fu^2 - \frac{(\Sigma fu)^2}{\Sigma f}\right)$

$= 5^2 \times (151 - \frac{45^2}{100}) = 3268.75$

③ $s = \sqrt{\frac{SS}{\Sigma f_i - 1}} = \sqrt{\frac{3268.75}{99}} = 5.74610$

나.

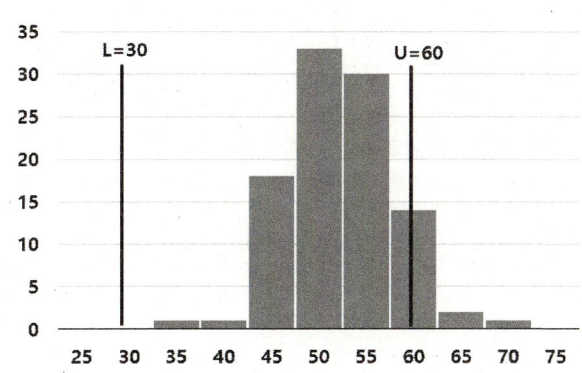

다. $C_P = \dfrac{60-30}{6 \times 5.74610} = 0.87016$

판정: 공정능력은 3등급이다.

05

가. 완만하게

나. 급하게(급경사가)

다. 거의 없다.

06

① $\bar{x} = \dfrac{\Sigma x_i}{n} = \dfrac{26}{6} = 4.5$

② $\tilde{x} = \dfrac{4+4}{2} = 4$

③ $s = \sqrt{\dfrac{SS}{n-1}} = 1.04881$

④ $R = x_{\max} - x_{\min} = 6 - 3 = 3$

07

가. $y_{ij} = \mu + a_i + e_{ij}$

나. $SS_A = \dfrac{\Sigma T_{i\cdot}^2}{r} - CT$

$= \dfrac{237^2 + 239.9^2 + 242^2 + 241.6^2}{4} - CT = 3.8725$

요인	SS	df	MS	F_0	$F_{0.95}$	$E(V)$
A	3.8725	3	1.29083	4.44868*	3.49	$\sigma_e^2 + 4\sigma_A^2$
e	3.48188	12	0.29016			σ_e^2
T	7.35438	15				

판정: 요인 A는 유의하다.

다. $\hat{\sigma}_A^2 = \dfrac{V_A - V_e}{r} = \dfrac{1.29083 - 0.29016}{4} = 0.25017$

08

가. 요인과 교호작용이 모두 유의하므로

$$\hat{\mu}(A_iB_j) = \mu + a_i + b_j + a_ib_j = \bar{y}_{ij.}$$

$$n_e = \frac{lmr}{lm} = r = 2$$

나. 교호작용이 유의하지 않으므로

$$\hat{\mu}(A_iB_j) = \mu + a_i + b_j = \bar{y}_{i..} + \bar{y}_{.j.} - \bar{\bar{y}}$$

$$n_e = \frac{lmr}{l+m-1} = \frac{4 \times 3 \times 2}{4+3-1} = 4$$

09

① KS Q 0001 계량규준형 수표에서

$$\frac{|m_1 - m_0|}{\sigma} = \frac{|0.005 - 0.004|}{0.0006} = 1.67$$

② (수표에서) $n = 4$, $G_0 = 0.822$

③ $\overline{X}_U = m_0 + G_0\sigma = 0.004 + \frac{1.645}{\sqrt{4}} \times 0.0006 = 0.0045$

10

가. 주어진 표 작성

로트번호	N	샘플문자	n	주어진 Ac	합격판정점수 (검사 전)	적용하는 Ac	부적합품	합격여부	합격판정점수 (검사 후)	전환점수
31	200	H	50	1/2	5	0	0	합격	5	-
32	250	H	50	1/2	10	1	1	합격	0	-
33	400	J	80	1	7	1	1	합격	0	-
34	80	F	20	0	0	0	0	합격	0	-
35	120	G	32	1/3	3	0	0	합격	3*	-

나. 가항이 모두 옳고 엄격도가 옳으면 2점, 그 외는 0점

나. 적용하는 엄격도: 보통검사로 복귀

11

가. 옳으면 3점, 그 외는 0점
나. 옳으면 3점, 그 외는 0점

가. $A \times D = b(c) = bc$ 6열
나. $C \times F = ab(abd) = d$ 8열

12

가. 모표준편차를 모르므로 t분포를 활용하여 추정합니다. 옳으면 4점, 그 외는 0점

가. $\bar{x} \pm t_{1-\alpha/2}(8) \dfrac{s}{\sqrt{n}}$

$= 5.5 \pm 2.306 \times \dfrac{0.01581}{\sqrt{9}} = 5.5 \pm 0.01215$

나. 모분산은 카이제곱분포를 활용하여 추정합니다. 옳으면 4점, 그 외는 0점

나. $\dfrac{SS}{\chi^2_{0.975}(8)} \leq \sigma^2 \leq \dfrac{SS}{\chi^2_{0.025}(8)}$

$\dfrac{8 \times 0.01581^2}{17.53} \leq \sigma^2 \leq \dfrac{8 \times 0.01581^2}{2.18}$

$0.00011 \leq \sigma^2 \leq 0.00092$

13

가. 평균곱의 자유도는 n-1이 됩니다. 옳으면 2점, 그 외는 0점

가. $S_{xy} = \Sigma x_i y_i - \dfrac{\Sigma x_i \Sigma y_i}{n} = 756 - \dfrac{118 \times 57}{10} = 83.4$

$V_{xy} = \dfrac{83.4}{9} = 9.26667$

나. 수식이나 공식 중 하나는 계산과정에 기록해야 합니다. 옳으면 2점, 그 외는 0점

나. $r = \dfrac{S_{xy}}{\sqrt{SS_x SS_y}} = 0.88549$

다. 수식이나 공식 중 하나는 계산과정에 기록해야 합니다. 옳으면 2점, 그 외는 0점

다. ① $b = \dfrac{S_{xy}}{SS_x} = 0.56504$

② $a = \bar{y} - b \times \bar{x} = -0.96748$

③ $\hat{y} = a + bx = -0.96748 + 0.56504x$

라. 옳으면 2점, 그 외는 0점

라. $E(y) = a + b \times 8 = -0.96748 + 0.56504 \times 8 = 3.55284$

2024 품질경영산업기사 2회 기출복기문제

(실기 제462강)

01

계량규준형 1회 샘플링검사인 특성치를 보증하는 경우, 평균치가 0.135mm 이상의 로트는 합격으로 하고, 0.130mm 이하인 로트는 불합격으로 하는 검사방식을 설계하고자 한다.

배점 7점

가. $\alpha = 0.05$, $\beta = 0.10$ 을 만족하는 샘플링방식을 KS Q0001 계량규준형 수표를 활용하여 결정하시오.(단, $\sigma = 0.006$, $\alpha = 0.05$, $\beta = 0.10$ 이다.)

$\dfrac{|m_1 - m_0|}{\sigma}$	n	G_0
2.069 이상	2	1.163
1.690~2.068	3	0.950
1.463~1.686	4	0.822
1.309~1.462	5	0.736
1.195~1.308	6	0.672
1.106~1.194	7	0.622
1.035~1.105	8	0.582
0.975~1.034	9	0.548
0.925~0.974	10	0.520
0.882~0.924	11	0.496
0.845~0.881	12	0.475
0.812~0.844	13	0.456
0.772~0.811	14	0.440
0.756~0.771	15	0.425

나. 만약 '가'의 경우에 대해 n개의 시료를 측정한 결과 $\overline{x} = 0.134mm$ 가 되었다면 이 로트에 대한 판정을 하시오.

02

다음은 원료의 투입량과 수율의 관계를 조사한 데이터이다.

배점: 9점

자료] $\Sigma x = 319$, $\Sigma y = 1312.5$, $n = 25$,
$\Sigma x^2 = 4441$, $\Sigma y^2 = 68918.25$, $\Sigma xy = 16807.5$

가. 공분산을 구하시오.

나. 상관계수를 구하시오.

다. 회귀식을 구하시오.

03

검사의 분류에서 검사가 행해지는 공정에 의한 분류방법 4가지를 쓰시오.

배점: 4점

04

$L_{16}(2)^{15}$ 직교배열표에서 요인을 다음과 같이 배치하여 실험하였다. 다음 물음에 답하시오.

배점: 8점

열번호	1	2	3	4	5	6	7	8	9	10	11	12	13	14	15
기본표시	a	b	a b	c	a c	b c	a b c	d	a d	b d	a b d	c d	a c d	b c d	a b c d
배치	A		C	D		B		E				F		G	H

가. 요인 A와 C의 교호작용은 몇 열에 배치되는가?

나. 만약 교호작용 $G \times H$가 존재한다면 어떠한 문제가 발생하는가?

05

Y 사는 어떤 부품의 수입검사에 계수형 샘플링검사인 KS Q ISO 2859-1을 사용하고 있다. 현재의 적용조건은 AQL=1.0%, 검사수준 Ⅱ로 1회 샘플링검사이며, 검사의 엄격도는 11번 현재 보통검사를 수행 중이다. 각 로트 당 검사 결과 부적합품수는 표와 같이 알려져 있다. 주 샘플링표를 활용하여 답안지 표의 공란을 채우고, 16번째 로트의 엄격도를 쓰시오.

배점: 7점

로트	N	샘플문자	n	Ac	부적합품수	합격여부	전환점수	후속 조치
11	300	H	50	1	1	합격	8	보통검사 속행
12	500	( )	( )	( )	2	( )	( )	( )
13	800	( )	( )	( )	2	( )	( )	( )
14	1200	( )	( )	( )	0	( )	( )	( )
15	300	( )	( )	( )	2	( )	( )	( )

16번째 로트의 적용엄격도:

06

데밍사이클의 4단계의 영문 약자와 의미를 쓰시오.

배점: 4점

07

다음은 매일 생산하는 최종제품에 대한 검사 결과를 정리하여 얻은 데이터이다.

배점: 15점

시간	1	2	3	4	5	6	7	8	9	10
검사개수	48	46	50	28	28	50	46	48	28	50
부적합품수	5	1	3	4	9	4	3	2	8	3

가. 적절한 관리도를 결정하시오.

나. 중심선과 관리한계를 구하시오.

다. 관리도를 그리고 판정하시오.

라. 관리도의 이상상태를 판정하기 위한 8가지 규칙 중 5가지만 쓰시오.

08

Y사는 생산되는 제품의 강도를 높이기 위해 요인으로 반응온도(A)를 선택하고, 최적 조업조건을 설정하기 위해 $A_1 = 120℃, A_2 = 140℃, A_3 = 160℃, A_4 = 180℃$의 수준을 택하였다. 각 수준의 반복수 3회의 실험을 랜덤으로 실시한 결과 데이터와 분산분석표는 다음과 같다.

배점: 12점

반복 \ 수준	A_1	A_2	A_3	A_4
1	84.3	87.3	89.5	92.0
2	83.9	86.8	89.8	93.1
3	84.2	87.2	90.1	92.8

요인	SS	df	MS	F_0	$F_{0.95}$
A	119.33	3	39.78	303.66**	7.59
e	1.05	8	0.131		
T	120.38	11			

가. 평균치의 최적수준을 결정하시오.

나. 평균치의 최적해를 위험률 5%로 추정하시오.

다. 수준 A_1과 A_4에 대한 차의 구간추정을 하시오.

09

분임조 활동시 분임토의 기법으로서 사용되고 있는 집단착상법(brain storming)의 4가지 원칙을 들으시오.

배점: 4점

10

KS Q ISO 9000:2015 용어에 관한 설명이다. 해당되는 용어를 쓰시오.

가. 고객요구사항의 불충족 (　　　)

나. 활동 또는 프로세스를 수행하기 위하여 규정된 방식 (　　　)

다. 규정된 요구사항이 충족되었음을 객관적 증거의 제시를 통하여 확인하는 것 (　　　)

라. 동일한 기능으로 사용되는 대상에 대하여 상이한 요구사항으로 부여되는 범주 또는 순위 (　　　)

마. 개인 또는 조직을 위해 의도되거나 그들에 의해 요구되는 제품 또는 서비스를 받을 수 있거나 제공 받는 개인 또는 조직 (　　　)

11

부적합품률이 1%, n=100인 공정에서 부적합품이 3개 이하일 확률을 푸아송분포로 구하시오.

12

계량 규준형 평균치 보증으로 설계한 샘플링검사에서 $\sigma = 0.3$, $k_\alpha = 1.645$, $k_\beta = 1.282$이고 $m_0 = 10.2$, $m_1 = 10.8$ 인 경우 표본의 크기 n은 얼마인가?

13

A사는 과거에 생산하던 휴대용 저장장치를 개선하여 획기적으로 경량화된 새로운 제품으로 출시하는 것이 목표이다. 이 회사의 연구원들은 이번에 개발한 새로운 주장이 맞는지 공정에서 제품 중 10개를 임의로 수거하여 중량을 측정한 결과가 다음과 같았다. 다음 각 물음에 답하시오. (단, 과거의 모평균은 200, 모분산은 4^2 gr으로 알려져 있다.)

배점 13점

보기]									
202	197	205	190	191	196	199	194	200	195

가. 개선된 휴대용 저장장치의 모분산이 변했는지 유의수준 5%로 검정하시오.

나. 개선된 저장장치의 평균 무게가 200gr 보다 작다고 할 수 있는지 유의수준 5%로 검정하시오.

다. 이 새로운 제품의 평균 무게에 대한 신뢰상한을 유의수준 5%로 구하시오.

2024년 품질경영산업기사 2회 기출복기문제 정답 및 해설

01

가. KS Q 0001 계량규준형 수표에서

① $\dfrac{|m_1 - m_0|}{\sigma} = \dfrac{|0.130 - 0.135|}{0.006} = 0.83333$

② (수표에서) $n = 13$, $G_0 = 0.456$

③ $\overline{X}_L = m_0 - G_0 \sigma$
$= 0.135 - 0.456 \times 0.006 = 0.13226$

나. $\bar{x} = 0.134 \geq \overline{X}_L = 0.13226$ 이므로 lot를 합격시킨다.

> 가. 평균치 보증에 관한 문제입니다. 망대특성이므로 하한 판정기준으로 제약됩니다. 옳으면 4점, 틀리면 0점

> 나. 가항이 옳고 판정이 옳으면 3점, 틀리면 0점

02

가. ① $S_{xy} = 16807.5 - \dfrac{319 \times 1312.5}{25} = 60$

② $V_{xy} = \dfrac{S_{xy}}{n-1} = \dfrac{60}{25-1} = 2.5$

나. ① $SS_x = 4441 - \dfrac{319^2}{25} = 370.56$

② $SS_y = 68918.25 - \dfrac{1312.5^2}{25} = 12$

③ $r = \dfrac{60}{\sqrt{370.56 \times 12}} = 0.89977$

다. ① $b = \dfrac{S_{xy}}{SS_x} = \dfrac{60}{370.56} = 0.16192$

② $a = \bar{y} - b\bar{x} = \dfrac{1312.5}{25} - 0.16192 \times \dfrac{319}{25} = 50.43391$

③ $\hat{y} = 50.43391 + 0.16192x$

> 가. 공분산은 평균곱을 구하는 문항입니다. 옳으면 3점, 그 외는 0점

> 나. 상관계수를 구하기 위해서는 각각의 제곱합을 구하여야 합니다. 곱의합은 가항에서 구했으므로 그대로 적용합니다. 옳으면 3점, 그 외는 0점

> 다. 회귀식은 최소제곱법을 이용합니다. 옳으면 3점, 그 외는 0점 공식은 반드시 외워 놓으세요.

03

① 수입검사(구입검사)
② 공정검사(중간검사)
③ 완성검사(최종검사)
④ 출하검사

> ※ 순서는 무순입니다. ( )안의 검사명도 정답입니다. 한 항목당 각각 옳으면 1점, 틀리면 0점

04

가. $A \times C = a(ab) = b$ 2열

나. $G \times H = bcd(abcd) = a$, 그러므로 1열에 주효과 A와 '교락'이 발생한다.

05

로트	N	샘플문자	n	Ac	부적합품수	합격여부	전환점수	후속 조치
11	300	H	50	1	1	합격	21	보통검사 속행
12	500	(H)	(50)	(1)	2	불합격	(0)	(보통검사 속행)
13	800	(J)	(80)	(2)	2	(합격)	(0)	(보통검사 속행)
14	1200	(J)	(80)	(2)	0	(합격)	(3)	(보통검사 속행)
15	300	(H)	(50)	(1)	2	불합격	(0*)	(까다로운 검사 전환)

16번째 로트의 엄격도: 까다로운 검사 전환

06

① Plan(계획)
② Do(실행)
③ Check(확인)
④ Action(조치)

07

가. p 관리도

나. ① 중심선: $\Sigma np = 42$ $\Sigma n = 422$

$$C_L = \bar{p} = \frac{\Sigma np}{\Sigma n} = 0.09953$$

② 관리한계

ⓐ $n = 50$

$$U_{CL} = 0.09953 + 3\sqrt{\frac{0.09953 \times 0.90047}{50}} = 0.22654$$

ⓑ $n = 48$

$$U_{CL} = 0.09953 + 3\sqrt{\frac{0.09953 \times 0.90047}{48}} = 0.22916$$

ⓒ $n = 46$

$$U_{CL} = 0.09953 + 3\sqrt{\frac{0.09953 \times 0.90047}{46}} = 0.23194$$

ⓓ $n = 28$

$$U_{CL} = 0.09953 + 3\sqrt{\frac{0.09953 \times 0.90047}{28}} = 0.26925$$

ⓔ $L_{CL} < 0$ 이므로 모두 고려하지 않는다.

다.

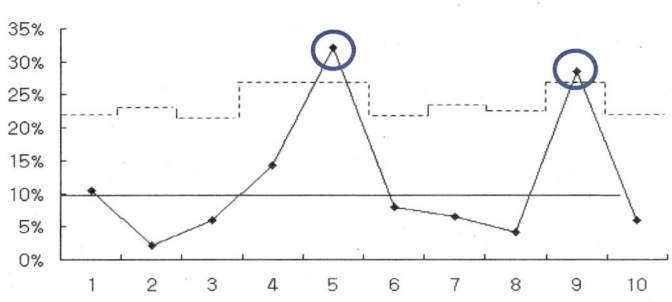

판정: Out of control이 2개소 발생하므로 관리도는 관리상태가 아니다.

라.
① 1점이 영역 A를 벗어나고 있다(out of control).
② 9점이 중심선에 대하여 같은 쪽에 있다(런).
③ 6점이 증가 또는 감소하고 있다(경향).
④ 14점이 교대로 증감하고 있다(주기).
⑤ 연속하는 3점 중 2점이 A 영역 또는 그것을 넘는 영역에 있다(한 쪽 방향).
⑥ 연속하는 5점 중 4점이 B 영역 또는 그것을 넘는 영역에 있다(한 쪽 방향).
⑦ 연속하는 15점이 영역 C에 존재한다.
⑧ 연속하는 8점이 상하 관계없이 영역 C를 넘는 영역에 있다.

08

가. 망대 특성이므로

$$\hat{\mu}(A_4) = \mu + a_4 = \bar{y}_{4.} = \frac{277.9}{3} = 92.63333$$

나. $\hat{\mu}(A_4) = \bar{y}_{4.} \pm t_{0.975}(\nu_e)\sqrt{\dfrac{V_e}{r}}$

$$= 92.63333 \pm 2.306\sqrt{\frac{0.131}{3}} = 92.63333 \pm 0.48187$$

다. $\mu(A_1 - A_4) = \bar{y}_{1.} - \bar{y}_{4.} \pm t_{0.975}(8)\sqrt{\frac{2V_e}{r}}$

$$= (\frac{252.4}{3} - \frac{277.9}{3}) \pm 2.306\sqrt{\frac{2 \times 0.131}{3}}$$

$$= -8.5 \pm 0.68147$$

09

① 남의 의견을 비판하지 않는다.(비판엄금)
② 자유분방하게 도출한다.(자유분방)
③ 남의 아이디어에 편승한다. (연상)
④ 의견은 많을수록 좋다. (다다익선)

10

가. 부적합
나. 절차
다. 검증
라. 등급
마. 고객

11

① $m = nP = 100 \times 0.01 = 1$
② $\Pr(X \leq 3) = e^{-1} \times (1 + \frac{1}{1!} + \frac{1^2}{2!} + \frac{1^3}{3!}) = 0.98101$

12

$$n = (\frac{k_\alpha + k_\beta}{m_0 - m_1})^2 \times \sigma^2$$

$$= (\frac{1.645 + 1.282}{10.2 - 10.5})^2 \times 0.3^2 = 8.56733$$

그러므로 9개이다.

13

가. ① $H_0 : \sigma^2 = 4^2 \quad H_1 : \sigma^2 \neq 4^2$

② $\alpha = 5\%$

③ $\chi_o^2 = \dfrac{(n-1)s^2}{\sigma^2} = \dfrac{9 \times 4.72464^2}{4^2} = 12.55625$

④ $R: \chi_{0.025}^2(9) = 2.70, \; \chi_{0.975}^2(9) = 19.02$

⑤ 판정: H_0 채택

나. ① $H_0 : \mu \geq 200 \quad H_1 : \mu < 200$

② $\alpha = 5\%$

③ $z_0 = \dfrac{\overline{x} - \mu}{\sigma/\sqrt{n}} = \dfrac{196.9 - 200}{4/\sqrt{10}} = -2.45077$

④ $R: -z_{0.95} = -1.645$

⑤ 판정: H_0 기각

다. $\overline{x} + z_{1-\alpha}\dfrac{\sigma}{\sqrt{n}} = 196.9 + 1.645 \times \dfrac{4}{\sqrt{10}} = 198.98078$

술술 풀어보는 키포인트

가. 모분산의 검정은 카이제곱 검정이며, 자유도는 9입니다. 변화 유무 검정은 양쪽 검정입니다. 모두 옳으면 4점, 그 외는 0점

나. 모분산의 검정이 채택이므로 평균치 검정은 정규검정이 됩니다. 모두 옳으면 5점, 검정통계량만 옳으면 3점, 그 외는 0점

다. 신뢰한계는 작아졌으므로 상측한계를 구하여야 합니다. 옳으면 4점, 그 외는 0점

2024 품질경영산업기사 3회 기출복기문제

(실기 제463강)

01

반복이 일정한 1요인실험의 구조모형을 $y_{ij} = \mu + a_i + e_{ij}$라 할 때 요인 A가 모수요인과 변량요인일 때를 비교한 것이다. 모형의 질문에 대해 빈칸을 채우시오.

배점 8점

항목	모수모형	변량모형
A_i 수준 평균의 구조모형	①	②
총 평균의 구조모형	③	④

02

Y 제품을 4개 샘플링하여 동일표본을 3회씩 측정하였다. 측정정밀도 $\sigma_{\bar{x}}^2$을 구하시오. 단, $\sigma_s^2 = 0.15$, $\sigma_m^2 = 0.2$이다.

배점 6점

03

다음 설명에 해당되는 맞는 용어를 쓰시오.

배점 6점

가. 재료, 제품, 공구, 설비 등에 대하여 요구되는 특정 모양, 구조, 치수, 성분, 능력, 정도, 성능, 제조방법, 시험방법 등을 정한 것 (   )

나. 대상의 고유특성 집합이 요구사항을 충족시키는 정도 (   )

다. 표준 중에서 물품 또는 서비스에 직접·간접으로 관계되는 기술적 사항에 대하여 정한 결정 (   )

라. 정식 규격 제정에 앞서서 시험적·준비적으로 적용하는 것을 목적으로 하는 임시규격 (   )

마. 달성된 결과를 명시하거나 수행된 활동의 증거를 제공하는 문서 (   )

바. 특정 대상에 대해 적용 시점과 책임을 정한 절차 및 연관된 자원에 관한 시방서 (   )

04

다음은 어느 기업의 적성검사에서 합격한 신입사원 10명의 기억력 평가 점수 x와 판단력 평가점수 y를 조사한 표이다. 물음에 답하시오.

기억력 x	11	10	14	18	10	5	12	7	15	16
판단력 y	6	4	6	9	3	2	8	3	9	7

배점 9점

가. x와 y에 대한 공분산을 구하시오.

나. 결정계수를 구하시오.

다. 회귀계수를 구하시오.

05

품질전략과 경쟁우선순위를 정하기 위해 많이 활용되는 SWOT가 뜻하는 의미를 쓰시오.

배점 4점

06

다음은 샘플링검사에 사용되는 기호 또는 용어이다. (예)와 같이 용어의 명칭을 쓰시오.

(예) QC : 품질관리(Quality control)

① LQ   ② AQL   ③ CRQ

배점 6점

07

제품에 사용되는 유황의 색도는 낮을수록 좋다고 한다. 그래서 제조자와 합의하여 $m_0 = 3\%$, $m_1 = 6\%$ 로 하고 표준편차 $\sigma = 5\%$ 이다.

$\alpha = 0.05$, $\beta = 0.10$ 을 만족하는 샘플링방식을 KS Q0001 계량규준형 수표를 활용하여 합격판정 기준을 설계하시오.

배점: 7점

$\dfrac{|m_1 - m_0|}{\sigma}$	n	G_0
2.069 이상	2	1.163
1.690~2.068	3	0.950
1.463~1.686	4	0.822
1.309~1.462	5	0.736
1.195~1.308	6	0.672
1.106~1.194	7	0.622
1.035~1.105	8	0.582
0.975~1.034	9	0.548
0.925~0.974	10	0.520

08

A사는 어떤 부품의 수입검사에 계수형 샘플링검사인 KS Q ISO 2859-1의 보조표인 분수 샘플링 검사를 적용하고 있다. 현재 이 회사의 적용조건은 AQL=1.0%, 통상검사수준 Ⅲ이며, 엄격도는 31번째 로트부터 까다로운 검사로 전환되었다.

배점: 8점

가. 답안지 표의 샘플문자, n, 주어진 Ac, 합격판정점수(검사 전, 후), 적용하는 Ac, 합격 여부 등에 대해 ( )안을 채우시오.

로트번호	N	샘플문자	n	주어진 Ac	합격판정점수(검사 전)	적용하는 Ac	부적합품	합격여부	합격판정점수(검사 후)
31	200	H	50	1/2	5	0	0	합격	5
32	250	( )	( )	( )	( )	( )	1	( )	( )
33	400	( )	( )	( )	( )	( )	1	( )	( )
34	80	( )	( )	( )	( )	( )	0	( )	( )
35	120	( )	( )	( )	( )	( )	0	( )	( )

나. 36번째 로트의 엄격도를 결정하시오.

09

부적합품률이 10%, N=30인 공정에서 5개의 표본을 샘플링 할 때 부적합품이 하나도 없을 확률에 대해 다음 물음에 답하시오.

가. 초기하분포로 구하시오.

나. 이항분포로 구하시오

다. 푸아송분포로 구하시오.

라. 가장 정확한 분포는 무엇인지 쓰고 그 이유를 쓰시오.

10

어떤 회로에 사용되는 특수자기의 소성 수축율은 지금까지 관리상태로 유지되어 왔으며 모표준편차는 0.15%로 알려져 있다. 최근 원가의 압박을 받아 원가를 줄이기 위해 대체 원료를 투입하여 작업 후 표본을 샘플링하여 측정한 결과 다음 데이터를 얻었다.

data]
3.2 3.4 3.1 3.5 3.3 3.9 3.5 3.7 3.0 3.8 3.4

가. 소성수축률의 산포가 변하였는지 유의수준 5%로 검정하시오.

나. 달라진 모분산의 95% 신뢰한계를 구하시오.

11

규격이 50.0 ± 0.03인 공정에서 $\bar{x}-s$관리도로 공정을 관리한 결과 관리도를 작성하였더니 $\bar{\bar{x}} = 49.99$ 및 $\bar{s} = 0.01$로 나타났다. 관리도는 관리상태이며 정규분포를 따르고 있다.

가. 공정능력지수를 구하고 평가하시오.

나. 최소공정능력지수를 구하고 평가하시오.

12

다음의 데이터를 활용하여 관리도에 관한 각 물음에 답하시오. **배점 15점**

	x_1	x_2	x_3	x_4	x_5	$\overline{x_i}$	R_i
1	62.5	65.0	66.6	60.3	64.9	63.86	6.3
2	63.6	64.7	66.6	61.1	63.0	63.80	5.5
3	62.4	65.0	66.4	60.6	65.5	63.98	5.8
4	65.9	67.4	64.8	62.9	65.3	65.26	4.5
5	58.8	70.4	70.4	74.0	69.0	68.52	15.2
6	63.2	65.1	62.3	64.4	63.1	63.62	2.8
7	63.4	65.1	60.1	62.2	66.6	63.48	6.5
8	62.3	65.1	66.8	60.6	64.2	63.80	6.2
9	63.8	65.7	67.4	61.9	61.7	64.10	5.7
10	63.7	65.3	62.6	61.2	66.8	63.92	5.6
11	62.8	65.1	66.9	60.8	62.5	63.62	6.1
12	62.7	64.7	67.1	60.7	64.1	63.86	6.4
13	63.1	64.9	57.7	60.5	64.4	62.12	7.2
14	62.8	64.9	67.5	61.2	67.3	64.74	6.3
15	64.0	65.2	63.1	61.5	64.3	63.62	3.7
합계						962.30	93.8

가. $\overline{x}-R$ 관리도를 작성하기 위한 예비관리도로 계수치 관리도가 활용된다. 활용가능한 계수치 관리도의 종류 중 3가지를 쓰시오.

나. 위 자료에서 $\overline{x}-R$ 관리도를 작성하기 위한 관리한계를 구하시오.

다. $\overline{x}-R$ 관리도를 작성하고 관리상태를 판정하시오.

라. 관리한계를 벗어나는 점을 제거하고 기준값이 주어진 관리도를 작성하려 한다. 기준값으로 활용할 x_0와 R_0를 구하시오.

13

A(처리온도) 3수준, B(압력) 4수준으로 반복 2회의 랜덤 실험한 결과 교호작용을 풀링하고 작성한 분산분석표이다.

배점 8점

요인	SS	df	MS	F_0	$F_{0.95}$
A	80	2	40	4.0	3.49
B	96	3	32	3.2	3.10
e	180	18	10		
T	356	23			

가. A_2B_3가 최적 조건일 때, 최적 조건의 95% 신뢰구간 추정하시오.

　　(단, $\mu(A_2B_3) = 80$, 교호작용은 기술적 검토로 Pooling 하였다.)

나. $\mu(A_2) = 70$, $\mu(A_3) = 60$ 일 때, $\mu(A_2 - A_3)$에 대한 95% 신뢰구간을 구하시오.

2024년 품질경영산업기사 3회 기출복기문제 정답 및 해설

술술 풀어보는 키포인트

모수요인은 $\bar{a}=0$이고 변량요인은 $\bar{a}\neq 0$입니다. 각각 옳으면 2점, 틀리면 0점

01

	모수모형	변량모형
A_i 수준 평균의 구조모형	$\mu + a_i + \bar{e}_{i.}$	$\mu + a_i + \bar{e}_{i.}$
총평균의 구조모형	$\mu + \bar{\bar{e}}$	$\mu + \bar{a} + \bar{\bar{e}}$

측정 오차의 반복수는 표본수×표본당 반복수로 구합니다. 옳으면 만점 그 외는 0점

02

$$V(\bar{x}) = \frac{\sigma_s^2}{n} + \frac{\sigma_m^2}{nk} = \frac{0.15}{4} + \frac{0.2}{4 \times 3} = 0.05417$$

ISO 용어는 단골 출제문제입니다. 반드시 기출문제들은 답안을 익혀두세요. 각각 옳으면 1점, 그 외는 0점

03

가. 시방
나. 품질
다. 규격
라. 가규격
마. 품질매뉴얼
바. 품질계획서

가. 공분산은 평균곱을 의미합니다. 옳으면 3점, 그 외는 0점

04

가. $S_{xy} = \Sigma x_i y_i - \frac{\Sigma x_i \Sigma y_i}{n} = 756 - \frac{118 \times 57}{10} = 83.4$

$V_{xy} = \frac{83.4}{10-1} = 9.26667$

나. 계산기로 나오지만 수식은 써야 합니다. 옳으면 3점, 그 외는 0점
다. 수식을 쓰고 답을 하도록 합니다. 옳으면 3점, 그 외는 0점

나. $r^2 = 0.88549^2 = 0.78410$

다. ① $SS_x = \Sigma x_i^2 - \frac{(\Sigma x_i)^2}{n} = 1540 - \frac{118^2}{10} = 147.6$

② $b = \frac{S_{xy}}{SS_x} = \frac{83.4}{147.6} = 0.56504$

05

① S(Strengths): 강점
② W(Weakness): 약점
③ O(Opportunities): 기회
④ T(Threats): 위협

06

① 한계품질(Limit'G Quality)
② 합격품질한계(Acceptable Quality limit)
③ 소비자위험수준(Consumer Risk Quality)

07

① KS Q0001 계량규준형 수표에서
$$\frac{|m_1 - m_0|}{\sigma} = \frac{|6-3|}{5} = 0.6$$
☞ $n = 25$, $G_0 = 0.329$

② $\overline{X}_U = m_0 + G_0\sigma = 3 + 0.329 \times 5 = 4.645$

③ 25개를 샘플링한 평균 $\overline{x}$가 $\overline{x} \leq \overline{X}_U = 4.645$이면 lot를 합격시키고, 아니면 불합격시킨다.

08

가. 엄격도조정

로트번호	N	샘플문자	n	주어진 Ac	합격판정점수 (검사 전)	적용하는 Ac	부적합품	합격여부	합격판정점수 (검사 후)
31	200	H	50	1/2	5	0	0	합격	5
32	250	H	50	1/2	10	1	1	합격	0
33	400	J	80	1	7	1	1	합격	0
34	80	F	20	0	0	0	0	합격	0
35	120	G	32	1/3	3	0	0	합격	3*

나. 적용하는 엄격도: 보통검사로 복귀

09

가. 옳으면 2점, 그 외는 0점

가. $NP = 40 \times 0.1 = 4$, $N - NP = 40 - 4 = 36$

$$\Pr(X=0) = \frac{{}_4C_0 \times {}_{36}C_5}{{}_{40}C_5} = 0.57293$$

나. $\Pr(X=0) = {}_5C_0(0.1)^0(0.9)^5 = 0.59049$

다. $m = nP = 5 \times 0.1 = 0.5$

$\Pr(X=0) = e^{-0.5} = 0.60653$

라. ○ 초기하분포

○ 이유: 분산의 기댓값이 초기하분포가 가장 작기 때문이다. 또는 표준편차가 가장 작기 때문이다.

10

가.

n	ν	$\bar{x}$	s^2
11	10	3.43636	0.28381^2

① $H_0 : \sigma^2 = 0.15^2$ $H_1 : \sigma^2 \neq 0.15^2$

② $\alpha = 5\%$

③ $\chi_0^2 = \frac{SS}{\sigma^2} = \frac{10 \times 0.28381^2}{0.15^2} = \frac{0.80548}{0.15^2} = 35.79911$

④ 기각역(R): $\chi_{0.025}^2(10) = 3.25$, $\chi_{0.975}^2(10) = 20.48$

ⓔ 판정: H_0 기각

나. $\frac{SS}{\chi_{0.975}^2(10)} \leq \widehat{\sigma^2} \leq \frac{SS}{\chi_{0.025}^2(10)}$

$\frac{0.80548}{20.48} \leq \widehat{\sigma^2} \leq \frac{0.80548}{3.25}$

$0.03933 \leq \widehat{\sigma^2} \leq 0.24784$

11

가. $\hat{\sigma} = \frac{\bar{s}}{c_4} = \frac{0.01}{0.940} = 0.01064$

$C_P = \frac{0.06}{6 \times 0.01064} = 0.93985$

평가: 공정능력은 3등급이다.

나. $C_{pk} = C_{PL} = \dfrac{49.99 - 49.97}{3 \times 0.01064} = 0.62657$

평가: 최소공정능력은 4등급이다.

12

가. ① p 관리도
　② np 관리도
　③ c 관리도
　④ u 관리도 중 3개

나. ① $\bar{x}$ 관리도

　　ⓐ $C_L = \dfrac{\Sigma \bar{x}_i}{k} = \dfrac{962.30}{15} = 64.15333$

　　ⓑ $U_{CL} = 63.98 + 0.729 \times 6.04 = 68.38316$

　　ⓒ $L_{CL} = 63.98 - 0.729 \times 6.04 = 59.57684$

② R 관리도

　　ⓐ $C_L = \dfrac{\Sigma R}{k} = \dfrac{93.80}{15} = 6.25333$

　　ⓑ $U_{CL} = D_4 \bar{R} = 2.282 \times 6.04 = 13.78328$

　　ⓒ 관리하한: 고려하지 않는다.

다. 관리도의 작성

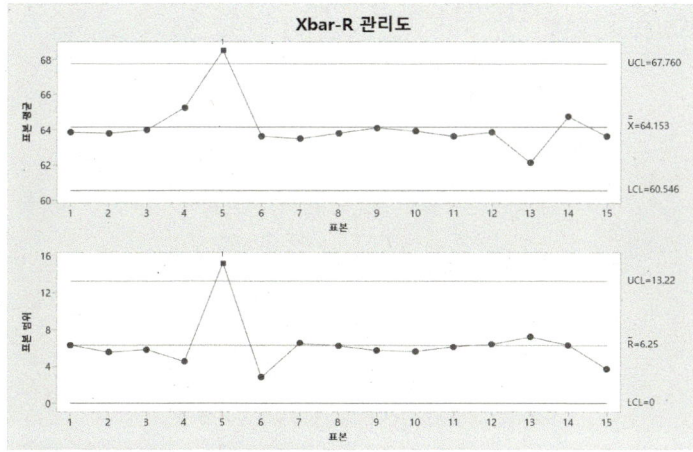

판정: 관리도는 이상상태이다.

라. ① $\bar{\bar{x}} = \dfrac{962.30 - 68.52}{15 - 1} = 63.84143$

② $\bar{R} = \dfrac{93.8 - 15.2}{15 - 1} = 5.61429$

그러므로 $x_0 = 63.84143$, $R_0 = 5.61429$

13

가. 교호작용이 풀링되었으므로 반복없는 2요인실험과 같이 조합평균으로 구합니다. 단, 반복수는 존재하므로 유효반복수 계산에 주의하세요. 옳으면 4점, 그 외는 0점

가. ① $\hat{\mu}(A_2B_3) = \bar{y}_{2..} + \bar{y}_{.3.} - \bar{\bar{y}} = 80$

② $n_e = \dfrac{lmr}{1 + \nu_A + \nu_B} = \dfrac{24}{1 + 2 + 3} = 4$

③ $(\bar{y}_{2..} + \bar{y}_{.3.} - \bar{\bar{y}}) \pm t_{0.975}(\nu_c^*)\sqrt{\dfrac{V_e^*}{n_e}}$

$= 80 \pm t_{0.975}(18)\sqrt{\dfrac{10}{4}}$

$= 80 \pm 2.101 \times \sqrt{\dfrac{10}{4}} = 80 \pm 3.32197$

나. 차의 구간 추정은 차두리를 이용하세요^^. 옳으면 4점, 그 외는 0점

나. $\mu(A_2 - A_3) = \bar{y}_{2..} - \bar{y}_{3..} \pm t_{0.975}(18)\sqrt{V_e\left(\dfrac{1}{mr} + \dfrac{1}{mr}\right)}$

$= (70 - 60) \pm 2.101\sqrt{10\left(\dfrac{1}{8} + \dfrac{1}{8}\right)}$

$= 10 \pm 3.32197$

■ 양희정

현) 한국산업기술시험원 교수
품질관리기술사
공장관리기술사
기술지도사(생산관리)
전) 직종별 전문위원회 전문위원(품질경영)
전) 국가직무능력개발 심의위원(품질경영/품질관리)

〈저서〉
통계적 품질관리 4.0(한국표준협회미디어)
엑셀로 쉽게 배우는 기초통계(한국표준협회미디어)
품질경영론(형설출판사)
품질경영원론(형설출판사)
QME 국제품질경영엔지니어(이나무)
NCS 기반의 품질경영관리(이나무)
NCS 기반의 설계품질관리(이나무)
양쌤의 품질경영기사(이나무)
양쌤의 품질경영기사 실무(이나무)
양쌤의 품질경영산업기사(이나무)
양쌤의 품질경영산업기사 실무(이나무)

〈유튜브〉
양쌤의 품질경영기사
https://www.youtube.com/channel/UCB4Odac
　　ZWXUnZTBQo3WqGUw
양쌤의 품질교실
https://www.youtube.com/channel/UCHbNs33
　　PkQLZcJk3kPaR6tw

〈카페〉
양쌤의 품질경영기사
https://cafe.naver.com/wwyang

유튜브와 함께하는
양쌤의 **품질경영산업기사 실기**

2022년 3월 16일 초판 발행
2023년 5월 2일 개정 2판 2쇄 발행
2024년 2월 27일 개정 3판 3쇄 발행
2025년 1월 20일 개정 4판 4쇄 발행

판권

카페 가입후 등록에 산업기사실기 포럼회원 인증

산업기사 회원 인증	
닉네임	
신청일	

필히 (파랑, 빨강) 볼펜 사용. 화이트 사용금지

| 지은이 | **양희정**
| 펴낸곳 | ℯ 이나무
| 펴낸이 | **황선희**
| 등 록 | 제2015-31호
| 주 소 | 서울특별시 영등포구 문래동1가 39번지 센터플러스빌딩 911호
| 전화 | 02)995-5122
| FAX | 02)2164-2123
| 홈페이지 | www.enamuh.co.kr
| Mobile | 010-5246-8181
| ISBN | 979-11-91569-43-8 (13320)

정가 35,000원

이 책의 내용은 어느 부분도 양희정이나 ℯ 이나무의 승인 없이 사용할 경우 향후
발생될 법적 책임을 받습니다.

※ 파본은 구입처에서 교환해 드립니다.